财务管理

第2版

李爱琴　张晓雁　王海茸　编著

东南大学出版社
SOUTHEAST UNIVERSITY PRESS
·南京·

内 容 提 要

本教材以最新财经法规为依据，以企业价值为核心，以企业财务环境为背景，系统介绍了企业筹资决策、投资决策和收益分配决策等方面的基本理论、内容、方法和技能。全书共分5篇12章，内容包括：基础篇(财务管理总论、财务管理环境、货币时间价值与投资风险价值)、筹资篇(权益筹资、负债筹资、资本成本与资本结构)、投资与营运篇(项目投资、证券投资、营运资本)、分配篇(收益分配)、专题篇(企业并购、重组与破产、企业集团财务管理)，为读者构建了较为完整的财务管理学科知识体系。

本书适合选作高等院校会计学、财务管理、企业管理、金融学等经济管理类专业的本科教材，还可作为社会从业人员的参考用书。

图书在版编目(CIP)数据

财务管理 / 李爱琴，张晓雁，王海茸编著. —2版. —南京：东南大学出版社，2022.7（2023.7重印）
ISBN 978-7-5766-0148-0

Ⅰ.①财… Ⅱ.①李… ②张… ③王… Ⅲ.①财务管理—教材 Ⅳ.①F275

中国版本图书馆CIP数据核字(2022)第104792号

责任编辑：张新建　封面设计：王　玥　责任印制：周荣虎

财务管理(第2版)

编　　著：李爱琴　张晓雁　王海茸
出版发行：东南大学出版社
社　　址：南京四牌楼2号　邮编：210096　电话：025－83793330
网　　址：http://www.seupress.com
电子邮件：press@seupress.com
经　　销：全国各地新华书店
印　　刷：广东虎彩云印刷有限公司
开　　本：787mm×1092mm　1/16
印　　张：22.75
字　　数：580千字
版　　次：2010年10月第1版　2022年7月第2版
印　　次：2023年7月第2次印刷
书　　号：ISBN 978－7－5766－0148－0
定　　价：60.00元

本社图书若有印装质量问题，请直接与营销部联系。电话(传真)：025－83791830。

第二版前言

《财务管理》教材是西藏民族大学"国家级会计学特色专业"和西藏自治区"财务管理"精品课程的建设成果之一，自2010年由东南大学出版社出版以来，课程组教师连续跟踪教材使用情况和反馈意见，于2016年进行了修订，更新了"自测题"内容，还新增了"提升阅读"栏目以开阔学生的财务视野，2016年该教材获得西藏民族大学第十四届优秀教学成果三等奖。2019年西藏民族大学会计学专业被评为国家级一流专业，课程组教师又根据国家级一流专业建设的新标准和国内外最新财务管理理论与实务的研究动态，对本教材进行再次修订，形成了第二版《财务管理》教材。

第二版《财务管理》教材既是西藏民族大学国家级会计学一流专业建设成果之一，也是2019年国家社会科学基金项目"西藏民主改革60年西藏会计教育史研究"(项目编号:19XMZ017)阶段性研究成果之一，更是西藏民族大学会计学专业教学团队理论研究和教学研究长期积累的结晶。与第一版教材相比，第二版修订的主要内容如下:

(1) 更新了相关章节内容。根据国内外最新财务管理理论与实务的研究动态和教材涉及的多项最新法律法规，修订了相关章节的内容，如根据《公司法》《证券法》的修订对相关章节的内容进行了修改。

(2) 更新了"案例分析"和"提升阅读"栏目。为了便于教师的教和学生的学，本次替换了一些过时的案例和提升阅读的内容，与时俱进地选取了更具时代性和针对性的经典案例和阅读内容，以提升大学生的科学研究能力和创新能力。

(3) 更新了自测题内容。基于大学生的就业需求和长远发展考虑，该版教材的自测题主要精选了2004至2020年中级会计师、注册会计师考试真题，用以训练学生的综合素质和能力。

(4) 增加了课程思政元素。该版教材根据教育部2020年5月发布的《高等学校课程思政建设指导纲要》的精神，结合财务管理课程的特点，挖掘其内涵丰富的思政元素，发挥课程思政"立德树人"的育人功能。如将公正、法治、和谐等社会主义核心价值观和人生哲理融入教材相关章节。

本次修订由西藏民族大学李爱琴教授、张晓雁副教授、王海茸博士完成，各章的分工为:第一至第三章、第九章由李爱琴执笔，第四至第六章、第十章由张晓雁执笔，第七至第八章、第十一至第十二章由王海茸执笔。2020级MPAcc研究生武亚丹、崔剑鑫、石亮、栾叶、李可舒、武梦宇、徐杰、李琬瑞、黄宇轩、解媛媛也参与了资料收集与核对工作。

本次修订是在第一版教材的基础上完成的，在此非常感谢参加第一版教材编写的杨西平、秦国华、邓小军、赵莹、赵莉、沈宏益、巩雪茹、刘强、张黎、曾云声(厦门大学)、刘浩(上海财经大学)等老师，正是他们的付出才有今日的再版。本次教材修订得到了西藏民族大学教务处、财经学院的大力支持与帮助，在此表示感谢。也非常感谢东南大学出版社领导和张新建编审对本书再版所付出的辛勤劳动和无私援助。

本教材的编写参考、吸收、采用了国内外众多学者的研究成果，在此表示衷心的感谢。由于作者水平有限，书中不足之处在所难免，敬请同行及读者不吝赐教，以便再版时修改。

李爱琴

2022 年 2 月

第一版序

陆正飞

教材是体现教学内容和教学要求的知识载体，是教师进行教学活动的基本工具，是学生获取知识的基本途径，是提高教学质量的重要保证，是进行专业建设和学科建设的重要环节。本教材是李爱琴副教授负责主持的西藏自治区“财务管理”精品课程建设的成果教材，是编者长期从事民族高等教育教学实践经验和科学研究的总结性成果，是一部在我国民族地区高等教育教材建设中少见的优点突出、质量较高的《财务管理》教材。综观这部教材，其特点在诸多方面是颇为明显的。

1. 编写体例新。每章以结构框架图和学习目标开头，便于学生了解本章的主要内容，明确学习的重点、难点，以本章小结、关键概念、自测题等栏目结尾，有助于学生理解与掌握本章内容。并结合每章内容开设了相关阅读、经典案例专栏，深化和补充了教材内容，可进一步增强学生对所学知识的感性认识，培养学生对现实问题的关注和兴趣。

2. 重视基础理论。本教材重视财务管理的基本概念、基本方法、基本理论系统的阐释，在综合吸收现有财务管理学界观点的基础上，清晰地勾画出财务管理学科内容的基本轮廓，培养学生的逻辑思维能力。

3. 通俗易懂。本教材使用通俗易懂的语言，将精深的财务管理理论以浅显的语言阐述给读者。同时，利用大量的图、表、示例将教学重点、难点以及内容之间的内在逻辑清晰地表达出来，便于学生理解与掌握相关内容。

4. 针对性强。本教材精选了近10年的会计师资格和注册会计师考试真题作为每章自测题，帮助学生提高应对各种专业考试的综合技能。

5. 实践性强。财务管理是一门实践性很强的学科，为了配合教师的教和学生的学，本教材突出了案例和实训教学。结合知识点，每章都配有案例分析、自测题，加强学生对财务管理的基本理论、基本方法和实务技能的训练，培养学生分析问题、解决问题的实际能力。

古老的土地上需要新的滋养，我们的教材建设需要这样的新著。

是为序。

2010年7月9日于北京大学光华管理学院

修订前言

本教材为西藏民族大学“国家级会计学特色专业”、西藏自治区“财务管理”精品课程的建设成果之一。2010年《财务管理》教材出版后，我们课程组连续5年跟踪调查分析该教材的使用情况。调查结果显示该教材得到学生普遍认可和好评，尤其是案例教学，对培养学生独立思考、学会自学和开阔视野等方面发挥了十分重要的作用。2016年本教材获得西藏民族大学第十四届优秀教学成果三等奖。

这次教材修订，在保持原教材内容体系和风格特色的同时，除了对一些文字表述和数据进行订正之外，补充了2011年至2015年会计职称考试的一些内容，同时增加了“提升阅读”栏目以提高大学生的科研和创新能力。

这次教材修订分工为：第一章至第五章由张晓雁修正，第六章至第十二章由李爱琴修正，全书“提升阅读”部分由李爱琴、王海茸编写，李爱琴主编并负责设计全书框架、总纂定稿。

本书的编写和出版得到了东南大学出版社的大力支持，在此表示衷心的感谢。

李爱琴

2016年7月

第一版前言

本教材以财务管理法律法规和国家最新颁布实施的《企业会计准则》为依据，以企业价值为核心，以企业财务环境为背景，系统介绍了企业筹资决策、投资决策和收益分配决策等方面的基本理论、内容、方法和技能。全书共分5篇12章，内容包括：基础篇（财务管理总论、财务管理环境、货币时间价值与投资风险价值）、筹资篇（权益筹资、负债筹资、资本成本与资本结构）、投资与营运篇（项目投资、证券投资、营运资本）、分配篇（收益分配）、专题篇（企业并购与破产、企业集团财务管理），为读者构建了较为完整的财务管理学科知识体系。

与国内其他《财务管理》教材相比，本教材具有以下特色：

1. 在结构安排上，尽可能按照财务管理的内在逻辑规律和民族院校学生的思维与理解规律构建各章节，以便学生理解和掌握。

2. 在内容设计上，以培养高级应用型人才为立足点，贴近会计师资格和注册会计师考试要求，突出案例和实训教学，由浅入深、循序渐进地介绍财务管理的基本理论、基本方法和基本技能，注意吸收并反映财务管理学科研究领域的前沿成果。

3. 在每章设计上，突出了财务管理学科知识的系统性和实用性，教材各章都设置了本章结构框架图、学习目标、相关阅读、本章小结、关键概念、自测题和经典案例等专栏，以帮助学生更好地理解和掌握所学知识，满足高等教育教学改革和培养高等创新应用型人才的需要。为了帮助学生应对各种专业考试，本教材精选了近10年的会计师资格和注册会计师考试真题，作为每章自测题。

4. 在形式设计上，本教材在吸收、借鉴国内外《财务管理》教材写作风格的基础上，结合民族院校学生的特点，力求有所创新。一是图解财务管理。教材中采用了大量的图表将教学重点、难点以及内容之间的内在联系清晰地表达出来，以加强学生对有关内容内在逻辑关系的把握，培养学生的逻辑思维能力。二是实例规范化。基于民族学生的特点，每章例题和习题解答都力求规范，给学生提供一种正确解题的范例。

5. 在编写队伍上，既有长期在教学科研一线工作的教师，又有实践经验丰富的财务工作者，体现了理论与实践相结合的特点。

本书由西藏民族学院副教授李爱琴担任主编，负责教材提纲的拟定、编写的组织工作以及全书的统稿、修改和定稿工作。具体分工如下：第一章由西藏民族学院李爱琴、杨西平编写；第二章由西藏民族学院秦国华、任富强编写；第三章由西藏民族学院李爱琴、上海财经大学刘浩编写；第四章由西藏民族学院李爱琴、厦门大学曾云声编写；第五章由西藏民族学院秦国华、张晓雁编写；第六章由西藏民族学院张晓雁、李爱琴编写；第七章由西藏民族学院王海茸、李爱琴、王婷编写；第八章由西藏民族学院邓小军、王海茸、赵莹编写；第九章由西藏民族学院邓小军、沈宏益、杨建章编写；第十章由西藏民族学院李爱琴、杨西平、巩雪茹编写；第十一章由西藏民族学院赵莉、刘强编写；第十二章由西藏民族学院张黎、陈爱东编写。

在本书编写过程中，北京大学光华管理学院副院长、博士生导师陆正飞教授，上海财经大学刘浩博士对本书的大纲及内容进行了审定，并提出了很多宝贵意见与建议。陆正飞教授专门为本教材作序，给予了我们极大鼓励，在此深表感谢。西藏民族学院副院长乔根锁教授和王学海教授始终关心教材的写作情况，同时西藏民族学院教务处高学处长、相理锋副处长、王浩副处长，西藏民族学院财经学院院长毛阳海教授对本书的编写也给予了大力支持，在此表示感谢。感谢东南大学经济管理学院领导、东南大学出版社领导对本书出版所付出的辛勤劳动和无私援助。

另外，在编写过程中，参考、吸收、采用了国内外众多学者的研究成果，在此谨向原作者深表谢意。由于作者水平有限，书中不足之处在所难免，敬请同行及读者不吝赐教，以便再版时修改。

李爱琴

2010 年 9 月 9 日

目　　录

第一章

财务管理总论

本章结构框架

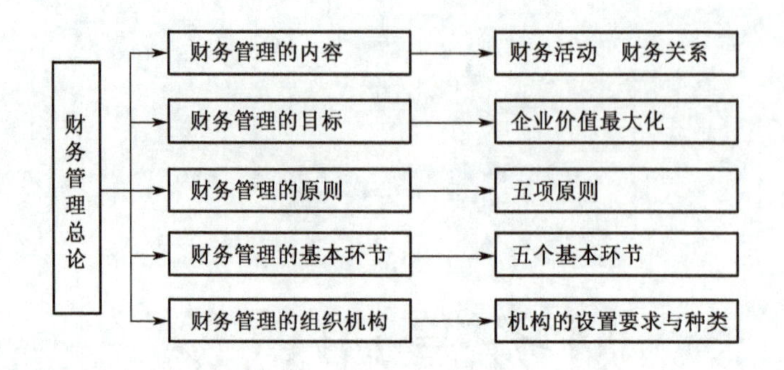

本章学习目标

通过本章学习，掌握财务管理、财务活动和财务关系的概念；理解财务管理的目标；熟悉财务管理的基本环节；了解财务管理组织机构的设置。

财务管理是企业组织财务活动和处理财务活动中所发生的财务关系的一项综合性的管理工作，是企业管理的一个重要组成部分。随着市场经济特别是资本市场的不断发展，财务管理在企业管理中的中心地位日益凸显。

1.1 财务管理的内容

1.1.1 财务活动

在现代企业中，存在两种商品运动，即实物商品运动和金融商品运动。一是企业从事采购、生产和销售活动，实物商品不断运动，实物商品的价值形态也不断地发生变化，依次经过货币资本、生产资本和商品资本三种资本形态，资本只有在不断的运动中才能使自己保值和增值。二是企业购买金融商品，如购买股票、债券和基金等，金融商品不断运动，金融商品的价值形态也在不断地发生变化，由货币资本转化为金融商品资本，而出售金融商品，金融商品资本又转化为货币资本。在这两种商品运动中，一方面表现为实物商品和金融商品的实物运动，另一方面又表现为实物商品和金融商品的价值运动或资本运动。资本运动就是财务管理的对象，而资本运动又是通过一系列财务活动实现的。财务活动是指资木的筹集、投资、资本营运和分配等一系列行为。具体包括筹资活动、投资活动、资本营运活动和分配活动。

1. 筹资活动

筹资活动，又称融资活动，是指企业为了满足投资和资本营运的需要，筹措和集中所需

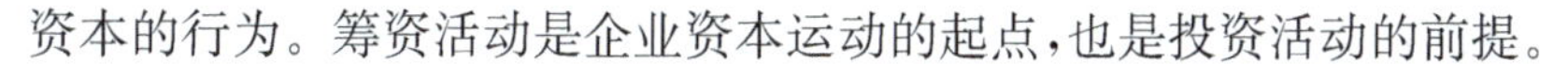

资本的行为。筹资活动是企业资本运动的起点,也是投资活动的前提。

企业筹资时,应研究筹资环境,讲求筹资的综合效益。企业的筹资决策应考虑的主要内容包括:合理确定资本需要量,控制资本的投放时间;正确选择筹资渠道和筹资方式,努力降低资本成本;分析筹资对企业控制权的影响,保持企业生产经营的独立性;合理安排资本结构,适度运用负债经营。

企业筹资可采用两种形式:一种是权益融资,即通过所有权融资,如吸收直接投资、发行股票、企业内部留存收益等;另一种是负债融资,它是通过负债方式取得的,如向银行借款、发行债券、应付款项等等。

2. 投资活动

投资活动是指企业预先投入一定数额的资本,以获得预期经济收益的行为。企业筹集到资本后,必须将资本有目的地进行投资,以谋取最大的盈利。投资活动是企业资本运动的中心环节。

企业投资时,应研究投资环境,讲求投资的综合效益。企业投资决策应考虑的主要内容包括:预测企业的投资规模,使之符合企业需求和偿债能力;确定合理的投资结构,分散资本投向,提高资产流动性;分析企业的投资环境,正确选择投资机会和投资对象;研究企业的投资风险,将风险控制在一定限度内;评价投资方案的收益和风险,构建不同的投资组合等。

投资按照投资对象可分为项目投资和证券投资。

项目投资是企业通过购置固定资产、无形资产等,直接投资于企业本身生产经营活动的一种投资行为。其投资的目的是改善现有的生产经营条件,扩大生产能力,以获得更多的经营利润。项目投资决策的核心是在投资项目技术性论证的基础上,建立科学的投资决策程序,运用各种投资分析评价方法,测算投资项目的财务效益,进行投资项目的财务可行性分析,为投资决策提供科学依据。

证券投资是企业通过购买股票、基金、债券等金融资产,间接投资于其他企业的一种投资行为。其投资的目的是通过持有权益性或者债权性证券来控制其他企业的生产经营活动,或者获得长期的高额收益。证券投资决策的核心是在金融资产的流动性、收益性和风险性之间找到一个合理的均衡点。

3. 资本营运活动

企业在日常生产经营过程中,会发生一系列经常性的资本收付行为。如企业从事采购、生产和销售等经营活动时,就要支付货款、工资及其他营业费用;产品或商品售出后,可取得收入,收回资本;若现有资本不能满足企业经营的需要,企业还要采取短期借款方式来筹集所需资本。这些因生产经营而引起的财务活动就构成了企业的资本营运活动。营运资本管理是企业日常财务管理的重要内容。营运资本管理所要考虑的主要内容包括:合理安排流动资产和流动负债的比例,确保企业具有较强的短期偿债能力;加强流动资产管理,提高流动资产周转率;优化流动资产和流动负债的内部结构,确保营运资本的有效运用。

4. 分配活动

分配分为广义的分配和狭义的分配。广义的分配是指对投资收入如销售收入和利润进行分割和分派，而狭义的分配仅指对净利润的分配。企业通过生产经营和对外投资等都会获取利润，企业应按照规定的程序进行分配。分配活动是企业一次资本运动过程的终点，又是下一次资本运动的起点，在两次资本运动之间起着联结作用，是企业资本不断循环周转的重要条件。

企业通过投资取得的收入如销售收入，首先要用以弥补生产经营耗费，缴纳流转税，其余部分为企业的营业利润。营业利润与投资净收益、营业外收支净额等构成企业的利润总额。利润总额首先要按照国家规定缴纳所得税，税后净利润要提取盈余公积金，用于扩大积累、弥补亏损等，其余利润作为投资者的收益分配给投资者，或者暂时留存企业，或者作为投资者的追加投资。

分配决策不仅影响企业的筹资决策和投资决策，而且涉及国家、企业、投资者、职工等多方面的利益关系。因此，企业应根据其具体的经营状况和未来发展的要求，制定合理的分配政策。分配政策的主要内容包括：分析企业盈利情况和资本变现能力，协调好企业近期利益和长远发展的关系；研究市场环境和股东意见，使收益分配兼顾多方面的利益关系；确定股利政策和股利支付方式，使收益分配有利于增强企业的发展能力；筹集股利资金，按期进行收益分配。

上述四大财务活动相互联系、相互依存，共同构成了企业财务活动的完整过程，也是财务管理的基本内容（见图 1-1）。

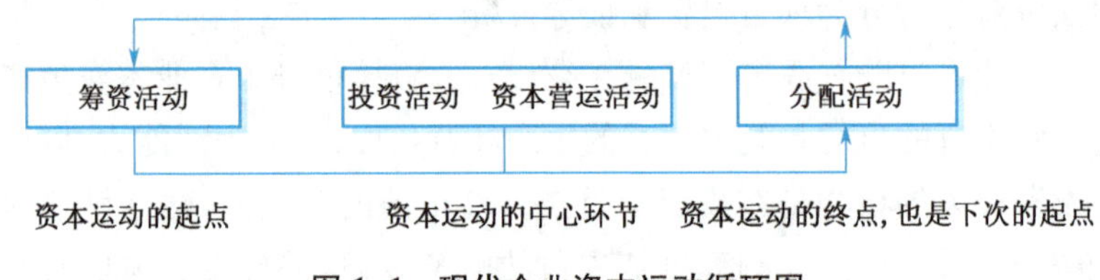

图 1-1　现代企业资本运动循环图

1.1.2　财务关系

财务关系是指企业组织财务活动过程中与有关各方所发生的经济利益关系。企业在处理各种财务关系时，既要符合国家利益和企业利益，又要保护利益关系人和股东的合法权益，使企业有一个良好的经济环境，以调动各方面的积极因素，支持企业的发展。

企业财务关系可分为外部财务关系和内部财务关系两大类。

1. 外部财务关系

（1）企业与国家之间的财务关系——征税与纳税关系。国家以社会管理者的身份通过收缴各种税款的方式与企业发生经济利益关系。税收是国家财政收入的主要来源。企业必须按照国家颁布的税法和规定及时、足额地缴纳各种税款。依法纳税是企业对国家应尽的义务。

（2）企业与投资者和受资者之间的财务关系——投资与受资关系。企业作为投资者，将其资本投资于其他企业，有权按照出资比例或合同、章程的规定，参与受资单位的利润分配或经营管理；企业作为受资者，从投资者那里取得资本，并进行生产经营活动，应将所实现

的利润定期分配给投资者。因此,企业应根据有关法律法规的要求,正确处理好这种财务关系,维护投资者、受资者的合法权益。

(3) 企业与债权人和债务人之间的财务关系——债权与债务关系。主要包括企业与其他单位之间由于相互购销商品、提供劳务等形成的资金结算关系;企业与银行和非银行金融机构之间的借贷、还款,企业与其他单位和个人之间的借贷、还款,以及企业利用债券筹集资本所形成的资金借贷关系。正确处理资金结算关系的关键是企业要恪守商业信用,遵守结算纪律,及时收付货款,避免相互占用资本;正确处理债权与债务关系的关键是债务人要按期还本付息,不得拖欠。

2. 内部财务关系

(1) 企业内部各单位之间的财务关系——内部资金结算关系。企业内部各单位之间的财务关系表现在两方面:一是以财务部门为中心,企业内部各部门、各单位与财务部门之间的收支结算关系,它反映了企业内部资本集中管理的原则。二是企业内部各单位之间因提供产品或劳务而发生的计价结算关系,它反映了企业内部资本分散管理的原则。

(2) 企业与职工之间的财务关系——劳资分配关系。主要指企业向职工支付劳动报酬过程中所形成的经济利益关系。企业财务部门应与人事部门一起,按照职工提供的劳动数量和劳动质量进行工资分配,正确执行有关工资分配政策,充分调动职工的积极性。

综上所述,可以将财务管理定义为:财务管理是企业组织财务活动、处理财务关系的一项综合性的管理工作。财务管理作为企业管理的一个子系统,区别于企业的其他管理工作。财务管理是一项综合性管理工作,如人事管理是管人的,物资管理是管物的,生产管理是管生产运作环节的,而财务管理是管资本的,是资本的管理或价值的管理。企业任何工作都离不开资本,资本涉及企业的方方面面,财务管理资本,财务管理的对象决定它是一种综合性的管理工作,而不是一种专项的管理。

1.2 财务管理的目标

1.2.1 财务管理目标的含义

财务管理目标又称财务目标,是指在特定的财务管理环境中,通过组织财务活动,处理各种财务关系所要达到的目的。

由系统论可知,任何系统都要有其运行的目标,正确的目标是系统实现良性循环的前提条件,企业的财务管理目标对企业财务管理系统的运行也具有同样的意义。财务目标决定着企业财务管理的基本方向,影响着企业财务政策的选择,是评价企业财务活动是否合理、有效的标准。

1.2.2 财务管理目标的特征

财务管理目标具有以下基本特征：

1. 稳定性

任何一种财务管理目标的出现，都是一定的经济、政治环境的产物，随着环境因素的变化，财务管理目标也可能发生变化。如西方理财目标就经历了“筹资数量最大化”“利润最大化”“每股收益最大化”等多种提法。而在我国，财务管理目标也经历了“总产值最大化”“经济效益最大化”“利润最大化”“每股收益最大化”等多种提法。但在一定时期或特定条件下，财务管理目标是保持相对稳定的。

2. 多元性

多元性是指财务管理目标不是单一的，而是适应多因素的综合目标群。现代企业财务管理是一个系统，其目标也是一个多元的有机构成体。在目标体系中，有处于支配地位、起主导作用的主导目标，也有处于被支配地位、对主导目标的实现起配合作用的辅助目标。如现代企业在努力实现“企业价值最大化”主导目标时，也必须努力实现履行社会责任、加快企业成长、提高企业偿债能力等一系列辅助目标。

3. 层次性

层次性是指财务管理目标是由不同层次的系列目标所组成的目标体系。财务管理目标具有层次性，主要是因为财务管理的内容可以划分为若干层次。如财务管理的内容可划分为筹资管理、投资管理、资本营运管理和收益分配管理等几个方面，每一个方面又可以再细分，如筹资管理就可再细分为研究筹资环境、确定筹资方式和渠道、确定筹资结构等几个方面。财务管理内容的层次性使财务管理目标成为一个由整体目标、分部目标和具体目标所构成的层次体系，如图 1-2 所示。

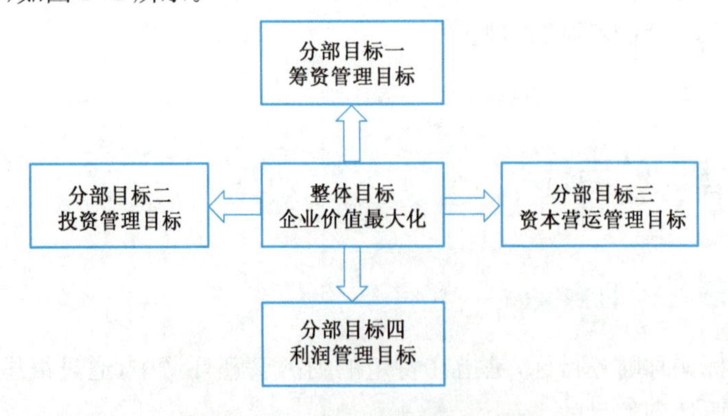

图 1-2 企业财务管理目标体系图

1.2.3 财务管理目标的表述

中外财务学者从不同的角度对财务管理目标做了许多深入的研究，并用不同的理念加以表述。从根本上讲，企业财务管理目标取决于企业目标和财务管理的特点，取决于特定的社会经济模式。根据现代企业管理理论和实践，最具有代表性的财务管理目标主要有以下

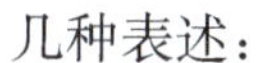

几种表述：

1. 利润最大化

利润代表着企业经济活动的成果，利润越多，投资者的财富增加得越多，因而追求利润最大化成为财务管理的目标。这里的利润是企业在一定期间全部收入和全部费用的差额。这种观点认为，企业是以盈利为目的的经济组织，财务管理理应以利润最大化为目标；在自由竞争的资本市场中，资本的使用权最终属于获利最多的企业；以利润最大化为财务目标有助于实现社会经济资源的合理配置；利润最大化是社会财富最大化的基础。但它也存在着不可克服的缺点：(1)没有考虑企业利润实现的时间因素，即没有考虑货币的时间价值。(2)没有考虑利润实现的风险因素，不切实际地盲目追求利润最大化，往往会使企业蒙受较大的经济损失。(3)利润作为一个绝对数指标，无法反映资本的投入与产出的关系，不便于在不同资本规模的企业或同一企业不同时期之间进行比较。(4)片面追求利润最大化，可能导致企业经营者和财务决策者的短期行为，如企业盲目追求利润最大化时忽视了产品开发、人才开发、生产安全、履行社会义务、生活福利设施等。可见，利润最大化不能作为企业财务目标的最优选择。

2. 每股收益(资本利润率)最大化

每股收益又称每股盈余，是指企业一定时期的税后利润与发行在外的普通股股数的比值。该指标说明了投资者每股股本的盈利能力，主要适用于上市公司。对于非上市公司，一般可采用权益资本净利率。权益资本净利率是指企业一定时期的净利润与其权益资本总额的比值，该指标说明了企业权益资本的盈利能力。所有者作为企业的投资者，其投资的目的是取得资本收益，资本利润率(或每股收益)越大，投资者的投资收益越大，因而资本利润率(或每股收益)最大化是财务管理的目标。该指标将企业实现的利润额同投入的资本或股本数进行对比，能够说明企业的盈利水平，可以在不同资本规模的企业或同一企业不同期间之间进行比较。这一财务指标是以净利润为基础的，其优点与利润最大化目标基本相同，且克服了绝对数财务指标的缺点，能更清晰地揭示投资的报酬率水平，便于不同企业之间的比较。但它也同样存在与利润指标相似的缺陷，如没有考虑风险因素、没有考虑货币的时间价值和可能导致企业的短期行为等。

3. 企业价值最大化

企业价值最大化是指企业通过合理经营，采用最优的财务政策，在考虑货币的时间价值和风险报酬的情况下不断增加企业财富，使企业总价值达到最大。投资者建立企业的目的，在于创造尽可能多的财富，这种财富首先表现为企业价值。在对企业价值进行评价时，看重的不是企业已经获得的利润水平，而是企业潜在的获利能力。企业价值不是账面资产的总价值，而是企业全部财产的市场价值，它反映了企业潜在或预期的获利能力。因此，以企业价值最大化作为财务管理目标，具有许多优点：(1)考虑了资本的时间价值和投资的风险价值，有利于统筹安排长短期规划、合理选择投资方案、有效筹措资本、合理制定股利政策等。(2)反映了对企业资产保值增值的要求。因为，股东财富越多，企业市场价值就越大，追求股东财富最大化的结果可促使企业资产保值或增值。(3)有利于克服管理上的片面性和短期行为。(4)有利于社会资源合理配置，社会资本通常流向企业价值最大化或股东财富最大化的企业或行业。但该财务管理目标也存在一些缺点:(1)概念比较抽象,不易被外行人士所接受。企业价值不像利润和每股收益那样,在企业日常会计核算中经常被揭示。(2)对于上市公司而言,股票价格是公司价值的直接表现。但股票价格会受到特定经济环境和多种市场因素的综合影响,因而在某一特定时点上,股价可能并不能全面反映该公司的真实价值。(3)对于非上市公司而言,公司价值就不能根据股价来确定,必须进行资产评估,因而可操作性较差。

4. 相关者利益最大化

相关者利益最大化是指企业财务管理以相关者利益最大化为目标。现代企业是多种利益相关者的集合,企业的利益相关者不仅包括股东,还包括债权人、企业经营者、政府、客户、供应商、员工等,因而在确定企业财务管理目标时,应考虑这些相关利益群体的利益。与上述各种财务管理目标相比,该财务管理目标强调在保证企业长期最稳定发展的基础上使企业的利益相关者财富达到最大。以相关者利益最大化作为财务管理目标具有以下优点:(1)有利于企业长期稳定发展。该财务管理目标将企业长期的稳定发展摆在首位,强调在企业价值增长中满足各方利益需求。(2)有利于实现企业经济效益和社会效益的统一。企业在寻求其自身发展和利益最大化过程中,因需维护客户及其他利益相关者的利益,就会依法经营、依法管理,正确处理各种财务关系,自觉维护和切实保障国家、集体和社会公众的合法权益。(3)较好地兼顾了各利益主体的利益。该财务管理目标将企业众多利益相关者的利益纳入考虑的范围,兼顾了各个利益相关者的利益,有利于企业的可持续发展。(4)体现了前瞻性和现实性的统一。

1.2.4 财务管理目标的协调

企业在努力实现企业价值最大化目标时会涉及不同的利益主体,如何协调不同利益主体间的利益矛盾是财务管理必须解决的问题。企业价值最大化虽然是企业所有者、债权人和经营者利益关系的集结点,但并不意味他们之间的利益就能够完全达成一致。事实上,经营者与所有者之间、所有者和债权人之间、企业与社会之间是存在利益冲突的。

1. 经营者与所有者之间的利益冲突与协调

在现代企业中,所有者一般比较分散,经营者一般不拥有占支配地位的股权,他们只是所有者的代理人,所有者期望经营者代表他们的利益而工作,实现所有者财富最大化,而经营者则有其自身的利益考虑。对所有者来说,他所放弃的利益就是经营者所得到的利益。这种被放弃的利益在西方称为所有者支付给经营者的“享受成本”。因此,经营者和所有者之间矛盾的焦点就是经营者希望在提高企业价值和股东财富的同时,能得到更多的享受成本;而所有者希望以较小的享受成本支出带来较高的企业价值和股东财富。

解决这一矛盾的途径是,让经营者的报酬与其绩效联系起来,并辅之以一定的监督措施。

(1) 解聘。这是对经营者实施的一种行政约束措施。当所有者发现经营者未能使企业价值最大化时,所有者可直接解聘经营者,经营者为了避免被解聘,就必须努力实现财务目标。

(2) 接收。这是对经营者实施的一种市场约束措施。如果经营者经营决策失误,经营不力,未能采取一切有效措施使企业价值得到提高,公司就可能被其他公司强行接收或吞并,经营者也会随之被解聘。为了避免这种情况出现,经营者必须采取措施提高企业价值。

(3) 激励。即通过将经营者的报酬与其工作业绩挂钩的办法,使经营者分享企业增加的财富,鼓励经营者采取有效的措施实现企业财务管理目标,并吸收和留住卓有成效的经营者。在我国企业中,通常采用两种激励方式:一是股票选择权。允许经营者以某种固定的价格,购买一定数量的公司股票,这样就将经营者的自身利益与全体股东利益密切相连。如果公司经营得好,资本收益高,发展潜力大,经营者所购买的股票在未来就有很大的增值潜力,未来获得的股票收益就越多。二是"绩效股"。企业用资产报酬率、每股盈余等指标来评价经营者的业绩,视其业绩大小,给经营者一定数量的股票作为报酬。如果公司的经营业绩未能达到规定目标,经营者就不能得到"绩效股"。

2. 所有者与债权人之间的利益冲突与协调

所有者与债权人之间也存在一定利益上的冲突,主要表现在两个方面:

(1) 所有者未经债权人同意,要求经营者投资比债权人预计风险更高的项目,这就会相应增加偿债的风险性,降低债权人负债的实际价值。高风险项目一旦成功,额外的利润就会被所有者独享,如果项目失败,债权人却要和所有者共同负担造成的损失,这对债权人来说,风险与收益是不对称的。

(2) 所有者未征得现有债权人同意,要求经营者发行新债券或增加新借款,从而使企业的偿债风险增加,使原有的负债价值降低。

为了协调所有者与债权人之间的利益冲突,防止债权人的利益受到损害,往往采取以下措施:

(1) 限制性借款。这是一种事前控制措施。即在借款合同中加入某些限制性条款,如规定借款的用途、担保条款及信用条件等。

(2) 收回借款或停止借款。这是一种事中控制措施。当债权人发现企业有侵蚀其债权价值的意图时,可以采取措施提前收回借款,或者停止给企业借款,从而保护债权人的权益。

(3) 寻求法律保护。这是一种事后控制措施。当债权人利益受到侵害时,应利用法律武器捍卫自己的权利。

3. 企业财务管理目标与社会责任之间的冲突与协调

追求企业价值最大化是企业财务管理(即理财)的最终目标,而实现社会利益的最大化是一个自然过程,并非企业经营的原始动机。从长远来看,两者是一致的,企业在追求和实现价值最大化目标的同时,可以满足社会公众的物质需求,增加就业机会,提供更多的税收收入,提高社会生产效率和公众的生活质量,等等。企业在实现其财务目标的过程中,也内在地履行了一部分社会责任。但从某一特定时段来看,企业财务管理目标与社会责任之间会存在一定的差异,甚至还会产生较大的冲突。如企业为了获利,可能会生产伪劣产品、可能会不顾职工的健康和利益、可能会造成环境污染、可能会损害其他企业的利益等等。

解决这一冲突必须采用法律制约和行政干预等综合手段。

(1) 法律约束。由政府和有关部门制定相应的法律和规定,如公司法、防止不正当竞争法、环境保护法和消费者权益保护法等，强制企业维护社会利益，履行社会责任。

(2) 行政监督。国家和地方政府机关为了保护社会的利益，也可以通过一些行政条例和行政命令等手段来制止企业对社会实施的伤害行为。

(3) 舆论监督。当企业确有伤害社会公众利益的行为时，运用社会公众的舆论监督是十分有效的一种方法。事项披露和新闻评论往往能使社会利益得以维护。

(4) 商业道德。企业社会责任是商业道德的核心，商业道德是人们自己维护社会利益的最高境界。当行业自律和职业道德水准达到一个较高程度时，企业就不会再做出损害社会利益的事情，因为他们知道这样做是一种道德上的背叛，会使企业声誉受损，最终使企业遭受更大的损失。

1.3 财务管理的原则

财务管理的原则是组织财务活动、处理各种财务关系所应遵循的基本规范。它是从财务管理实践中抽象出来的，并在实践中得以证明是正确的行为规范，反映了市场经济规律对企业财务管理活动的内在要求。

在市场经济条件下，企业从事财务管理工作应遵循以下原则：

1.3.1 价值最大化原则

价值最大化不仅是企业理财追求的目标，也是企业理财应遵循的一项基本原则。财务管理作为对资本的运作，必须遵循资本运动的基本要求和规律，运用价值管理的一系列方法，对企业资本进行优化配置和有效利用，提高资本的产出率。同时还应将价值最大化原则贯穿于企业财务管理活动的各个环节中，自觉运用价值管理的有效手段，促使企业在整个经营和资本运作过程中保持稳定、高效，确保企业价值最大化目标的实现。

1.3.2 风险与收益均衡原则

风险与收益均衡是指在追求企业价值最大化的同时充分考虑风险，全面分析财务活动的收益性和完全性，在收益与风险的矛盾均衡中求得最大收益。一般来讲，风险与收益总是相互矛盾的：为了求得较高的收益，往往需要冒较大的风险。然而，当风险过大时，就会减弱企业未来的获利能力；当收益过小时，也会增加企业未来的风险。因此，企业理财活动中既不能过于冒险，不顾风险，片面地追求“最大”收益，也不能过于保守，不重视收益，片面强调财务安全。

在企业整个理财过程中，收益与风险权衡的问题无处不在。如在筹资管理中，要权衡财务杠杆收益与财务风险；在投资管理中，要比较投资收益与投资风险；在分配管理中，要考虑再投资收益与再投资风险；等等。

1.3.3 资源合理配置原则

资源的配置与利用是企业财务管理的两大功能。企业的财务管理活动应十分重视如何使其拥有的有限资源得到最优化的配置，最大限度地发挥其整体的效用，既要防止资源供应不足而影响企业的整体规模效益，又要避免某些环节上的资源过剩和浪费。资源配置不仅表现在企业资源在不同来源之间的组合，还表现在不同用途之间的分配。

企业理财讲求资源配置的合理性。资源配置的合理性是指单位资源的投入使新的资源配置比原资源配置更趋合理，即在合理的资源配置下，每增加一个单位的资源投入所带来的收益总量和边际效益大于原来的收益总量和边际效益。

企业进行资源配置时，应注意以下两点：

(1) 企业的资源是有限的，企业应根据其短期经营目标与长期发展战略的要求，在资源配置和资本供求的关系上，寻找一个合理的均衡点，既不能盲目冒进，也不能畏缩保守，以确保企业长期稳定发展。

(2) 充分利用财务的考核、评价和分析功能，结合各项财务指标，及时评价公司资源的配置情况，随时把握企业各类资本的分配与比例关系，通过各项资本利用指标，定期考核和分析资本的周转能力和盈利水平，为企业不断调整资源配置提供依据。

1.3.4 成本-效益原则

成本-效益原则是指企业进行财务管理活动时必须讲求经济效益，即以最小的成本支出来获取最大的收益。基于成本-效益原则的考虑，在作筹资决策时，要进行资本成本与筹资收益的权衡；在投资决策中，要进行投资成本与投资收益的权衡；在运营资本管理中，收益难以量化，但应追求成本最小化；在分配管理中，在追求分配管理成本最小的前提下，妥善处理好各种财务关系。一般来讲，企业在进行成本-效益分析时，应遵循以下要求：

(1) 作财务决策时，如果备选方案的可实现收益小于其投入成本，就应该放弃此方案。

(2) 对于某些特殊的决策方案，在实施过程中可能要通过不断追加支出才使其投资效益不断增长，最终达到最大效益。在这种情况下，应对决策方案进行整体的成本-效益分析。

(3) 对于某些特殊的投资项目，当其收益难以确定时，应考虑在达到既定投资目标的前提下，如何使投入的成本最小化。

以最小的资本投入追求最大的产出效益，是企业理财的基本原则，也是一个成功企业自始至终追求的理想目标。但应注意，在理财实务中，成本-效益分析不可能绝对定量化，应尽可能把重点放在成本的节约方面，尤其是在日常的内部财务管理上，特别要注意资本的运作成本。

1.3.5 利益关系协调原则

企业理财有两层含义：一是要厘清企业的财产资源，二是要理顺企业不同利益主体之间的利益关系。因此，合理分配收益，协调各种利益关系，是搞好企业财务管理工作的一项重要原则。利益关系协调成功与否，直接关系到企业的所有者、债权人、经营者、职工以及其他利益主体的积极性和对收益的满意程度，更关系到企业理财目标的实现程度。

企业在处理经济利益关系时，首先，处理好企业与所有者之间的关系。但是保障所有者的利益不能以损害其他方面的利益为代价。其次，处理好企业与经营者之间的关系。企业应建立一定的激励机制，确保经营者的利益与企业的利益相一致。再次，处理好企业与国家之间的关系。企业首先应做到依法纳税，同时在不违反税法的前提下尽可能地维护企业利益。最后，处理好企业与职工之间的关系。企业应充分关心职工的利益，确保职工的工薪收入和各项福利，但也不能任意提薪和滥发奖金，直接造成对投资者利益的伤害等。总之，只有正确地处理好企业的各种财务关系，确保企业具有长久的综合发展能力，才能使企业的财务管理目标得以实现。

1.4 财务管理的基本环节

财务管理的基本环节是指财务管理的工作步骤和一般程序。一般来说，企业财务管理包括五个基本环节。

1.4.1 财务预测

财务预测是根据企业过去的财务活动资料，考虑现实的要求与条件，对企业未来财务活动的发展趋势作出科学的预计和预算。财务预测是财务决策的依据，是编制财务计划的前提，也是提高企业经济效益的手段。

财务预测是按照一定的程序进行的，其步骤如下：

(1) 确立财务预测的目标，使预测工作有目的地进行。

(2) 收集、分析财务预测的资料，并加以分类和整理。

(3) 建立预测模型，有效地进行预测工作。

(4) 论证预测结果。检查和修正预测的结果，分析产生的误差及其原因，以确保目标得以完成。

财务预测的主要方法有定性预测方法和定量预测方法两大类。

(1) 定性预测方法是由熟悉情况和业务的专职人员，根据过去的经验和专业知识，各自进行分析、判断，提出初步预测意见，然后通过一定的形式(如座谈会、讨论会、咨询调查、征求意见等)进行综合，作为预测未来的依据。

(2) 定量预测方法主要依据历史的和现实的资料，建立数学模型，进行定量预测。

这两类预测方法并不是相互排斥的，在进行预测时，应当将它们结合起来，互相补充，以提高预测的质量。

1.4.2 财务决策

财务决策是指财务人员根据财务管理目标的总要求，运用专门的方法，从各种备选方案中选择最佳方案的过程。财务决策是财务管理的核心，它是在财务预测的基础上进行的，又是财务计划的前提。

财务决策的内容非常广泛，一般包括筹资决策、投资决策、股利决策和其他决策。

财务决策不同于一般业务决策，具有很强的综合性。其决策程序如下：

(1) 确定决策目标。以预测数据为基础,结合本企业总体经营的部署和国家宏观经济的要求,确定决策期内企业需要实现的财务目标。

(2) 提出备选方案。以确定的财务目标为主,考虑市场可能出现的变化,结合企业内外有关财务和其他经济活动的资料以及调查研究材料,设计出为实现财务管理目标的各种备选方案。

(3) 选择最优方案。通过对各种可行备选方案的分析论证与对比研究,作出最优财务决策。

财务决策常用的主要方法有比较分析法、线性规划法、概率决策法和最大最小收益值法等。

1.4.3 财务预算

财务预算是指运用科学的技术手段和数量方法,对未来财务活动的内容及指标进行具体规划。财务预算是以财务决策确立的方案和财务预测提供的信息为基础编制的,是财务预测和财务决策的具体化,是控制财务活动的依据。

财务预算的编制程序如下:

(1) 分析财务环境,确定预算指标。

(2) 协调财务能力,组织综合平衡。

(3) 选择预算方法,编制财务预算。

1.4.4 财务控制

财务控制是在财务管理的过程中,利用有关信息和特定的控制手段,对企业财务活动所进行的调节。在企业经济控制系统中,财务控制是一种连续性、系统性和综合性最强的控制,也是财务管理经常进行的工作。

财务控制实施的步骤如下:

(1) 制定控制标准,分解落实责任。

(2) 实施追踪控制,及时调整误差。

(3) 分析执行情况,搞好考核奖惩。

财务控制的主要方法有:

(1) 事前控制。这是在财务活动发生之前所进行的控制活动。

(2) 事中控制。这是对企业生产经营活动中实际发生的各项业务活动按照计划和制度的要求进行审核,并采取措施加以实施。

(3) 事后控制。这是在财务计划执行后,认真分析检查实际与计划之间的差异,采取切实的措施,消除偏差或调整计划,使差异不致扩大。

1.4.5 财务分析

财务分析是根据财务会计核算资料,运用特定方法,对企业财务活动过程及其结果进行分析和评价的一项工作。通过财务分析,可以掌握各项财务计划的完成情况,评价财务状况，研究和掌握企业财务活动的规律，改善财务预测、决策、预算和控制，改善企业的管理水平，提高企业经济效益。

财务分析的目的不同，分析的侧重点也不同。一般来讲，财务分析的内容包括：

(1) 分析偿债能力。企业偿债能力分析包括短期偿债能力分析和长期偿债能力分析。短期偿债能力分析主要分析企业债务能否及时偿还。长期偿债能力分析主要分析企业资产对债务本金的支持程度和对债务利息的偿付能力。

(2) 分析营运能力。营运能力分析既要从资金周转周期的角度评价企业经营活动量的大小和资产利用效率的高低，又要从资产结构的角度分析企业资产构成的合理性。

(3) 分析盈利能力。盈利能力分析主要分析企业营业活动和投资活动产生收益的能力，包括企业盈利水平分析、社会贡献能力分析、资本保值增值能力分析以及上市公司税后利润分析。

(4) 分析综合财务能力。从总体上分析企业的综合财务实力，评价企业各项财务活动的相互联系和协调情况，揭示企业经济活动中的优势和薄弱环节，指明改进企业工作的主要方向。

财务分析常用的方法有对比分析法、因素分析法、趋势分析法和比率分析法。

1.5 财务管理的组织机构

1.5.1 财务管理的组织机构

企业财务管理组织机构的设置应综合考虑企业的经营性质与规模、行业特点、业务类型以及企业总体组织形式等多方面因素，机构内部的设置要体现分工明确、职权到位、责任清晰的要求，以保证企业财务工作顺利进行。

在市场经济体制下，财务管理组织机构可分为三种类型：

1. 以会计为轴心的财务管理机构

中小型企业财务管理的内容比较简单，其工作重点是利用商业信用筹资和收回应收账款，可以不单独设置财务管理组织机构，附属于会计部门。这种组织机构同时具备会计核算与财务管理双重职能。在机构内部以会计核算职能为轴心来划分内部职责，如在内部设立存货、长期投资、结算、出纳、成本等部门。

2. 与会计机构并行的财务管理机构

在大中型企业中，财务管理非常重要，其内容比较复杂，包括筹资、投资、收益分配等，所以一般要单独设立财务管理机构，这种机构的特点是会计核算职能与财务管理职能分离，财务管理职能由独立于会计核算职能之外的财务管理机构承担。企业财务工作的主要负责人是财务副总经理，他直接向总经理负责。在财务副总经理之下，设有财务部经理和会计部经理。财务部经理负责资本的筹资、使用和股利分配，会计部经理负责会计和税务方面的工作。财务部经理的职责是:组织财务活动，处理财务关系。详见表1-1。

表 1-1 财务部经理的职责

职　　责	要　　点
组织财务活动	(1) 资本筹集。合理预测资本需要量，正确选择筹资渠道和方式，及时足额地筹集资本，以满足生产经营对资本的需要；科学安排资本结构，努力降低资本成本。 (2) 资本运用。负责企业的各项投资，并与各种投资机构建立良好的关系。 (3) 股利分配。协助董事会处理好股利分配。 (4) 银行与保管。对企业货币的收支、有价证券的买卖及其他财务交易活动进行管理。 (5) 信用和收款。制定信用政策，催收企业的应收账款。 (6) 保险。鉴别和评估企业应保险财产可能发生的损失，选择适宜的保险
处理财务关系	处理企业与投资者、受资者、债权人、债务人、国家、往来客户、职工及企业内部单位之间的财务关系，确保财务目标的实现

3. 公司型财务管理机构

集团公司是在社会化大生产的基础上出现的一种新型企业组织形式，是现代商品经济条件下企业组织形式的创新。与一般企业相比，集团公司的财务活动一般分为四个层次：母公司层、子公司层、关联公司层和协作企业层。由于集团公司内部是由各自独立的成员企业组成，而非一个个独立的职能部门，与此相应，财务管理机构也适合采用法人形式，因而与集团公司相适应的财务管理机构是公司型财务管理机构，或者称财务公司。这种机构本身是一个独立的公司法人，独立对外从事各种财务活动，在公司内部不仅设立从事财务活动的业务部门，还应设置一般公司所需的行政部门。财务公司的主要职责是负责集团公司的整体财务管理和各成员企业之间的财务协调工作，以及各成员企业的日常财务管理工作。具体职责如下：

(1) 负责整个集团公司或者跨国公司的资金筹集，通常是通过金融市场取得资本。

(2) 运用整个集团公司或者跨国公司的盈余资本或者单独筹集资本从事金融市场投资、买卖金融商品、提供信用放贷等。

(3) 担当集团公司或者跨国公司内部银行的角色，在各成员企业间融通资本、办理结算等。

公司型财务管理组织机构如图 1-3 所示。

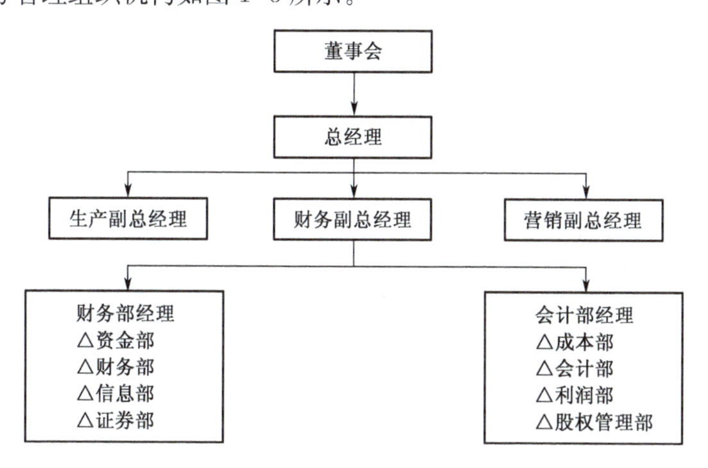

图 1-3 公司型财务管理机构图

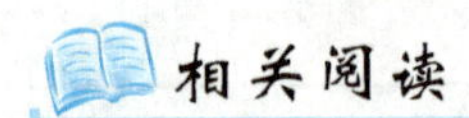
相关阅读

财务透视：从历史到现实

现代财务学家认为财务管理的发展大致经历了以下四个主要阶段。

1. 以筹资为重心的管理阶段

以筹资为重心的管理阶段起源于15—16世纪。当时，地中海沿岸的许多商业城市出现了由公众入股的商业组织，入股的股东有商人、王公、大臣和市民等。商业股份经济的发展客观上要求企业合理预测资本需要量，以有效筹集资本。但由于这时企业对资本的需要量并不是很大，筹资渠道和筹资方式比较单一，企业的筹资活动仅仅附属于商业经营管理活动，并没有形成独立的财务管理职业，这种情况持续了相当长的一个时期。

19世纪末20世纪初，工业革命的成功促进了企业规模的不断扩大、生产技术的重大改进和工商活动的进一步发展，股份公司迅速发展起来，并逐渐成为占主导地位的企业组织形式。股份公司的发展不仅引起了资本需求量的扩大，而且也使筹资的渠道和方式发生了重大变化，企业的筹资活动得到了进一步强化，如何筹集资本来扩大生产经营，成为大多数企业关注的焦点。在这种情况下，公司内部出现了一种新的管理职能，就是怎样筹集资本，怎样发行股票，企业有哪些资本来源，筹集到的资本如何有效使用，企业盈利如何分配，等等。于是，许多公司纷纷建立了一个新的管理部门——财务管理部门，来承担以上职能，财务管理开始从企业管理中分离出来，成为一种独立的管理职业。

这一阶段财务管理的主要特点是：(1)财务管理以筹集资本为重心，以资本成本最小化为目标。(2)注重筹资方式的比较选择，而对资本结构的安排缺乏应有的关注。(3)财务管理中也出现了公司合并、清算等特殊的财务问题。但由于资本市场不成熟、不规范，加之会计报表充满了捏造的数据，缺乏可靠的财务信息，在很大程度上影响了投资的积极性。财务管理的重点在于如何筹集资本，对于内部控制和资本运用问题涉及较少。

2. 以内部控制为重心的管理阶段

1929年，世界性经济危机的爆发导致了经济的普遍不景气，许多公司倒闭，投资者严重受损。为了保护投资者的利益，各国政府加强了证券市场的监管。美国在1933年、1934年分别通过了《联邦证券法》和《证券交易法》，要求公司编制反映企业财务状况和其他情况的说明书，并按规定的要求向证券交易委员会定期报告。政府监管的加强客观上要求企业把财务管理的重心转向内部控制。同时，对企业而言，如何尽快走出经济危机困境，内部控制也显得十分必要。在这种背景下，财务管理逐渐转向了以内部控制为重心的管理阶段。

这一阶段，财务管理的理念和内容发生了较大的变化：(1)财务管理不仅要筹措资本，而且要进行有效的内部控制，管好用好资本；(2)人们普遍认为，企业财务活动是与供应、生产和销售并列的一种必要的管理活动，它能够调节和促进企业的供、产、销活动；(3)对资本的控制需要借助于各种定量方法，因此，各种计量模型逐渐应用于存货、应收账款、固定资产管理上，财务计划、财务控制和财务分析的基本理论和方法逐渐形成，并在实践中得到了普遍应用；(4)如何根据政府的法律法规来制定公司的财务政策，成为公司财务管理的重要方面。

3. 以投资为重心的管理阶段

第二次世界大战以后，企业规模越来越大，生产经营日趋复杂，市场竞争更加激烈。为了在竞争中维持生存和发展，投资决策在企业财务管理中逐渐取得主导地位，而与资本筹集有关的问题则渐退居到第二位。

这一阶段的财务管理，形式更加灵活，内容更加广泛，方法也多种多样。表现为：(1)资产负债表中的资产项目，如现金、应收账款、存货和固定资产等引起了财务人员的重视。(2)财务管理强调决策程序的科学化，实践中建立了"投资项目提出→投资项目评价→投资项目决策→投资项目实施→投资项目再评价"的投资决策程序。(3)投资分析评价的指标从传统的投资回收期、投资报酬率向考虑货币时间价值的贴现现金流量指标体系转变，净现值法、现值指数法、内部报酬率法被广泛采用。(4)建立了系统的风险投资理论和方法，为正确进行风险投资决策提供了科学依据。

4. 以资本运作为重心的综合管理阶段

20 世纪 80 年代以后，随着市场经济特别是资本市场的不断发展，财务管理开始朝着综合性管理的方向发展。主要表现为：(1)财务管理被视为企业管理的中心，资本运作被视为财务管理的中心。财务管理是通过价值管理这个纽带，将企业管理的各项工作有机地协调起来，综合反映企业生产经营各环节的情况。(2)财务管理要广泛关注以资本运作为重心的资本筹资、资本运用和资本收益分配，追求资本收益的最大化。(3)财务管理的视野不断拓展，新的财务管理领域不断出现。通货膨胀引起了通货膨胀财务问题，跨国经营引起了国际财务管理问题，企业并购浪潮引起了并购财务问题，这些领域受到了人们的广泛关注。(4)计量模型在财务管理中的运用变得越来越普遍。(5)计算机技术、电子通信和网络技术等先进方法和手段在财务管理中的应用，极大促进了财务管理手段的重大变革，大大提高了财务管理的效率。

透视财务管理的发展过程，我们可以看到，财务管理经历了由低级到高级、由简单到复杂、由不完善到完善的发展过程。财务管理是一个动态的和发展的概念，在财务管理发展的过程中，环境因素起着十分重要的作用。可以预料：在未来社会，知识经济时代的到来必将引起财务管理思想、管理理论和管理方法的重大变革，为财务管理注入新的思想和活力，使财务管理不断地朝着现代化方向迈进。

(资料来源：赵德武.财务管理[M].2 版.北京：高等教育出版社，2007；张敏.智能财务十大热点问题论[J].财会月刊，2021(2)：25-30.)

本章小结

财务管理是企业组织财务活动和处理财务活动中所发生的财务关系的一项经济管理工作，是企业管理的一个重要组成部分。它包括筹资、投资、资本营运及分配活动。要使企业财务管理有效，必须设置财务管理目标。财务管理目标是指在特定的财务管理环境中，通过组织财务活动，处理各种财务关系所要达到的目的。

企业从事财务管理工作一般应遵循以下几条原则：价值最大化原则、风险与收益均衡原则、资源合理配置原则、成本-效益原则与利益关系协调原则。

实现财务管理目标,一般要经历财务预测、财务决策、财务预算、财务控制与财务分析等几个环节。

企业财务管理组织机构的设置应综合考虑企业的经营性质与规模、行业特点、业务类型以及企业总体组织形式等多方面因素,机构内部的设置要体现分工明确、职权到位、责任清晰的要求,以保证企业财务工作顺利进行。其组织机构可分为三种类型:以会计为轴心的财务管理机构、与会计机构并行的财务管理机构和公司型财务管理机构。

关键概念

财务管理(financial management)

财务管理环节(the cycle of financial management)

财务管理目标(financial management objectives)

财务管理内容(the content of financial management)

财务管理原则(the principle of financial management)

利润最大化(profit maximization)

每股盈余最大化(earnings per share maximization)

企业价值最大化(enterprise value maximization)

自测题

一、单项选择题

1. 下列属于通过采取激励方式协调所有者与经营者之间利益冲突的方法是(　　)。

A. 股票期权　　B. 解聘　　C. 接收　　D. 限制性借债

2. 下列经济活动中,能够体现企业与投资者之间财务关系的是(　　)。

A. 企业向职工支付工资

B. 企业向其他企业支付货款

C. 企业向国家税务机关缴纳税款

D. 国有企业向国有资产投资公司支付股利

3. 股份公司财务管理的最佳目标是(　　)。

A. 总产值最大化　　B. 收入最大化

C. 利润最大化　　D. 股东财富最大化

4. 以下各项活动不属于筹资活动的有(　　)。

A. 确定资金需求规模　　B. 合理使用筹集到的资金

C. 确定最佳资本结构　　D. 发行公司股票

5. 企业筹措和集中资金的财务活动是指(　　)。

A. 分配活动　　B. 投资活动　　C. 筹资活动　　D. 决策活动

6. 相对于每股利润最大化目标而言，企业价值最大化目标的不足之处是（　　）。

A. 没有考虑资金的时间价值　　B. 没有考虑投资的风险价值

C. 不能反映企业潜在的获得能力　　D. 不能直接反映企业当前的获得水平

7. 企业同其债务人之间的财务关系反映的是（　　）。

A. 经营权与所有权之间的关系　　B. 债权债务关系

C. 投资与受资关系　　D. 债务债权关系

8. 下列各项中，不能协调所有者与债权人之间矛盾的方式是（　　）。

A. 市场对公司强行接收或吞并　　B. 债权人通过合同实施限制性借款

C. 债权人停止借款　　D. 债权人收回借款

9. 下列各项中，能够用于协调企业所有者与企业债权人之间矛盾的方法是（　　）。

A. 解聘　　B. 接收　　C. 激励　　D. 停止借款

10. 在资本市场上向投资者出售金融资产，如借款、发行股票和债券等，从而取得资金的活动是（　　）。

A. 筹资活动　　B. 投资活动

C. 收益分配活动　　D. 扩大再生产活动

二、多项选择题

1. 在不存在任何关联方交易的前提下，下列各项中，无法直接由企业资金营运活动形成的财务关系有（　　）。

A. 企业与投资者之间的关系　　B. 企业与受资者之间的关系

C. 企业与政府之间的关系　　D. 企业与职工之间的关系

2. 下列各项中，可用来协调公司债权人与所有者矛盾的方法有（　　）。

A. 规定借款用途　　B. 规定借款的信用条件

C. 要求提供借款担保　　D. 收回借款或不再借款

3. 下列各项中，属于企业筹资引起的财务活动有（　　）。

A. 偿还借款　　B. 购买国库券

C. 支付股票股利　　D. 利用商业信用

4. 为确保企业财务管理目标的实现，下列各项中，可用于协调所有者与经营者矛盾的措施有（　　）。

A. 所有者解聘经营者　　B. 所有者向企业派遣财务总监

C. 公司被其他公司接收或吞并　　D. 所有者给经营者以“股票选择权”

5. 以“企业价值最大化”作为财务管理目标的优点有（　　）。

A. 有利于社会资源的合理配置

B. 有助于精确估算非上市公司价值

C. 反映了对企业资产保值增值的要求

D. 有利于克服管理上的片面性和短期行为

6. 下列有关企业财务管理目标的说法中，正确的有（　　）。

A. 企业的财务管理目标是利润最大化

B. 增加借款可以增加债务价值以及企业价值，但不一定增加股东财富，因此企业价值最大化不是财务管理目标的准确描述

C. 追加投资资本可以增加企业的股东权益价值，但不一定增加股东财富，因此股东权益价值最大化不是财务管理目标的准确描述

D. 财务管理目标的实现程度可以用股东权益的市场增加值度量

7. 以下各项活动属于筹资活动的有（　　）。

A. 确定资金需求规模　　B. 合理使用筹集到的资金

C. 确定最佳资本结构　　D. 发行公司股票

8. 债权人与所有者的矛盾表现在未经债权人同意，所有者要求经营者（　　）。

A. 投资于比债权人预期风险要高的项目

B. 发行新债券而致使旧债券价值下降

C. 扩大赊销比重

D. 改变资产与负债及所有者权益的对应结构

9. 财务管理的环节包括（　　）。

A. 财务预测　　B. 财务决策　　C. 财务预算　　D. 财务控制

三、判断题

1. 在协调所有者与经营者矛盾的方法中，接收是一种通过所有者来约束经营者的方法。（　　）

2. 股东财富由股东所拥有的股票数量和股票市场价格两方面来决定。如果股票数量一定，当股票价格达到最高时，股东财富也达到最大。（　　）

3. 普通合伙企业的合伙人必须对合伙企业的债务承担无限连带责任。（　　）

4. 公司以股东财富最大化为财务管理目标，意味着公司创造的财富应首先满足股东期望的回报要求，然后再考虑其他利益相关者。（　　）

5. 就上市公司而言，将股东财富最大化作为财务管理目标的缺点之一是不容易被量化。（　　）

6. 财务管理是基于企业再生产过程中客观存在的生产活动和财务关系而产生的，是企业组织生产活动、处理与各方面财务关系的一项经济管理工作。（　　）

7. “解聘”是一种通过市场约束经营者的办法。（　　）

8. 企业财务管理工作一般应遵循价值最大化、风险与收益均衡、资源合理配置、成本-效益、利益关系协调等原则。（　　）

9. 企业财务机构的设置要体现分工明确、职权到位，责任清晰的要求。（　　）

10. 股东与管理层之间存在委托—代理关系，由于双方目标存在差异，因此不可避免地会产生冲突，一般来说，这种冲突可以通过一套激励、约束和惩罚机制来协调解决。（　　）

四、问答题

1. 简述财务管理的含义与内容。

2. 简述财务管理的目标。

3. 如何处理股东与管理者、股东与债权人之间的代理关系？
4. 股东财富最大化作为财务管理目标，有哪些优点？
5. 企业在财务管理活动中应当正确处理哪些财务关系？

经典案例

鞍钢的选择：以财务管理为中心

曾以“鞍钢宪法”闻名于世的鞍钢，是拥有近 50 万名职工和 80 年历史的国有特大型企业，为国家创造过 600 多亿元的利税，有着光辉的业绩。但是，市场经济的冲击，使鞍钢原有的管理模式面临严重的挑战。一方面，产品库存显著上升，资金回笼十分困难，全国各地拖欠鞍钢的货款高达 50 多亿元；另一方面，调整产品结构需要进行技术改造，而技术改造又缺乏资金。向银行贷款一是没有那么多额度，二是即使能贷款却负担不起大量的利息，企业不堪负担。企业陷入了“怪圈”。1995 年 1—2 月，亏损 2 亿元。这种亏损局面一直持续了 8 个月。

经过分析，困扰鞍钢的“怪圈”根子在资金。资金是企业的血液。过去，由于忽视财务管理和资金管理，鞍钢一方面资金严重紧张，另一方面资金“跑、冒、滴、漏”现象严重，资金分散，银行账户达 800 多个。资金使用效率低，各单位只争资金，不计成本，乱投资、乱上项目，有限的资金没有用在刀刃上，有的技术改造项目得不到预期的效益，相当一部分资金进入“死点”，无法盘活。为此，鞍钢制定了以资金管理为中心的财务管理和以财务管理为中心的企业管理模式。他们对资金使用引入了市场机制，实行资金限额总量控制，统一信贷，差别利率，有偿使用。限额内占用资金按基本利率计算，超过定额占用资金按超期时间及比例上浮利率，对挤占、挪用或违章占用资金的采取罚息或收回资金的措施。

鞍钢在加强财务管理和资金管理的同时，还抓住了成本这个关键。公司对各单位按不同类型全面核定目标成本。主业生产单位的目标成本一律采取公司历史上的先进消耗定额水平，并采用“倒推”的办法，即从市场可接受的价格开始，从后向前，测算出每道工序的目标成本，然后层层分解，落实到每个职工，形成“企业重担众人挑，人人身上有指标”的格局。例如，铁厂以矿石成本为基数，加上风、电、水、氧、焦炭等原材料的消耗，加上劳动力成本，折算成内部价格给炼钢厂，炼钢厂再以同样方式算出每吨钢的市场模拟价格给下道工序……1995 年下半年，这种内部市场机制运转后，全公司一举扭转了成本超支的局面，降低成本 3.2 亿元。通过严格的成本管理，大力压缩开支，降低成本，使设备改造实现了低投入、高产出。第三炼钢厂的一个技改项目，原来预算为 9 亿元，经过精打细算压缩到 7.6 亿元，并且保证了质量。

鞍钢确定以精干主体为改革目标，迫使分离出去的单位千方百计寻求新的经济增长点，进行多元化经营。实行分灶吃饭后，干部职工有了一种发展的压力与紧迫感，从而进行相应的转机建制改革。在这里，危机就是转机，压力就是潜力。

经过一系列的运行机制和管理方式的再造变革，到 1995 年 8 月，终于遏止了亏损的势头，在上缴利税之后，实现利润 3.3 亿元，鞍钢重现勃勃生机。

资金是企业的血液，成本是企业的心脏。鞍钢是在资金极度紧张、产品销路不畅、技术改造历史欠账过多、社会负担十分严重的困难条件下推进改革的。他们从资金入手，抓住成本这个关键，以扭亏为盈作为突破口，建立起核算体系、财务体系、考核体系，为初步实现经济体制与经济增长方式的转变创造了条件。

（资料来源：张文贤.中国会计案例选[M].上海：复旦大学出版社，1998.）

案例讨论

（1）试分析财务管理在企业管理中的中心地位以及鞍钢人经世济民的求索之路。

（2）跟踪分析不同时代鞍钢集团的财务创新之举。

提升阅读

[1] 王化成，刘金钊，孙昌玲，等.基于价值网环境的财务管理：案例解构与研究展望[J].会计研究，2017(7)：11-19.

[2] 金灿灿，王竹泉，王海龙.财务共享模式下企业营运资金管理绩效研究：基于海尔集团2007—2014年的纵向案例[J].财会通讯，2017(2)：98-103.

[3] 李心合.企业财务理论研究40年：回望、反思与前瞻[J].会计研究，2018(07).

[4] 田高良，陈虎，孙彦丛，等."大智移云物"背景下的财务转型研究[J].财会月刊，2019(20)：3-7.

[5] 李立成，刘勤.数字经济背景下的财务创新：第十八届全国会计信息化学术年会主要观点综述[J].会计研究，2019(10)：95-97.

[6] 刘梅玲，黄虎，佟成生，等.智能财务的基本框架与建设思路研究[J].会计研究，2020(3)：179-192.

[7] 张先治.新中国基于会计的财务管理发展历程及改革探索[J].会计研究，2020(8)：3-17.

[8] 丁胜红，周红霞.企业财务管理理论创新研究[J].会计研究，2020(8)：104-114.

[9] 颉茂华，张婧鑫，刘远洋.我国财务管理实践探索、理论创新与发展路径[J].财会月刊，2021(1)：52-58.

[10] 张敏.智能财务十大热点问题论[J].财会月刊，2021(2)：25-30.

第二章

财务管理环境

本章结构框架

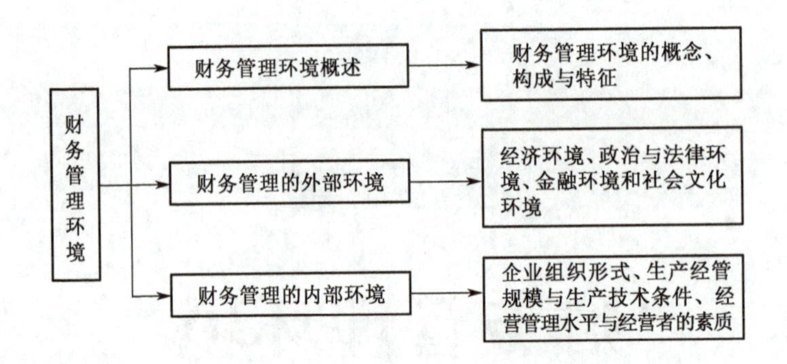

本章学习目标

通过本章学习，认识环境对财务管理的影响，尤其是经济环境、金融环境、政治与法律环境、社会文化环境对财务管理的影响，理解企业财务管理为什么要适应环境。

财务管理是在一定的环境中进行的。不同时期、不同国家以及不同领域的财务管理活动有着不同的特征，究其原因，是影响财务管理的环境因素不尽相同。因此，分析和研究财务环境的影响，是做好财务管理工作的前提和基础。

2.1 财务管理环境概述

2.1.1 研究财务管理环境的意义

财务管理环境又称理财环境，是指对企业财务活动和财务管理产生影响作用的企业内外各种条件。企业财务活动在相当大程度上受财务管理环境的影响和制约。一个国家或一个地区的经济体制、经济结构、市场、财税、金融及法律制度环境及其变化都会影响企业财务活动和财务决策。因此，企业财务人员就必须深入系统地研究财务管理所面临的各种环境。研究财务管理环境的意义，主要表现在以下三个方面：

(1) 有助于全面、正确地认识财务管理发展的历史规律，把握其未来发展趋势。财务管理的发展受多种因素的影响，是各种环境因素综合作用的结果。财务管理发展史表明，在财务管理的环境因素中，某些因素起着主导作用，对财务管理理论与实践活动的发展影响很大。因此，只有首先认识这些环境因素及其在各历史阶段的变化特征，才能把握财务管理自身的发展变化规律。

(2) 有助于增强企业财务管理对环境的适应能力。财务管理环境是企业财务管理赖以

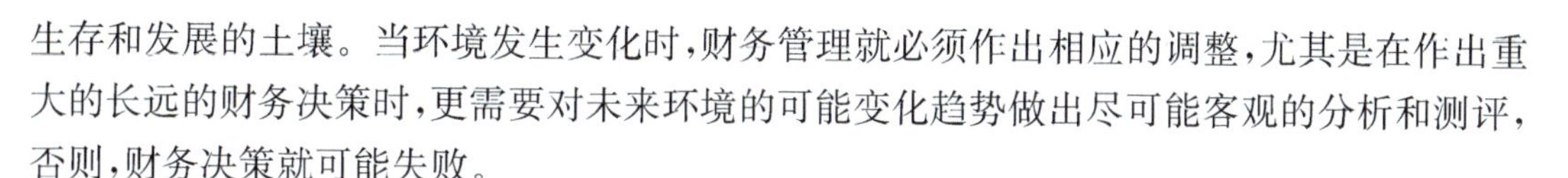

生存和发展的土壤。当环境发生变化时,财务管理就必须作出相应的调整,尤其是在作出重大的长远的财务决策时,更需要对未来环境的可能变化趋势做出尽可能客观的分析和测评,否则,财务决策就可能失败。

(3) 有助于提升财务管理理论水平。财务管理理论研究的目的,不应仅限于正确地反映财务管理实践,更重要的是理论指导实践。财务管理实践如果缺少正确的理论指导,就可能是十分盲目的。财务管理的发展变化,绝不是简单的几个因素或某一特定因素作用的结果,而是诸多方面因素综合作用的结果。因此,进行财务管理理论研究,就必须密切注意影响财务管理的各种环境及其变化。

2.1.2 财务管理环境的构成

企业财务主体面对的财务管理环境是多种多样的,从不同的角度和标准可做出不同的分类。

1. 宏观财务管理环境和微观财务管理环境

财务管理环境按其涉及范围可分为宏观财务管理环境和微观财务管理环境。

宏观财务管理环境是指影响企业财务活动的各种宏观因素,主要包括政治与法律因素、经济因素、社会文化以及科技因素等。宏观环境是作为企业外部的影响企业财务活动的客观条件而存在的。企业是整个社会经济系统的一个基本单元或组织细胞,社会经济环境是企业赖以生存和发展的土壤。社会经济环境的任何变化都会对企业财务活动产生广泛影响。

微观财务管理环境是指影响企业财务活动的各种微观因素,主要构成要素有市场状况、生产经营状况、企业管理体制、企业组织形式、内部管理水平、财务组织结构、领导及员工素质等。微观环境的变化一般只对特定企业的财务活动产生具体影响。

在财务管理环境中,宏观环境对企业财务管理的影响是广泛的、间接的,宏观因素要通过微观因素起作用,而微观环境特别是企业内部环境的影响则是具体的、直接的。但是在特定时期,各种不同的环境因素对企业的影响程度、范围、方式都不会完全相同,甚至同类或同种因素对不同企业的影响、作用的方向也会不一致。例如,在通货膨胀时期,从总体上看物价上涨会普遍推动产品成本上升,导致产品滞销,生产萎缩,但有的企业却能从物价上涨中获利。企业的财务管理活动要在政治、法律、经济及科技等环境的大背景下进行,但与企业财务管理活动密切相关的因素是各利益相关者。这些利益相关者会直接制约和影响企业财务管理活动,但它们的利益相关程度的强弱却不相同,作用方式也各异。

2. 企业外部财务管理环境和内部财务管理环境

按制约或影响企业财务管理活动的因素是来自于企业外部还是内部划分,可以将财务管理环境分为企业外部财务管理环境和企业内部财务管理环境。

企业外部财务管理环境是指独立存在于企业外部的影响财务活动的客观条件和因素,如社会、政治、经济制度、市场、国家经济政策等。

企业内部财务管理环境是指存在于企业内部的影响财务活动的条件和因素,如企业内部组织形式、产品的生产状况、企业的各项规章制度、企业内部人事制度等。

3. 可控的财务管理环境和不可控的财务管理环境

按财务管理环境是否可以控制，可划分为可控财务管理环境和不可控财务管理环境。可控财务管理环境是指企业通过自身努力可以改变或部分改变的环境因素，如企业的内部环境。不可控财务管理环境是指企业自身无法控制，只能被动适应的环境因素，如经济环境、法律环境、金融环境、自然地理环境、社会文化环境等。

2.1.3 财务管理环境的特征

为了正确地了解和掌握财务管理环境，我们要正确地理解财务管理环境的特征。

1. 系统性

企业财务管理环境不是由一些杂乱无章的事物（要素）构成，而是由众多不同种类的系统构成的。企业财务管理活动所处的或所面临的环境是各种各样的、不同层次的系统。企业本身就是一个系统，它是由不同的子系统如生产系统、销售系统、采购系统、财务系统、人事系统、工程技术系统等按特定方式构成，各个子系统又由不同的要素按照一定的方式组成。因此，企业作为一个独立的财务主体，其财务管理活动所面对的是有序的自我组织和运行的各类系统，如政治法律系统、经济系统、科学技术系统、教育系统、社会保障系统等。

财务管理环境的系统性特征要求企业进行财务管理活动时必须用系统的观点和方法分析整体的财务管理环境。一方面，企业的财务管理活动必须依赖于财务管理环境，要适应财务管理环境的变化；另一方面，企业的财务管理活动又会反过来影响财务管理环境。因此，进行财务活动时既要分析环境中对企业的有利和不利因素，又要分析企业财务活动对财务环境的影响。

2. 变动性

企业财务管理环境有的变化比较缓慢，不易及时察觉和把握；有的是突变的，很快就会影响企业的生存和发展。财务管理环境或慢或快的变化，有时会给企业带来财务管理活动的方便，有时则可能带来麻烦。因此，企业财务人员应及时预测其理财环境变化的趋势和特征，通过制定和选择富有弹性的财务管理战略和政策，抓住环境因素突变可能出现的各种有利机会，抵御环境变化可能对财务活动造成的不利因素。

3. 复杂性

企业的财务管理环境因素是多方面的、复杂的，既有经济、技术、文化等方面的因素，又有政治、社会方面的因素，这些因素综合地对企业财务管理产生直接或间接影响。因此，企业财务人员必须全面分析各种因素的影响，特别是着重分析那些对财务管理活动影响重大的因素，以便作出科学的财务决策。

4. 交互性

构成财务管理环境的各种因素是相互依存、相互制约的，无论哪一个因素发生变化，都会直接或间接地引起其他因素的变化。例如，消费结构的变化会使市场需求发生变化，市场需求的变化会影响企业投资方向，等等。这些相互作用、相互依存的关系，都会使企业财务管理活动产生连锁反应。

5. 不确定性

环境因素的变动是企业财务人员事先难以准确预料且无法实地加以控制的。凡是企业财务人员不能控制的因素，都构成企业财务管理环境的不确定性因素，如市场上各种生产要素价格的变动，都将影响企业的成本和利润，使企业管理成本和利润方面的不确定性增大。因此，企业财务管理活动所作的决策往往带有一定的风险。

企业要适应环境，就得认识环境，只有在全面、透彻地研究财务管理环境的前提下，才能把握财务管理环境变化的规律性，抓住环境因素突变可能产生的获利机会或回避可能出现的风险，按照环境的发展变化不断调整企业的财务策略，使企业的财务活动与变化了的财务管理环境相协调，适应外部环境对企业财务管理产生的影响。

2.2 财务管理的外部环境

2.2.1 经济环境

经济环境是财务管理的重要环境。经济环境一般包括经济体制、经济发展水平、经济周期、经济政策、通货膨胀等。

1. 经济体制

经济体制是指制定并执行经济决策的各种机制的总和。经济体制主要包括以下三个方面的内容：

(1) 集权与分权的程度。集权与分权会影响企业理财的作用范围。在完全集权化的经济体制下，决策权集中于单一的中央指挥机构，并由该机构向组织内的低层单位发布指示。而在完全分权化的经济体制下，决策权则分散给独立于高层权力机构的低层次单位。尽管现实生活中很少真实地存在完全的集权制和完全的分权制，但集权的经济体制事实上“剥夺”了企业一定的财务决策权，而偏于分权的经济体制则使财务决策权更多地“回归”企业。

(2) 市场与计划的协同作用。计划与市场协调作用的方式及其变化，也影响着企业财务管理。企业财务管理的过程也就是优化资源配置的过程。在以计划为导向的经济体制下，资源配置是根据计划指令进行的。而在以市场为导向的经济体制下，资源配置是根据市场信息进行的。因此，只有在以市场为导向的经济体制下，企业财务管理才会有更多的机会和更大的必要发挥其主观能动作用。

(3) 确立经济目标及诱导人们实现目标的激励机制。激励机制的特征也会给企业财务管理带来一定的影响。激励的方式、手段和力度，会直接影响企业财务管理过程中的利益分配，并进而影响企业员工包括财务管理人员的积极性。

2. 经济发展水平

企业财务管理的发展水平与经济发展水平是密切相关的，经济发展水平越高，企业财务管理水平一般也就越好。在经济发达国家或地区，企业经济生活中存在许多新的经济内容、复杂的经济关系和完善的生产方式，这使得财务管理的内容、方法与手段不断得到创新。而不发达的国家或地区，其经济发展水平较低，企业经济活动内容简单，企业规模小，这也决定了这些国家或地区的企业财务管理，无论在内容、方法还是手段上，都严重落后于发达国家或地区和发展中国家或地区。

3. 经济周期

在市场经济条件下，经济发展与运行带有一定的波动性，大体上经历复苏、繁荣、衰退和萧条几个阶段的循环，这种循环叫经济周期。经济发展的周期性对企业财务管理有着重大的影响。在不同的经济周期，企业应当相应地采取不同的财务管理策略。为此，西方财务学者曾探讨了资本主义国家经济周期中的经营理财策略，其要点归纳如表 2-1 所示。

表 2-1　经济周期中的经营理财策略

复　苏	繁　荣	衰　退	萧　条
(1) 增加厂房设备 (2) 实行长期租赁 (3) 建立存货 (4) 开发新产品 (5) 增加劳动力	(1) 扩充厂房设备 (2) 继续建立存货 (3) 提高产品价格 (4) 开展营销规划 (5) 增加劳动力	(1) 停止扩张 (2) 出售多余设备 (3) 停产不利产品 (4) 停止长期采购 (5) 削减存货 (6) 停止扩招雇员	(1) 建立投资标准 (2) 保持市场份额 (3) 压缩管理费用 (4) 放弃次要利益 (5) 削减存货 (6) 裁减雇员

我国的经济发展与运行也显现出特有的周期特征，带有一定的经济波动。企业的筹资、投资和资本营运等财务活动都要受到这种经济波动的影响。总之，面对经济的周期性波动，企业财务人员必须预测经济变化情况，适时调整财务管理策略。

4. 经济政策

经济政策是国家进行宏观经济调控的重要手段。国家的产业政策、金融政策、财税政策、价格政策对企业财务活动都会产生重要影响。如金融政策中货币的发行量、信贷规模都会影响企业投资的资金来源和预期收益；财税政策会影响企业的资本结构和投资项目的选择；价格政策会影响资本的投向和投资的回收期。可见，经济政策对企业财务管理的影响是非常大的。这就要求企业财务人员应当深刻领会国家的经济政策，更好地为企业的经营理财活动服务。

5. 通货膨胀

通货膨胀犹如一个影子，始终伴随着现代经济的发展。通货膨胀不仅降低了消费者的购买力，也给企业财务管理带来诸多不利影响。其主要表现如下：①引起资金占用的大量增加，从而增加企业的资金需求；②引起企业利润虚增，进而造成企业资金因利润分配而流失；③引起利率上升，加大企业的资本成本；④引起有价证券价格下降，进而增加企业筹资的困难；⑤引起资金供应紧张，进而增加企业筹资的难度。因此，为了减轻通货膨胀对企业造成的不利影响，企业应积极采取措施予以预防。在通货膨胀初期，货币面临着贬值的风险，企业可通过与客户签订长期购货合同、取得长期负债等方式，减少企业损失。在通货膨胀持续期，企业可以采取较为严格的信用条件，减少企业债权。

2.2.2　政治与法律环境

政治和法律都属于上层建筑范畴，它们的内容是由经济基础决定的。上层建筑并不只是消极地由经济基础决定，它反过来又对经济基础产生影响，尤其是其中占主导地位的政治和法律。

1. 政治环境

各阶级、各利益集团的物质利益，不但通过政治集中地表现出来，而且要通过政治达到自己的目的。政治环境包括三个方面：国家、政治思想和政治实践。其中，国家政权机关是政治的基本内容。企业财务管理不仅要服从于人们讲求经济效果这一一般要求，而且还要服从于统治阶级特定的政治要求。无论在什么样的政治制度下，统治阶级都要通过财务管理处理社会各阶级（或阶层）及其内部的利益分配关系。这就不能不使企业财务管理带有浓厚的政治色彩。

政治环境中的政治思想和政治活动，也是不可忽视的。但政治思想和政治活动，尚不可能对企业财务管理产生直接的影响。它们只有通过潜移默化地影响人们的行为或最终引起国家政权的变革，才能对企业财务管理产生实质性的影响。

2. 法律环境

财务管理的法律环境是指影响财务管理的各种法律因素。法律是体现统治阶级意志，由国家直接制定或认可的，并以国家强制力保证实施的行为规范的总和。不同社会制度下的法律，反映着不同阶级的意志，代表着不同阶级的利益，具有各自的特征。所以，不同社会制度下的法律，会给企业财务管理带来不同的影响。同样，在同一社会制度下，法律规范及其具体内容的变化，也会给企业财务管理带来影响。一方面，法律提出了企业经济活动所必须遵守的规范或前提条件，从而对企业的行为进行约束；另一方面，法律也为企业依法从事各项经济活动提供了保护。随着我国经济改革的深化，国家管理经济将越来越多地采用法律手段，因而企业财务管理受法律规范的约束也表现得日益显著。目前，直接制约我国企业财务管理的法律规范主要包括：企业法、公司法、税法、证券法、企业财务通则、企业财务制度等。显然，企业财务管理只能在这些法律规范的许可范围内进行。法律规范的发展和变化，也同样会制约和影响企业的财务管理。

2.2.3 金融环境

1. 金融市场及其构成要素

金融市场有广义和狭义两种概念，广义的金融市场泛指一切金融性交易，包括金融机构与客户之间、金融机构与金融机构之间、客户与客户之间所有以资本为交易对象的金融活动；狭义的金融市场仅限于以票据和有价证券为交易对象的交易活动。一般意义上的金融市场则是指狭义的金融市场。金融市场的基本构成主要包括四大要素：

（1）交易对象。金融市场的交易对象是货币资金。无论是银行的存贷款，还是证券市场上的证券买卖，最终都会发生货币资金的转移。然而，金融交易与商品买卖不同，它在大多数情况只是发生货币资金使用权的转移，而商品交易则表现为商品所有权和使用权的同时转移。

（2）交易主体。交易主体又称金融市场的参与者，是指参与金融市场交易活动的货币资金供应者或需求者。在金融市场上，资金供应者（金融工具的购买者）主要有居民、企业、金融机构和政府。居民若用储蓄购买股票、债券，就可直接将资金提供给金融市场；若将储蓄存入银行等金融机构，则须通过这些金融机构将资金提供给金融市场。企业在业务活动中，有时会出现暂时闲置的货币资金，因而也可能会以资金供应者的身份参与金融市场。金融机构是金融市场货币资金的主要供应者。金融机构通过各种方式集聚资金，然后发放贷款或进行投资，以资金供给者的身份向市场上的资金需求者提供资金。政府部门主要是处于借款人的地位，但政府在很多情况下也是资金的供应者，如税款收入在已收进而未支用之前，可提供给资金需要者。必要时，政府部门也可直接从金融市场上购买金融工具，成为金融市场直接的资金供应者。

资金的需求者是指通过发行金融工具融通资金的机构和个人。前所述及的四种金融市场的资金供应者，同时也是资金的需求者。居民融通资金主要是为了购买住房和耐用消费品。企业是金融市场上最大的资金需求者，企业不仅依赖商业银行或其他金融机构的中短期贷款来满足其对短期资金的需要，而且还通过金融市场发行股票和债券筹集长期资金。金融机构是资金融通的中介，当其自身资金准备不足或难以满足客户需要时，就要通过同业拆借、再贷款、再贴现、发行股票等方法获取资金，从而成为金融市场的资金需求者。政府为了经济建设需要，通过发行国库券和公债券筹集资金，因此政府也是金融市场资金的重要需求者。

(3) 交易工具。金融市场的交易工具即金融工具，亦称信用工具，是以书面形式发行和流通，借以保证交易双方权利义务的凭证。由于金融市场是公开的，因此，如果金融工具不能取得社会的广泛信任，就无法发行和正常流通。所以，作为金融市场交易工具的金融工具必须具有较高的信用质量。这种信用质量主要取决于金融工具发行者的信誉、金融工具的流动性和收益性特征等。

作为证明信用交易内容的书面凭证的金融工具一般具有四个基本特征：一是期限性，即债务人必须归还全部本金之前所经历的时间。二是流动性，亦即变现性，是指金融工具在不受损失的情况下迅速转变为现金的能力。三是风险性，即金融工具的本金和预定收益遭受损失的可能性。四是收益性，即持有金融工具所能带来的收益。

在我国，金融工具主要有商业票据、国债、可转让大额定期存单、股票、债券等。

(4) 交易价格。金融市场的交易价格一般表现为利率。金融市场的利率主要有中央银行再贴现率、商业银行存贷款利率、同业拆借利率以及政府公债利率等。其中，中央银行再贴现率是基准利率，反映国家的货币政策和市场资金供求状况。商业银行存贷款利率则反映企业的资金供求状况。同业拆借利率是金融机构之间的短期借贷利率，反映各金融机构的资金状况，是货币市场上的代表性利率。而政府公债利率则是一种代表性的长期利率，证券市场的交易价格虽不是利率，而是表现为证券价格，但通常证券价格与利率有着密切的关系：利率上升，证券价格下跌；反之，利率下降，证券价格上升。

一般来说，金融市场上资金的利率可以用下式表示：

$$利率=无风险利率+通货膨胀附加率+风险报酬率$$

其中风险报酬率又包含三个具体内容，即违约风险报酬率、流动性风险报酬率和期限风险报酬率。这样，利率的一般计算公式可表示为：

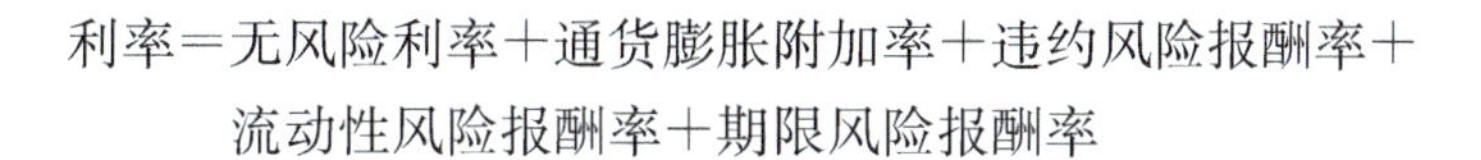

利率＝无风险利率＋通货膨胀附加率＋违约风险报酬率＋流动性风险报酬率＋期限风险报酬率

公式中：

① 无风险利率，又称纯利率，是指没有风险和通货膨胀情况下的平均利率。影响纯利率的基本因素是资金的供求关系。因而，纯利率并非一成不变的，而是会随资金供求的变化而不断变化。在实际工作中，在无通货膨胀的情况下，可用政府公债的利率来代表纯利率。

② 通货膨胀附加率。持续的通货膨胀，会不断降低货币的实际购买力，同时，对投资项目的投资报酬率也会产生影响。资金的供应者在通货膨胀的情况下，必然要求提高利率水平以补偿其购买力损失。所以，利率除纯利率之外还应加上通货膨胀因素，以补偿因通货膨胀所遭受的损失。

③ 违约风险报酬率。违约风险是指借款人无法按时支付利息或偿还本金而给投资人带来的风险。为了弥补违约风险，就必须提高利率，违约风险越大，投资人要求的利率报酬越高。企业债务的违约风险取决于由债券发行主体和发行条件决定的债券信用等级。信用等级越高，表明违约风险越低，从而利率也越低。

④ 流动性风险报酬率。流动性风险是指某项资产的因变现能力降低所产生的风险。如果一项资产能不受损失地迅速转化为现金，说明其变现能力强，流动性风险小；反之，则说明其变现能力弱。政府债券、大公司的股票与债券，由于信用好，变现能力强。而一些不知名的中小企业发行的证券，变现力风险则较大，投资人就会要求流动性风险报酬率作为补偿。

⑤ 期限风险报酬率。一项负债，到期日越久，债权人承受的不确定因素就越多，承担的风险也就越大。为弥补这种风险而增加的利率水平，就叫期限风险报酬率。例如，同时发行的国库券，5 年期的利率就比 3 年期的利率高。因此，长期利率一般要高于短期利率，这便是期限风险报酬。当然，在利率剧烈波动的情况下，也会出现短期利率高于长期利率的情况，但这种偶然情况并不影响上述结论。

2. 金融市场对企业财务管理的影响

（1）金融市场是企业投资和筹资的场所。企业需要资本时，可以到金融市场选择满足自己需要的方式筹资。企业有了剩余的资本，也可以将闲置资本投资于金融市场上获取收益。

（2）金融市场能促进企业资本灵活转换。一是企业可以通过金融市场实现长短期资金之间的互相转化，便于企业调整资产结构，调剂资金供求。企业持有的股票和债券是长期投资，在金融市场上随时可以转手变现，成为短期资金；与此相反，短期资金也可以在金融市场上转变为股票、债券等长期资产。二是企业可以通过金融市场实现资本在空间和数量上的相互转换。如将不同地区的资本转换为某一地区的资本。

（3）金融市场为企业理财提供有用的信息。金融市场的利率变动，反映资金的供求状况，同时也是企业理财的参考。从宏观来看，股市行情反映了国家的总体经济情况和政策情况，从微观来看，股市行情反映了企业的经营状况、盈利水平和发展前景，这些有利于投资者对企业财务状况作出基本评价。

(4) 金融市场为企业财务管理活动提供各种金融服务，极大地方便了企业理财。

2.2.4 社会文化环境

社会文化环境包括教育、科学、文学、艺术、舆论、新闻出版、广播电视、卫生体育、世界观、理想、信念、道德、习俗、传统思维方式，以及与社会制度相适应的权利义务观念、组织纪律观念、价值观念等。作为社会实践活动，企业财务管理必然要受社会文化的影响。但是，社会文化的各个方面对财务管理的影响程度是不尽相同的。有的具有直接影响，有的则可能只有间接影响；有的影响比较明显，有的则可能微乎其微。其中，教育、科技及观念等因素对企业财务管理的影响更为直接。

1. 教育

教育，从一定意义上来讲主要是人类文化的传承。在人类文化积淀十分丰富、教育内容和教育方式复杂多样的今天，教育已明显地区分为基础教育和专业教育。同其他任何工作一样，财务人员既要接受基础教育，又要接受专业教育。企业财务管理工作质量的高低既取决于财务人员基本素质的高低，也取决于他们的专业水平和能力的高低。

教育对企业财务管理的影响具体表现在以下三个方面：一是社会总体的教育水平。社会总体的教育水平决定着社会成员总体的受教育程度，它对企业财务管理具有显著影响。因为企业财务管理是一项涉及面广、综合性强的管理工作。这不仅要求财务人员具有广博的知识和综合的思维及判断能力，还要求与财务管理相关岗位的人员具备良好的素养，以使其与财务人员的工作配合默契。二是教育制度的基本导向。所谓教育制度的基本导向，是指一个国家的教育结构及其倾向。教育制度的基本导向，决定了一个国家对财务管理教育的重视程度以及财务管理教育的总体水平，这会直接影响财务管理专业人才的业务素质。三是教育适应性。所谓教育适应性，是指当经济和社会系统产生更为复杂的财务管理业务时，需要采用更为复杂的财务管理思想和方法。当今社会经济发展突飞猛进，金融业务日新月异，财务管理思想与方法的更新周期较以往大为缩短。因此，教育是否能适应这种变化，是否能使财务管理人员所掌握并能实际运用的财务管理思想和方法适应新的要求，对企业财务管理工作具有显著影响。

现代财务管理是一项十分复杂的工作。财务人员不仅需要掌握牢固的财务管理专业知识和技能，而且也需要熟悉企业管理的其他各个方面；不仅需要懂得财务管理的常规做法，而且也必须善于创造财务管理的非常规做法；不仅需要十分清楚地把握企业内部的各种条件特征，而且更需要精于分析企业外部环境及其可能的变化趋势。因此，财务人员受教育的过程不仅是知识的传授过程，同时也是能力的培养过程，两者不可偏废。

2. 科学

科学包括自然科学和社会科学。科学对财务管理也有重大的影响。科学的发展对财务管理的影响，主要表现在三个方面：一是科学发展为财务管理提供了理论指导和管理手段。现代企业财务管理需要以财务理论为指导，而财务理论的发展，又必须以其他科学的发展为条件。经济学、管理学乃至数学、物理及计算机等自然科学的发展，都在一定程度上促进了现代财务理论的发展。二是科学发展丰富了财务管理的内容。科学的发展为人类改造自然

不断地开辟出新的领域，而在人类活动的几乎所有领域，都必须讲求经济效果的提高，都有财务管理活动。三是科学技术决定着财务管理活动的效率和效果。随着数据科学、机器人流程自动化等机器智能技术不断应用到财务管理领域（如财务共享），进一步提高了财务管理工作的效率和效果。

3. 观念

观念是指人们对事物的传统看法。传统观念在人们的头脑中是根深蒂固的，因而对人们的思想及行为具有深远的影响。欲改变一种传统观念，树立新的观念，往往需要做出极大的努力，绝非朝夕之事。社会对财务管理工作的态度，将影响财务管理工作的社会地位及从事财务管理工作的人的类型。财务管理人员是否具有全局整体观念、长远观念，将影响财务管理活动的基本导向。企业领导人、其他有关职能部门负责人乃至企业全体员工是否具备现代财务观念，将影响财务决策实施的效果。此外，传统观念往往会束缚财务管理人员的头脑，许多在新形势下已不再适宜的做法，往往仍被认为是理所当然的。因此，欲使新的理论、新的方法应用于实际工作，必先通过舆论宣传等手段使人们的观念得以更新。①

2.3 财务管理的内部环境

2.3.1 企业组织形式

企业的组织形式主要有三种：独资企业、合伙企业和公司。三类企业组织形式具有各自的特点和要求，财务人员应按照不同企业组织形式的特征去组织财务活动、处理财务关系。

1. 独资企业

独资企业是由1个自然人投资经营的企业。其财产为投资人个人所有，投资人以其个人财产对企业债务承担无限责任。独资企业开办费用低廉、法律限制较少、利润独享，因此理财比较简单。但是由于信用有限，借款时往往遭到拒绝，筹资比较困难。因此，许多企业最初成立时采用独资形式，当经营规模扩大以后，便转变为公司制企业。

2. 合伙企业

合伙企业是由2个或2个以上自然人为合伙人签订合伙协议，共同出资、合伙经营、共享收益、共担风险的营利性组织。当企业采用合伙企业的组织形式时，所有者是一个群体，盈余分配与独资企业相比更加复杂。另外，合伙企业的信用比独资企业好，因此，资金来源和筹资能力比独资企业有所增强。

3. 公司

公司是指按照法律规定，由法定人数的投资者（或股东）集资组成的自主经营、自负盈亏、具有法人资格的经济组织。我国公司法所称公司是指有限责任公司和股份有限公司。公司的财务管理活动非常复杂。从财务管理目标上看，公司不仅要争取获得最大利润，还要

---

① 陆正飞.财务管理[M].大连：东北财经大学出版社，2001：33-35.

争取股东价值、企业价值最大化;从筹资上看,公司的资金来源多种多样,筹资方式也很多,需要管理者认真地分析和选择;从分配上看,公司的盈余分配也需要考虑公司内部和外部的诸多因素。

2.3.2 生产经营规模与生产技术条件

企业生产经营规模大小的不同,会对财务管理工作提出不同的要求。生产经营规模大的企业,组织结构复杂,内部分工协作具有明显的专业化特征,企业投资项目具有多元化、复杂化的特点,资本消耗的结构和数量也不同于一般企业。这就决定了其在财务管理工作中,所需筹集的资本多,财务关系复杂,财务管理决策难度较大。

不同的生产技术条件要求不同的财务管理行为与之相适应。在高科技企业中,需要在研究开发、固定资产等方面进行大量投资,而人工耗费却相对比较低,因此,所筹集的往往是长期资金。而在劳动密集型企业,企业投资偏向于现金、存货、应收账款等流动资产,所筹集资金大多属于短期资金,其财务管理的重点和难点在于保持资产的流动性。

2.3.3 经营管理水平与经营者的素质

财务管理是企业经营管理工作的一个重要组成部分,并且处于核心地位。财务管理职能的充分发挥与企业管理的基础工作和其他专业管理水平是密切相关的。如果企业的基础管理工作水平低,其他专业管理能力差,各职能部门之间缺乏沟通和交流,那么财务管理工作就难以顺利进行,财务决策的制定和实施便会受到影响。如果企业自身的经营管理水平较高,就会更有效地促进和提高财务管理工作水平,达到企业的财务管理目标和整体目标。

经营者的素质,如经历、经验、文化水平、知识结构、胆略等往往是决定一个企业兴衰成败的关键。经营者素质越高、能力越强,管理水平就越高,企业竞争能力就越强;反之,经营者的素质低下,财务工作难以顺利开展,企业管理水平和竞争能力就很难得到提高。因此,企业经营者应不断地充实和完善自己,不断提高自身的素质。

相关阅读

智能财务

企业财务管理的数字化、智能化转型已经成为实务界和学术界关注的焦点,不少优秀企业在这方面已经取得了不小的进展,各大高校也已经或者正在筹划开设智能财务(会计)方向的课程。然而,作为一个新兴领域,关于智能财务的一些基本问题尚需要进行深入讨论,争取能在某些方面尽快达成共识,多方共同推动智能财务向纵深发展,提升企业财务转型升级的速度和质量。本文拟对智能财务的热点问题进行一些尝试性回答,希望抛砖引玉,以引起更多讨论。

一、智能财务产生与发展的背景是什么?

智能财务之所以产生,无外乎两个原因:其一,传统财务管理模式与财务信息使用者日益增长的个性化需求之间的矛盾越来越突出;其二,人工智能、大数据等新技术的快速发展,

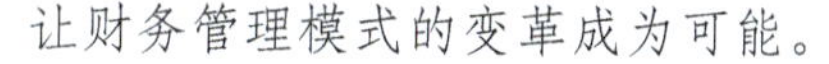

让财务管理模式的变革成为可能。

二、什么是智能财务?

(1) 智能财务的提出与定义。智能财务是指建立在“大智移云物”等新技术基础上的，具备智能化、自动化等特征，能够实时提供决策高度相关信息并致力于提升管理的价值创造力的新型财务管理工作。智能财务主要包含 AI、RPA 等智能工具以及大数据分析三个要素。

(2) 企业财务的发展阶段。企业财务实践具体可分为六个阶段：手工、电算化、信息化、数字化、自动化和智能化。目前大多数企业仍处在电算化阶段，主要体现为会计核算的电算化，而没有完成数字化转型，只有部分领先企业可以实现数字化和自动化，两极分化较为严重。

三、智能财务为企业带来了什么?

智能财务可以提升企业的财务管理效率，进而提升企业价值。企业的经营管理活动发生时，AI、RPA、BI 等工具可以自动执行财务管理工作，大幅节约人力、物力、财力，提高财务管理的效率。而财务部门又可以进一步借助上述智能工具进行高质量的数据分析，为业务部门和管理部门提供对决策有用的信息。这不仅能提升财务部门的地位，而且能为企业创造巨大的价值。决策信息与企业价值提升之间的正相关关系越强，智能财务的未来越光明。

四、智能财务的发展趋势是什么?

智能财务的一大发展趋势是将新技术与财务工作深度融合，朝着自动化、智能化、可视化方向发展。上海国家会计学院组织评选出的“2020 年影响中国会计从业人员的十大信息技术”分别是财务云、电子发票、会计大数据技术、电子档案、机器人流程自动化、新一代 ERP、区块链技术、移动支付、数据挖掘、在线审计。可以看出，新兴技术已经影响了财务工作的方法和流程。

五、财务人员如何转型?

与传统的核算型人才不同，新技术环境下的财务人员的一个核心特征是专家型人才，至少应该成为某方面的专家，而不是“多面手”。正在兴起的新型财务岗位有大数据分析师、系统架构师和财务专家。前两类岗位需要的人才均为既懂技术又懂会计的新型复合型人才。其中大数据分析师需要掌握大数据分析技术、人工智能技术、商业分析技术、可视化技术等，能够利用这些技术进行大数据分析，搭建大数据分析系统，为企业决策提供高质量决策信息。系统架构师需要掌握系统开发技术、流程挖掘技术、数字化技术等，能够利用这些技术帮助企业构建数字化、智能化财务管理系统。与技术型人才不同，财务专家扮演的更多是咨询专家角色，具备战略、管理、财务、业财融合等多维度知识和经验，能够对企业的财务战略进行诊断和改进，通过提升财务管理水平为企业创造价值。

(资料来源：张敏.智能财务十大热点问题论[J].财会月刊，2021(2)：25-30.)

本章小结

财务管理环境是指对企业财务活动和财务管理产生影响作用的企业内外各种条件。财务管理环境具有五大特征：系统性、变动性、复杂性、交互性和不确定性。研究财务管理环境，有助于全面、正确地认识财务管理发展的历史规律，把握其未来发展趋势，有助于增强企业财务管理对环境的适应能力,有助于提升财务管理理论水平。

财务管理环境按财务管理涉及的范围可分为宏观环境和微观环境,按制约或影响企业财务管理活动的因素是来自于企业外部还是内部可分为外部财务管理环境和内部财务管理环境,按财务管理环境是否可以控制可分为可控财务管理环境和不可控财务管理环境。

财务管理的外部环境包括经济环境、政治与法律环境、金融环境和社会文化环境等。财务管理的内部环境包括企业组织形式、生产经管规模、生产技术条件、经营管理水平和经营者的素质等。

关键概念

财务管理环境 (financial management environment)
经济环境(economic environment)
金融环境(financial environment)
政治与法律环境(political and legal environment)
经济政策(economic policy)
社会文化环境(sociocultural environment)
经济周期(economic cycle)
经济发展水平(economic development level)
经济体制(economic system)

自测题

一、单项选择题

1. 企业所采用的财务管理策略在不同的经济周期中各有不同。在经济繁荣期,不应该选择的财务管理策略是(　　)。
   A. 扩充厂房设备　　B. 继续建立存货
   C. 裁减雇员　　D. 提高产品价格
2. 在没有通货膨胀的情况下,纯利率是指(　　)。
   A. 风险收益率
   B. 社会平均资金利润率
   C. 市场利率
   D. 没有风险的社会平均资金利润率
3. 下列财务管理环境因素中,哪一类起决定性作用(　　)。
   A. 法律环境　　B. 经济环境　　C. 社会文化环境　　D. 内部环境
4. 财务管理环境的微观环境有(　　)。
   A. 法律环境　　B. 经济环境　　C.企业组织形式　　D. 社会文化环境
5. 下列说法中错误的是(　　)。

A. 影响纯利率的是资金供应量和需求量
B. 无风险利率，除纯利率还应加上通货膨胀附加率
C. 纯利率是永远不变的
D. 为了弥补违约风险，须提高利率

6. 在通货膨胀发生时，下列选项中不正确的是(　　)。
A. 引起利率上升　　B. 增加企业的资金需求
C. 企业筹资更加容易　　D. 提高企业的资本成本

7. 在经济繁荣阶段，市场需求旺盛，下列选项中不正确的是(　　)。
A. 企业应扩大生产规模　　B. 企业需要增加投资
C. 企业应减少投资　　D. 企业应增加存货

8. 下列关于货币市场和资本市场的相关说法中，不正确的是(　　)。
A. 货币市场的主要功能是调节短期资金融通
B. 资本市场的主要功能是实现长期资本融通
C. 货币市场上的金融工具有较强的“货币性”
D. 资本市场中资本借贷量小，收益较小

9. 下列各项中，不属于金融工具特征的是(　　)。
A. 流动性　　B. 风险性　　C. 收益性　　D. 稳定性

10. 在通货膨胀初期，下列应对通货膨胀风险的各项措施中，不正确的是(　　)。
A. 进行长期投资　　B. 签订长期购货合同
C. 取得长期借款　　D. 签订长期销货合同

二、多项选择题

1. 在下列各项中，属于财务管理经济环境构成要素的有(　　)。
A. 经济周期　　B. 经济发展水平
C. 宏观经济政策　　D. 公司治理结构

2. 在不存在通货膨胀的情况下，利率的组成因素包括(　　)。
A. 纯利率　　B. 违约风险报酬率
C. 流动性风险报酬率　　D. 期限风险报酬率

3. 以下哪些环境因素属于企业的内部环境(　　)。
A. 企业生产特征　　B. 生产技术条件
C. 经济周期　　D. 人力资源管理水平

4. 在下列各项中，属于企业财务管理的金融环境内容的有(　　)。
A. 利息率　　B. 公司法　　C. 金融工具　　D. 税收法规

5. 应对通货膨胀给企业造成的不利影响，企业可采取的措施包括(　　)。
A. 放宽信用政策　　B. 减少企业债权
C. 签订长期销货合同　　D. 取得长期借款

三、判断题

1. 财务管理环境是指对企业财务活动和财务管理产生影响作用的企业各种外部条件的

统称。（　）

2. 金融工具是指在信用活动中产生的、能够证明债权债务关系并据以进行货币资金交易的合法凭证。（　）

3. 从资金的借贷关系看，利率是一定时期运用资金的交易价格。（　）

4. 纯利率是没有风险、没有通货膨胀情况下的社会平均资金利润率。（　）

5. 宏观环境对企业财务管理的影响是广泛的、间接的。（　）

6. 在通货膨胀初期，货币面临着贬值的风险，这时企业进行投资可以避免风险，实现资本保值。（　）

7. 不考虑其他因素的影响，通货膨胀一般会导致市场利率下降，从而降低筹资难度。（　）

四、简答题

1. 简述研究财务管理环境的意义。
2. 简述企业外部财务管理环境的含义与内容。
3. 简述企业内部财务管理环境的含义与内容。
4. 企业应如何根据自己的情况制定财务策略？

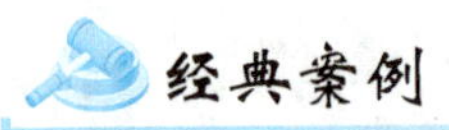

经典案例

鞍钢：财务共享助力集团管控

鞍山钢铁集团公司是新中国第一个恢复建设的大型钢铁联合企业和最早建成的钢铁生产基地，被誉为“新中国钢铁工业的摇篮”“共和国钢铁工业的长子”。2010 年 5 月，鞍山钢铁集团公司和攀钢集团有限公司联合重组，组建了鞍钢集团。鞍钢集团是国资委监管的大型中央企业，在东北、西南、华北、东南、华南等地拥有 7 个生产基地，在 2019 年《财富》世界 500 强排行榜上，鞍钢集团以 236.19 亿美元的营业收入第六次进入世界 500 强，位列榜单第 385 位，创历史新高。

随着全球经济一体化、监管政策趋同、信息化高度发展和国外跨国公司在我国建立自己的财务共享服务中心(Financial Shared Service Center，简称 FSSC)，越来越多的中国集团公司开始规划或者实施财务共享服务中心。“十二五”以来，国资委、财政部先后提出提升财务能力，加快财务转型，实现管理一流，企业集团应当探索利用信息技术促进会计工作的集中，逐步建立财务共享服务中心等要求。在此背景下，2017—2019 年，鞍钢集团历时三年，打造了财务共享服务中心，该中心具备统一核算、财务共享、中央数据仓库三大功能，建立了新型的集成化、标准化、流程化的财务核算体系，实现了会计核算由会计电算化到信息化的全面升级，工作效率明显提升，人员优化效果逐步显现，集团管控不断增强，有效助力了鞍钢集团的转型升级和高质量发展。

一、FSSC 建设规划

(1) 建设目标。鞍钢集团 FSSC 的建设，以落实“鞍钢集团战略管控体系”为目标，通过财务共享项目建设，促进财务管理“四个方面”(即明确财务管理体系建设方向、优化资源配

置、强化集团财务管控、有效提升财务管理效率)的转型升级。

(2) 建设范围。鞍钢集团财务共享项目分为统一核算、财务共享、中央账务仓三个子项目。其中,统一核算是指建立集团统一核算系统,将鞍山区域所有未实现业务财务一体化且未使用 SAP 核算系统的单位的财务核算系统统一。财务共享是指建立财务共享平台,把全集团范围内的财务共享业务集中到 FSSC 进行管理,支撑 FSSC 业务的运转。中央账务仓是指建立中央账务仓,归集集团财务核算数据并实现查询分析功能。三个子项目的建设范围包括用户范围、组织范围和功能范围。

(3) 组织设置。鞍钢 FSSC 是鞍钢集团有限公司的一个直属机构,设有 7 个部门,包括:总账报表部、应收结算部、应付结算部、费用报支部、统计结算部、运营管理部、综合管理部。

二、FSSC 建设效果

(1) 实现了财务管理模式的转变。在鞍钢集团,财务共享建设完成之后,整个集团的财务划分为战略财务、共享财务和业务财务。其中,战略财务的职能由总部和二、三级子集团财务部门履行,共享财务职能由 FSSC 履行,业务财务职能由成员单位财务部门履行。

(2) 完成了财务共享平台的功能架构设计。鞍钢财务共享平台总体架构以基础应用平台 UAP 为基础,以相关业务系统集成接口为手段,以财务共享平台、移动平台为依托,实现鞍钢财务共享核算、资金管控、预算控制、合同控制、费用报支及应付、应收、总账全业务共享;通过异构系统业务单据、主数据同步、集成接口,实现财务共享快速实施、高质量集成;最终实现中央账务仓——鞍钢集团一本账。

(3) 完成了财务共享平台的集成架构设计。鞍钢集团的财务共享平台集成架构复杂,涉及 30 多个平台、50 多个基础接口、238 个数据接口,总体集成架构如图 1 所示。

(4) 完成了财务共享平台的部署架构设计。鞍钢集团财务共享平台的总体部署架构为服务器总体架构设计采用双上联、全冗余,最大限度保证性能和可靠性的原则。

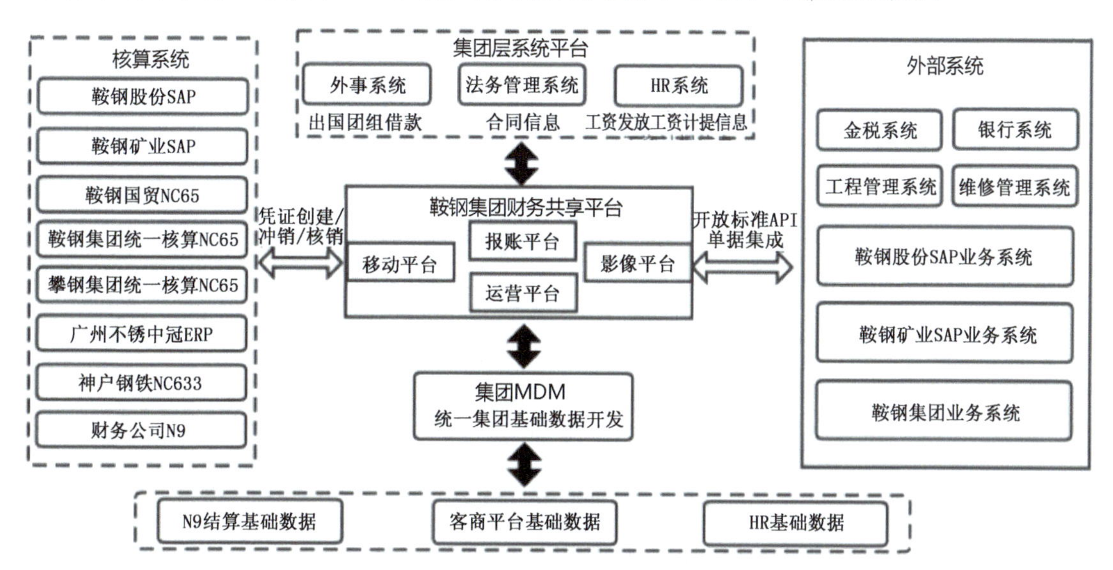

图 1 鞍钢财务共享平台的集成架构图

(资料来源:刘梅玲,刘林,郑良文,等.鞍钢:财务共享助力集团管控[J].新理财.2020(5):71-73.)

案例讨论

(1) 试分析鞍钢财务共享平台建设的历史背景与特色。

(2) 试分析我国企业财务管理的实践探索与理论创新。

提升阅读

[1] 王开田,李连军.21世纪财务管理的环境变迁及其发展趋势[J].财务与会计,2001(1):34-37.

[2] 王化成,张伟华,佟岩.广义财务管理理论结构研究:以财务管理环境为起点的研究框架回顾与拓展[J].科学决策,2011(6):1-32.

[3] 王化成,彭文伟,张顺葆.宏观环境对财务决策的影响研究:基于广义财务管理理论体系的分析视角[J].东南大学学报(哲学社会科学版),2013,15(2):44-49.

[4] 江乾坤,舒欣格.阿里巴巴的全球财务共享服务中心建设实践[J].财务与会计,2019(22):21-24.

[5] 张敏.中兴通讯财务共享模式研究[J].财会通讯,2018(5):57-60.

[6] 谢志华,许诺,程恺之.组织变革对企业财务管理目标的影响[J].财会月刊,2020(16):3-8.

[7] 谢志华,沈彦波,杨龙飞.财务管理的转型与发展:“十三五”回顾和“十四五”展望[J].财务研究,2021(1):5-16.

[8] 杨克智,陈雪娇,鹿梦婷,等.“大智移云”背景下国美财务共享中心的运行及流程创新[J].财务与会计,2021(9):24-27.

第三章

货币时间价值与投资风险价值

- 本章结构框架
- 本章学习目标
- 3.1　货币时间价值
- 3.2　投资风险价值
- 相关阅读
- 本章小结
- 关键概念
- 自测题
- 经典案例
- 案例讨论
- 提升阅读

本章结构框架

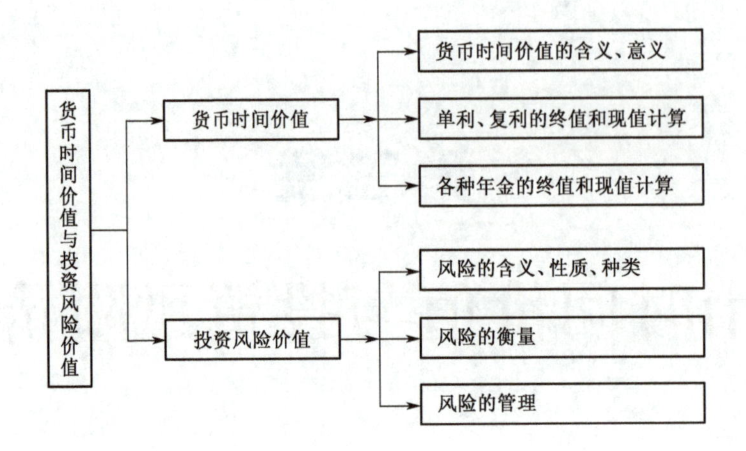

本章学习目标

通过本章学习，掌握货币时间价值的概念和计算方法；掌握风险的概念和种类；掌握风险衡量的指标与计算；熟悉风险日常管理策略。

3.1 货币时间价值

3.1.1 货币时间价值概述

1. 货币时间价值的含义

货币时间价值，又称资金时间价值，是指货币经历一定时间的投资和再投资所增加的价值。在商品经济中，存在这样一种现象：今天你将 100 元钱存入银行，假定利息率为 5%，一年后的今天，你将会得到 105 元。其中的 100 元是本金，5 元的利息就是这 100 元钱经过一年时间的投资所增加的价值，该利息就是货币时间价值。但并非所有货币都具有时间价值，货币具有时间价值的前提条件是，货币只有当作资本投入生产和流通后才能产生增值。

2. 货币时间价值的实质

根据马克思的劳动价值理论，在发达的商品经济条件下，资本流通的公式是：

$$G \to W \to G'$$

其中，$G'=G+\Delta G$，即原来预付的货币额 G 加上一个增值的货币额 ΔG。处于两端的属于同一性质的货币，若两个货币量完全相等，投资行为就失去了实际意义。所以，资本流通的结

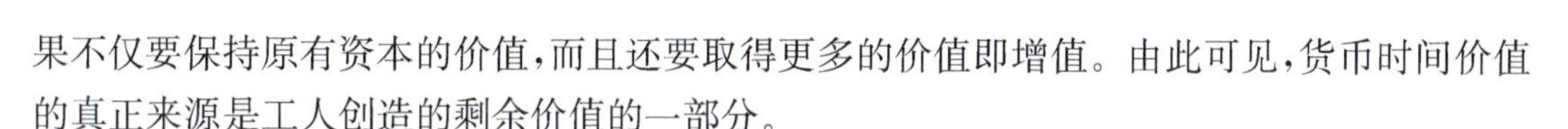

果不仅要保持原有资本的价值，而且还要取得更多的价值即增值。由此可见，货币时间价值的真正来源是工人创造的剩余价值的一部分。

3. 货币时间价值的表现形式

货币时间价值有两种表现形式：一种是相对数(时间价值率)。它是指在没有风险和没有通货膨胀条件下的社会平均资金利润率或平均报酬率。在实际工作中，人们习惯使用相对数表示货币时间价值。另一种是绝对数(时间价值额)。它是指资金在生产经营过程中带来的增值额，它等于投资额与时间价值率的乘积。

4. 货币时间价值的意义

货币时间价值是客观存在的经济范畴。任何企业的财务活动都是在特定的时空中进行的。离开了时间价值因素，就无法正确计算不同时期的财务收支，也无法正确评价企业盈亏。因此，货币时间价值是企业进行财务决策的基础。

(1) 货币时间价值是企业筹资决策的重要依据。在筹资活动中，筹资时机的选择、举债期限的选择、资本成本的确定以及资本结构的决策等都要考虑货币时间价值因素。

(2) 货币时间价值是企业投资决策的重要依据。在投资活动中，树立货币时间价值理念，能够从动态上比较投资项目的各种方案在不同时期的投资成本、投资报酬，提高投资决策的正确性，能够使投资者有意识地加强投资经营管理，降低投资成本，缩短投资项目建设期，提高投资效益。

(3) 货币时间价值是企业经营决策的重要依据。在企业经营活动中，分期付款销售的定价决策、商品发运结算时间的决策、积压物资的降价处理决策以及流动资金周转速度的决策等都要考虑货币时间价值因素。

3.1.2 现值和终值

在考虑货币时间价值，分析资本运动和现金流量时应明确现值和终值两个基本概念。

1. 现值

现值是指在未来某一时点上的一定数额的资金折合成现在的价值，在商业上俗称“本金”，通常记作 P。

2. 终值

终值是指现在一定数额的资金经过一段时期后的价值，在商业上俗称“本利和”，通常记作 F。

终值与现值是一定数额的资金在前后两个时点上对应的价值，其差额就是货币时间价值。在现实生活中，计算利息时的本金、本利和相当于货币时间价值理论中的现值和终值。

3.1.3 货币时间价值的计算

为了计算方便，本章假定有关字母的含义：I 为利息；F 为终值，即本利和；P 为现值，即本金；i 为利率(或折现率)；n 为期数。

1. 单利的计算

单利是指计算利息时只按本金计算利息，其所生利息不再加入本金重复计算利息，即本能生利,利不能生利。目前我国银行存贷款一般都采用单利计算利息。

(1) 单利终值的计算。单利终值是指现在的一定量资金按单利计算的未来价值。其计算公式是:

$$F = P + I = P + P \times i \times n = P(1 + i \times n)$$

式中,$(1 + i \times n)$ 为单利终值系数。

(2) 单利现值的计算。单利现值是指在未来某一时点上的一定量资金折合成现在的价值。其计算公式是:

$$P = \frac{F}{1 + i \times n}$$

式中,$\frac{1}{1 + i \times n}$ 为单利现值系数。

可见:①单利的终值与单利的现值互为逆运算;②单利终值系数与单利现值系数互为倒数。

而在票据贴现业务中,计算票据的贴现价值所采用的计算公式是:

$$P = F - I$$

其中,I 是票据贴现利息。

【实例 3-1】 商业汇票贴现业务

资料:BBD 公司持有一张带息期票,面值为 1 200 元,票面利率为 4%,出票时间为 6 月 15 日,8 月 14 日到期(见图 3-1)。

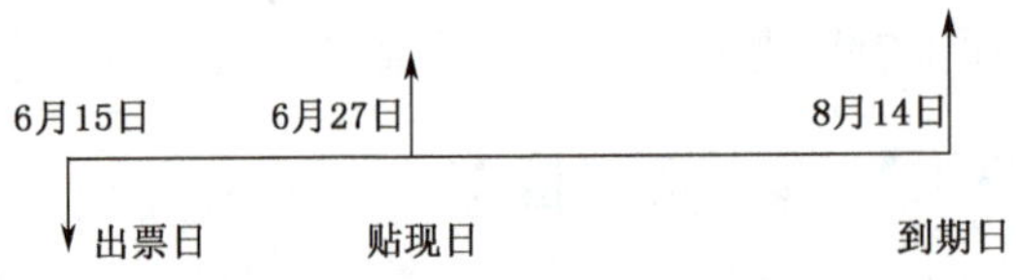

图 3-1 票据贴现业务的现金流量图

要求:

(1) 计算票据到期的利息。

(2) 计算票据到期的终值。

(3) 因公司急需用款,于 6 月 27 日贴现,贴现利息率为 6%,问银行应付给企业多少钱?

解答:

(1) 票据到期的利息:$I = P \times i \times n = 1\,200 \times 4\% \times (60/360) = 8$(元)

(2) 票据到期的终值:$F = P + I = 1\,200 + 8 = 1\,208$(元)

(3) 银行应付给企业的金额为:

$$P = F - I = F(1 - i \times n) = 1208 \times [1 - 6\% \times (48/360)] = 1\,198.34(\text{元})$$

注意:本公式中的 I、i 分别为银行的贴现利息和贴现利率。

课堂讨论:试从财务视角分析票据贴现的实质。

2. 复利的计算

复利是指不仅本金计算利息,而且本期所生利息在下期并入本金一起计算利息,即本能生利,利也能生利,俗称“利滚利”。货币时间价值通常是按复利计算的。

(1) 复利终值的计算。复利终值是指现在的一定量资本按复利计算的未来价值。计算复利终值时，每期期末计算的利息应加入下期的本金形成新本金，再计算下期的利息，逐期滚算，其计算原理如表3-1所示。

表3-1 复利终值计算公式的推导过程

期数	期初本金 P	利息 I	期末终值 F(本利和)
1	$P_1=P$	$I_1=P\times i$	$F_1=P_1+I_1=P(1+i)$
2	$P_2=P_1+I_1=P(1+i)$	$I_2=P_2\times i=P(1+i)\times i$	$F_2=P_2+I_2=P(1+i)^2$
3	$P_3=P_2+I_2=P(1+i)^2$	$I_3=P_3\times i=P(1+i)^2\times i$	$F_3=P_3+I_3=P(1+i)^3$
⋮	⋮	⋮	⋮
$n-1$	$P_{n-1}=P(1+i)^{n-2}$	$I_{n-1}=P_{n-1}\times i=P(1+i)^{n-2}\times i$	$F_{n-1}=P_{n-1}+I_{n-1}=P(1+i)^{n-1}$
n	$P_n=P_{n-1}+I_{n-1}=P(1+i)^{n-1}$	$I_n=P_n\times i=P(1+i)^{n-1}\times i$	$F_n=P_n+I_n=P(1+i)^n$

由表3-1可得，n期复利终值的计算公式为：

$$F_n=P(1+i)^n$$

式中的$(1+i)^n$为“1元的复利终值系数”，记为$(F/P,\ i,\ n)$，可查“1元的复利终值系数表”求得，见附录一。

上式也可以写为：

$$F_n=P(F/P,\ i,\ n)$$

即：复利终值=现值×复利终值系数。

【实例3-2】 复利终值的计算

资料：BBD公司从银行取得贷款30万元，年利率为6%，贷款期限为3年，第3年末一次偿还(图3-2)，贷款到期时公司应向银行偿还多少钱?

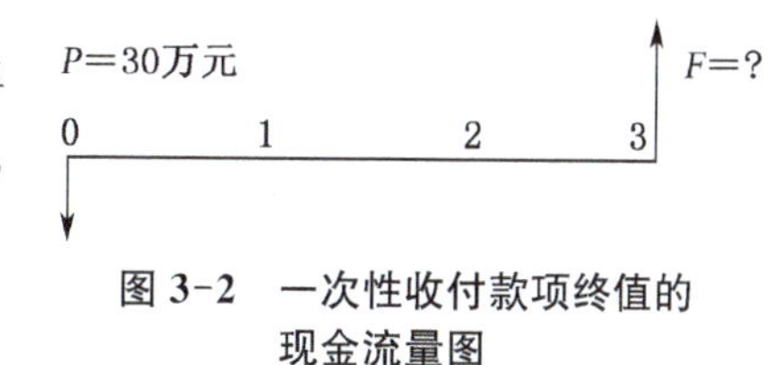

图3-2 一次性收付款项终值的现金流量图

解答：已知 $P=30$ 万元 $i=6\%$ $n=3$ 年

贷款到期时公司应向银行偿还的本利和为：

$$F=P(1+i)^n=P(F/P,\ i,\ n)=30\times(F/P,\ 6\%,\ 3)$$
$$=30\times1.191=35.73(\text{万元})$$

点评：复利终值系数的查表方法：“1元的复利终值系数表”的第一行是利率i，第一列是计息期数n，相应的$(F/P,\ i,\ n)$在其纵横相交处。

(2) 复利现值的计算。复利现值是指未来一定时间的特定资本按复利计算的现在价值。由n期复利终值计算公式：

$$F_n=P(1+i)^n$$

可推导求得：

$$P=\frac{F_n}{(1+i)^n}=F_n(1+i)^{-n}$$

式中的$(1+i)^{-n}$为“1元的复利现值系数”，记为$(P/F,i,n)$，可查“1元的复利现值系数表”求得，见附录二。

上式也可以写为：

$$P=F(P/F,i,n)$$

即：复利现值＝终值×复利现值系数。

【实例3-3】 复利现值的计算

资料：BBD公司欲投资A项目，预计5年后可获得600万元的收益，假定年利率（折现率）为10%。

要求：计算该笔收益的现值。

解答：已知$F=6\,000\,000$元　$i=10\%$　$n=5$年

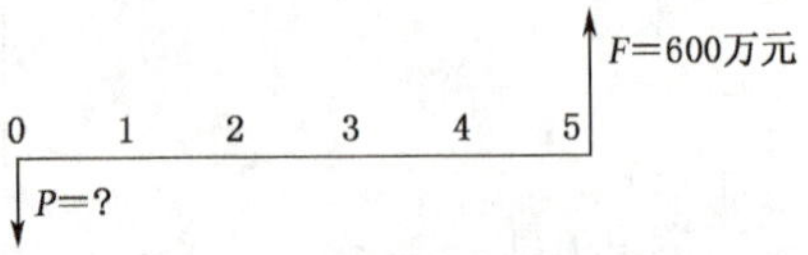

F=600万元
0 1 2 3 4 5
P=?

图3-3　一次性收付款项现值的现金流量图

$$P=\frac{F_n}{(1+i)^n}=F_n(1+i)^{-n}=F_n(P/F,i,n)$$
$$=6\,000\,000\times(P/F,10\%,5)=6\,000\,000\times0.621=3\,726\,000(\text{元})$$

点评：(1)复利终值与复利现值互为逆运算；(2)复利终值系数$(1+i)^n$与复利现值系数$(1+i)^{-n}$互为倒数。

3. 年金的计算

年金是指一定时期内等额、定期的系列收付款项，通常记为A。如折旧、租金、养老金、等额分期付款、等额分期收款以及零存整取等都是年金问题。年金的形式多种多样，根据其每次收付发生的时点不同，可分为普通年金、预付年金、递延年金、永续年金。见表3-2。

表3-2　各种年金的特点与现金流量

类型	特　点	现金流量图(以5年期为例)
普通年金	各期收付款均在期末发生	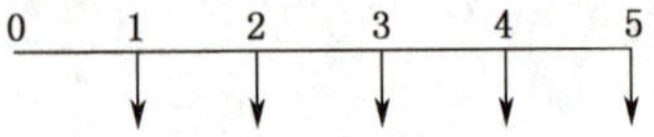 0 1 2 3 4 5
预付年金	各期收付款均在期初发生	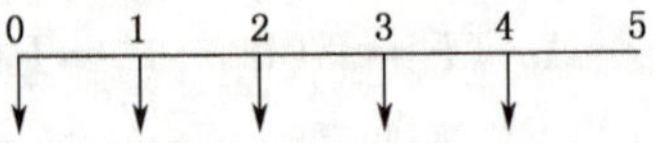 0 1 2 3 4 5
递延年金	第一次收付款在第二期以后才发生	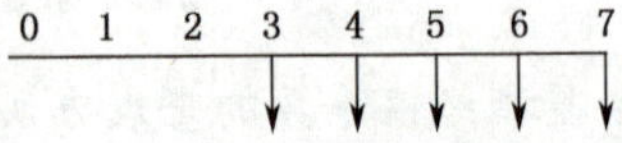 0 1 2 3 4 5 6 7
永续年金	无限期	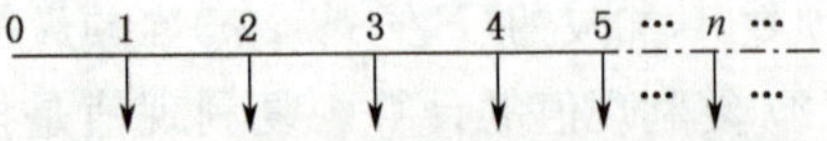 0 1 2 3 4 5 … n …

(1) 普通年金的计算。

普通年金，又称后付年金，是指一定期限内每期期末等额收付的系列款项。

普通年金终值是指一定时期内每期期末等额收付的复利终值之和。其计算原理如表3-3所示。

表 3-3　普通年金终值计算原理

期数	每期年金	第 n 期终值
1	A	$A(1+i)^{n-1}$
2	A	$A(1+i)^{n-2}$
3	A	$A(1+i)^{n-3}$
⋮	⋮	⋮
$n-1$	A	$A(1+i)^{1}$
n	A	$A(1+i)^{0}$

由表 3-3 可知，普通年金终值的计算公式及其推导如下：

$$\begin{aligned} F &= F_{A_1} + F_{A_2} + F_{A_3} + \cdots + F_{A_{n-1}} + F_{A_n} \\ &= A(1+i)^{n-1} + A(1+i)^{n-2} + A(1+i)^{n-3} \\ &\quad + \cdots + A(1+i)^{1} + A(1+i)^{0} \end{aligned} \qquad ①$$

将 ① 式两端同时乘以$(1+i)$，得：

$$\begin{aligned} (1+i)F &= A(1+i)^{n} + A(1+i)^{n-1} + A(1+i)^{n-2} \\ &\quad + \cdots + A(1+i)^{2} + A(1+i)^{1} \end{aligned} \qquad ②$$

用 ② 式减去 ① 式，得：

$$i \times F = A(1+i)^{n} - A = A \times [(1+i)^{n} - 1]$$

$$F = A \times [(1+i)^{n} - 1]/i$$

式中的$[(1+i)^{n}-1]/i$ 称为“1 元年金的终值系数”，记为$(F/A, i, n)$，可查“1 元年金的终值系数表”求得，此表见附录三。

上式也可以写为：

$$F = A(F/A, i, n)$$

即：普通年金终值＝年金×普通年金终值系数。

【实例 3-4】 普通年金终值的计算

资料：BBD 公司计划在 5 年内每年年末向银行借款 2 000 万元，借款年利率为 10%（图 3-4），那么该公司在第 5 年末应付给银行的本息总额是多少？

解答：已知 $A=2\,000$ 万元　$i=10\%$　$n=5$ 年

$$\begin{aligned} F &= A(F/A, i, n) \\ &= 2\,000 \times (F/A, 10\%, 5) \\ &= 2\,000 \times 6.105 = 12\,210(\text{万元}) \end{aligned}$$

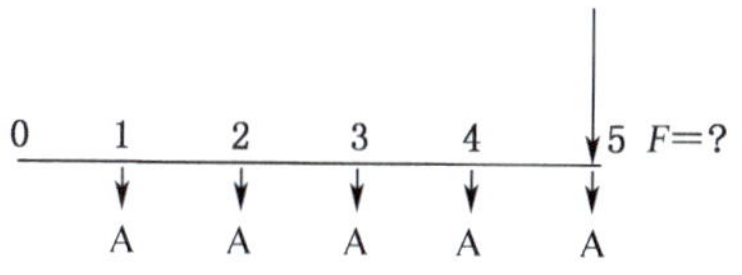

图 3-4　普通年金的现金流量图

【实例 3-5】 年偿债基金的计算

资料：BBD公司有一笔5年后到期的借款，偿还金额为10万元，公司为了能到期偿还该笔借款设立了偿债基金，年借款利率为8%。

要求：试计算从现在起每年年末需存入银行多少钱，才能到期偿清该笔借款。

解答：已知 $F=10$ 万元　$i=8\%$　$n=5$ 年

由公式 $F=A(F/A, i, n)$ 得：

$$A=F/(F/A, i, n)=100\,000/(F/A, 8\%, 5)$$
$$=100\,000/5.867=17\,044.49(\text{元})$$

该公司从现在起每年年末存入银行17 044.49元，就能到期偿清该笔借款。

点评：该例题引入偿债基金的概念。偿债基金是指为了使年金终值达到既定金额，每年年末应收付的年金数额。在现实经济生活中，企业为了在约定的未来某一时点清偿某笔债务或积累一定数额的资金而必须分次等额提取的存款准备金，即偿债基金。

偿债基金的计算实际上是年金终值的逆运算，其计算公式是：

$$A=F\times\frac{i}{(1+i)^n-1}$$

式中分式称作“偿债基金系数”，记作 $(A/F, i, n)$，等于普通年金终值系数的倒数。

普通年金现值是指一定时期内每期期末等额收付的复利现值之和。其计算原理如表3-4所示。

表 3-4　普通年金现值计算原理

期数	每期年金	第 n 期现值
1	A	$A(1+i)^{-1}$
2	A	$A(1+i)^{-2}$
3	A	$A(1+i)^{-3}$
⋮	⋮	⋮
$n-1$	A	$A(1+i)^{-(n-1)}$
n	A	$A(1+i)^{-n}$

由表3-4可知，普通年金现值的计算公式及其推导如下：

$$P=P_{A_1}+P_{A_2}+P_{A_3}+\cdots+P_{A_{n-1}}+P_{A_n}$$
$$=A(1+i)^{-1}+A(1+i)^{-2}+A(1+i)^{-3}+\cdots+A(1+i)^{-(n-1)}+A(1+i)^{-n} \quad ①$$

将①式两端同时乘以 $(1+i)$，得：

$$(1+i)P=A(1+i)^0+A(1+i)^{-1}+A(1+i)^{-2}+\cdots+A(1+i)^{-(n-2)}+A(1+i)^{-(n-1)} \quad ②$$

用②式减去①式，得：

$$i \times P = A - A(1+i)^{-n}$$
$$= A[1-(1+i)^{-n}]$$

所以：
$$P = A[1-(1+i)^{-n}]/i$$

式中的$[1-(1+i)^{-n}]/i$称为“1元年金的现值系数”，记为$(P/A, i, n)$，可查“1元年金的现值系数表”求得，此表见附录四。

上式也可以写为：

$$P = A(P/A, i, n)$$

即：普通年金现值＝年金×普通年金现值系数。

【实例3-6】 年资本回收额的计算

资料：BBD公司想投资100万元购置一条生产线，预计可使用3年，社会平均利润率为8%(图3-5)。

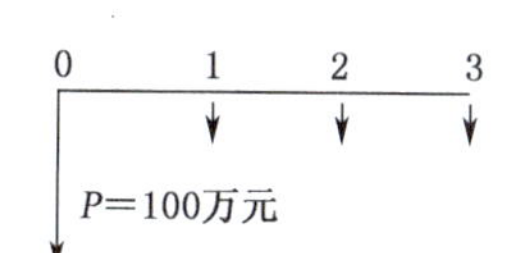

图3-5　年资本回收额的现金流量图

要求：试计算该生产线每年至少给公司带来多少收益该投资才是可行的。

解答：已知$P=100$万元　$i=8\%$　$n=3$年

由公式$P = A[1-(1+i)^{-n}]/i$可知：

$$A = P/\{[1-(1+i)^{-n}]/i\} = P/(P/A, i, n)$$
$$= 100/(P/A, 8\%, 3) = 100/2.577 = 38.8(\text{万元})$$

点评：该例题引入年资本回收额的概念。年资本回收额是指为了使年金现值达到既定金额，每年年末应收回的年金数额。年资本回收额是年金现值的逆运算。其计算公式为：

$$A = P \times \frac{i}{1-(1+i)^{-n}}$$

式中分式称作“资本回收系数”，记作$(A/P, i, n)$，等于年金现值系数的倒数。

(2) 预付年金的计算。

预付年金，又称即付年金，是指一定期限内每期期初等额收付的系列款项。预付年金与普通年金的区别仅在于收付款时间的不同。

预付年金终值是指一定时期内每期期初等额收付款项的复利终值之和。

将普通年金视为标准年金，预付年金终值与普通年金终值之间的关系如图3-6所示。

由图3-6可知：n期预付年金与n期普通年金的收付次数相同，收付发生的时间不同，利用图形变换将n期预付年金转化为$(n+1)$期普通年金，然后求n期预付年金的终值。n期预付年金终值

$$F = F_{A_{n+1}} - A = A(F/A, i, n+1) - A$$
$$= A[(F/A, i, n+1) - 1]$$

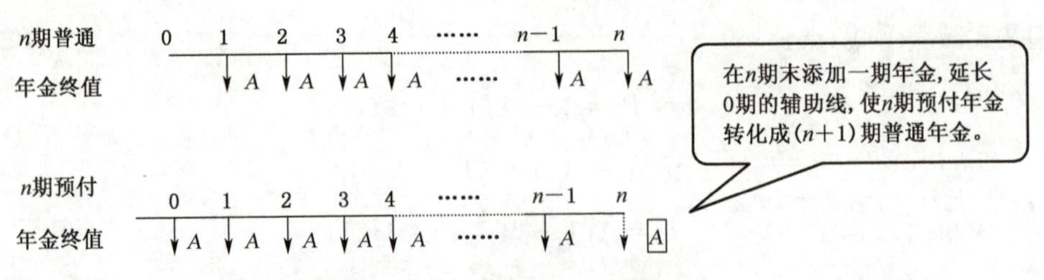

图 3-6　预付年金终值计算原理图

即：预付年金终值＝年金×预付年金终值系数。

式中的$[(F/A, i, n+1)-1]$称为“预付年金终值系数”，可查“1元年金的终值系数表”的$(n+1)$期的值，然后减去1便可得到对应的n期预付年金终值系数。

预付年金现值是指一定时期内每期期初等额收付款项的复利现值之和。

将普通年金视为标准年金，预付年金现值与普通年金现值之间的关系如图3-7所示。

由图3-7可知：n期预付年金与n期普通年金的收付次数相同，收付发生的时间不同，利用图形变换将n期预付年金转化为$(n-1)$期普通年金，然后求n期预付年金现值。

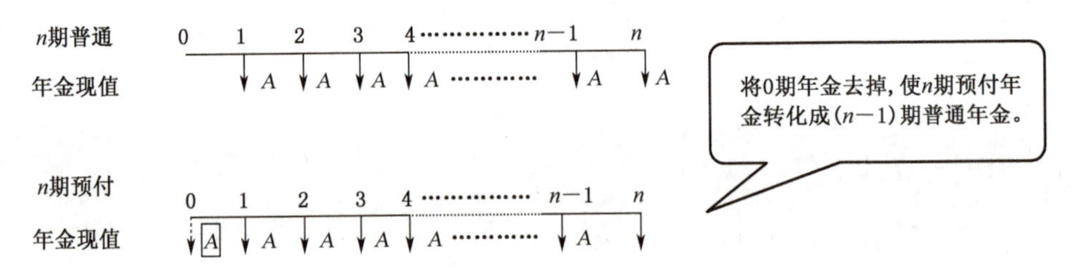

图 3-7　预付年金现值计算原理图

n期预付年金现值

$$P=P_{A_{n-1}}+A=A(P/A, i, n-1)+A$$
$$=A[(P/A, i, n-1)+1]$$

即：预付年金现值＝年金×预付年金现值系数。

式中的$[(P/A, i, n-1)+1]$称为“预付年金现值系数”，可查“1元年金的现值系数表”的$(n-1)$期的值，然后加上1便可得到对应的n期预付年金现值系数。

(3) 递延年金的计算。

递延年金是指第一次收付发生在第二期或以后各期的年金。递延年金是普通年金的特殊形式。假设递延期为m，从第$(m+1)$期开始连续n期发生等额收付款项，递延年金的现金流量图如图3-8所示。

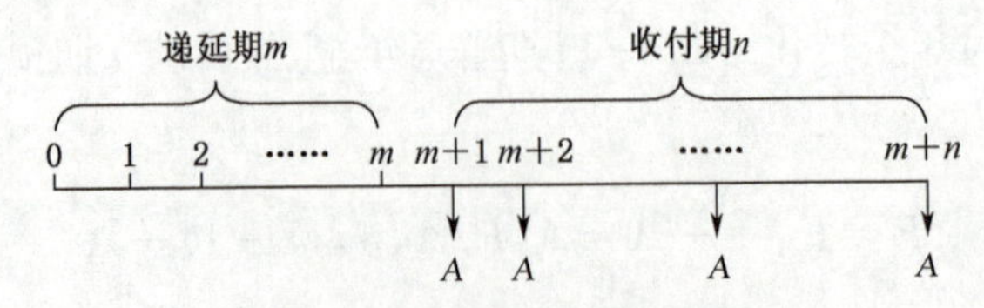

图 3-8　递延年金的现金流量图

递延年金终值与递延期数无关,其计算方法与普通年金终值相同。

递延年金现值的计算方法有三种:

第一种方法:假设递延期也有年金,先求出$(m+n)$期的年金现值,再减去递延期的年金现值。其计算公式是:

$$\begin{aligned}递延年金现值\ P &= A\times(P/A,\ i,\ m+n)-A\times(P/A,\ i,\ m)\\ &= A\times[(P/A,\ i,\ m+n)-(P/A,\ i,\ m)]\end{aligned}$$

第二种方法:先将递延年金视为普通年金,求出其递延期末的年金现值,再将此现值转换成第0期期初的现值。如图3-9所示。

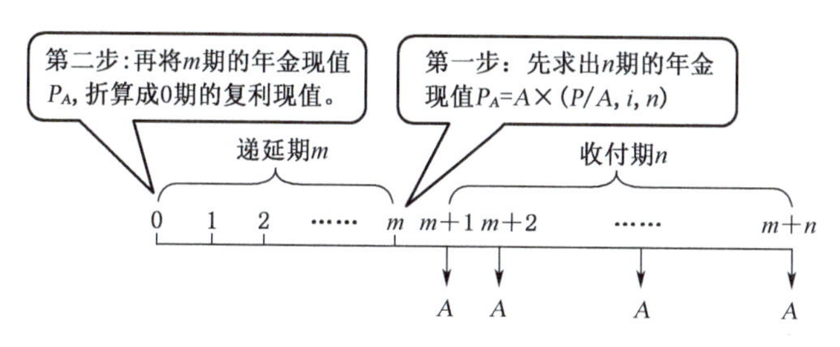

图3-9　递延年金的求现值原理图

其计算公式是:

$$递延年金现值\ P=A\times(P/A,\ i,\ n)\times(P/F,\ i,\ m)$$

第三种方法:先将递延年金视为普通年金,求出其普通年金终值,再将此终值转算成第0期期初的复利现值。如图3-10。

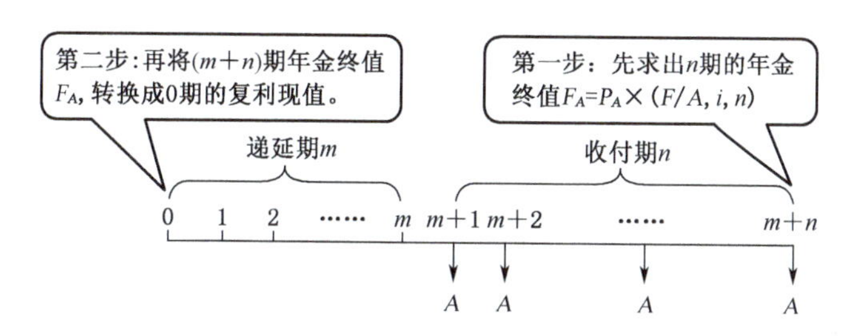

图3-10　递延年金的求现值原理图

其计算公式是:

$$递延年金现值\ P_A=A\times(F/A,\ i,\ n)\times(P/F,\ i,\ n+m)$$

【实例3-7】　递延年金终值与现值的综合应用

资料:某公司拟购置一处房产,房主提出两种付款方案:①从现在起,每年年初支付20万元,连续支付10次,共200万元;②从第5年开始,每年年初支付25万元,连续支付10次,共250万元。

假设该公司的资金成本率(即最低报酬率)为10%,你认为该公司应选择哪个方案?

解答:

(1) 计算两个方案的现值。

方案①：预付年金的现值

$$P_A = A[(P/A,\ i,\ n-1)+1] = 20[(P/A,\ i,\ n-1)+1]$$
$$= 20[(P/A,\ 10\%,\ 9)+1] = 20\times(5.759+1) = 135.18(\text{万元})$$

方案②：递延年金的现值

$$P_A = A\times(P/A,\ i,\ n)\times(P/F,\ i,\ m)$$
$$= 25\times(P/A,\ 10\%,\ 10)\times(P/F,\ 10\%,\ 3)$$
$$= 25\times 6.145\times 0.751 = 115.37(\text{万元})$$

(2) 因为方案①的现值大于方案②的现值，故该公司应选择方案②。

点评：计算递延年金的现值可采用三种不同的方法，但要注意年金发生的时点。

(4) 永续年金的计算

永续年金是指无限期支付的年金。在实际生活中，优先股股利、无限期债券、奖励基金等都属于永续年金。

由于永续年金期数无限，没有终止的时间，因此永续年金没有终值。

永续年金现值可以从普通年金现值的计算公式中推导出来：

由普通年金的现值计算公式：

$$P = A\times\frac{1-(1+i)^{-n}}{i}$$

当 $n\rightarrow\infty$ 时，$P=\frac{A}{i}$ 即永续年金现值公式。

【实例 3-8】 永续年金的应用

资料：某学校拟建立一项永久性的奖学金，每年计划颁发 20 000 元的奖学金，若银行存款利率为 8%。

要求：试计算该学校现在应存入多少钱。

解答：$P = A/i = 20\,000\div 8\% = 250\,000$(元)

4. 货币时间价值的几个特殊问题

(1) 不等额系列收付款项的终值和现值的计算。

在实际工作中，许多情况下会发生不等额系列收付款项，因此经常需要计算不等额现金流量的终值之和或现值之和。

不等额系列收付款项终值的计算公式是：

$$F = \sum_{t=0}^{n} P_t(1+i)^t$$

不等额系列收付款项现值的计算公式是：

$$P = \sum_{t=0}^{n} F_t(1+i)^{-t}$$

资料：BBD 公司 20×4 年年初对 A 设备投资 100 000 元，该项目于 20×6 年年初完工并投产；20×6 年至 20×8 年各年末预期收益分别为 20 000 元、30 000 元、50 000 元；银行存款复利利率为 10%。

要求：

(1) 计算 20×6 年年初投资额的终值和 20×6 年年初各年预期收益的现值之和。

(2) 该投资项目是否可行？

解答：该投资项目的现金流量如图 3-11。

(1) 20×6 年年初投资额的终值

$$F = P(F/P,\ i,\ n) = 100\ 000 \times (F/P,\ 10\%,\ 2)$$
$$= 100\ 000 \times 1.210 = 121\ 000(\text{元})$$

(2) 20×6 年年初各年预期收益的现值之和

$$\sum P = F_{20\times7}(P/F,\ i,\ n) + F_{20\times8}(P/F,\ i,\ n) + F_{20\times9}(P/F,\ i,\ n)$$
$$= 20\ 000 \times (P/F,\ 10\%,\ 1) + 30\ 000 \times (P/F,\ 10\%,\ 2) + 50\ 000 \times (P/F,\ 10\%,\ 3)$$
$$= 20\ 000 \times 0.909 + 30\ 000 \times 0.826 + 50\ 000 \times 0.751$$
$$= 80\ 510(\text{元})$$

(3) 该投资项目在 20×6 年年初时，其收益小于支出，故该投资项目不可行。

点评：货币具有时间价值，不同时点上的收入与支出不能直接进行比较，因而在筹资、投资分析中通常是以现值为基础进行各方案的比较，使发生在不同时点上的资金具有合理的、共同的可比基础。

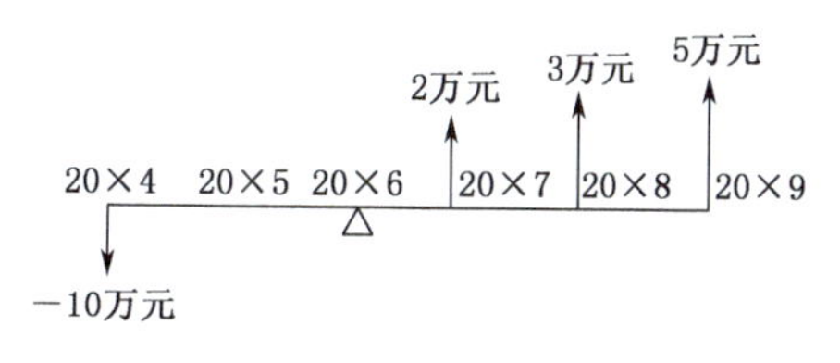

图 3-11　项目投资的现金流量图

(2) 贴现率的计算。

在财务管理实践中，经常会出现已知计息期、终值和现值，求贴现率的情况。求贴现率可分两步，第一步求出系数，第二步根据内插法再求出贴现率。

【实例 3-10】 内插法的运用

资料：BBD 公司现有资本 100 万元，想投资报酬率为 6% 的投资项目，问：经过多少年投资后才可能使现有资本增加 1 倍？

解答：已知 $P = 100$ 万元，$F = 2 \times 100 = 200$ 万元，$i = 6\%$

$F_n = P(1+i)^n$　即 $200 = 100(1+6\%)^n$

$(1+6\%)^n = 2$　即 $(P/F,\ 6\%,\ n) = 2$

查表得：$n = 11$　　1.898 3

$n = ?$　　2.00

$n = 12$　　2.012 2

根据内插法原理：

$$\frac{n-11}{12-11}=\frac{2-1.8983}{2.0122-1.8983}$$

解得：$n=11.89$(年)

因此，在11.89年以后可以使现有资本增加1倍。

点评：(1) 内插法是财务管理学中运用较广泛的方法。(2) 货币时间价值的计算中，已知三个变量(i 或 n, P, F)，求 n 或 i 时，应先求出现值系数或终值系数，再应用内插法求出 n 或 i。

(3) 名义利率与实际利率。

在财务管理实践中，有时也会出现计息期短于一年的情况。当计息期短于一年，而使用的利率又是年利率时，可以按以下两种方法进行换算。

方法一： 将名义利率调整为实际利率，然后按实际利率计算货币时间价值。名义利率与实际利率的换算关系如下：

$$i=\left(1+\frac{r}{m}\right)^{m}-1$$

公式中：i 为实际利率，r 为名义利率，m 为每年复利次数。

方法二： 将计息期和利率进行相应调整，利率调整为 r/m，期数相应调整为 $m\times n$ 。

【实例3-11】 名义利率与实际利率的换算

资料：BBD公司于年初存入银行10 000元，假定年利率为12%，每年复利两次，问该公司到第5年末可取得的本利和为多少？

解答：方法一，根据名义利率与实际利率的换算公式可得：实际利率 $i=12.36\%$，按实际利率计算货币时间价值。则第5年末的本利和 $=10\,000\times(F/P, 12.36\%, 5)=17\,908$(元)。

方法二，将计息期和利率进行相应调整，利率调整为6%，期数相应调整为10期，则第5年末的本利和 $=10\,000\times(F/P, 6\%, 10)=17\,908$(元)。

3.2 投资风险价值

3.2.1 风险概述

风险是一个非常重要的财务概念，也是一个比较难掌握的概念，其定义和计量存在较多争议。然而，风险是客观存在的，在企业财务活动中无处不蕴含着风险，并对企业实现其理财目标有着重要影响，使得人们无法回避和忽视。

1. 风险的含义

风险是指某一行动的结果具有多样性。如果某一行动只有一种结果，就没有风险。例如，现在将一笔资金存入银行，可以确定一年后将会得到的本利和，这种行为几乎没有风险。

从财务的角度来看，风险是指企业在各项财务活动过程中，由于各种难以预料或无法控制的因素使企业的实际收益与预计收益发生背离，因而产生的蒙受经济损失的可能性。

风险可能给投资者带来超出预期的收益，也可能带来超出预期的损失。一般而言，投资者对意外损失更加关注。因此，人们研究风险时侧重于减少损失，主要从不利的方面来考察风险，经常将风险看成是不利事件发生的可能性，风险主要指无法到达预期报酬的可能性。

公司的财务决策几乎都是在包含风险和不确定的情况下做出的。公司的财务决策按照风险程度可分为三种类型。一是确定性决策，是指决策者对未来的情况是完全确定的或已知的。二是风险性决策，是指决策者对未来的情况不能完全确定，但它们各种情况出现的概率的具体分布是已知的或可以估计的。三是不确定性决策，是指决策者不仅对未来的情况不能完全确定，而且对其可能出现的概率也不清楚。

2. 风险的性质

(1) 风险是可测定概率的不确定性。但风险与不确定性是有区别的，风险是事先可以知道某一行动所有可能的后果以及每一种后果出现的概率。例如，投硬币的游戏，我们事先知道硬币落地时有正面朝上和背面朝上两种结果，且知道每种结果出现的概率，属于风险问题。而不确定性是事先不知道某一行动所有可能的结果，或者虽知道所有可能的结果但不知道它们出现的概率。如投资股票，投资者不知道将来可能达到的报酬率，更不知道每一种报酬率出现的概率，它属于不确定性问题。在风险分析实务中，风险和不确定性很难严格区分。

(2) 风险的存在具有客观性。风险是客观存在的，是不以人的意志为转移的。风险的客观性基于两个原因：一是决策时缺乏可靠的信息。决策者在决策时，由于获取信息的成本过高，或者有些信息根本无法取得，致使对许多情况不甚了解，导致决策失误。二是决策者不能控制事物未来发展的过程。事物未来发展的过程直接受到未来客观经济环境的影响，如政府宏观经济政策的改变、市场的景气与否、产业结构的调整、顾客需求的变化、商品价格水平的波动等，且风险还与决策时间的长短密切有关，风险可能会随着时间推移而增加。

3. 风险的种类

从个别投资主体的角度看，风险分为市场风险和公司特有风险两大类。

(1) 市场风险。市场风险是指那些影响所有公司的因素引起的风险。引起这类风险的因素既有外部经济环境因素，如经济衰退、通货膨胀、高利率等，又有外部非经济环境因素，如战争、政局不稳定等。这类风险涉及所有的投资对象，不能通过多元化投资来分散。

(2) 公司特有风险。公司特有风险是指发生在个别公司中的特有事件造成的风险，如罢工、新产品开发失败、没有争取到重要的合同、诉讼失败等。这类风险常以履约风险、破产风险、变现风险等形式表现出来的，可以通过多元化投资来分散。如投资于股票时，买几种不同的股票，比只买一种股票的风险小。

从财务和经营的角度看，风险分为经营风险和财务风险两大类。

(1) 经营风险。经营风险是指生产经营的不确定性带来的风险。影响经营风险的主要因素有：产品需求的不确定性、产品销售价格的不确定性、生产成本的不确定性等。

(2) 财务风险。财务风险是指因借款而增加的风险，是融资决策带来的风险，又称融资风险(或筹资风险)。影响财务风险的主要因素有：企业盈利能力的变化、资本供给的不确定性、利率水平的不确定等。

4. 风险价值

风险价值是投资者因冒风险而从事投资活动所获得的超过货币时间价值的额外报酬，一般用相对数风险报酬率来表示。风险报酬率是指投资者因冒风险进行投资而要求的超过货币时间价值的那部分报酬率。如果不考虑通货膨胀因素，投资者进行风险投资所要求或期望的投资报酬率便是货币时间价值(无风险报酬率)与风险报酬率之和。即：

期望投资报酬率＝货币时间价值(或无风险报酬率)＋风险报酬率

3.2.2 风险的衡量

风险的衡量是一个比较复杂的过程。现结合实例说明风险计算的基本原理与步骤。

【实例 3-12】 风险的衡量

资料：BBD 公司现有 A、B 两项可供选择的投资方案，两种方案的预计报酬率及概率分布如表 3-5 所示。

表 3-5 A、B 方案报酬率概率分布

经济状况	概　率	A 方案报酬率/%	B 方案报酬率/%
良好	0.25	70%	50%
一般	0.5	30%	30%
较差	0.25	−10%	10%

要求：

(1) 分别计算两种方案的期望报酬率。

(2) 分别计算两种方案期望报酬率的标准离差。

1. 确定概率及概率分布

在经济活动中，某一事件在相同的条件下可能发生也可能不发生，这类事件就称为随机事件。概率就是用来表示随机事件发生可能性大小的数值，通常用百分数或小数来表示，记为 P_i。如果将随机事件各种可能的结果按一定的规则进行排列，同时列出各种结果出现的相应概率，这一完整的描述称为概率分布。

由表 3-5 可以看出概率分布具有如下特点：

(1) 任何事件的概率既不大于 1 又不小于 0，即 $0 \leqslant P_i \leqslant 1$，概率越大就表示该事件的可能性越大。反之亦然。

（2）所有可能结果的概率之和等于1。

另外，上述表中各种报酬率也可以用方案预期的现金流入量的期望报酬额表述。

2. 计算期望报酬率（额）

期望值是一个概率分布中的所有可能结果，以各自相对应的概率为权数计算的加权平均值。期望报酬率则是指各种方案按其可能的报酬率和其不同概率计算出来的加权平均报酬率。

期望报酬率的基本计算公式是：

$$\bar{R}=\sum_{i=1}^{n}R_i\times P_i$$

式中，$\bar{R}$ 表示期望报酬率，R_i 表示第 i 个可能结果的报酬率，P_i 表示第 i 个可能结果发生的概率，n 表示各种可能结果的总数。

根据[实例 3-12]中 A、B 方案概率的有关资料，可以分别计算出的 A、B 方案的期望报酬率：

$$\bar{R}_A=0.25\times 70\%+0.5\times 30\%+0.25\times(-10\%)=30\%$$

$$\bar{R}_B=0.25\times 50\%+0.5\times 30\%+0.25\times 10\%=30\%$$

计算可知，A、B 方案的期望报酬率均为 30%，但两个投资方案在不同经济情况下的报酬率分布不同：A 方案的报酬率比较分散，B 方案的报酬率比较集中。这就意味着：A 方案的风险较大，B 方案的风险较小。即预期报酬率的概率分布越狭窄，其投资风险越小，反之亦然。如图 3-12 所示。

图 3-12　A、B 方案收益率概率分布图

3. 计算报酬率（额）的标准离差

标准离差反映了各种可能的报酬率偏离期望报酬率的平均程度。在财务管理决策中，用标准离差衡量待决策方案的风险。标准离差越小，说明各种可能的报酬率分布得越集中，各种可能的报酬率与期望报酬率平均差别程度就小，获得期望报酬率的可能性就越大，风险就越小；反之，获得期望报酬率的可能性就越小，风险就越大。标准离差的局限性在于它是一个绝对数，只适用于期望值相同的决策方案风险程度的比较。

标准离差的计算公式为：

$$\delta=\sqrt{\sum_{i=1}^{n}(R_i-\bar{R})^2\times P_i}$$

在[实例 3-12]中，分别计算出 A、B 方案的期望报酬率的标准离差。

A 方案的标准离差为：

$$\delta=\sqrt{(70\%-30\%)^2\times0.25+(30\%-30\%)^2\times0.5+(-10\%-30\%)^2\times0.25}$$
$$=28.28\%$$

B 方案的标准离差为：

$$\delta=\sqrt{(50\%-30\%)^2\times0.25+(30\%-30\%)^2\times0.5+(10\%-30\%)^2\times0.25}$$
$$=14.14\%$$

由计算可知，A 方案的标准离差大于 B 方案的标准离差，这说明 A 方案的风险大于 B 方案的风险，在预期报酬率相等的情况下，应选择 B 方案。

4. 计算报酬率(额)的标准离差率 Q

标准离差率是以相对数来衡量待决策方案的风险。一般情况下，标准离差率越大，风险越大；相反，标准离差率越小，风险越小。标准离差率指标的适用范围较广，尤其适用于期望值不同的决策方案风险程度的比较。

标准离差率的计算公式是：

$$Q=\frac{\delta}{R}$$

在[实例 3-12]中，分别计算出 A、B 方案的期望报酬率的标准离差率：

A 方案的标准离差 $=28.28\%\div30\%=94.27\%$

B 方案的标准离差 $=14.14\%\div30\%=47.13\%$

可以看出 A 方案的标准离差率明显高于 B 方案的标准离差率。当两个方案的期望报酬率不同时，就只能运用标准离差率来分析比较。

然而现实中管理人员很难准确地估计未来收益率发生的概率和未来收益率的可能值，因此也可以利用收益率的历史数据近似地估算预期收益率和其标准差。当已知收益率的历史数据时，可用下列公式计算收益率的期望值和标准差。

收益率的期望值：

$$\bar{R}=\frac{\sum_{i=1}^{n}R_i}{n}$$

收益率的标准差：

$$\delta=\sqrt{\frac{\sum_{i=1}^{n}(R_i-\bar{R})^2}{n}}$$

式中，R_i 表示数据样本中各期的收益率的历史数据，n 表示样本中历史数据的个数。

3.2.3 风险报酬率的计算

风险报酬率是企业冒险进行筹资、投资或生产经营活动所得到的收益水平。标准离差

率只能反映某项投资风险的大小，因而由于冒风险进行投资而获得的报酬率的高低用风险报酬率来表示。财务管理中一般是假设投资人是风险厌恶者。在这样的假设下，投资人进行高风险项目投资的条件是：高风险，高报酬。因此风险报酬率就可以通过标准离差率和风险报酬系数的乘积来确定。

风险报酬率的计算公式是：

$$R_f = K \times Q$$

式中，R_f 为风险报酬率，K 为风险报酬系数，Q 为标准离差率。

风险报酬系数通常由企业主观确定。风险报酬系数的确定应以无风险报酬率为基础。

3.2.4　风险的管理

1. 风险管理的目标

风险既可能使企业获得收益，也可能使企业遭受损失。风险管理就是预先确定一系列的政策、措施，将风险造成的损失降低到最小值，从而保证企业经营活动按预期目标进行。由于风险的大小与风险报酬率成正比例，因此，风险管理的目标就是在风险与收益之间做出恰当的选择。

2. 风险管理的程序

风险管理的程序见表 3-6 所示。

表 3-6　风险管理的程序

步　　骤	管理要点
第 1 步，确定风险	明确可能发生的风险的种类、性质以及风险发生的可能性
第 2 步，设定目标	分析研究可能发生的风险对企业理财的影响程度与范围，确定风险管理的具体目标
第 3 步，制定策略	制定科学合理的风险管理策略，避免可能出现的各种损失
第 4 步，实施评价	实施风险管理策略，经常或定期进行检查、控制，并对风险管理工作的绩效进行评价和考核

3. 风险管理的策略

(1) 回避风险策略。这是一种保守型风险管理策略。对于决策者来讲，他们总是以无风险或低风险作为衡量各种备选方案优劣的评价标准，将那些可能发生风险的备选方案淘汰出局，同时也就失去了收益丰厚的备选方案，因为风险总是和收益联系在一起的。一个成功的经营者往往很少采用这种风险策略。

(2) 减少风险策略。这是一种控制型风险管理策略。即在风险管理中，采取相应的措施，减少风险可能给企业带来的损失。

(3) 接受风险策略。这是一种事中风险控制策略。在风险管理中，对可能发生的风险提前做好准备，以应付风险带来的损失。企业财务活动中的风险是不可避免的。如企业赊销政策所带来的坏账风险、市场波动所引起的库存风险等等，针对这些风险，企业应采取自我保护的接受风险策略，每期提取一笔准备金，用作未来发生风险给企业带来损失的补偿。

如财务实践中的提取坏账准备金、长期财产保值等都是这种策略的具体运用。

(4) 转移风险策略。在风险管理中,对某些可能发生风险损失的财产或项目,用转移的方式转移出企业,并换回较为保险的财产或项目。如用参加保险的形式,通过支付保险费,将风险转移给保险公司,在股票投资中,将风险大的股票抛出购回风险小的股票等,都是这种策略的实际运用。

相关阅读

中国上市公司资本效率与财务风险调查:2019

本文以 2019 年 3 631 家 A 股非金融类上市公司为样本,选取了 2017—2019 年借入资金占比、自有资金占比、资本杠杆三个财务指标(如表 1 所示),通过全国层面、行业层面、地区层面等多个维度的调查,反映 2019 年全国及分行业、分地区上市公司总资金融资结构与总体财务风险。

1. 全国上市公司融资来源以自有资金为主,总体财务风险稳中有降

2019 年全国上市公司融资来源以自有资金为主,且占比略有上升,总体资本杠杆率略有下降,总体财务风险处于较低水平。全国上市公司总资金融资结构中借入资金比重下降至37.62%,自有资金比重上升至 62.38%,资本杠杆下降为 1.60;有 89.84%的企业自有资金占比 50%以上,多数企业融资来源以自有资金为主,总体财务风险处于可控水平。

2. 行业间财务风险差异明显,少数行业财务风险值得关注

2019 年不同行业财务风险有明显差异,融资结构表现出稳定的行业特征。2019 年房地产行业,电力、热力、燃气及水生产和供应业借入资金占比大于 50%,融资方式较为激进,财务风险较高,剩余 19 个行业以自有资金为主要融资来源,财务风险较低,传播与文化产业总体财务风险最低,借入资金占比仅为 12.77%。房地产行业借入资金占比虽为各行业之最,但相比 2018 年下降 3.04 个百分点,这主要是因为在供给侧结构性改革的大背景下,银行部门对房地产行业的贷款更为审慎,也说明"三去一降一补"政策初见成效。

3. 三大地区财务风险差异不大,西部地区财务风险最高

2019 年东、中、西部地区借入资金占比分别为 37.37%、36.57%、40.43%,三地区总体财务风险差异不大;西部地区借入资金比重最大、财务风险最高,东部地区次之,中部地区财务风险最低;三大地区各年总资金融资结构较为稳定,但 2019 年自有资金占比相对上升,资本杠杆和财务风险略有下降。

表 1 2017—2019 年全国及分行业、分地区上市公司财务风险

项目	借入资金占比/%			自有资金占比/%			资本杠杆/倍		
	2017 年	2018 年	2019 年	2017 年	2018 年	2019 年	2017 年	2018 年	2019 年
农、林、牧、渔业	31.93	30.84	23.44	68.07	69.16	76.56	1.47	1.45	1.31
采矿业	27.67	23.02	25.14	72.33	76.98	74.86	1.38	1.30	1.34

（续表）

项目		借入资金占比/%			自有资金占比/%			资本杠杆/倍		
		2017年	2018年	2019年	2017年	2018年	2019年	2017年	2018年	2019年
制造业	食品、饮料行业	16.13	16.69	19.02	83.87	83.31	80.98	1.19	1.20	1.23
	纺织、服装、皮毛行业	22.87	29.47	22.90	77.13	70.53	77.10	1.30	1.42	1.30
	木材、家具行业	21.30	24.04	23.52	78.7	75.96	76.48	1.27	1.32	1.31
	造纸、印刷行业	39.52	42.57	41.32	60.48	57.43	58.68	1.65	1.74	1.70
	石油、化学、塑料、塑胶行业	35.32	36.79	38.14	64.68	63.21	61.86	1.55	1.58	1.62
	计算机、通信和其他电子设备制造业	30.92	32.91	31.39	69.08	67.09	68.61	1.45	1.49	1.46
	金属、非金属行业	42.27	38.49	37.02	57.73	61.51	62.98	1.73	1.63	1.59
	机械、设备、仪表行业	26.38	26.23	25.46	73.62	73.77	74.54	1.36	1.36	1.34
	医药、生物制品行业	20.96	22.64	21.55	79.04	77.36	78.45	1.27	1.29	1.27
	其他制造业	45.44	41.02	48.43	54.56	58.98	51.57	1.83	1.70	1.94
电力、热力、燃气及水生产和供应业		59.08	57.99	55.99	40.92	42.01	44.01	2.44	2.38	2.27
建筑业		50.72	49.37	48.08	49.28	50.63	51.92	2.03	1.97	1.93
批发、零售业		38.31	39.02	38.41	61.69	60.98	61.59	1.62	1.64	1.62
交通运输、仓储和邮政业		44.03	45.33	40.48	55.97	54.67	59.52	1.79	1.83	1.68
信息传输、软件和信息技术服务业		17.01	15.05	13.32	82.99	84.95	86.68	1.21	1.18	1.15
房地产业		59.93	59.56	56.52	40.07	40.44	43.48	2.50	2.47	2.30
社会服务业		49.23	43.33	42.81	50.77	56.67	57.19	1.97	1.76	1.75
传播与文化产业		12.50	13.44	12.77	87.50	86.56	87.23	1.14	1.16	1.15
综合类		32.19	32.11	34.88	67.81	67.89	65.12	1.47	1.47	1.54
东部地区		38.95	38.43	37.37	61.05	61.78	62.63	1.64	1.62	1.60
中部地区		38.11	37.26	36.57	61.89	62.74	63.43	1.62	1.59	1.58
西部地区		42.34	41.63	40.43	57.66	58.37	59.57	1.73	1.71	1.68
上市公司整体		39.23	38.48	37.62	60.77	61.52	62.38	1.65	1.63	1.60

（资料来源：孙莹，王苑琢，杜媛，等.中国上市公司资本效率与财务风险调查：2019[J].会计研究，2020(10)：12-13.）

本章小结

货币时间价值和投资风险价值是财务管理中最重要的两个基本概念,贯穿于企业财务管理的全过程。

货币时间价值是指货币经历一定时间的投资和再投资所增加的价值。一般以利息率表示货币的时间价值。资金时间价值原理正确地揭示了不同时点上资金之间的换算关系,是企业进行筹资决策、投资决策和经营决策的重要依据,也是企业理财的第一原则。

从财务的角度来看,风险是指企业在各项财务活动过程中,由于各种难以预料或无法控制的因素使企业的实际收益与预计收益发生背离,因而产生的蒙受经济损失的可能性。

风险可能给投资者带来超出预期的收益,也可能带来超出预期的损失。而人们研究风险时侧重于减少损失,主要从不利的方面来考察风险。从个别投资主体的角度看,风险分为市场风险和公司特有风险两大类。市场风险是指那些影响所有公司的因素引起的风险。这类风险既有外部经济环境因素引起的,又有外部非经济环境因素引起的,它不能通过多元化投资来分散。公司特有风险是发生于个别公司的特有事件造成的风险,它可以通过多元化投资来分散。从财务和经营的角度看,风险分为经营风险和财务风险两大类。经营风险是指生产经营的不确定性带来的风险。财务风险是指因借款而增加的风险,是融资决策带来的风险,又称融资风险(或筹资风险)。

关键概念

货币时间价值(time valve of money)
单利(simple interest)
复利(compound interest)
现值(present value)
终值(future value)
年金(annuity)
风险(risk)
风险收益率(risk earning rate)
期望值(expected value)
标准差(standard deviation)
标准离差率(normal deviate rate risk)

自测题

一、单项选择题

1. 年偿债基金的计算是(　　)。

A. 年金终值的逆运算　　B. 年金现值的逆运算

C. 复利终值的逆运算　　D. 复利现值的逆运算

2. 在下列各项中,无法计算出确切结果的是(　　)。

A. 后付年金终值　　B. 即付年金终值

C. 递延年金终值　　D. 永续年金终值

3. 某公司准备购买一家上市公司股票，经财务部门分析得出结论，未来该公司股票收益率达到4%的可能性为10%，达到8%的可能性为45%，达到10%的可能性为40%，达到15%的可能性为5%，则该公司股票预期收益率为（　　）。

A. 8.75%　　B. 9.25%　　C. 8.25%　　D. 6.48%

4. 有一项年金，前3年无流入，后5年每年年初流入500万元，假设年利率为10%，其现值为（　　）万元。

A. 1 994.59　　B. 1 565.68　　C. 1 813.48　　D. 1 423.21

5. 某企业拟进行一项存在一定风险的完整工业项目投资，有甲、乙两个方案可供选择：已知甲方案净现值的期望值为1 000万元，标准离差为300万元；乙方案净现值的期望值为1 200万元，标准离差为330万元。下列结论中正确的是（　　）。

A. 甲方案优于乙方案　　B. 甲方案的风险大于乙方案

C. 甲方案的风险小于乙方案　　D. 无法评价甲乙方案的风险大小

6. 目前有甲、乙两个投资项目，它的期望收益率分别是10%和12%，标准差分别是0.1和0.12，则下列说法中正确的是（　　）。

A. 甲项目的风险大于乙项目　　B. 甲项目的风险小于乙项目

C. 甲项目的风险等于乙项目　　D. 无法判断

7. 某企业每半年存入银行5万元，假设银行存款年利率为8%，已知$(F/A,4\%,6)=6.633$，$(F/A,8\%,3)=3.2464$，$(P/A,4\%,6)=5.2421$，$(P/A,8\%,3)=2.5771$。则3年后收到本利和共计（　　）万元。

A. 16.232　　B. 26.21　　C. 33.165　　D. 12.89

8. 王某欲购买市面新发售的一款游戏机，有两种付款方案可供选择，一种方案是购买时一次性支付，另一种方案是分期付款。分期付款方案为从购买时点起，连续10个月，每月月初付款300元。假设月利率为1%，如果王某出于理性考虑，选择购买时点一次性支付，那么支付的金额不应超过（　　）元。

A. 2 569.80　　B. 2 841.39　　C. 2 869.80　　D. 2 595.50

9. 甲、乙两个方案投资收益率的期望值分别为10%和12%，两个方案都存在投资风险，在比较甲、乙两个方案风险大小时应使用的指标是（　　）。

A. 标准离差率　　B. 标准离差　　C. 协方差　　D. 方差

10. 以下关于风险的论述，错误的是（　　）。

A. 风险越大，投资者要求的收益率越高

B. 风险程度只能用标准差或方差来表示

C. 标准离差不能用于比较期望值不同的方案之间的风险程度

D. 预期利润率由无风险利润率和风险报酬率组成

二、多项选择题

1. 下列各项中，属于普通年金形式的项目有（　　）。

A. 零存整取储蓄存款的整取额　　B. 定期定额支付的养老金
C. 年资本回收额　　D. 偿债基金

2. 在下列各项中，可以直接或间接利用普通年金终值系数计算出确切结果的项目有（　　）。
A. 偿债基金　　B. 先付年金终值
C. 永续年金现值　　D. 永续年金终值

3. 下列各项中，其数值等于即付年金终值系数的有（　　）。
A. $(P/A, i, n)(1+i)$　　B. $(P/A, i, n-1)+1$
C. $(F/A, i, n)(1+i)$　　D. $(F/A, i, n+1)-1$

4. 下列关于资金时间价值系数关系的表述中，正确的有（　　）。
A. 普通年金现值系数×投资回收系数＝1
B. 普通年金终值系数×偿债基金系数＝1
C. 普通年金现值系数×(1＋折现率)＝预付年金现值系数
D. 普通年金终值系数×(1＋折现率)＝预付年金终值系数

5. 递延年金具有如下特点（　　）。
A. 年金的第一次支付发生在若干期之后
B. 年金的现值与递延期无关
C. 年金的终值与递延期无关
D. 现值系数是普通年金终值系数的倒数

6. 下列各项中，能够衡量风险的指标有（　　）。
A. 方差　　B. 标准离差　　C. 期望值　　D. 标准离差率

7. 关于衡量投资方案风险的下列说法中，正确的是（　　）。
A. 预期报酬率的概率分布越窄，投资风险越小
B. 预期报酬率的概率分布越窄，投资风险越大
C. 预期报酬率的标准离差越大，投资风险越大
D. 预期报酬率的变异系数越大，投资风险越大

8. 下列各项中，属于企业特有风险的有（　　）。
A. 经营风险　　B. 利率风险　　C. 财务风险　　D. 汇率风险

9. 在下列各项中，属于财务管理风险对策的有（　　）。
A. 回避风险　　B. 减少风险　　C. 转移风险　　D. 接受风险

10. 关于投资者要求的投资报酬率，说法正确的有（　　）。
A. 风险程度越高，要求的报酬率越低
B. 无风险报酬率越高，要求的报酬率越高
C. 无风险报酬率越高，要求的报酬率越低
D. 风险程度、无风险报酬率越高，要求的报酬率越高

三、判断题

1. 短期国债是一种几乎没有风险的有价证券，其利率可以代表货币时间价值。（　　）

2. 在有关资金时间价值指标的计算过程中，普通年金现值与普通年金终值是互为逆运算的关系。（　　）
3. 计算递延年金终值的方法，与计算普通年金终值的方法一样。（　　）
4. 甲准备投资一项目，预计该项目在前 2 年并不会取得现金流量，但是从第 3 年年末开始每年年末会取得等额的现金流量，一直到第 10 年年末，则目前来看这种年金的形式是普通年金。（　　）
5. 如果以年为计息单位，每年复利一次时，名义利率等于实际利率。（　　）
6. 衡量风险的指标主要有收益率的期望值、方差、标准离差和标准离差率等。（　　）
7. 在利率和计息期相同的条件下，复利现值系数与复利终值系数互为倒数。（　　）
8. 对于多个投资方案而言，无论各方案的期望值是否相同，标准离差率最大的方案一定是风险最大的方案。（　　）
9. 国库券是一种几乎没有风险的有价证券，其利率可以代表资金时间价值。（　　）
10. 人们在进行财务决策时，之所以选择低风险的方案，是因为低风险会带来高收益，而高风险的方案则往往收益偏低。（　　）

四、计算题

1. 目的：练习年金的终值与现值的计算。

资料：BBD 公司 20×1 年和 20×2 年初投资均为 60 000 元，该项目 20×3 年年初完工投产；20×3 年至 20×5 年各年末预期收益均为 50 000 元；银行存款复利利率为 8%。

要求：(1) 按年金计算 20×3 年年初投资额的终值和 20×3 年年初预期收益的现值。

(2) 该投资项目是否可行?

2. 目的：练习复利和年金的现值的计算。

资料：BBD 公司有一项付款业务，有 A、B 两种付款方式可供选择。

A 方案：现在支付 10 万元，一次性结清

B 方案：分三年付款。1～3 年各年初的付款额分别为 3 万元、4 万元、4 万元。

要求：假定年利率为 10%，按现值计算，从 A、B 两方案中选优。

3. 目的：练习年金的终值和现值计算。

资料：某公司准备购买一套办公用房，有三种付款方案可供选择：(1) 甲方案：从现在起每年年初付款 24 万元，连续支付 5 年，共计 120 万元；(2) 乙方案：从第 3 年起，每年年初付款 26 万元，连续支付 5 年，共计 130 万元；(3) 丙方案：从现在起每年年末付款 25 万元，连续支付 5 年，共计 125 万元。

要求：假定该公司要求的投资报酬率为 10%，通过计算说明应选择哪种方案。

4. 目的：练习风险的计量。

资料：BBD 企业欲将部分闲置资金进行对外投资，可供选择的 A、B 两公司股票的报酬率及其概率分布情况如下表所示：

A、B公司股票报酬率及概率分布

经济情况	概　率	报　酬　率/%	
		A公司	B公司
繁荣	0.20	40	70
一般	0.60	20	20
衰退	0.20	0	−30

要求：(1) 分别计算A、B公司的期望报酬率；

(2) 分别计算A、B公司的标准离差；

(3) 若想投资于风险较小的公司，做出你的合理选择。

五、问答题

1. 什么是货币时间价值？货币时间价值在企业财务管理中有何作用？
2. 简述年金的概念和种类。
3. 什么是风险？风险如何分类？
4. 按照风险程度，可将财务决策分为哪三类？
5. 如何计算期望值、标准离差和标准离差率？这些指标的含义是什么？
6. 试分析如何从源头上治理近年校园贷乱象，防范和化解校园贷风险。

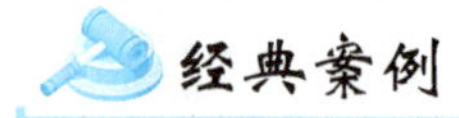

经典案例

多元化战略下恒大地产财务风险

近20年是房地产行业发展的黄金时代，行业收入年均增长率高达16.7%，行业投资回报率保持在8%～20%之间，这也吸引众多企业涌入房地产行业。但房地产行业投资周期长、资金需求量大、资金回笼速度慢等特性导致许多房地产企业处于“高成本、高负债、高效率”的运营模式。再加上近两年银行信贷收紧、区域性分化日益凸显、融资成本逐渐增长，行业投资回报显著下降，行业发展也由黄金时代步入理性的白银时代。在此背景下，部分大型房地产企业纷纷调整经营战略，打造以房地产产业为核心，提高房地产产业附加值的整体多元化经营模式，将经营范围扩展到旅游文化、体育、医疗、互联网金融等经营领域，以期通过多元化战略发挥协同效应，缓解行业周期性调整产生的负面影响。然而，多元化经营战略使原本就处于高杠杆运营下的房地产企业财务隐患不断加剧。基于此，本文选择率先实施多元化战略的恒大作为研究对象，通过对恒大实施的以地产业务为核心，体育、文化、快消、保险、健康、农牧业六大产业为附属的整体多元化经营战略分析为基点，详细分析其多元化战略产生的偿债风险、经营风险和资金运营风险。

恒大多元化经营战略布局主要发生在2013年以后，虽然早在2010年恒大就将经营布局延伸至体育产业(收购了恒大足球),2014 年又与阿里巴巴联手布局体育产业合作事宜。但其仅是开端,2013 年恒大将经营布局延伸至文化产业与快消产业,打造出恒大文化与恒大冰泉两大品牌;2014 年又成立了恒大农牧,旗下产品包括恒大粮油、咔哇熊乳业等知名产品;2015 年恒大又向健康产业和保险产业延伸,成立了恒大健康和恒大人寿。自此形成了一个以恒大地产业务为核心,体育、文化、快消、保险、健康、农牧业六大产业为附属的整体多元化经营布局。然而,多元化经营战略为恒大地产提供辅助动力的同时,也产生了负面影响。除了主营业务恒大地产一直保持高速增长并产生丰厚经营成果外,其他六大附属产业全都处于亏损运营状态,而进军新行业实现扭亏为盈需要恒大投入巨额资金予以扶持,仅依靠地产业务产生的经营现金流显然难以满足六大附属产业的资金需求,为此恒大不得不高额举债以满足多元化经营战略资金需求。恒大主要通过两种融资渠道满足多元化战略资金需求,一方面通过银行及其他借款,另一方面通过发行永续债。尤其是永续债的发行,可以视其为恒大多元化经营战略的直接产物,在此之前恒大融资主要依靠自营资金和银行借款,但是 2013 年多元化战略实施以来,恒大先后四次发行了总额超过 1100 亿元的永续债,该举措为其后续财务稳健性埋下了巨大隐患。多元化战略下恒大财务风险主要表现在三个方面。一是多元化战略导致偿债压力骤增,偿债风险加剧。二是多元化战略导致盈利质量下降,经营风险增加。三是高杠杆下的多元化战略导致资金使用效率下降,财务成果减少。

(资料来源:伦淑娟.多元化战略下企业财务风险与控制:以恒大地产为例[J].财会通讯,2018(32):118-121.)

案例讨论

(1) 跟踪分析多元化战略下恒大所面临财务风险以及如何化解。

(2) 企业理财如何树立忧患意识,防患于未然。

提升阅读

[1] 杨蕙璇.运用 Excel 财务函数计算货币时间价值[J].财会月刊,2009(23):90-91.

[2] 姚晖.会计准则中的货币时间价值:发展历程与展望[J].财会通讯,2009(27):63-66.

[3] 伦淑娟.多元化战略下企业财务风险与控制:以恒大地产为例[J].财会通讯,2018(32):118-121.

[4] 徐静,姜永强.互联网企业并购中财务风险研究:以去哪儿网并购案为例[J].财会通讯,2019(14):107-110.

[5] 王苑琢,宋晓缤,孙莹,等.中国上市公司资本效率与财务风险调查:2018[J].会计研究,2019(11):56-63.

［6］ 孙莹，王苑琢，杜媛，等.中国上市公司资本效率与财务风险调查：2019[J].会计研究，2020(10)：127-135.
［7］ 邓小军，侯枫婷.股权集中度、企业财务风险与审计收费：基于2014—2019年我国A股上市公司的实证研究[J].中国注册会计师，2021(2)：60-65.
［8］ 闵剑，李佳颖.生命周期视角下中小企业财务风险评估研究：基于生存分析模型[J].财会通讯，2021(4)：146-150.

第四章

权益筹资

本章结构框架

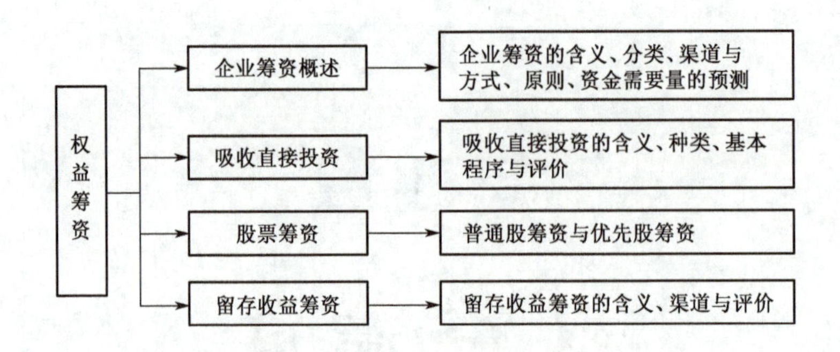

本章学习目标

通过本章学习，掌握筹资的渠道与方式；掌握权益资本筹集的方式、特点与要求；掌握资金需要量的预测方法；熟悉筹资的基本原则；了解筹资的分类。

4.1 企业筹资概述

4.1.1 企业筹资的含义

企业筹资是指企业根据其生产经营、对外投资以及资本结构调整等需要，通过一定的渠道，采取适当的方式，获取所需资本的一种行为。筹资活动是企业资本运动的起点，它将影响甚至决定企业资本运动的规模及效果。因此，企业的经营者必须做好筹资决策，明确企业筹资时间、筹资量以及筹资渠道和筹资方式，这样不仅能降低资本成本，增加企业经济效益，而且还能降低财务风险，为企业生产经营营造更大的有利空间。

4.1.2 企业筹资的目的

企业筹资目的可以概括为两大类：

1. 满足生产经营需要

满足生产经营需要的筹资包括为满足企业日常经营需要和为满足企业发展扩张需要而进行的筹资。前者筹资具有较大的稳定性，即筹资数量基本稳定，筹资时间基本确定；后者筹资不论是筹资时间还是筹资数量，都具有较大的不确定性，它取决于特定的投资决策和投资安排。一般来讲，企业为满足生产经营需要而进行的筹资，其结果是直接增加企业资产总额和筹资总额。

2. 满足资本结构调整需要

调整资本结构是指对权益资本和债务资本的比例关系进行调整，以降低筹资风险，减少资本成本。企业调整资本结构的方法有很多，如为降低财务风险而发行股票，为提高股权资本收益率和降低资本成本而增加债务资本等。一般来讲，企业为满足资本结构调整需要而进行的筹资，其结果可能会引起企业资产总额和筹资总额的增加，也可能使资产总额和筹资总额保持不变，还可能引起企业资产总额和筹资总额的减少。

4.1.3 企业筹资的分类

1. 按所筹资本的性质可分为权益性筹资和负债性筹资

(1) 权益性筹资，又称自有资本筹资，是指企业通过发行股票、吸收直接投资、内部积累等方式筹集资本。企业采取权益性筹资方式，一般不用还本，财务风险小，但付出的资本成本相对较高。

(2) 负债性筹资，又称借入资本筹资，是指企业通过发行债券、向银行借款、融资租赁等方式筹集资本。企业采取负债性筹资方式，一般到期要归还本金和支付利息，财务风险较大，但相对于权益性筹资而言，付出的资本成本相对较低。

2. 按所筹资本的期限可分为长期资本筹集和短期资本筹集

(1) 长期资本，是指使用期限在一年以上或超过一年的一个营业周期以上的资本。长期资本主要投资于新产品的开发和推广、生产规模的扩大、厂房和设备的更新等。一般需要几年甚至十几年才能收回。长期资本通常采取吸收直接投资、发行股票、发行债券、长期借款、融资租赁和利用留存收益等方式筹集。长期资本成本相对较高，但风险较低。

(2) 短期资本，是指使用期限在一年以内或超过一年的一个营业周期以内的资本。短期资本主要投资于现金、应收账款、存货等，一般在短期内可以收回。短期资本通常采取商业信用、短期银行借款、短期融资券、应收账款转让等方式筹集。短期资本筹集风险较高，但资本成本相对较低，有时可能是免费资金。

4.1.4 企业筹资的渠道与方式

1. 筹资渠道

筹资渠道是指企业筹措资金来源的方向与通道，体现资金的来源与流量。目前我国企业的筹资渠道主要有：银行信贷资金、其他金融机构资金、其他企业资金、居民个人资金、国家资金和企业自留资金等。

2. 筹资方式

筹资方式是指企业筹集资金所采取的具体方式。目前我国企业的筹资方式主要有：吸收直接投资、发行股票、发行债券、银行借款、融资租赁、利用留存收益、利用商业信用等。

3. 筹资渠道与筹资方式的对应关系

筹资渠道解决的是资本来源问题，筹资方式则解决的是通过何种方式取得资本的问题，它们之间存在一定的对应关系。一定的筹资方式可能只适用于某一特定的筹资渠道，但同一渠道的资本往往可采用不同的方式取得,同一筹资方式又往往适用于不同的筹资渠道,因此,企业在筹资时,应实现两者的合理搭配。筹资渠道与筹资方式的对应关系详见表4-1。

表4-1　筹资渠道与筹资方式的对应关系

筹资渠道	筹资方式						
	吸收直接投资	发行股票	利用留存收益	银行借款	发行债券	利用商业信用	融资租赁
国家财政资金	√	√					
银行信贷资金				√			
其他金融机构资金	√	√		√	√		√
其他企业资金	√	√			√	√	√
居民个人资金	√	√			√		
企业自留资金	√		√				

4.1.5　企业筹资的基本原则

企业筹资应遵循以下基本原则:

1. 规模适当原则

企业的筹资规模应与资本需求量相一致,既要避免出现因资本筹资不足而影响生产经营的正常进行,又要防止资本筹资过多而造成资本闲置。

2. 筹措及时原则

企业筹资要合理安排资本的筹集时间,适时获取所需资本,既要避免过早筹集资本形成资本投放前的闲置,又要防止取得资本的时间滞后,错过资本投放的最佳时间。

3. 来源合理原则

不同来源的资本,对企业的收益和成本有着不同影响,因此,企业应认真研究资本来源渠道和资本市场,合理选择资本来源。

4. 方式经济原则

在确定筹资数量、时间和来源的基础上,企业还应认真研究各种筹资方式。不同筹资方式的资本成本和财务风险不同,因此,企业需要对各种筹资方式进行分析、对比,选择经济可行的筹资方式。

4.1.6　企业资金需要量的预测

筹资规模适当是企业筹资的基本原则。企业合理确定筹资规模,必须要采取科学的方法预测资金需要量。资金需要量的预测方法有许多,现主要介绍比率预测法和资金习性预测法。

1. 比率预测法

(1) 基本原理。比率预测法是指依据财务比率与资金需要量之间的关系,预测未来资金需要量的方法。可以用于预测资金需要量的比率很多,其中最常见的是销售额比率法。

销售额比率法是以资金与销售额之间的比率为基础,预测未来资金需要量的方法。该方法有两个基本假设:①企业的部分资产和负债与销售额同比例变化;②企业各项资产、负债与所有者权益结构已达到最优。

销售额比率的计算公式为:

$$\text{对外筹资需要量} = \frac{A}{S_1}(\Delta S) - \frac{B}{S_1}(\Delta S) - EP(S_2)$$

式中:A 为随着销售额变化的资产(变动资产);B 为随着销售额变化的负债(变动负债);S_1 为基期销售额;S_2 为预测期销售额;ΔS 为销售的变动额;P 为销售净利率;E 为留存收益比率;A/S_1 为变动资产占基期销售额的百分比;B/S_1 为变动负债占基期销售额的百分比。

(2) 基本步骤。应用比率预测法预测资金需要量通常需要经过以下步骤。

第 1 步:预计销售额增长率。

第 2 步:确定资产、负债中与销售额有固定比率关系的项目,这种项目称为敏感项目。敏感资产项目有现金、应收账款、存货等;敏感负债项目有应付费用、应付账款等。

第 3 步:确定需要增加的资金数额。

第 4 步:根据有关财务指标的约束确定对外筹资数额。

【实例 4-1】 比率预测法的运用

资料:BBD 公司 20×8 年 12 月 31 日的资产负债表如表 4-2 所示。

表 4-2 资产负债表

20×8 年 12 月 31 日　　单位:万元

资产		负债与所有者权益	
现金	0.5	应付费用	0.5
应收账款	2	应付账款	1.5
存货	3	短期借款	2.5
固定资产净值	3.5	应付债券	1.3
		实收资本	2
		留存收益	1.2
资产合计	9	负债与所有者权益合计	9

假定 20×8 年的收入为 10 万元,税后利润率为 5%,股利支付率为 60%,公司现有生产能力尚有剩余,增加销售无须追加固定资产投资。经预测,20×9 年公司销售收入将提高到 11 万元,企业销售净利率和利润分配政策不变。

要求:应用比率预测法预测资金需要量。

解答:

第 1 步:预计销售额增长率。

$$销售额增长率=\frac{110\,000-100\,000}{100\,000}=10\%$$

第2步：确定随销售额变动而变动的资产和负债项目。由该公司资产负债表可知，随销售额变动而变动的资产有现金、应收账款和存货，因为增加销售量会占用较多的存货，发生较多的应收账款，导致现金需求增加。就负债和所有者权益而言，应付账款和应付费用会随销售额的增加而增加，而实收资本、公司债券、短期借款等不会自动增加。公司利润如果不全部分配，留存收益则会有适当增加，预计随销售额增加而自动增加的项目详见表4-3。

表4-3　企业销售百分比

资　　产	销售百分比	负债与所有者权益	销售百分比
现金	5%	应付费用	5%
应收账款	20%	应付账款	15%
存货	30%	短期借款	不变动
固定资产净值	不变动	实收资本	不变动
		留存收益	不变动
合计	55%	合计	20%

表4-3中有关数值计算如下：某项目的销售百分比＝该项目金额÷销售收入，反映的是企业资本(资产)的密集度。

现金的销售百分比＝5 000÷100 000＝5%

应收账款的销售百分比＝20 000÷100 000＝20%

存货的销售百分比＝30 000÷100 000＝30%

应付费用的销售百分比＝5 000÷100 000＝5%

应付账款的销售百分比＝15 000÷100 000＝15%

第3步：确定需要增加的资金数。

当预计20×9年销售收入提高到11万元，则需要增加的资金数为：

$$(110\,000-100\,000)\times(55\%-20\%)=3\,500(元)$$

第4步：确定对外筹集资金的规模。

20×9年留存收益＝110 000×5%×(1－60%)＝2 200(元)

对外筹集资金的需要量＝(3 500－2 200)＝1 300(元)

也可以根据上述资料，利用公式直接求出该公司对外筹集资金的数量：

$$55\%\times(110\,000-100\,000)-20\%\times(110\,000-100\,000)$$
$$-5\%(1-60\%)\times110\,000=1\,300(元)$$

2. 资金习性预测法

(1) 基本原理。资金习性预测法是指根据资金习性预测未来资金需要量的方法。资金习性是指资金的变动与产销量(或业务量)变动之间的依存关系。资金按照资金习性可以分

为不变资金、变动资金和半变动资金。

不变资金是指在一定的产销量范围内，不受产销量变动的影响而保持固定不变的那部分资金。如为维持营业而占用的最低数额的现金、原材料的保险储备、必要的成品储备、厂房及机器设备等固定资产所占用的资金。

变动资金是指随产销量的变动而变动的那部分资金。如构成产成品实体的原材料等占用的资金。

半变动资金是指虽然受产销量变化的影响，但不成比例变动的资金。如一些辅助材料所占用的资金。半变动资金可以采取一定的方法进一步划分为不变资金和变动资金两部分。

(2) 基本方法。资金习性预测法有两种形式：一种是根据资金占用总额同销售量的关系来预测资金需要量；另一种是采取先分项后汇总的方式预测资金需要量。

资金习性法的基本预测模型为：

$$y = a + bx$$

式中：y 为资金总需要量；a 为不变资金；b 为单位变动资金；x 为一定时期的产销量。用资金习性法预测资金需要量，主要有以下两种方法。

方法一：高低点法

高低点法是用最高产量与最低产量及其相对应的资金需要量，计算出不变资金 a 和单位变动资金 b，来预测资金需要量的一种方法。其计算步骤和公式如下。

第 1 步：计算单位变动资金 b。

$$b = \frac{\text{最大产销量对应的资金占用量} - \text{最小产销量对应的资金占用量}}{\text{最大产销量} - \text{最小产销量}}$$

第 2 步：计算不变资金 a。

$$a = \text{最大产销量对应的资金占用量} - b \times \text{最大产销量}$$

或：

$$a = \text{最小产销量对应的资金占用量} - b \times \text{最小产销量}$$

第 3 步：将预测产销量代入模型，计算资金需要量。

【实例 4-2】 高低点法的运用

资料：BBD 公司 20×3—20×8 年度产销量与资金变化情况如表 4-4 所示。

表 4-4　产销量与资金变化情况表

年　　度	产销量 x /万件	资金占用量 y/万元
20×3	120	100
20×4	110	95
20×5	100	90
20×6	120	100
20×7	130	105
20×8	140	110

要求：如果20×9年预计产销量为160万件，则资金需要量是多少？

解答：

第1步：根据所给的历史资料，求得单位变动资金b。

$$b=\frac{110-90}{140-100}=0.5$$

第2步：计算不变资金a。

$$a=110-0.5\times 140=40$$

第3步：将20×9年的预计销售量160万件代入上式，得出2009年资金需要量为：

$$40+0.5\times 160=120(\text{万元})$$

点评：高低点法简便易行，在企业资金变动趋势稳定的情况下，较为适宜。

方法二：回归分析法

回归分析法是根据若干期业务量和资金占用量的历史资料，根据最小二乘法原理，用回归方程求出资金需要量的一种方法。其回归方程是：

$$y=a+bx$$

根据最小二乘法原理运算、整理可得：

$$a=\frac{\sum x^2\sum y-\sum x\sum xy}{n\sum x^2-(\sum x)^2} \qquad b=\frac{n\sum xy-\sum x\sum y}{n\sum x^2-(\sum x)^2}$$

公式中字母的含义同资金习性预测法公式。

【实例4-3】 运用回归分析法预测资金需要量

资料：同[实例4-2]。

要求：如果20×9年预计产销量为160万件，则资金需要量是多少？

解答：

第1步：根据历史资料整理出表4-5。

表4-5 资金需要量回归分析法计算表

年　度	产销量x/万件	资金占用量y/万元	xy	x^2
20×3	120	100	12 000	14 400
20×4	110	95	10 450	12 100
20×5	100	90	9 000	10 000
20×6	120	100	12 000	14 400
20×7	130	105	13 650	16 900
20×8	140	110	15 400	19 600
合计$n=6$	$\sum x=720$	$\sum y=600$	$\sum xy=72\,500$	$\sum x^2=87\,400$

第 2 步：将表 4-5 的数据代入 a、b 的计算公式，求得：

$$a=40 \quad b=0.5$$

第 3 步：将 $a=40$、$b=0.5$ 代入回归方程 $y=a+bx$，得：

$$y=40+0.5x$$

第 4 步：将 20×9 年的预计销售量 160 万件代入上式，得出 20×9 年资金需要量为：

$$40+0.5\times160=120(\text{万元})$$

点评：从理论上讲，回归分析法是一种计算结果最为精确的方法。

4.2 吸收直接投资

4.2.1 吸收直接投资概述

1. 吸收直接投资的含义

吸收直接投资是指企业按照“共同投资、共同经营、共担风险、共享利润”的原则，以协议等形式吸收国家、法人、个人和外商等的直接投入资本，形成企业资本金的一种筹资方式。

吸收直接投资是我国企业筹资最早采取的一种方式。该筹资方式不以股票为媒介，适用于非股份制企业，是非股份制企业筹集自有资本的一种基本方式。

2. 吸收直接投资的种类

(1) 按投资者不同可分为吸收国家投资、吸收法人投资、吸收外商投资和吸收社会公众投资。

国家投资是指有权代表国家投资的政府部门或机构，以国有资产投入公司，这种情况下形成的资本叫国有资本。吸收国家投资一般具有产权归属国家、资金的运用和处置受国家约束较大、在国有公司中采用比较广泛等特点。法人投资是指法人单位以其依法可支配的资产投入公司，这种情况下形成的资本叫法人资本。吸收法人投资具有发生在法人单位之间、以参与公司利润分配或控制公司为目的、出资方式灵活多样等特点。外商投资是指外国的自然人、企业或者其他组织(以下称“外国投资者”)直接或间接在中国境内进行的投资。外商投资企业是指全部或者部分由外国投资者投资，依照中国法律在中国境内登记注册设立的企业。社会公众投资是指社会个人或本公司职工以个人合法财产投入公司，这种情况下形成的资本称为个人资本。吸收社会公众投资一般具有参加投资的人员较多、每人投资的数额相对较少、以参与公司利润分配为目的等特点。

(2) 吸收直接投资的出资方式可分为以货币资产出资、以实物资产出资、以土地使用权出资、以知识产权出资、以特定债权出资等形式。

以货币资产出资是吸收直接投资中最重要的出资方式。企业有了货币资产，便可以获取其他物质资源，支付各种费用，满足企业创建开支和随后的日常周转需要。实物出资是指投资者以房屋、建筑物、设备等固定资产和材料、燃料、产品等流动资产所进行的投资。实物投资应符合适合企业生产、经营、研发等活动的需要,技术性能良好,作价公平合理等要求。实物出资中实物应当评估作价,核实财产,不得高估或者低估作价。法律、行政法规对评估作价有规定的,从其规定。国有及国有控股企业接受其他企业的非货币资产出资,必须委托有资格的资产评估机构进行资产评估。

土地使用权是指土地经营者对依法取得的土地在一定期限内有进行建筑、生产经营或其他活动的权利。土地使用权具有相对的独立性,在土地使用权存续期间,包括土地所有者在内的其他任何个人和单位,不能任意收回土地和非法干预使用权人的经营活动。企业吸收土地使用权投资应符合适合企业、生产、经营、研发等活动的需要,地理、交通条件适宜,作价公平合理等条件。

知识产权通常是指专有技术、商标权、专利权、非专利技术等无形资产。投资者以知识产权出资应符合有助于企业研究、开发和生产出新的高科技产品,有助于企业提高生产效率及改进产品质量,有助于企业降低生产消耗、能源消耗等各种消耗,作价公平合理等要求。吸收知识产权等无形资产出资的风险较大,因为以知识产权投资,实际上是把技术转化为资本,使技术的价值固定化,而技术具有强烈的时效性,会因其不断老化落后而导致实际价值不断减少甚至完全丧失。此外,国家相关法律法规对无形资产出资方式另有限制:股东或者发起人不得以劳务、信用、自然人姓名、商誉、特许经营权或者设定担保的财产等作价出资。

特定债权指企业依法发行的可转换债券以及按照国家有关规定可以转作股权的债权。在实践中,企业可以将特定债权转为股权的情形主要包括:①上市公司依法发行的可转换债券;②金融资产管理公司持有的国有及国有控股企业债权;③企业实行公司制改建时,经银行以外的其他债权人协商同意,可以按照有关协议和企业章程的规定,将其债权转为股权;④根据《利用外资改组国有企业暂行规定》,国有企业的境内债权人将持有的债权转给外国投资者,企业通过债转股改组为外商投资企业;⑤按照《企业公司制改建有关国有资本管理与财务处理的暂行规定》,国有企业改制时,账面原有应付工资余额中欠发职工工资部分,在符合国家政策、职工自愿的条件下,依法扣除个人所得税后可转为个人投资,未退还职工的集资款也可转为个人投资。

4.2.2 吸收直接投资的程序

企业采取吸收直接投资方式的程序,见表 4-6 所示。

表 4-6 吸收直接投资的程序

步骤	要点
(1) 确定吸收直接投资的数量	企业在确定吸收直接投资的规模时,不仅要考虑企业投资的资本需要量,避免资本不足影响企业正常经营,还要考虑对投资者出资份额的控制
(2) 选择吸收直接投资的具体形式	由于不同出资方式的变现能力不同,对企业正常生产经营能力的影响也不同,因此,应确保不同出资方式资产结构的合理性,防止资产结构僵化,影响企业的经营弹性

（续表）

步　骤	要　点
(3) 签署合同或协议	投资各方的权利和义务必须以具有法律效力的合同和协议予以明确和规范。在合同或协议中，应对各出资人的出资数量、出资形式、出资比例、资产交付期限、收益分配、违约责任等作出明确的约定
(4) 取得资金	企业应按照合同或协议规定取得资本，及时办理资产验证、注册登记等相关手续，保证企业生产经营活动的顺利开展

4.2.3 吸收直接投资的评价

1. 吸收直接投资的优点

(1) 有利于增强企业的信誉。吸收直接投资所筹的资本属于企业的自有资本，自有资本是企业从事生产经营活动的本钱，也是企业承担民事责任的物质基础。与借入资本相比，它能增强企业的资信和借款能力。

(2) 有利于尽快形成生产能力。吸收直接投资不仅可以获得现金，还能直接获取生产经营所需的先进设备和技术，能够尽快形成生产能力，尽快开拓市场。

(3) 有利于降低财务风险。吸收直接投资是根据企业的盈利状况向投资者支付报酬，支付方式比较灵活。与负债融资相比，这种筹资方式没有固定的还本付息压力，财务风险较小。

2. 吸收直接投资的缺点

(1) 资本成本较高。吸收直接投资方式筹资成本较高。一是由于企业向投资者支付的报酬需要从税后净利润中直接支付，不能减免企业所得税；二是由于企业向投资者支付报酬的数量在很大程度上取决于企业的经营状况，当企业经营状况较好和盈利能力较强时，需要支付的报酬较高，此时负担较重。

(2) 容易分散企业的控制权。在这种筹资方式下，投资者作为企业所有者一般都要求获得与投资份额相应的经营管理权。企业外部新的投资者投资越多时，原有投资者对企业的控制权就越少。

4.3 股票筹资

股票是股份公司为筹集资本而发行的有价证券，是持股人拥有公司股份的凭证。它代表了股东对股份公司的所有权。股票筹资是股份公司筹集资本的主要方式。

4.3.1 普通股筹资

普通股是股份公司发行的，代表股东享有平等的权利，承担相应的义务，是不加特别限制且股利不固定的股票。普通股具有股票的最一般特征，是股份公司最基本的股票，也是股份公司资本的最基本组成部分。

1. 普通股的种类

（1）按股票是否记名，可分为记名股票和无记名股票。记名股票是指在股票票面上记载有股东姓名或名称，且股东的姓名或名称要记入公司股东名册的股票。记名股票一律要用股东本名，其转让、继承均需要办理过户手续。我国《公司法》规定，公司向发起人、国家授权投资机构、法人发行的股票，应为记名股票；无记名股票是指在股票票面上不记载股东姓名或名称，且股东的姓名或名称也不记入公司股东名册的股票，但公司应记载其股票数量、编号及发行日期。不记名股票的转让、继承比较自由，无须按照法律规定办理过户手续。我国《公司法》规定，社会公众股可作为无记名股票。

（2）按股票是否标明票面金额，可分为有面额股票和无面额股票。有面额股票是在票面上标有一定金额的股票。持有该种股票的股东，对公司享有的权利和承担义务的大小，依其所持有的股票票面金额占公司发行在外的股票面值总额的比例而定。无面额股票是指在票面上不标出金额，只载明所占公司股本总额的比例或股份数的股票。股东对公司享有的权利和承担义务的大小，依股票表明的比例而定。我国《公司法》不允许公司发行无面额股票，股票应标明面值，且发行价格不得低于票面金额。

（3）按发行对象和上市地区不同，我国股票可分为 A 股、B 股、H 股和 N 股等。A 股是以人民币标明票面金额并以人民币认购和交易的在上海证券交易所和深圳证券交易所上市的股票。B 股是以人民币标明票面金额并以外币认购和交易的在上海证券交易所和深圳证券交易所上市的股票。H 股是以人民币标明票面金额并以外币认购和交易的在香港交易所上市的股票。N 股是以人民币标明票面金额并以外币认购和交易的在纽约的证券交易所上市的股票。

（4）按投资主体不同可分为国家股、法人股、外资股和个人股。国家股是指有权代表国家投资的部门或机构以国有资产向公司投资而形成的股份。法人股是指企业依法以其可支配的财产向公司投资而形成的股份，或者具有法人资格的事业单位和社会团体以国家允许用于经营的资产向公司投入而形成的股份。外资股是指外国和我国港、澳、台地区的投资者，以外币购买的我国上市公司境内上市外资股和境外上市外资股。个人股是指社会个人或本公司职工以个人合法财产投入公司而形成的股份。其股票可以分为社会公众股和内部职工股。

2. 普通股股东的权利

（1）经营管理权。普通股股东享有的管理权主要体现在董事会选举中有选举权和被选举权，通过选出的董事会代表所有股东对企业进行控制和管理。其管理权主要包括投票权、查账权、阻止管理人员越权的权利等。

（2）分享盈余权。分享盈余权是指普通股股东有从税后净利润中分得股利的权利。

（3）出让股份权。出让股份权是指股东有出售或转让股票的权利。

（4）优先认股权。优先认股权是指老股东拥有优先于其他投资者购买公司新增发股票的权利。

（5）剩余财产要求权。剩余财产要求权是指当公司解散、清算时，普通股股东对剩余财产有要求权。但公司破产清算时，其财产的变价收入，首先要用于清偿债务，其次支付优先股股东，最后才能分配给普通股股东。

3. 股份有限公司的设立

设立股份有限公司，应当有2人以上200人以下为发起人，其中须有半数以上的发起人在中国境内有住所。股份有限公司的设立，可以采取发起设立或者募集设立的方式。发起设立，是指由发起人认购公司应发行的全部股份而设立公司。募集设立，是指由发起人认购公司应发行股份的一部分，其余股份向社会公开募集或者向特定对象募集而设立公司。

以募集设立方式设立股份有限公司的，发起人认购的股份不得少于公司股份总数的35%；法律、行政法规另有规定的，从其规定。股份有限公司的发起人应当承担下列责任：(1)公司不能成立时，对设立行为所产生的债务和费用负连带责任；(2)公司不能成立时，对认股人已缴纳的股款，负返还股款并加算银行同期存款利息的连带责任；(3)在公司设立过程中，由于发起人的过失致使公司利益受到损害的，应当对公司承担赔偿责任。

4. 股份有限公司首次发行股票的一般程序

股份有限公司首次发行股票的一般程序见表4-7。

表4-7 股份有限公司首次发行股票的一般程序

步骤	要点
(1) 发起人认足股份，交付股资	发起设立方式下的公司发起人认购公司全部股份；募集设立方式下的公司发起人认购的股份不得少于公司股份总数的35%。发起人可用货币出资，也可以非货币资产作价出资。发起设立方式下，发起人交付全部股资后，应选举董事会、监事会，由董事会办理公司设立的登记事项；募集设立方式下，发起人认足其应认购的股份并交付股资后，其余部分向社会公开募集或者向特定对象募集
(2) 提出公开募集股份的申请	募集设立方式下设立的公司，发起人向社会公开募集股份时，必须向国务院证券监督管理部门递交募股申请，并报送批准设立公司的相关文件，包括公司章程、招股说明书等
(3) 公告招股说明书，签订承销协议	公开募集股份申请经国家批准后，应公告招股说明书。招股说明书应包括公司章程、发起人认购的股份数、本次每股票面价值和发行价格、募集资金的用途等。同时，与证券公司等证券承销机构签订承销协议
(4) 招认股份，缴纳股款	发行股票的公司或其承销机构一般用广告或书面通知办法招募股份。认股者一旦填写了认股书，就要承担认股书中约定缴纳股款的义务。如果认股者认购的总股数超过发起人拟招募的总股数，可以采取抽签的方式确定哪些认股者有权认股。认股者应在规定的期限内向代收股款的银行缴纳股款，同时交付认股书。股款收足后，发起人应委托法定的机构验资，出具验资证明
(5) 召开创立大会，选举董事会、监事会	发行股份的股款募足后，发起人应在规定期限内(法定30天内)主持召开创立大会。创立大会由发起人、认股人组成，代表股份总数半数以上的认股人出席方可举行。创立大会通过公司章程，选举董事会和监事会成员，并有权对公司的设立费用进行审核，对发起人用于抵作股款的财产的作价进行审核
(6) 办理公司设立登记，交割股票	经创立大会选举的董事会，应在创立大会结束后30天内，办理申请公司设立的登记事项。登记成立后，即向股东正式交付股票

5. 股票的发行方式

(1) 公开间接发行。公开间接发行股票，是指股份公司通过中介机构向社会公众公开发行股票。采用募集设立方式成立的股份有限公司,向社会公开发行股票时,必须由有资格的证券经营中介机构,如证券公司、信托投资公司等承销。这种发行方式的发行范围广,发行对象多,易于足额筹集资本。公开发行股票,还有利于提高公司的知名度,扩大其影响力,但公开发行方式审批手续复杂严格,发行成本高。

(2) 非公开直接发行。非公开直接发行股票,是指股份公司只向少数特定对象直接发行股票,不需要中介机构承销。用发起设立方式成立和向特定对象募集方式发行新股的股份有限公司,向发起人和特定对象发行股票,采用直接将股票销售给认购者的自销方式。这种发行方式弹性较大,企业能控制股票的发行过程,节省发行费用。但发行范围小,不易及时足额筹集资本,发行后股票的变现性差。

6. 股票的上市交易

(1) 股票上市的目的。公司股票上市的目的是多方面的,主要包括:①便于筹措新资金。证券市场是一个资本商品的买卖市场,证券市场上有众多的资金供应者。同时,股票上市经过了政府机构的审查批准并接受严格的管理,执行股票上市和信息披露的规定,容易吸引社会资本投资者。另外,公司上市后,还可以通过增发、配股、发行可转换债券等方式进行再融资。②促进股权流通和转让。股票上市后便于投资者购买,提高了股权的流动性和股票的变现力,便于投资者认购和交易。③便于确定公司价值。股票上市后,公司股价有市价可循,便于确定公司的价值。对于上市公司来说,即时的股票交易行情,就是对公司价值的市场评价。同时,市场行情也能够为公司收购兼并等资本运作提供询价基础。

但股票上市对于公司也有不利影响的一面,主要有:上市成本较高,手续复杂严格;公司将负担较高的信息披露成本;信息公开的要求可能会暴露公司的商业机密;股价有时会歪曲公司的实际情况,影响公司声誉;可能会分散公司的控制权,造成管理上的困难。

(2) 股票上市的条件。公司公开发行的股票进入证券交易所交易,必须受到严格的条件限制。我国《证券法》规定,申请证券上市交易,应当符合证券交易所上市规则规定的上市条件。证券交易所上市规则规定的上市条件,应当对发行人的经营年限、财务状况、最低公开发行比例和公司治理、诚信记录等提出要求。

公司首次公开发行新股,应当符合下列条件:①具备健全且运行良好的组织机构;②具有持续经营能力;③最近 3 年财务会计报告被出具无保留意见审计报告;④发行人及其控股股东、实际控制人最近 3 年不存在贪污、贿赂、侵占财产、挪用财产或者破坏社会主义市场经济秩序的刑事犯罪;⑤经国务院批准的国务院证券监督管理机构规定的其他条件。上市公司发行新股,应当符合经国务院批准的国务院证券监督管理机构规定的条件,具体管理办法由国务院证券监督管理机构规定。

7. 股票上市的暂停、终止与特别处理

当上市公司出现经营情况恶化、存在重大违法违规行为或其他原因导致不符合上市条件时,就可能被暂停或终止上市。

上市公司出现财务状况或其他状况异常时,其股票交易将被交易所"特别处理"(special treatment, ST)。上市公司的股票交易被实行特别处理期间,其股票交易应遵循下列规则:

(1)股票报价日涨跌幅限制为5%;(2)股票名称改为原股票名前加“ST”;(3)上市公司的中期报告必须经过审计。

8. 上市公司的股票发行

上市的股份有限公司在证券市场上发行股票包括公开发行和非公开发行两种类型。公开发行股票又分为首次上市公开发行股票和上市公开发行股票,非公开发行即向特定投资者发行,也叫定向发行。

(1) 首次上市公开发行股票。首次上市公开发行股票(Initial Public Offering, IPO),是指股份有限公司第一次对社会公开发行股票并上市流通和交易。实施IPO的公司,自股份有限公司成立后,持续经营时间应当在3年以上(经国务院特别批准的除外),应当符合中国证监会《首次公开发行股票并上市管理办法》规定的相关条件,并经中国证监会核准。实施IPO发行的基本程序见表4-8。

表4-8 实施IPO发行的基本程序

步骤	要点
第1步	公司董事会应当依法就本次股票发行的具体方案、本次募集资金使用的可行性及其他事项作出决议,并提请股东大会批准
第2步	公司股东大会就本次发行股票作出决议
第3步	由保荐人保荐并向证监会申报
第4步	证监会受理,并审批核准
第5步	自证监会核准发行之日起,公司应在6个月内公开发行股票,超过6个月未发行的,核准失效,须经证监会重新核准后方可发行

(2) 上市公开发行股票。上市公开发行股票,是指股份有限公司已经上市后,通过证券交易所在证券市场上对社会公开发行股票。上市公开发行股票,包括增发和配股两种方式。增发是指上市公司向社会公众发售股票的再融资方式,配股是指上市公司向原有股东配售股票的再融资方式。

(3) 非公开发行股票。上市公司非公开发行股票,是指上市公司采用非公开方式,向特定对象发行股票的行为,也叫定向募集增发。定向增发的对象可以是老股东,也可以是新投资者,但发行对象不超过10名,发行对象为境外战略投资者的,应当经国务院相关部门事先批准。上市公司定向增发的优势在于:①有利于引入战略投资者和机构投资者;②有利于利用上市公司的市场化估值溢价,将母公司资产通过资本市场放大,从而提升母公司的资产价值;③定向增发是一种主要的并购手段,特别是资产并购型定向增发,有利于集团企业整体上市,同时减轻并购的现金流压力。

另外,上市公司还可引入战略投资者,提升公司形象,提高资本市场认同度;优化股权结构,健全公司法人治理结构;提高公司资源整合能力,增强公司的核心竞争力;加快实现公司上市融资的进程。

9. 普通股筹资评价

（1）普通股筹资的优点。

① 没有固定的股利负担。通过普通股筹资，公司给予股东的报酬主要取决于企业的盈利状况和股利政策。当公司盈余较多，且认为适合分配股利时，就可以多分配股利；当公司盈余较少，或虽有盈余但资本短缺或有更好的投资机会时，就可少支付或不支付股利。因此，普通股股利并不构成企业固定的股利负担。

② 没有固定的到期日，无须偿还。通过普通股所筹资本是公司的永久性资本（公司清算时才有可能予以偿还），这对保证公司对资本的最低需要，保证公司资本结构的稳定，维持公司长期稳定发展具有重要意义。

③ 筹资风险小。与负债筹资相比，普通股所筹资本没有固定的到期日，无须偿还，又不用支付固定的股利，因此风险最小。

④ 能增强公司的信誉。普通股所筹资本是权益资本，普通股股本与留存收益构成公司偿还债务的基本保障，因此，普通股筹资既可以提高公司的信誉，又可以为负债筹资提供强有力的支持。

（2）普通股筹资的缺点。

① 资本成本较高。一般而言，普通股资本成本高于债务资本成本，一是由于普通股股东所承担的风险较高，要求的期望报酬较高，而且股利是从税后净利润中支付，不具有节税功能；二是普通股筹资发行费用也高于其他证券筹资方式。

② 利用普通股筹资时，发行新股可能会因分散公司的控制权而遭到现有股东的反对。因此，利用普通股筹资受到很大的制约。

③ 公司过度依赖普通股筹资，会被投资者视为消极的信号，从而导致股票价格下跌，进而影响公司的其他筹资手段的使用。如配股曾被看成是积极进取的象征，然而，现在不少上市公司的配股已经没有号召力了，被股民们看成只知“圈钱”不知回报的代名词。

4.3.2 优先股

优先股是指由股份有限公司发行，在分配公司收益和剩余财产方面比普通股具有优先权的股票。优先股是一种混合证券，既具有普通股的某些特征，又与债券有着相似之处。一方面，与普通股一样，优先股没有到期日，股东不能要求公司收回优先股股票，其股息也是从税后净利润中支付，不具有节税作用，因此它是企业权益资本的一部分。但另一方面，优先股有固定的股利率，在公司清算时以股票面值为限获得清偿；同时，优先股股东也没有参与公司经营管理的权利。从这些方面看，其性质又与债券相同。因此，发行优先股对于公司资本结构、股本结构的优化，提高公司的效益水平，增强公司的财务弹性无疑具有十分重要的意义。

1. 优先股的特点

优先股的特点是优先股股东较普通股股东而言，具有一些优先权，具体表现在两个方面：

（1）优先分配股利权。优先股股东在利润分配上优先于普通股股东的权利，也就是说，在公司未发放优先股股息之前，不得发放普通股股利。

(2) 优先分配剩余财产权。企业清算时，在偿还清算费用和全部债务之后，剩余的财产首先按优先股的票面额分配给优先股股东，若有剩余才分配给普通股股东。

2. 优先股的种类

公司发行优先股，在操作方面与发行普通股无较大差别，但由于公司与优先股股东的约定不同，从而有多种类型的优先股。

(1) 按股息是否可以累积，可分为累积优先股与非累积优先股。累积优先股是指欠发的股利可以积累到以后年度一起发放的优先股。若公司在过去若干年因故无法支付优先股股息，今年盈利时，公司只有在发放完积欠的全部优先股股息和当年的优先股股息后，才能发放普通股股利。非累积优先股是指欠发的股利不再补发的优先股。非累积优先股对投资者来讲极为不利，所以一般不发行。

(2) 按是否参与剩余利润分配，可分为参与优先股和非参与优先股。参与优先股是指优先股股东在获取定额的股息后，还有权与普通股股东一起参与剩余利润分配的优先股。非参与优先股是指优先股股东在获取定额股息后，无论剩余利润多少，都不参与额外股利分配的优先股。

(3) 按是否可转换为普通股，可分为可转换优先股和不可转换优先股。可转换优先股是指优先股股东有权根据发行契约的规定，在未来一定时期内将优先股转换为普通股的股票。不可转换优先股则是指不能转换为普通股的优先股。

3. 优先股筹资评价

(1) 优先股筹资的优点。

① 筹资风险低。由于优先股没有固定到期日，无须偿还本金；虽然股息金额固定，但在无法支付时可以拖欠。与公司债券筹资相比，优先股筹资不会增加公司破产的压力和风险。

② 能增强公司的信誉和举债能力。由于优先股所筹资本属于权益资本的范围。因此优先股筹资能增加公司权益资本的比重，为公司债务筹资提供了较大的偿债保障。

③ 能防止股权分散化。优先股股东没有权利参与公司的经营管理，因此优先股筹资不会增加参与公司经营管理的股东人数，从而可以维持原有普通股股东对公司经营权的控制。

④ 具有财务杠杆作用。由于优先股的股息固定，且优先股股东对公司留存收益不具有要求权，因此，在公司净资产利润率大于优先股股息率的情况下，提高优先股的比重，会相应提高普通股每股净收益。

另外，由于优先股股东一般没有投票权，发行优先股不会引起普通股股东的反对，所以筹资能够顺利进行。当使用债务融资风险很大，利率又很高，而发行普通股又会产生控制权问题时，优先股就是一种最理想的筹资方式。

(2) 优先股筹资的缺点。

① 资本成本较高。优先股股息是从税后利润中支付，不会使公司享有抵税的好处。此外，优先股股息支付虽无约定，但可以延时，也会成为公司一项较重的财务负担。

② 由于优先股在股息分配、资产清算等方面拥有优先权，使得普通股股东收益在公司经营不稳定时受到影响。当公司盈利下降时，优先股的股息可能会成为公司一项沉重的财务负担。

4.4 留存收益筹资

4.4.1 留存收益概述

1. 留存收益的含义

留存收益是指企业税后利润留归企业使用的资金，包括盈余公积和未分配利润。从本质上来看，留存收益是企业所有者向企业追加投资，因此对企业而言是一种融资活动。有人将这种融资活动称为"内源融资""内部融资"或"收益留存融资"。

需要说明的是，留存收益筹资在筹资方式中绝非是配角。美国在一份经济报告中曾提到，美国企业的内部资金来源，约占全部资金来源的60%。鉴于此，有的财务学家甚至将收益留用融资看成是最佳融资方式，在融资时比债务、发行股票要优先考虑。然而，内源融资与外源融资一样是企业融资的不可分割的组成部分，片面强调其中一个都是有害的。①

2. 留存收益筹资的渠道

留存收益筹资的渠道有以下两个方面：

(1) 盈余公积。盈余公积是指有特定用途的留存净利润，它是公司按照《公司法》规定从税后净利润中提取的积累资金，包括法定盈余公积和任意盈余公积。

(2) 未分配利润。未分配利润是指未限定用途的留存净利润。它有两层含义：一是它没有分给公司的股东；二是它未指定用途。

4.4.2 留存收益筹资评价

1. 留存收益筹资的优点

(1) 留存收益筹资无取得成本。由于收益留存无须国家相关部门审批，只要企业管理层及股东大会讨论通过即可，几乎不发生筹资的费用，因此，其资本成本较普通股低。

(2) 留存收益筹资可使企业的所有者获得税收上的利益。企业如果将留存收益通过股利的形式分配给股东，股东就要缴纳个人所得税。如果不发给股东，而是留存企业，股东可以通过出售股票所得来代替其股利收入，由于出售股票所得需支付的所得税税率一般较低，因此股东的收益往往会高于股利收入。

(3) 能提高公司的信誉。留存收益在筹资性质上属于权益融资，既可以用作偿债，为债权人提供了保障，又增强了企业的获取信用的能力。

2. 留存收益筹资的缺点

(1) 筹资数量有限制。留存收益筹资最大可能的数量是企业当期的税后利润和上年未分配利润之和，如果企业经营亏损，则不存在这一渠道的资本来源。此外，留存收益筹资的比例常常受到某些股东的限制。一些股东可能从消费需求、风险偏好等因素出发，要求股利

---

① 梁莱歆.公司理财[M].北京：清华大学出版社，2009：110.

支付率维持在一定水平上。

(2) 保留盈余过多，股利支付过少，可能会影响到今后的外部融资，还可能不利于股票价格的上涨，影响企业在证券市场上的形象。

(3)资金使用受制约。留存收益中的某些项目，如法定盈余公积等，要受到国家有关规定的制约。

相关阅读

我国的新三板市场

我国的三板市场起源于2001年7月开设的“股权代办转让系统”。当时设立三板市场的一个主要目的是承接主板的退市股票，在特定的时期起到化解退市风险、弥补我国证券市场的结构性缺陷的作用。2001年7月，为了解决企业退市问题以及原STAQ、NET系统内存在法人股等历史遗留问题，“代办份股份转让系统”正式成立，后被称为“老三板”。

作为柜台市场，三板理应具备更好的兼容性，吸引有潜质的中、小企业挂牌交易，成为主板或二板市场的储备资源。随着历史遗留问题股的流通、承接退市股票这两大任务的顺利完成，三板市场的重新定位十分迫切。由于承接退市公司以及历史遗留问题公司，三板市场不可避免地充斥着许多绩差公司、问题公司，甚至有人把三板市场称作“垃圾市场”。缺乏富有活力的上市企业，三板市场如何寻找发展的基础呢？

2006年1月，北京中关村科技园区非上市股份有限公司股份报价转让系统(即“新三板”)正式推出，并作为国内证交所主板、中小板及创业板市场的补充。2006年11月，在新三板市场挂牌的北京时代和中科软两家公司定向私募增资成功，标志着新三板市场具有了融资功能。2009年7月《证券公司代办股份转让系统中关村科技园区非上市股份有限公司股份报价转让试点办法(暂行)》正式实施，新三板市场实现进一步扩容。

从发展目标来看，未来我国资本市场架构的设计应分为主板市场、中小企业板市场、创业板市场、新三板市场、大区域产权市场以及地方性的产权交易市场六个层次。新三板市场在其中的定位是为非上市的高新技术公众公司提供高效、便捷的股权转让和投融资平台。对企业来说，新三板市场应具备：(1)宣传功能；(2)培育功能；(3)价值发现功能；(4)融资功能；等等。

目前，新三板市场挂牌企业的试点园区已经进一步扩容到武汉东湖、上海张江和天津滨海等高新技术开发区，未来还会有更多的国家级高新技术园区企业加入新三板市场。

(资料来源：李曜，刘莉亚，邓辛，等.公司金融[M].2版.北京：中国人民大学出版社，2019.)

本章小结

企业筹资是指企业根据其生产经营、对外投资以及资本结构调整等需要，通过一定的渠道，采取适当的方式，获取所需资本的一种行为。企业筹资目的可以概括为两大类：满足生产经营需要和满足资本结构调整需要。企业筹资的资本可以按不同的标准进行分类，不同类型的资本，其风险、成本不同。为了提高筹资效率，降低筹资风险与筹资成本，企业筹资应遵循以下基本原则：规模适当原则、筹措及时原则、来源合理原则、方式经济原则。

筹资规模适当是企业筹资的基本原则。企业合理确定筹资规模，必须要采取科学的方法预测资金需要量。资金需要量的预测方法主要有比率预测法和资金习性预测法。

权益资本是企业资本的最主要来源，是企业筹集债务资本的前提和基础。企业可以通过吸收直接投资、发行股票、留存收益等方式筹集权益资本。权益资本一般不用还本，财务风险小，有利于提高企业资本实力和负债能力；但权益资本成本相对较高，且会分散原有股东的控制权。

关键概念

筹资渠道(financing channel)　　筹资方式(financing way)

权益资本(equity capital)　　债务资本(liability capital)

优先股(preferred stock)　　普通股(common stock)

吸收直接投资(absorb direct investment)

股票筹资(financing by floating stock)

留存收益筹资(financing with retained earnings)

自测题

一、单项选择题

1. 下列权利中，不属于普通股股东权利的是(　　)。

A. 公司管理权　　B. 分享盈余权

C. 优先认股权　　D. 优先分配剩余财产权

2. 一般而言，企业资本成本最高的筹资方式是(　　)。

A. 发行债券　　B. 长期借款　　C. 发行普通股　　D. 发行优先股

3. 相对于普通股股东而言，优先股股东所拥有的优先权是(　　)。

A. 优先表决权　　B. 优先购股权

C. 优先分配股利权　　D. 优先查账权

4. 相对于负债融资方式而言，采用吸收直接投资方式筹措资金的优点是(　　)。

A. 有利于降低资本成本　　B. 有利于集中企业控制权

C. 有利于降低财务风险　　D. 有利于发挥财务杠杆作用

5. 下列属于权益融资方式的是(　　)。

A. 企业债券　　B. 商业信用

C. 吸收直接投资　　D. 长期借款

6. 在下列各项中，能够引起企业自有资金增加的筹资方式是(　　)。

A. 吸收直接投资　　B. 发行公司债券

C. 利用商业信用　　D. 留存收益转增资本

7. 根据财务管理理论，按照资金来源渠道不同，可将筹资分为(　　)。

A. 直接筹资和间接筹资　　B. 内源筹资和外源筹资

C. 权益筹资和负债筹资　　D. 短期筹资和长期筹资

8. 与股票筹资相比，下列各项中，属于留存收益筹资特点的是(　　)。

A. 资本成本较高　　B. 筹资费用较高

C. 稀释原有股东控制　　D. 筹资数额有限

9. 与股票筹资相比，下列各项中，属于债务筹资缺点的是(　　)。

A. 财务风险较大　　B. 资本成本较高

C. 稀释股东控制权　　D. 筹资灵活性小

10. 下列各项中，不属于普通股股东拥有的权利是(　　)。

A. 优先认股权　　B. 优先分配收益权

C. 股份转让权　　D. 剩余财产要求权

二、多项选择题

1. 吸收直接投资的优点包括(　　)。

A. 有利于降低企业资金成本　　B. 有利于加强对企业的控制

C. 有利于壮大企业经营实力　　D. 有利于降低企业财务风险

2. 下列各项中，属于筹资决策必须考虑的因素有(　　)。

A. 取得资金的渠道　　B. 取得资金的方式

C. 取得资金的总规模　　D. 取得资金的成本与风险

3. 下列各项中，属于“吸收直接投资”与“发行普通股”筹资方式所共有缺点的有(　　)。

A. 限制条件多　　B. 财务风险大　　C. 控制权分散　　D. 资本成本高

4. 相对于普通股股东而言，优先股股东可以优先行使的权利有(　　)。

A. 优先认股权　　B. 优先表决权

C. 优先分配股利权　　D. 优先分配剩余财产权

5. 下列不属于权益融资方式的是(　　)。

A. 企业债券　　B. 商业信用　　C. 吸收直接投资　　D. 长期借款

6. 我国《公司法》规定，向(　　)发行的股票应为记名股。

A. 企业法人　　B. 发起人

C. 社会公众　　D. 国家授权投资的机构

7. 对企业而言，发行股票筹资的缺点有(　　)。

A. 筹资成本较高　　B. 加大了公司被收购的风险

C. 股利负担沉重　　D. 增发新股会稀释原股东的控制权

8. 股份公司申请股票上市，一般出于(　　)的目的。

A. 降低筹资成本　　B. 便于确定公司市场价值

C. 提高公司知名度　　D. 便于筹措新资金

9. 股票上市给企业带来的不利影响有(　　)。

A. 股价有可能歪曲公司的实际状况　　B. 可能分散公司的控制权
C. 不利于公司筹措新资金　　D. 会暴露公司的商业秘密

10. 企业发行普通股筹措资金，其优点有(　　)。
A. 不必考虑偿还本金　　B. 发行企业无固定的股利支付负担
C. 普通股筹资能增强公司信誉　　D. 可为今后举债奠定基础

三、判断题

1. 留存收益是企业利润所形成的，所以留存收益没有资本成本。(　　)
2. 发行优先股的上市公司如不能按规定支付优先股股利，优先股股东有权要求公司破产。(　　)
3. 无面值股票的最大缺点是该股票既不能直接代表股份，也不能直接体现其实际价值。(　　)
4. 拥有“非参与优先股”股权的股东只能获得固定股利，不能参与剩余利润的分配。(　　)
5. 筹资渠道解决的是资金来源问题，筹资方式解决的是通过何种方式取得资金的问题，它们之间不存在对应关系。(　　)
6. 由于内部筹资一般不产生筹资费用，所以内部筹资的资本成本最低。(　　)
7. 在财务管理中，依据财务比率与资金需要量之间的关系预测资金需要量的方法称为比率预测法。(　　)
8. 资本是企业经营和投资活动的一种基本要素，是企业创建和生存发展的一个必要条件。(　　)
9. 在改革开放的条件下，国外以及我国香港、澳门和台湾地区的投资者持有的资本亦可加以吸收，从而形成外商投资企业的筹资渠道。(　　)
10. 处于扩张期的企业面临资金短缺问题时，大多选择内部筹资方式以减少筹资费用。(　　)

四、计算分析题

目的：练习资金需要量的预测。

资料：甲、乙两个企业的相关资料如下：

资料一：甲企业历史上现金占用与销售收入之间的关系如下表所示。

现金占用与销售收入变化情况表　　单位：万元

年　度	销售收入	现金占用
20×1	10 200	680
20×2	10 000	700
20×3	10 800	690
20×4	11 100	710
20×5	11 500	730
20×6	12 000	750

资料二：乙企业 20×6 年 12 月 31 日资产负债表(简表)如下表所示。

乙企业资产负债表(简表)　　单位：万元

资　产		负债和所有者权益	
现金	750	应付费用	1 500
应收账款	2 250	应付账款	750
存货	4 500	短期借款	2 750
固定资产净值	4 500	公司债券	2 500
		实收资本	3 000
		留存收益	1 500
资产合计	12 000	负债和所有者权益合计	12 000

该企业 20×7 年的相关预测数据为：销售收入 20 000 万元，新增留存收益 100 万元；不变资金总额 1 000 万元，每万元销售收入占用变动资金 0.05 万元，其他与销售收入变化有关的资产负债表项目预测数据如下表所示：

现金与销售收入变化情况表　　单位：万元

内　容	年度不变资金(a)	每万元销售收入所需变动资金(b)
应收账款	570	0.14
存货	1 500	0.25
固定资产净值	4 500	0
应付费用	300	0.1
应付账款	390	0.03

要求：(1) 根据资料一，运用高低点法预测甲企业的下列指标：①每万元销售收入占用变动现金；②销售收入占用不变资金总额。

(2) 根据资料二，为乙企业完成下列任务：①按步骤建立总资产需求量；②预测 20×7 年资金需求量；③预测 20×7 年外部筹资量。

五、问答题

1. 简述企业筹资的基本原则。
2. 试分析长期筹资的动机。
3. 请分析吸收直接投资的优、缺点。
4. 简述优先股的特征。
5. 股份有限公司申请股票上市，应符合哪些条件？
6. 对普通股筹资进行评价。
7. 简述留存收益筹资。
8. 诠释“平等”价值观在权益筹资中的重要性。

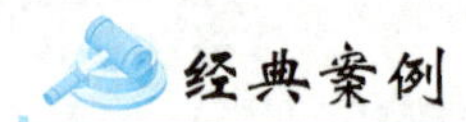

经典案例

迅达航空公司筹资案例

迅达航空服务有限公司(简称“迅达航空公司”)于2015年实行杠杆式收购后,负债比率一直居高不下。直至2020年年底,公司的负债比率仍然很高,有近15亿元的债务将于2023年到期。为此,需要采用适当的筹资方式追加筹资,降低负债比率。

2021年年初,公司董事长和总经理正在研究公司的筹资方式的选择问题。董事长和总经理两人都是主要持股人,也都是财务专家。他们考虑了包括增发普通股等筹资方式,并开始向投资银行咨询。

起初,投资银行认为,可按每股20元的价格增发普通股。但经分析得知,这是不切实际的,因为投资者对公司有关机票打折策略和现役机机龄老化等问题顾虑重重,如此高价位发行,成功概率不大。最后,投资银行建议,公司可按每股13元的价格增发普通股2 000万股,以提高股权资本比重,降低负债比率,改善财务状况。

迅达航空公司于2020年年底和2021年年初增发普通股后(如果接受投资银行的咨询建议)筹资方式组合如表1所示。

表1　迅达航空公司长期筹资方式情况表

长期筹资方式	2020年年末实际数		2021年年初估计数	
	金额/亿元	百分比/%	金额/亿元	百分比/%
长期债券	49.66	70.9	48.63	68.1
融资租赁	2.45	3.5	2.45	3.4
优先股	6.51	9.3	6.51	9.1
普通股	11.43	16.3	13.86	19.4
总计	70.05	100	71.45	100

(资料来源:王化成,刘俊彦,荆新.财务管理学[M].北京:中国人民大学出版社,2021.)

案例讨论

假如你是迅达航空公司的财务总监(CFO):

(1) 你如何评价投资银行为公司提供的咨询建议?

(2) 你将对公司提出怎样的筹资方式建议?

提升阅读

[1] 康微婧,贺炎林,杨小萍.上市公司融资结构影响因素的区域比较研究[J].会计之友,2020(3):61-68.

[2] 马宁,王鹏.融资约束、股权集中与债务融资:基于中国制造业上市企业数据的实

证研究[J].会计之友,2021(13):70-76.

[3] 夏岩.上市公司可转债融资动因与财务绩效探究[J].财会通讯,2021(6):104-108.

[4] 张艾莉,毕思琦.中小民营企业融资路径探索[J].人民论坛,2020(27):68-69.

[5] 张岭.股权与债权融资对技术创新绩效的影响研究[J].科研管理,2020,41(8):95-104.

[6] 李真,席菲菲,陈天明.企业融资渠道与创新研发投资[J].外国经济与管理,2020,42(8):123-138.

[7] 张丹妮,周泽将.股权再融资与企业现金分红[J].证券市场导报,2020(1):44-53.

[8] 唐铁宝,王慧.我国上市公司股权再融资政策实施效果研究[J].西南金融,2019(3):44-52.

第五章

负 债 筹 资

- 本章结构框架
- 本章学习目标
- 5.1　银行借款
- 5.2　公司债券筹资
- 5.3　融资租赁
- 5.4　商业信用
- 相关阅读
- 本章小结
- 关键概念
- 自测题
- 经典案例
- 案例讨论
- 提升阅读

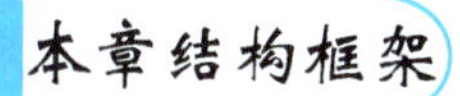

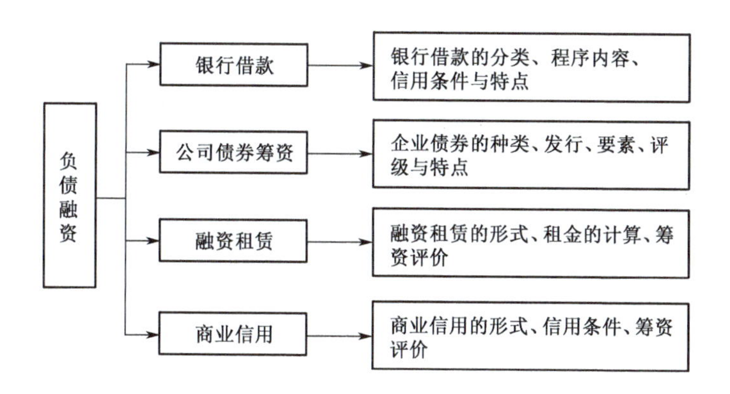

本章学习目标

通过本章学习，理解每种债务筹资方式的特点和对企业风险、收益的影响。掌握银行借款信用的条件与特点，了解银行借款的分类；掌握企业债券的发行与特点；掌握融资租赁的形式、租金的计算和筹资特点；掌握商业信用的形式、信用条件与筹资特点。

负债筹资是指通过负债筹集资本，即通过借款、发行债券、融资租赁以及赊购商品或服务等方式取得资本，形成在规定期限内需要清偿的债务。相对于权益筹资的永久性来讲，企业对债务资本只是具有在一定期限内的使用权，到期时必须归还本金和利息，因此具有较大的财务风险，但资本成本相对较低，对企业有较大吸引力，是企业主要的资本来源。从经济意义角度来讲，债务筹资反映债权人的权益，其出资人是企业的债权人，是债权人对企业的一种投资，对企业拥有债权，有权要求企业按期还本付息。企业债务资本的筹集方式主要有：银行借款、发行债券、融资租赁、商业信用等。

5.1 银行借款

银行借款是指企业向银行或非银行金融机构借入的，按约定的利率和期限还本付息的款项。目前，我国企业生产经营所需要的资本，除自有资本外大部分是向银行或非银行金融机构借入的。银行借款筹资由于弹性大、速度快、筹资成本低，是现代企业负债筹资的主要手段。

5.1.1 银行借款的分类

1. 按借款期限可分为短期借款和长期借款

短期借款是指企业向银行或非银行金融机构借入的偿还期限在 1 年以内的各种借款。短期借款主要满足企业生产周转的需要，以及因季节性或临时性的原因所引起的企业对资金的紧急需要,包括生产周转借款、临时借款、结算借款等。

长期借款是指企业向银行借入的偿还期限在1年以上的各种借款。长期借款主要满足购建固定资产、进行更新改造、技术开发等长期资金使用的需要,包括固定资产投资借款、更新改造借款、科技开发和新产品试制借款等。

2. 按机构对贷款有无担保要求,分为信用贷款和担保贷款

信用贷款是指以借款人的信誉或保证人的信用为依据而获得的贷款。企业取得这种贷款,无须以财产作抵押。对于这种贷款,由于风险较高,银行通常要收取较高的利息,往往还附加一定的限制条件。

担保贷款是指由借款人或第三方依法提供担保而获得的贷款。担保包括保证责任、财产抵押、财产质押,由此,担保贷款包括保证贷款、抵押贷款和质押贷款三种基本类型。

保证贷款是指以第三方作为保证人承诺在借款人不能偿还借款时,按约定承担一定保证责任或连带责任而取得的贷款。

抵押贷款是指以借款人或第三方的财产作为抵押物而取得的贷款。抵押是指债务人或第三方并不转移对财产的占有,只将该财产作为债权的担保。债务人不能履行债务时,债权人有权将该财产折价或者以拍卖、变卖的价款优先受偿。作为贷款担保的抵押品,可以是不动产、机器设备、交通运输工具等实物资产,可以是依法有权处分的土地使用权,也可以是股票、债券等有价证券,它们必须是能够变现的资产。如果贷款到期借款企业不能或不愿偿还贷款,银行可取消企业对抵押品的赎回权。抵押贷款有利于降低银行贷款的风险,提高贷款的安全性。

质押贷款是指以借款人或第三方的动产或财产权利作为质押物而取得的贷款。质押是指债务人或第三方将其动产或财产权利移交给债权人占有,将该动产或财产权利作为债权的担保。债务人不履行债务时,债权人有权以该动产或财产权利折价或者以拍卖、变卖的价款优先受偿。作为贷款担保的质押品,可以是汇票、支票、债券、存款单、提单等信用凭证,可以是依法可以转让的股份、股票等有价证券,也可以是依法可以转让的商标专用权、专利权、著作权中的财产权等。

3. 按偿还方式的不同可分为一次偿还借款和分期偿还借款

一次偿还借款是指企业在借款到期时一次偿还本息或定期支付利息、到期一次还本金的借款。一般来说,借款企业希望采用这种还贷方式,它可以降低企业的实际贷款利率,但会增加企业还款负担,增加银行的经营风险。因此银行等金融机构不希望采用一次偿还方式提供借款。

分期偿还借款是指企业在借款到期之前定期等额或不等额偿还本息的贷款。一般来讲,借款企业不希望采用这种还款方式,这会提高企业的实际利率,但它降低了银行的经营风险,所以银行等金融机构愿意采用这种方式提供借款。

4. 按提供贷款的机构不同,分为政策性银行贷款、商业银行贷款和其他金融机构贷款

政策性银行贷款是指执行国家政策性贷款业务的银行向企业发放的贷款,通常为长期贷款。如国家开发银行贷款,主要满足企业承建国家重点建设项目的资金需要;中国进出口

信贷银行贷款，主要为大型设备的进出口提供买方信贷或卖方信贷；中国农业发展银行贷款，主要用于确保国家对粮、棉、油等政策性收购资金的供应。

商业性银行贷款是指由各商业银行，如中国工商银行、中国建设银行、中国农业银行、中国银行等，向企业提供的贷款，用以满足企业生产经营的资金需要，包括短期贷款和长期贷款。

其他金融机构贷款，如从信托投资公司取得实物或货币形式的信托投资贷款，从财务公司取得的各种中长期贷款，从保险公司取得的贷款等。其他金融机构贷款一般较商业银行贷款的期限要长，要求的利率较高，对借款企业的信用要求和担保的选择比较严格。

5. 按借款的用途不同，分为基本建设借款、专项借款和流动资金借款

基本建设借款是指企业因从事新建、改建、扩建等基本建设项目需要资金而向银行申请借入的款项。

专项借款是指企业因为专门用途而向银行申请借入的款项，包括更新改造和技改贷款、大修理贷款、研发和新产品研制贷款、小型技术设施贷款、出口专项贷款、引进技术转让费周转金贷款等。

流动资金借款是指企业为满足流动资金的需求而向银行申请借入的款项，包括流动基金借款、生产周转借款、临时借款、结算借款和卖方信贷。

6. 按利率是否固定分为固定利率借款和浮动利率借款

企业与银行签订借款协议时，双方通常会以市场基准利率为基础，并结合企业风险及借款条件确定借款利率。如果利率在借款期内不变，则为固定利率借款；如果签订借款协议时，借贷双方以基本利率为基础并确定溢价，当基本利率上涨或下跌时，定期借款利率随之调整，通常是根据借款协议每年或每半年调整一次，此种借款是浮动利率借款。

5.1.2 银行借款的程序

企业从银行取得借款一般要按照规定的程序办理必要的手续。基本程序见表 5-1。

表 5-1 银行借款的一般程序

步 骤	要 点
(1) 企业提出申请	企业申请借款必须符合借款的原则和条件，填写《借款申请书》，并提供借款人的基本情况、上年度的财务报告等相关资料
(2) 银行审批	银行收到企业的申请后，按照有关政策和借款条件，对借款企业进行信用审查。审查的主要内容有：企业的信用等级、基本财务状况、投资项目的经济效益、抵押品和担保情况等
(3) 签订借款合同	银行审查同意借款后，可与借款企业进一步协商借款条件，签订正式借款合同，以明确借款的数额、利率、期限、还款方式、违约责任以及约束性条款等
(4) 企业取得借款	双方签订借款合同后，银行应在核定的借款总额范围内，根据用款计划和企业实际需要，一次或分次将借款转入企业的存款结算户，以便企业按照规定的用途和时间支取使用
(5) 企业偿还借款	借款企业应按借款合同按时归还本息。如果因故不能按期偿付，应提前向银行申请延期，由借款银行审定是否给予展期。借款逾期不归还，银行将从企业存款户扣还借款本息并加收罚息，或者没收抵押品

5.1.3 借款合同的内容

借款合同是规定当事人双方权利和义务的契约。借款合同依法签订后，具有法律约束力，当事人双方必须严格遵守合同条款，履行合同规定的义务。

1. 基本条款

根据我国有关法规，借款合同应具备下列条款：借款种类、借款用途、借款金额、借款期限、还款资本来源及还款方式、保证条款、违约责任等。其中，保证条款规定借款企业申请借款应具有银行规定比例的自有资本，有适销或适用的财产物资作贷款的保证，当借款公司无力偿还到期贷款时，贷款银行有权处理用作贷款保证的财产物资。

2. 长期借款的保护性条款

由于长期借款的金额高、期限长、风险大，因此，除了合同的基本条款以外，银行等债权人对借款企业通常都约定一些保护性条款，其目的是确保企业按照要求使用借款和按时足额偿还借款。保护性条款一般有以下三类：

(1) 一般性保护条款。这类条款适用于大多数借款合同，其目的主要在于保持借款企业资产的流动性和偿债能力。主要包括：①保持企业资产的流动性。要求企业持有一定最低额度的货币资金及其他流动资产，以保持企业资产的流动性和偿债能力，一般会规定企业必须保持的最低营运资金数额和最低流动比率数值。②限制企业的非经营性支出。如限制支付现金股利、购入股票和职工加薪的数额规模，以避免企业资金过度外流。③限制企业资本性支出的规模。控制企业资产结构中的长期资产的比例，以减少公司日后不得不变卖固定资产以偿还贷款的可能性。④限制企业的举债规模。其目的是防止其他债权人取得对公司资产的优先索偿权。⑤限制企业的长期投资。如规定企业不准投资于短期内不能收回资金的项目，不能未经银行等债权人同意而与其他企业合并等。

(2) 例行性保护条款。这类条款作为例行常规，在大多数借款合同中都会出现。主要包括：①要求定期向提供贷款的金融机构提交财务报表，以使债权人随时掌握企业的财务状况和经营成果。②不得在正常情况下出售较多的非产成品存货，以保持企业的正常生产经营能力。③如期清偿应缴税金和其他到期债务，以防被罚款而造成不必要的现金流失。④不准以资产作其他承诺的担保或抵押。⑤不准贴现应收票据或出售应收账款，以避免或有负债。

(3) 特殊性保护条款。这类条款是针对某些特殊情况而出现在部分借款合同中的条款，只有在特殊情况下才能生效。主要包括：要求企业的主要领导人购买人身保险；借款的用途不得改变；违约惩罚条款；等等。

3. 短期借款的信用条件

按照国际惯例，银行发放短期借款时往往附带一些信用条件，主要有以下四种：

(1) 信贷限额。信贷限额又称信贷额度，是银行对借款人规定的无担保贷款的最高额。信贷额度的有效期限通常为1年，但是只要借款人的信用风险维持不变，银行根据情况也可延期1年。一般来讲，企业在批准的信贷额度内，可随时使用银行借款。但是，银行并不承担必须提供全部信贷额度的义务。如果企业信誉恶化，即使银行曾同意按信贷额度提供贷

款,企业也可能得不到借款。这时银行不会承担法律责任。

(2) 周转信贷协定。周转信贷协定是银行具有法律义务的承诺向企业提供不超过某一最高限额的借款协定。在协定的有效期内,只要企业的借款总额未超过最高限额,银行必须满足企业任何时候提出的借款要求。企业享有周转信贷协定,通常要对借款限额的未使用部分付给银行一笔承诺费(Commitment Fee)。承诺费通常按信贷额度总额中尚未使用部分的一定百分比计算,这会提高企业银行借款的实际资本成本。

在我国,周转信贷协定的有效期通常超过 1 年,但实际上借款每几个月发放一次,所以这种信贷具有短期和长期借款的双重特点。

【实例 5-1】 周转信贷协定承诺费的计算

资料:BBD 公司与银行商定的 20×9 年周转信贷额为 2 000 万元,承诺费费率为 0.5%,借款企业年度内使用了 1 400 万元,余额为 600 万元。

要求:计算 BBD 公司应支付给银行的承诺费。

解答:承诺费是银行提供借款的附加条件,BBD 公司 20×9 年应支付的承诺费为:承诺费=600 × 0.5%=3(万元)

点评:由于支付承诺费,BBD 公司 1 400 万元借款的实际利息负担更高。

(3) 补偿性余额。补偿性余额是银行要求借款企业在银行中保持按借款限额或实际借用额一定的百分比(通常为 10%~20%)的最低存款余额。从银行的角度来讲,补偿性余额可降低借款风险,补偿其可能遭受的风险。但对于借款企业来说,补偿性余额由于企业无法动用,加重企业负担,提高了借款的实际利率。

$$实际利率=\frac{实际支付的利息}{实际使用资金}\times 100\%$$

$$=\frac{借款金额\times 利率}{借款金额-补偿性余额}\times 100\%$$

【实例 5-2】 存在补偿性余额下的实际利率计算

资料:BBD 公司以 10%的年利率向银行借款 100 万元,银行要求企业保持 15%的补偿性余额。

要求:计算该借款企业实际可动用的借款额和实际利率。

解答:实际可动用借款额:100 × (1-15%)=85(万元)

$$实际利率=\frac{100\times 10\%}{100-100\times 15\%}\approx 11.76\% > 10\%$$

(4) 借款抵押。银行向财务风险较大、信誉不好的企业发放借款,往往需要有抵押品作担保,以降低自己蒙受损失的风险。借款的抵押品通常是借款企业的应收账款、存货、股票、债券以及房屋等。银行接受抵押品后,将根据抵押品的账面价值决定借款金额,一般为抵押品账面价值的 30%~90%。这一比例的高低取决于抵押品的变现能力和银行的风险偏好。抵押借款的资本成本通常高于非抵押借款,这是因为银行主要向信誉好的客户提供非抵押借款,并将抵押借款视为一种风险贷款,因而收取较高的利息;此外,银行管理抵押借款比管理非抵押借款更为困难,为此往往收取手续费。企业取得抵押借款还会限制其抵押财产的使用和将来的借款能力。

(5) 偿还条件。无论何种借款，一般都会规定还款的期限。根据我国金融制度的规定，借款到期后仍无能力偿还的，视为逾期借款，银行要照章加收逾期罚息。借款的偿还有到期一次偿还和在借款期内定期等额偿还两种方式。一般来说，企业不希望采用后一种方式，因为这会提高借款的实际利率；而银行不希望采用前一种方式，因为这会加重企业还款时的财务负担，增加企业的拒付风险，同时会降低实际借款利率。

除了上述所说的信用条件外，银行有时还要求企业为取得借款而做出其他承诺，如及时提供财务报表，保持适当的资产流动性等。如企业违背做出的承诺，银行可要求企业立即偿还全部借款。

5.1.4 借款利息的支付方式

1. 收款法

收款法又称利随本清法，是在借款到期时向银行支付利息的方法。银行向工商类企业发放的借款大都采用这种方法收息。

2. 贴现法

贴现法是指银行向企业发放借款时，先从本金中扣除利息部分，而到期时借款企业则要偿还全部本金的一种计息方法。采取这种方法，企业可利用的借款只有本金减去利息部分后的差额，因此借款的实际利率高于名义利率。

【实例 5-3】 贴现法计息下的实际利率计算

资料：BBD 公司从银行取得借款 2 000 万元，期限 1 年，年利率（名义利率）为 10%，按照贴现法付息。

要求：计算 BBD 公司实际可动用的借款额和实际利率。

解答：实际可动用借款额：$2\,000\times(1-10\%)=1\,800$（万元）

$$实际利率=\frac{2\,000\times 10\%}{2\,000-2\,000\times 10\%}\approx 11.11\% > 10\%$$

3. 加息法

加息法是银行发放分期等额偿还借款时采用的利息收取方法。在分期等额偿还借款的情况下，银行要将根据名义利率计算的利息加到借款本金上，计算出借款的本息和，要求企业在借款期内分期等额偿还本息之和的金额。由于借款分期均衡偿还，借款企业实际上只平均使用了借款本金的一半，却支付了全部利息。这样，企业所负担的实际利率便高于名义利率大约一倍。

【实例 5-4】 加息法下的实际利率计算

资料：BBD 公司从银行取得借款 10 万元，期限 1 年，年利率（名义利率）为 12%，分 12 个月等额偿还本息。

要求：要求计算 BBD 公司该项借款的实际利率。

解答：$实际利率=\frac{10\times 12\%}{10\div 2}=24\% > 12\%$

5.1.5 长期借款筹资决策

企业利用长期借款进行筹资时，应从以下几方面进行决策。

1. 选择贷款机构（银行和非银行金融机构）

随着金融信贷业的发展，可向企业提供贷款的银行和非银行金融机构增多，企业应在各贷款机构之间作出选择。选择银行和非银行金融机构时应考虑以下因素：

（1）银行对贷款风险的政策。一般而言，银行对其贷款风险都有政策规定。有的银行倾向于保守，只愿意承担较小的贷款风险；有的银行富有开拓精神，敢于承担较大的贷款风险。

（2）银行对企业的态度。不同的银行对企业的态度各不相同。有的银行积极地为企业提供建议，帮助分析企业潜在的财务问题，有着良好的咨询服务；而有的银行很少提供咨询服务，在企业遇到困难时一味地为了使其清偿贷款而施加压力。

（3）贷款的专业化程度。一些大银行设有不同的专业部门，分别处理不同类型、行业的贷款，选择此类银行合作，企业会受益更多。

2. 选择适宜借款种类

根据企业的用款目的、经济情况、资本市场等选择适宜借款种类。

3. 选择利率

财务人员应根据具体情况，合理地应用不同的利率策略，使其对债权人有吸引力，又对企业有利。

4. 合理选择借款条件

选择借款条件具体来讲是选择偿还方式和计息方式。对于使用期限或借款期限较短的，采取到期一次还本付息方式；而对于借款期限较长的，宜采取分期偿付方式。对于未来经济效益较好的借款项目，可采取到期一次还本付息，以节约成本提高效益；而对未来效益一般的，则可采取分期偿付方式，以避免过高的偿债压力和风险。

5.1.6 银行借款筹资评价

1. 银行借款筹资的优点

（1）筹资速度快。发行各种证券筹集长期资金需要大量的时间进行准备，如申请批准、印刷证券以及证券的发行都需要一定的时间。与发行证券相比，银行借款一般所需时间较短，程序较为简单，可以迅速地获取所需资本。

（2）资本成本较低。利用银行借款筹资，其利息可在税前支付，可以减少企业实际负担的利息费用，因此，比发行股票等权益融资成本低。与债券筹资相比，就目前我国情况来看，利用银行借款所支付的利息比发行债券所支付的利息低。另外，也无须支付大量的发行费用。

（3）借款弹性较大。借款筹资时，企业与银行可以直接通过商谈确定借款的时间、数量和利率。在借款期间，如果企业情况发生了变化，也可与银行进行协商，修改借款的数量和条件。借款到期后，如有正当理由，还可协商延期偿还。

(4) 可以发挥财务杠杆作用。银行借款的利率一般是固定或相对固定的,在企业投资效益良好的情况下,普通股股东会由于财务杠杆作用获得更多的利益,提高企业的净资产报酬率。

2. 银行借款筹资的缺点

(1) 筹资风险较大。企业举借长期借款,必须定期还本付息,在企业经营不景气时,无异于釜底抽薪,会将企业带入财务困境,可能会产生不能偿付的风险,甚至会导致破产。

(2) 限制条款较多。在企业与银行签订的借款合同中,一般都有一些限制条款,如定期报送有关报表、不准改变借款用途等,这些条款可能会限制企业的经营活动。

(3) 筹资数额有限。银行贷款时会考虑风险、自身资本实力等因素,一般不愿贷出巨额的长期借款,因此,利用银行借款筹资都有一定的上限。

5.2 公司债券筹资

公司债券又称企业债券,是指公司依照法定程序发行的、约定在一定期限内还本付息的有价证券。债券是持券人拥有企业债权的书面证明,它代表持券人同发债公司之间的债权债务关系。债券筹资是面向广大社会公众和机构投资者的一种直接融资,因而发行公司债券筹资有着严格要求。在我国,有资格发行债券的企业多数是公司。

5.2.1 发行债券的条件

在我国,根据《公司法》的规定,股份有限公司和有限责任公司具有发行债券的资格。根据《证券法》规定,公开发行公司债券,应当符合下列条件:

(1) 具备健全且运行良好的组织机构;

(2) 最近三年平均可分配利润足以支付公司债券一年的利息;

(3) 国务院规定的其他条件。

公开发行公司债券筹集的资金,必须按照公司债券募集办法所列资金用途使用;改变资金用途,必须经债券持有人会议作出决议。公开发行债券筹集的资金,不得用于弥补亏损和非生产性支出。

5.2.2 公司债券的种类

1. 按是否记名可分为记名债券和无记名债券

记名债券是指在券面上注明债券持有人的姓名或名称,同时在发行公司的债权人名册上登记的债券。记名债券应以背书方式或者法律、行政法规规定的其他方式转让,转让后由公司将受让人的姓名或者名称及住所记载于公司债券存根簿。

无记名债券是指在券面上未注明债券持有人的姓名或名称,也不用在发行公司的债权人名册上登记的债券。无记名债券的转让,由债券持有人将该债券交付给受让人后即发生

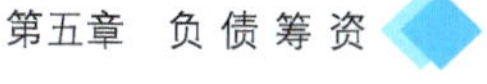

转让的效力。

2. 按是否能转换成公司股权可分为可转换债券与不可转换债券

可转换债券是指债券持有者可以在规定的时间内按规定的价格转换为发行公司股票的债券。这种债券在发行时,对债券转换为股票的价格和比率等都作了详细规定。《公司法》规定,可转换债券的发行主体是股份有限公司中的上市公司。

不可转换债券是指不能转换为发行公司股票的债券,大多数公司债券属于这种类型。

3. 按利率是否固定可分为固定利率债券与浮动利率债券

固定利率债券是指企业在发行时在债券上载有确定利率的债券。在债券有效期内,不论周围环境如何变化,债券利率始终不变。

浮动利率债券是指发行时不确定利率的债券。在债券有效期内,其利率可以将有关利率(如国债利率)的变动作为参照物进行浮动。

4. 按有无特定财产担保可分为担保债券和信用债券

担保债券是指以抵押方式担保发行人按期还本付息的债券,主要是指抵押债券。抵押债券按其抵押品的不同,又分为不动产抵押债券、动产抵押债券和证券信托抵押债券。

信用债券是指仅凭公司自身的信用发行的、没有抵押品作为抵押担保的债券。在公司清算时,信用债券的持有人因无特定的资产作担保品,只能作为一般债权人参与剩余财产的分配。

5.2.3 债券的基本要素

债券作为一种有价证券,尽管种类繁多,但是在内容上都要包含一些相同的要素,债券的基本要素是指发行的债券上必须载明的基本内容,这是明确债权人和债务人权利和义务的主要约定。

1. 面值

债券的面值是指债券的票面价值,是企业对债券持有人在债券到期后应偿还的本金数额,也是企业向债券持有人按期支付利息的计算依据。债券面值包括币种和票面金额两个基本内容,币种是指以何种货币作为债券价值的计量标准。票面金额是指票面所标明金额的大小。债券的面值与债券的发行价格不一定一致,企业可以在特定情况下溢价或折价发行企业债券。

2. 利率

债券利率又称票面利率,是债券利息与债券面值的比率,也是债券发行企业承诺以后一定时期支付给债券持有者资金使用报酬的计算标准,一般用年利率表示。债券利率与发行债券时的市场利率可能不一致,因此可称为“名义利率”。债券利率的确定主要由银行利率、发行者的资信情况、偿还期限和利息计算方法以及当时资本市场上资金供求情况等因素决定。债券的票面利率一经确定,一般在发行期内是不变的。

3. 付息期

债券的付息期是指企业发行债券后的利息支付的期间,它可以是到期一次支付本金及利息,或 1 年、半年或 3 个月付息一次,到期还本。由于债券面值和利率是固定不变的,所以不论每年付息次数多少,全年或整个债券期限内的付息额是不变的,付息次数越多,每次付息额越小,每次付息额的计算公式如下:

$$每次债券付息额=债券面值\times\frac{债券名义年利率}{全年付息次数}$$

$$实际利率=\frac{实际支付的利息}{实际使用资金}=\frac{贷款金额\times利率}{贷款金额-补偿性余额}$$

$$\begin{aligned}全年付息额&=债券面值\times名义年利率\\&=每次债券付息额\times年付息次数\end{aligned}$$

$$一次付息额=债券面值\times名义年利率\times债券年限$$

在考虑货币时间价值和通货膨胀因素下,付息期对债券投资者的实际收益有很大影响。到期一次付息的债券,其利息通常是按单利计算的。而分期付息的债券,其实质上是支付的复利利息。因此企业在确定债券利息支付期时,必须要做详细的研究。

4. 偿还期

债券偿还期是指企业债券上载明的偿还债券本金的期限,即债券发行日至到期日之间的时期。企业要应根据自身资金的需求情况及外部资本市场的各种影响因素制定公司债券的偿还期。

5.2.4 债券的评级

企业公开发行债券通常需要由债券评信机构评定等级,债券的信用等级反映了债券能力的高低和违约风险的大小,进行债券评级有助于保障投资者的利益,并督促发行公司积极改进经营管理,建立和健全财务结构。

1. 标准普尔和穆迪债券评级

西方国家的债券评级始于 20 世纪初期,目前美国两家主要的评级机构是标准普尔公司和穆迪投资者服务公司,他们的债券评级指标带有很强的主观色彩,但是信用评级机构在进行评级工作时,仍需采用许多量化和质化的指标作为评估标准。这些指标主要有:公司的财务状况、抵押条款、信用条款、担保条款、偿债基金条款、到期期间、稳定性、法律管制、反垄断活动、国际业务环境、环保因素、公司退休金负债、劳资纠纷、资源可靠性、会计政策的保守程度等。根据这些标准,他们将债券信用级别评定为 3 等 9 级,也是国际上流行的债券等级(表 5-2、表 5-3)。

表 5-2 标准普尔和穆迪债券评级

名　称	较高等级	高　级	投机级	低　级
标准普尔	AAA、AA	A、BBB	BB、B	CCC、CC、C
穆　迪	Aaa、Aa	A、Baa	Ba、B	Caa、Ca、C

表 5-3　标准普尔和穆迪债券评级

标准普尔	穆　迪	说　　明
AAA	Aaa	Aaa 级 和 AAA 级是债券等级中的最高级别，表明债券具有极强的偿付本利的能力
AA	Aa	Aa 级和 AA 级债券有较强的本利偿付能力，它同最高等级债券一起构成债券的最高级别
A	A	A 级债券偿还本利能力强，但是它比较容易随环境和经济状况的变动而发生不利的变动
BBB	Baa	评为 Baa 级和 BBB 级的债券被看作是具有足够的能力偿还本金和利息的。因为它一般都规定有充分的保护措施，因此比起高级类债券，不利的经济状况或环境变化更能削弱该级别债券的本利偿付能力。这类债券属于中级债务
BB B CCC CC	Ba B Caa Ca	一般认为该等级债券具有显著的投机性。Ba 级和 BB 级债券的投机度最低，Ca 级和 CC 级债券的投机度最高。尽管这种债券可能具有某种特质与保护性特点，然而最重要的是，它们却带有更大的不确定性或者更有可能经历不利的情况
C	C	该等级归属从未支付利息的收益债券

一般认为，只有前三个级别即标准普尔 AAA 级、AA 级、A 级，穆迪 Aaa 级、Aa 级、A 级的债券是值得进行投资的债券。世界各国、各地区根据美国标准普尔公司和穆迪公司的经验，结合自己的实际情况制定债券等级标准。这些标准在很大程度上完全相同。目前，标准普尔公司和穆迪公司还使用了修正符号进一步区别 AAA(或 Aaa)级别以下的各级债券，以便更为具体地识别债券质量，标准普尔公司用“＋”“－”区别同级债券质量的优劣。

我国的债券评级工作正在开展，但尚无统一的债券等级标准和系统评级制度。根据中国人民银行的有关规定，凡是向社会公开发行的企业债券，需要由经中国人民银行认可的资信评级机构进行评信。这些机构对发行债券企业的企业素质、财务质量、项目状况、项目前景和偿债能力进行评分，以此评定信用级别。

2. 债券等级的重要性

债券的信用等级对发行者和投资者有重要意义。这是因为：

(1) 评级结果直接反映了债券的违约风险，能够直接影响债券的资本成本和公司的债务成本。一般来说，资信等级高的债券，能够以较低的利率发行；资信等级低的债券，由于违约风险大，只能以较高的利率发行。为了保险起见，许多机构投资者只愿意购进 A 级以上的债券，更有甚者，有些机构投资者还将购买对象仅限于 AAA 级(或 Aaa 级)以上。因此，债券评级越低的债券，购买者越少，发行公司取得资金也就越困难，由于等级低的债券风险大，市场限制多，因此，它们比高等级的债券要求有更高的收益率。

(2) 债券评级便于投资者进行债券投资决策。对广大投资者尤其是中小投资者来说，由于受到时间、知识和信息的限制，无法对众多债券进行分析和选择，因此需要专业机构对债券的还本付息的可靠程度进行客观、公正和权威的评定，为投资者决策提供参考。

5.2.5 债券的发行

1. 公司债券的发行程序

公司债券的发行程序见表 5-4。

表 5-4 公司债券的发行程序

步骤	要点
(1) 作出发债决议	拟发行公司债券的公司,需要由公司董事会制定公司债券发行的方案,并由公司股东大会批准,作出决议
(2) 提出发债申请	根据《证券法》规定,申请公开发行公司债券,应当向国务院授权的部门或者国务院证券监督管理机构报送公司营业执照、公司章程、公司债券募集办法等正式文件及国务院授权的部门或者国务院证券监督管理机构规定的其他文件。按照《证券法》聘请保荐人的,还应当报送保荐人出具的发行保荐书
(3) 公告募集办法	公司发行债券的申请经批准后,要向社会公告公司债券的募集办法。公司债券募集分为私募发行和公募发行。私募发行是以特定的少数投资者为指定对象发行债券,公募发行是在证券市场上以非特定的广大投资者为对象公开发行债券
(4) 委托证券经营机构发售	按照我国公司债券发行的相关法律规定,公司债券的公募发行采取间接发行方式。在这种发行方式下,发行公司与承销团签订承销协议。承销团由数家证券公司或投资银行组成,承销方式有代销和包销两种。代销是指承销机构代为推销债券,在约定期限内未售出的余额可退还发行公司,承销机构不承担发行风险。包销是由承销团先购入发行公司拟发行的全部债券,然后再售给社会上的投资者,如果约定期限内未能全部售出,余额要由承销团负责认购
(5) 交付债券,收缴债券款	债券购买人向债券承销机构付款购买债券,承销机构向购买人交付债券。然后,债券发行公司向承销机构收缴债券款,登记债券存根簿,并结算发行代理费

2. 债券的发行价格

债券的发行价格是债券发行时使用的价格,是指投资者购买债券时所支付的价格。债券的发行价格与面值可能是一致的,也可能是不一致的,公司债券的发行价格有三种:平价、溢价和折价。

平价是指以债券的票面金额为发行价格;溢价是指以高出债券票面金额的价格为发行价格;折价是指以低于债券票面金额的价格为发行价格。债券发行价格的形成受诸多因素的影响,其中主要因素是票面利率与市场利率的一致程度。债券的面值、票面利率在债券发行前即以参照市场利率和发行公司的具体情况确定下来,一并载于债券上。但在发行债券时已确定的票面利率不一定与当时的市场利率一致。为了协调债券购销双方在债券利息上的利益,就要调整发行价格:当票面利率高于市场利率时,以溢价发行债券;当票面利率低于市场利率时,以折价发行债券;当票面利率与市场利率一致时,以平价发行债券。

债券的发行价格一般是由债券的面值和要支付的年利息按发行当时的市场利率折算成现值来确定的,其基本计算公式如下:

$$债券的发行价格=\sum_{t=1}^{n}\frac{各期年利息}{(1+市场利率)^t}+\frac{面值}{(1+市场利率)^t}$$

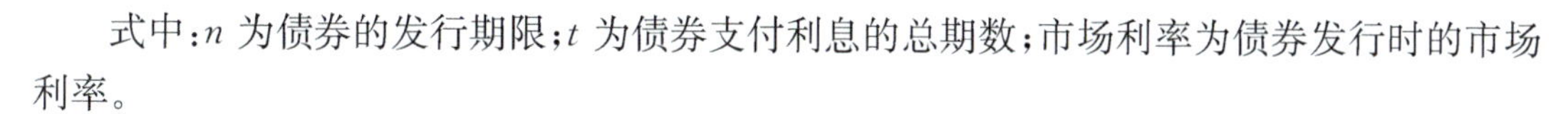
式中：n 为债券的发行期限；t 为债券支付利息的总期数；市场利率为债券发行时的市场利率。

【实例 5-5】 公司债券发行价格的计算

资料：BBD 公司发行面值为 2 000 元、票面利率为 10%、期限为 10 年、每年年末付息的债券。在公司决定发行债券时，认为 10%的利率是合理的。但是在债券正式发行时，市场利率可能会变化，就需要根据市场利率的变化调整发行价格。

要求：在债券正式发行时，市场利率分别为 10%、12%、8%三种情况下，计算 BBD 公司债券的发行价格。

解答：BBD 公司债券发行价格在三种市场利率下，应按照债券的面值和要支付的年利息按发行当时的市场利率折算成现值来确定。

(1) 资本市场上的利率保持不变，BBD 公司的债券利率为 10%仍然合理，可采用平价发行。

$$
\begin{aligned}
\text{债券的发行价格} &= 2\,000 \times (P/F,\ 10\%,\ 10) + 2\,000 \times 10\% \times (P/A,\ 10\%,\ 10) \\
&= 2\,000 \times 0.385\,5 + 200 \times 6.144\,6 \\
&= 1\,999.92(\text{元}) \\
&\approx 2\,000(\text{元})
\end{aligned}
$$

(2) 资本市场上的利率有较大的幅度上升，达到 12%，应采用折价发行。

$$
\begin{aligned}
\text{债券的发行价格} &= 2\,000 \times (P/F,\ 12\%,\ 10) + 2\,000 \times 10\% \times (P/A,\ 12\%,\ 10) \\
&= 2\,000 \times 0.322 + 200 \times 5.650\,2 \\
&= 1\,774.04(\text{元})
\end{aligned}
$$

当债券票面利率(10%)低于当时市场利率(12%)时，若 BBD 公司仍以面值发售则不能吸引投资者，需要折价(1 774.04 元)发行，此时投资者才愿意购买债券，并能够获得 12%的报酬。

(3) 资本市场上的利率有较大幅度的下降，下降到 8%，则应采用溢价发行。

$$
\begin{aligned}
\text{债券的发行价格} &= 2\,000 \times (P/F,\ 8\%,\ 10) + 2\,000 \times 10\% \times (P/A,\ 8\%,\ 10) \\
&= 2\,000 \times 0.463\,2 + 200 \times 6.710\,1 \\
&= 2\,268.42(\text{元})
\end{aligned}
$$

投资者把 2 268.42 元的资金投资于 BBD 公司发行的面值 2 000 元的债券，可以获得 8%的报酬。

在实务中，发行公司并非一定要按上述公式计算出来的价格作为债券实际的发行价格，一般用债券发行价格计算公式得出的结果作为债券发行价格的基础，再结合自身的信誉情况，对资金的急需程度和对市场利率变化趋势的预测等各项情况，确定最合适的债券发行价格。对于企业债券溢价、折价或平价发行，国家在法律上没有硬性规定，但企业合理制定发行价格是确保债券发行成功的关键。

5.2.6 债券的偿还

债券偿还时间按其实际发生与规定的到期日之间的关系，分为提前偿还与到期偿还两类，其中后者又包括分批偿还和一次偿还两种。

1. 提前偿还

提前偿还又称提前赎回或收回，是指在债券尚未到期之前就予以偿还。只有在企业发行债券的契约中明确规定了有关允许提前偿还的条款，企业才可以进行此项操作。提前偿还所支付的价格通常要高于债券的面值，并随到期日的临近而逐渐下降。具有提前偿还条款的债券使公司筹资有较大的弹性。当企业资金有结余时，可提前赎回债券；当预测利率下降时，也可以提前赎回债券，而后以较低的利率来发行新债券。

2. 分批偿还

如果一个企业在发行同一种债券的当时就为不同编号或不同发行对象的债券规定了不同的到期日，这种债券就是分批偿还债券。因为各批债券的到期日不同，它们各自的发行价格和票面利率也可能不同，从而导致发行费较高；但由于这种债券便于投资人挑选最合适的到期日，因而便于发行。

3. 一次偿还

到期一次偿还的债券是最常见的，即在债券到期日，发行债券的企业一次偿还所有债券持有人债券面值及利息。

5.2.7 发行债券筹资评价

1. 债券筹资的优点

（1）一次筹资数额大。利用发行公司债券，能够筹集大额的资金，满足公司大规模筹资的需要。这是在银行借款、融资租赁等债权性筹资方式中，企业选择发行公司债券筹资的主要原因，也能够适应大型公司经营规模的需要。

（2）提高公司的社会声誉。公司债券的发行主体有严格的资格限制。发行公司债券，往往是股份有限公司和有实力的有限责任公司所为。通过发行公司债券，一方面筹集了大量资本，另一方面也扩大了公司的社会影响。

（3）筹集资金的使用限制条件少。与银行借款相比，债券筹资所募集资金的使用具有相对的灵活性和自主性。特别是发行债券所筹集的大额资金，能够也主要用于流动性较差的公司的长期资产上。从资本使用的性质来看，银行借款一般期限短、额度小，主要用于增加适量存货、增加小型设备等；反之，期限较长、额度较大，用于公司扩展、增加大型固定资产和基本建设投资的多采用发行债券方式。

（4）能够锁定资本成本的负担。尽管公司债券的利息比银行借款高，但公司债券的期限长、利率相对固定。在预计市场利率持续上升的金融市场环境下，发行公司债券筹资，能够锁定资本成本。

2. 债券筹资的缺点

（1）发行资格要求高，手续复杂。发行公司债券，实际上是公司面向社会负债，债权人

是社会公众,因此国家为了保护投资者利益,维护社会经济秩序,对发行公司的资格有严格的限制。从申报、审批、承销到取得资金,需要经过众多环节和较长时间。

(2) 资本成本较高。相对于银行借款筹资,发行债券的利息负担和筹资费用都比较高。而且债券不能像银行借款那样进行债务展期,加上大额的本金和较高的利息,在固定的到期日,将会对公司现金流量产生巨大的财务压力。

(3) 限制条件多。发行债券的契约书中的限制条款通常比优先股和短期债务筹资更为严格,这可能会影响企业的正常发展和以后的筹资能力。

5.3 融资租赁

5.3.1 租赁概述

1. 租赁的概念

租赁是指资产的所有者(出租人: lessor)授予另一方(承租人: lessee)使用资产的专用权以获取租金报酬的一种合约。在这项交易中,承租方通过得到所需资产的使用权,完成了筹集资本的行为。租赁涉及四个基本要素:出租人、承租人、租金和租赁资产。租赁业务的出租人主要包括制造商、财务公司、银行、独立租赁公司、具有特定目的的租赁公司以及合伙企业等。除制造商外,其他出租人都是先买入资产,再将资产租给承租人。

2. 租赁的特征

租赁作为一种独特的信用形式,具有三个特征:

(1) 所有权与使用权相分离。租赁资产的所有权与使用权相分离是租赁的主要特点之一。银行信用虽然也是所有权与使用权分离,但载体是货币资金,租赁则是资金与实物相结合基础上的分离。

(2) 融资与融物相结合。租赁是以商品形态与货币形态相结合提供的信用活动。出租人在向企业出租资产的同时,解决了企业的资本需求,具有信用和贸易双重性质。它不同于一般的借钱还钱、借物还物的信用形式,而是借物还钱,并以分期支付租金的方式来体现。租赁的这一特点使银行信贷和财产信贷融合在一起,成为企业融资的一种新形式。

(3) 租金的分期归流。在租金的偿还方式上,租金与银行信用到期还本付息不一样,采取了分期回流的方式。对于出租方而言,其资本是一次投入,分期收回。对于承租方而言,通过租赁可以提前获得资产的使用价值,分期支付租金便于分期规划未来的现金流出量。

3. 租赁的类型

根据不同的标准,租赁区分为不同的形式,最常见的租赁业务类型有经营租赁和融资租赁。

(1) 经营租赁,又称服务性租赁,是由租赁公司向承租单位在短期内提供设备,并提供维修、保养、人员培训等的一种服务性业务。从实质上看,它是一种短期资本的融通方式。作为短期租赁方式,经营租赁通常用于电脑硬件、运输工具、贵重家具、施工机械、电子通信、医疗器械和环保设备等技术过时较快的生产设备的租赁。经营租赁的特征见表5-5。

表5-5 经营租赁的特征

序号	要　点
①	出租的设备一般由租赁公司根据市场需要选定，然后再寻找承租企业
②	租赁期较短，短于资产的经济寿命
③	在合理的限制条件内承租企业可以中途解约
④	租赁设备的维修、保养、保险等管理工作由租赁公司负责
⑤	租赁期满或合同终止以后，出租资产由租赁公司收回，承租人通常不会购买所租赁的资产

(2) 融资租赁，又称资本租赁，是指由租赁公司按承租方要求出资购买设备，在较长的合同期内提供给承租方使用的融资信用业务，它是以融通资金为主要目的的租赁。融资租赁是现代租赁的主要类型，具有融资与融物双重功能，是承租人筹集长期资本的一种特殊方式，其特征见表5-6。

表5-6 融资租赁特征

序号	要　点
①	出租的设备由承租企业提出购买要求，或者由承租企业直接从制造商或销售商那里选定
②	租赁期较长，通常是3～5年，有时甚至长达10～20年，接近于资产的经济寿命
③	融资租赁合同通常是不可撤销的
④	由承租企业负责设备的维修、保养和保险
⑤	租赁期满，按事先约定的方法处理设备，包括退还出租公司，或继续租赁，或企业留购。通常采用承租人留购的方式，即“名义价格”(相当于设备残值)廉价购买设备

由融资租赁的特征可知，融资租赁才是企业筹资意义上的租赁，被视为购买资产的一种替代融资方式。实际上相当于企业借入长期资金，并且分期付款购买固定资产。租赁筹资和企业负债购买固定资产的主要差别在于，前者中企业可以利用租赁的固定资产所产生的利润，即所谓的“借鸡生蛋、卖蛋还债”。

5.3.2 融资租赁的程序

融资租赁的基本程序见表5-7。

表5-7 融资租赁的基本程序

步　骤	要　点
(1) 选择租赁公司，提出委托申请	首先，了解各租赁公司的资信情况、融资条件和租赁费率等，比较分析选择租赁公司。其次，向租赁公司申请办理融资业务
(2) 签订购货协议	由承租企业或租赁公司中的一方或双方，与选定的设备供应商进行设备购买的技术谈判和商务谈判，在此基础上与设备供应商签订购货协议

（续表）

步 骤	要 点
(3) 签订租赁合同	承租企业与租赁公司签订设备租赁合同。租赁合同是租赁业务的重要文件，具有法律效力
(4) 交货验收	设备供应商将设备发运到指定地点，承租企业应办理验收手续。验收合格后签发交货及验收证书交给租赁公司，作为其支付货款的依据
(5) 定期交付租金	承租企业按租赁合同规定，分期交纳租金，即承租企业对所筹资金分期还款
(6) 合同期满处理设备	承租企业根据合同约定，对设备续租、退租或留购

5.3.3 融资租赁的形式

融资租赁根据租赁所涉及的关系的复杂程度，通常可以细分为三种形式：直接租赁、销售租赁和杠杆租赁。

1. 直接租赁

直接租赁是指承租人直接向出租人承租其所需要的财产，并付出租金。直接租赁的主要出租人是制造商、金融公司、租赁公司等。除制造商外，其他出租人都是向制造商或供应商购买财产，然后再出租给承租人。直接租赁是融资租赁的典型形式。

2. 售后租回

售后租回是指承租人先把其拥有所有权的资产出售给出租人，然后将该资产租回使用的租赁。在这种租赁形式下，出售资产的企业可得到相当于资产售价的一笔资金，同时仍然可以使用资产。当然，在这期间要支付租金，并失去财产所有权。从事售后租回的出租人有金融公司、保险公司、租赁公司等。

3. 杠杆租赁

前两种租赁只涉及两方当事人，杠杆租赁则要涉及承租人、出租人和资金出借者三方当事人。从承租者的角度来看，这种租赁与其他租赁并无区别，都是按契约的规定，在基本租赁期间内支付定额租金，从而取得该期间内资金的使用权。但从出租人的角度来看，一方面，出租人只支付购买资产的部分资金(20%～40%)作为自己的投资；另一方面，出租人以该资产为担保向资金出借者借入其余资金(60%～80%)。在杠杆租赁方式下，出租人既是出租人，又是借款人，同时拥有对资产的所有权，但必须准时偿还借款。由于租赁收益大于借款成本，出租人借此获得杠杆利益。因此，这种租赁被称为杠杆租赁。一般而言，杠杆租赁适用于金额较大的设备项目。

5.3.4 融资租赁租金的计算

1. 租金的构成

融资租赁每期租金的数额，取决于以下几项因素：

(1) 设备原价及预计残值，包括设备买价、运输费、安装调试费、保险费等，以及该设备租赁期满后，出售可得的市价。

(2) 利息，是指租赁公司为承租企业购置设备垫付资金所应支付的利息。

(3) 租赁手续费，指租赁公司承办租赁设备所发生的业务费用和必要的利润。租赁手续费一般按租赁资产价款的某一百分比确定。

2. 租金的支付方式

影响租金大小的因素，除了租金总额的构成外，还涉及租期长短、租金的支付方式。租金的支付有以下几种方式：

(1) 按支付间隔期长短，分为年付、半年付、季付和月付等方式；

(2) 按在初期还是期末支付，分为先付租金和后付租金；

(3) 按每次支付额，分为等额支付和不等额支付。

实务中，承租企业与租赁公司商定的租金支付方式，大多为后付等额年金。

3. 租金的计算

我国租赁实务中，租金的计算大多采用等额年金法。等额年金法下，通常要根据利率和租赁手续费率确定一个费用率作为折现率。利用折现率和年金现值系数，可计算出每期租金。

【实例 5-6】 融资租赁租金的计算

资料：BBD 于 20×0 年 1 月 1 日从租赁公司租入一套设备，价值 60 万元，租期 6 年，租赁期满时预计残值 5 万元，归租赁公司。租赁公司要求的年利率为 10%，租金每年年末支付一次。

要求：计算每年末支付的租金。

解答：每年支付的租金应是扣除残值现值后分摊到每年末的年金。

每年租金＝[600 000－50 000×(P/F, 10%, 6)]/(P/A, 10%, 6)

≈131 283(元)

为了便于有计划地安排租金的支付，承租企业可编制租金摊销计划表，如表 5-8 所示。

表 5-8　租金摊销计划表

年　份	期初本金 ①	支付租金 ②	应计租费 ③＝①×10%	本金偿还额 ④＝②－③	本金余额 ⑤＝①－④
20×0	600 000	131 283	60 000	71 283	528 717
20×1	528 717	131 283	52 872	78 411	450 306
20×2	450 306	131 283	45 031	86 252	364 054
20×3	364 054	131 283	36 405	94 878	269 176
20×4	269 176	131 283	26 918	104 365	164 811
20×5	164 811	131 283	16 481	114 802	50 009
合　计		787 698	237 707	549 991	50 009*

注：* 50 009 是到期残值，尾数 9 系中间计算过程中四舍五入的误差导致。

5.3.5 融资租赁筹资评价

1. 融资租赁筹资的优点

(1) 能迅速获得所需资产。租赁往往比借款后购置设备更迅速、灵活。因为租赁时筹资与设备购置同时进行,可以缩短设备的购进、安装时间,使企业尽快形成生产能力,有利于企业尽快占领市场,打开销路。

(2) 财务风险小,财务优势明显。融资租赁与购买相比,能够避免一次性支付的负担,而且租金支出是未来的、分期的,企业无须一次筹集大量资本用于购买。还款时,租金可以通过项目本身产生的收益来支付,是一种基于未来的"借鸡生蛋、卖蛋还债"的筹资方式。

(3) 融资租赁筹资的限制条件较少。企业运用股票、债券、长期借款等筹资方式,都受到相当多的资格条件的限制,如足够的抵押品、银行贷款的信用标准、发行债券的政府管制等。相比之下,融资租赁的限制条件较少。

(4) 租赁能延长资本融通的期限。通常为设备而贷款的借款期限比该资产的物理寿命要短得多,而租赁的融资期限却可接近其全部使用寿命期限;并且其金额随设备价款金额而定,无融资额度的限制。

(5) 免遭设备陈旧过时的风险。随着科学技术的进步,设备陈旧过时的风险很高,而多数融资租赁协议规定此种风险由出租人承担,因此承租企业可免受这种风险。

2. 融资租赁筹资的缺点

融资租赁筹资的最主要的缺点是成本较高。融资租赁的租金比向银行贷款或发行债券所负担的利息高得多,租金总额通常高于设备价值。尽管与借款方式相比,融资租赁能够避免到期一次性集中偿还的财务压力,但高额的固定租金也给各期的经营带来了分期负担。

5.4 商业信用

商业信用是指在企业间的商品交易中,以延期付款或预收货款的形式进行资金结算而形成的资金借贷关系,它是企业间的直接信用行为。由于商业信用产生于企业经常发生的商品购销活动之中,被称为"自发性筹资",但严格来说,它是企业主动选择的一种筹资行为,并非完全不可控的自发行为。商业信用应用广泛,已成为企业筹集短期资金的重要方式。

5.4.1 商业信用的形式

商业信用的具体形式有应付账款、应付票据、预收账款和票据贴现等。

1. 应付账款

应付账款是企业购买商品暂未付款而欠销货方的账项,即卖方允许买方在购货后一定时期内支付货款的一种形式。应付账款产生于商品赊购,是一种最典型、最常见的商业信用形式。对卖方而言,此种方式可以作为促销手段,扩大销售;对买方而言,在延期付款期内,相当于企业向销货单位借款,这种方式可以弥补企业暂时的资金短缺。应付账款采用"欠账"方式,买方不提供正式借据,完全依靠企业之间的信用关系来维系。一旦买方资金紧张.就会造成长期拖欠,甚至形成连环拖欠,所以这种方式一般只在卖方掌握买方财务信誉的情况下采用。

2. 应付票据

应付票据是企业进行延期付款商品交易时开具的反应债权债务关系的票据。这种票据可由购货方或销货方开出,并由购货方承兑或购货方请求其开户银行承兑。根据承兑人的不同,应付票据分为商业承兑汇票和银行承兑汇票两种。应付票据的付款期限由交易双方商定,我国规定最长不超过 9 个月。应付票据分为带息和不带息两种。不带息票据不计利息,与应付账款一样,属于免费资金;带息票据要加计利息,不属于免费资金。应付票据的利率一般比银行借款的利率低,且不用保持相应的补偿余额和支付协议费,所以应付票据的筹资成本低于银行借款成本。但应付票据到期必须偿还,若延期须支付罚金,因此风险较大。我国目前实务中,应付票据一般为不带息票据。

3. 预收账款

预收账款是指卖方企业在交付货物之前向买方预先收取部分或全部货款的信用形式。预收账款也是一种典型的商业信用形式。对于卖方来讲,预收账款相当于向买方借用资金后用货物抵偿。预收账款一般用于生产周期长、资金需要量大的专用设备订购和市场紧俏商品销售。其实质相当于买方企业向卖方融通短期资金,缓解卖方资金占用过大的压力。

4. 票据贴现

票据贴现是指持票人把未到期的商业票据转让给银行,贴付一定的利息以取得银行资金的一种信用形式。票据贴现是商业信用发展的产物,其实质为一种银行信用。企业采用票据贴现的形式,一方面可以使购买方融通临时资金,另一方面也可使自身及时得到所需要的资金,是一种灵活的筹资方式。

此外,企业往往还存在一些在非商品交易中产生、属于自发性筹资的应付费用,如应付工资、应交税金、其他应付款等。应付费用使企业受益在前,费用支付在后,一定程度上缓解了企业的资金需求。应付费用的期限具有强制性,不能由企业自由斟酌使用,但通常不需要花费代价。

5.4.2 商业信用的条件

信用条件是指销货人对付款时间和现金折扣所作的具体规定,主要有以下几种情形:

1. 预收账款

这是企业在销售商品时,要求买方在卖方发出货物之前支付款项的情形。一般用于以下两种情况:一是企业已知买方的信用欠佳;二是销售生产周期长、售价高的产品。在这种信用条件下,销货单位可以得到暂时的资金来源,购货单位则要预先垫支一笔资金。

2. 延期付款,但不涉及现金折扣

这是指企业购买商品时,卖方允许买方在交易发生后一定时期内按发票金额支付货款的情形。如“$n/30$”,是指在 30 天内按发票金额付款。这种条件下的信用期间一般为 30~60 天,但有些季节性的生产企业可能为其顾客提供更长的信用期间。在这种情况下,买卖双方存在商业信用,买方可因延期付款而取得资金来源。

3. 延期付款，但早付款可享受现金折扣

这是指买方若在规定期限内提前付款，卖方可给予一定的现金折扣，如果买方不享受现金折扣，则必须在规定期限内付清账款。如“3/10，1/20，n/30”就属于此种信用条件。它表示在折扣期限10天内付款可享受3%的现金折扣，折扣期限20天内付款可享受1%的现金折扣，超过20天则要求在30天的信用期限内全额付款。应用现金折扣的目的主要是为了加速账款的收取。现金折扣一般为发票金额的1%～5%。在这种条件下，双方存在信用交易，买方若在折扣期内付款，则能得到现金折扣的优惠。若放弃现金折扣，则可在稍长时间内占用卖方的资金。

5.4.3 放弃现金折扣成本的计算

在不提供现金折扣时，应付账款是销货方向购买方提供的免费信用，购买方可以无偿地获得相当于商品价款的资金在信用期内的使用权。而当销货方在信用条件中提供了现金折扣时，购货方采用应付账款方式所占用的资金就可能会有成本。这个成本的发生取决于购货企业是否在给定折扣期限内付款，若购货企业在折扣期限内付款，则这项商业信用是免费信用。若购货企业在折扣期限外付款，则这项商业信用会发生成本，而这项成本的发生是由于放弃现金折扣所付出的代价。所以，购买企业需要考虑是否享受现金折扣，即应该在折扣期限内付款以获得现金折扣，还是放弃现金折扣以更长时间地利用这项信用。

放弃现金折扣的成本是影响购货企业进行决策的重要因素，一般而言，放弃现金折扣的成本可由下列公式求得：

$$放弃现金折扣的成本=\frac{折扣百分比}{1-折扣百分比}\times\frac{360}{信用期-折扣期}$$

【实例5-7】 放弃现金折扣成本的计算

资料：BBD公司购买了60万元的货物，销货方提供的信用条件为“2/10，n/30”。

要求：分析BBD公司的应付账款成本。

解答：“2/10，n/30”表示公司在10天内付款可享受2%的现金折扣。超过10天，在30天内付款则要全额支付。

如果公司10天内付款，则可以享受免费信用，免费信用额度为58.8万元(60－60×2%)。如果BBD公司放弃现金折扣，在10天后(不超过30天)付款，公司要承受放弃现金折扣的利息成本。放弃现金折扣的成本为：

$$\frac{2\%}{1-2\%}\times\frac{360}{30-10}=36.7\%$$

计算公式和计算结果表明，放弃现金折扣的成本与折扣百分比的大小、折扣期的长短呈同方向变化，而与信用期的长短呈反向变化。如果企业放弃折扣而获得信用，其代价是比较高的。然而，企业在放弃折扣的情况下，推迟付款的时间越长，其成本越小。

如果延至50天付款，放弃现金折扣的成本为：

$$\frac{2\%}{1-2\%}\times\frac{360}{50-10}=18.4\%$$

5.4.4 利用现金折扣的决策

在附有信用条件的情况下，由于获得不同信用要付出不同的代价，买方企业应在利用哪种信用之间作出决策呢。对买方而言，是否利用现金折扣需要作出财务权衡。在不同情况下的决策方法如下：

(1) 如果能以低于放弃现金折扣成本（实质是一种机会成本）的利率借入资金，便应在现金折扣期限内使用借入资金支付货款，享受现金折扣。反之，企业应放弃折扣。

(2) 如果在折扣期限内将应付账款用于短期投资，所得的投资报酬率高于放弃现金折扣的成本，则应放弃折扣而去追求更高的收益。当然，如果放弃折扣，也应将付款日推迟至信用期限内的最后一天，以降低放弃现金折扣的成本。

(3) 如果企业因缺乏资金而逾期付款，则需在降低了的放弃现金折扣的成本与延期付款带来的损失之间作出选择。延期付款带来的损失主要是指因企业信誉恶化而丧失供应商以及其他贷款人，或日后招致苛刻的信用条件。

(4) 如果面对两家以上提供不同信用条件的卖方，在其他情况相同的条件下，应通过衡量放弃折扣成本的大小，选择成本最小（或所获利益最大）的一家。

5.4.5 商业信用筹资评价

1. 商业信用筹资的优点

(1) 筹资方便。商业信用的载体是商品购销行为，商业信用筹资与商品买卖同时进行，属于一种自然性筹资方式，无须特殊的筹资安排，也不需要事先计划，随时可以随着购货行为的产生而得到该项资金。企业总有一批既有供需关系相互间又有信用基础的客户，所以对大多数企业而言，应付账款和预收账款是自然的、持续的信贷形式。商业信用的提供方一般不会对企业的经营状况和风险作严格的考量，企业无须办理像银行借款那样复杂的手续便可取得商业信用，有利于应对企业生产经营之急需。

(2) 具有较大的主动权。企业能够根据需要，选择决定筹资的金额大小和期限长短，比银行借款等其他方式灵活得多。甚至如果在期限内不能付款或交货，一般还可以跟客户协商，请求延长时间。

(3) 限制条件少。商业信用比其他筹资方式条件较为宽松，无须担保或抵押，选择余地大。这样，在出现逾期付款或交货的情况时，可以避免像银行借款那样面临抵押资产被处置的风险，企业的生产经营能力不会受到限制。

(4) 及时回笼资金，节约收账成本。通过应收票据贴现，企业可以避免因赊销而造成的现金流量不足，及时回笼资金。同时，还可以利用银行等专业金融机构的优势，帮助回收账款，减少坏账损失。

2. 商业信用筹资的缺点

(1) 筹资成本高。尽管商业信用的筹资成本是一种机会成本，但其时间一般较短。如果企业取得现金折扣，则时间更短；如果放弃现金折扣，则要付出较高的成本。

(2) 容易使企业的信用水平恶化。商业信用的期限短，因此企业还款压力较大，对企业

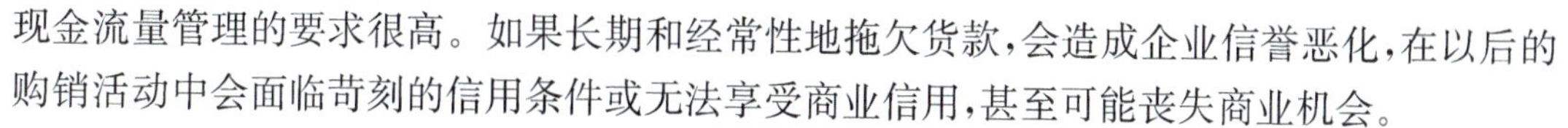

现金流量管理的要求很高。如果长期和经常性地拖欠货款，会造成企业信誉恶化，在以后的购销活动中会面临苛刻的信用条件或无法享受商业信用，甚至可能丧失商业机会。

(3) 受外部环境影响较大。外部环境主要是商品市场和资本市场。一是受商品市场的影响，如当求大于供时，卖方可能停止提供信用；二是受资金市场的影响，当市场资金供应紧张或有更好的投资方向时，商业信用筹资就可能会遇到障碍。因此，商业信用易受外部环境影响，稳定性较差，即使不考虑机会成本，也是不能无限利用的。

相关阅读

信用期间

信用期间是授信的基本时间长度。各行业的信用期间有很大差别，但一般在 30～120 天。如果提供的是现金折扣，那么信用期间具备两个要素：净信用期间和现金折扣期间。净信用期间是客户必须付款的时间长度，现金折扣期间是可以获得现金折扣的时间。在"2/10，净 30"的信用条件下，净信用期间是 30 天，现金折扣期间是 10 天。

影响信用期间的因素有以下几个方面：

易腐烂程度和担保价值。易腐烂的货物相对周转较快，担保价值也相对较低。这些商品的信用期因此更短。例如，食品批发商销售新鲜的水果和农产品，可能需要"净 7 天"，而珠宝可能以"5/30，净 4 个月"来销售。

客户需求。已经建立良好市场的产品通常周转较快。新产品或流动较慢的产品通常信用期间较长，以吸引买主。并且，就像我们看到的，卖主可能选择给淡季的销售提供更长的信用期间。

成本、获利能力和标准化。相对便宜的商品一般信用期间更短。相对标准化的商品和原材料也是如此。这些都倾向于拥有较低的利润和较高的周转率，都将缩短信用期间。

信用风险。买主的信用风险越大，信用期间可能就越短。

账款规模。账款较小，信用期间可能更短，因为需要花费更多精力去管理小额账款，并且客户也不太重要。

竞争。当销售者处于高度竞争的市场中时，可能会提供更长的信用期间，以此作为吸引客户的一个方式。

客户类型。同一个销售者可能会给不同的买主提供不同的信用条件。例如，食品批发商可能会同时给杂货店、面包店和餐厅供货，针对不同的客户群体可能会有不同的信用条件。

(资料来源：罗斯，威斯特菲尔德，杰富，等.公司理财：原书第 11 版[M].北京：机械工业出版社，2018.)

本章小结

负债融资是债权人对企业的一种投资，是指通过借款、发行债券、融资租赁以及赊购商品或服务等方式取得资金，形成在规定期限内需要清偿的债务。企业债务资本的筹资方式主要有：银行借款、发行债券、融资租赁、商业信用等。对企业来说，负债融资的优势在于资本成本低、弹性大，可以发挥财务杠杆的作用，对企业有较大吸引力，是企业主要的资金来源。相对权益融资的永久性，企业对债务资本只是具有在一定期限内的使用权，在到期时必须归还本金和利息，因此具有较大的财务风险，企业应慎重选择债务融资工具。

关键概念

公司债券 (corporation bond)　　融资租赁(financial lease)
经营租赁 (operating lease)　　债务资本(debt capital)
商业信用 (business credit)　　现金折扣(cash discount)
票据贴现 (discounting of bill)　　长期借款(funded liability)

自测题

一、单项选择题

1. 下列筹资方式中，常用来筹措短期资金的是(　　)。
A. 商业信用　　B. 发行股票　　C. 发行债券　　D. 融资租赁

2. 相对于股票筹资而言，银行借款的缺点是(　　)。
A. 筹资速度慢　　B. 筹资成本高　　C. 借款弹性差　　D. 财务风险大

3. 承租人既是资产出售者又是资产使用者的融资租赁方式是(　　)。
A. 售后租回　　B. 直接租赁　　C. 杠杆租赁　　D. 经营租赁

4. 相对于借款购置设备而言，融资租赁设备的主要缺点是(　　)。
A. 筹资速度较慢　　B. 融资成本较高
C. 到期还本负担重　　D. 设备淘汰风险大

5. 相对于发行股票而言，发行公司债券筹资的优点为(　　)。
A. 筹资风险小　　B. 限制条款少　　C. 筹资额度大　　D. 资金成本低

6. 相对于发行债券和利用银行借款购买设备而言，通过融资租赁方式取得设备的主要缺点是(　　)。
A. 限制条款多　　B. 筹资速度慢　　C. 资本成本高　　D. 财务风险大

7. 下列业务中，能够降低企业短期偿债能力的是(　　)。
A. 企业采取分期付款方式购置一台大型机械设备
B. 企业从国有银行取得 3 年期 500 万元的贷款
C. 企业向战略投资者定期增发
D. 企业向股东发放股票股利

8. 下列各种筹资方式中，最有利于降低公司财务风险的是(　　)。
A. 发行普通股　　B. 发行优先股　　C. 发行公司债券　　D. 发行可转换债券

9. 某公司向银行借款 1 000 万元，年利率为 4%，按季度付息，期限为 1 年，则该借款的实际年利率为(　　)。
A. −2.01%　　B. 4.00%　　C. 4.04%　　D. 4.06%

10. 由出租人向承租企业提供租赁设备，并提供维修保养和人员培训等服务性业务，这种租赁形式称为(　　)。
A. 融资租赁　　B. 经营租赁　　C. 直接租赁　　D. 资本租赁

二、多项选择题

1. 相对于私募发行而言，公募发行债券的缺点主要有(　　)。
A. 债券流动性差　B. 发行时间较长　C. 债券利率较高　D. 发行费用较高
2. 下列各项中，属于经营租赁特点有(　　)。
A. 租赁期较短
B. 租赁合同较为稳定
C. 出租人提供租赁资产的保养和维修等服务
D. 租赁期满后，租赁资产常常无偿转让或低价出售给承租人
3. 在事先确定企业资金规模的前提下，吸收一定比例的负债资金，可能产生的结果有(　　)。
A. 降低企业资本成本　　B. 降低企业财务风险
C. 加大企业财务风险　　D. 提高企业经营能力
4. 与股票投资相比，债券投资的优点有(　　)。
A. 本金安全性好　B. 投资收益率高　C. 购买力风险低　D. 收入稳定性强
5. 相对权益资金的筹资方式而言，长期借款筹资的缺点主要有(　　)。
A. 财务风险较大　B. 筹资成本较高　C. 筹资数额有限　D. 筹资速度较慢
6. 企业计算稀释每股收益时，应当考虑的稀释性潜在的普通股包括(　　)。
A. 股票期权　　B. 认股权证
C. 可转换公司债券　　D. 不可转换公司债券
7. 企业发行票面利率为 i 的债券时，市场利率为 k，下列说法中正确的有(　　)。
A. 若 $i<k$，债券溢价发行　　B. 若 $i>k$，债券折价发行
C. 若 $i>k$，债券溢价发行　　D. 若 $i<k$，债券折价发行

三、判断题

1. 具有收回条款的债券可使企业融资具有较大弹性。(　　)
2. 一般情况下，发行信用债券的企业不得将财产抵押给其他债权人。(　　)
3. 从出租人的角度来看，杠杆租赁与售后租回或直接租赁并无区别。(　　)
4. 从承租人的角度来看，杠杆租赁与直接租赁并无区别。(　　)
5. 典型的融资租赁是长期的、完全补偿的、不可撤销的租赁。(　　)
6. 租赁具有所有权与使用权相分离、融资与融物相结合和租金分期归流等特点。
(　　)
7. 一般情况下，发行信用债券的企业不得将财产抵押给其他债权人。(　　)
8. 从出租人的角度来看，杠杆租赁与售后租回或直接租赁并无区别。(　　)
9. 从承租人的角度来看，杠杆租赁与直接租赁并无区别。(　　)
10. 典型的融资租赁是长期的、完全补偿的、不可撤销的租赁。(　　)

四、计算题

1. 目的：练习债券发行价格的计算与决策。

资料：BBD公司发行5年期的债券，面值为1 000元，每年付息1次，票面利率为10%。

要求：(1) 计算市场利率为8%时的债券发行价格；

(2) 计算市场利率为12%时的债券发行价格；

(3) 计算市场利率为10%的债券发行价格；

(4) 试分析说明何时平价、溢价和折价发行。

2. 目的：练习融资租赁租金的计算。

资料：BBD公司采用融资租赁方式于20×8年年初租入一台设备，价款为200 000元，租期4年，租期年利率为10%。

要求：(1) 计算每年年末支付租金方式下的应付租金；

(2) 计算每年年初支付租金方式下的应付租金。

3. 目的：练习现金折扣决策。

资料：BBD公司拟采购一批材料，购货款为500万元。供应商规定的付款条件为"2/10，1/20，n/30"(每年按360天计算)。

要求：(1) 假设银行短期贷款利率为15%，计算放弃现金折扣的成本(资金成本率)，并确定对该公司最有利的付款日期和价格。

(2) 假设公司目前有一短期投资报酬率为40%的投资项目，确定对该公司最有利的付款日期和价格。

4. 目的：练习实际利率的计算。

资料：七星公司按5%的年利率向银行借款100万元，期限为3年；根据公司与银行签订的贷款协议，银行要求保持贷款总额的15%作为补偿性余额，不按复利计息。

要求：试计算七星公司实际可用的借款额和实际负担的年利率。

五、综合题

目的：练习放弃现金折扣成本的计算。

资料：BBD公司拟采购一批商品，供应商提供商业信用的条件如下：

(1) 立即付款，价格为9 630元；

(2) 30天内付款，价格为9 750元；

(3) 31天至60天内付款，价格为9 870元；

(4) 61天至90天内付款，价格为10 000元。

假设银行短期借款利率为15%，每年按360天计算。

要求：计算放弃现金折扣的成本，并确定对该公司最有利的日期和价格。

六、简答题

1. 长期借款有哪些优点和缺点?
2. 如何判断一项租赁交易是融资租赁还是经营租赁? 在实务中，经营租赁与融资租赁的区别还表现在哪些方面?

3. 如何确定债券发行价格?
4. 试对债券筹资的优、缺点进行评价。
5. 评价融资租赁筹资的优、缺点。
6. 商业信用筹资具有哪些形式?
7. 诠释诚实守信在负债融资中的重要性。

经典案例

基于财务灵活性对阿里巴巴80亿美元债券融资案例的分析

1. 引言

海外发行债券是指一国的借款者(包括政府、企业、银行和非银行金融机构等)在另一国国内的资本市场所发行的约定到期还本付息的有价证券。其中,以债券发行地的货币为计价货币的债券称为外国债券;同时在多个国家债券市场发行的以非发行地货币为计价货币的债券称为欧洲债券。发展债券融资对于我国来说,是顺应了国际金融市场一体化、资本流动国际化以及资本市场融资债券化的新趋势,同时也拓展了我国企业融资途径的新渠道。发行国际债券的好处是,借款期限长,筹资数额大,而且发行债券的期限和利率结构灵活(由借款企业自主决定),筹集资金的运用比较自由,但也有着发行环境和发行程序复杂,信息披露严格,汇率风险高等缺点。我国最早的一笔国际债券融资要追溯到1982年,当时中国国际信托投资公司在日本发行了一笔100亿日元的私募国际债券,自此,国际债券融资开始登上中国资本市场舞台,并且在中国外资利用中所占的比重也越来越大。目前,由于我国互联网企业规模不断扩大,跨领域整合增长迅速,并购资金需求量大,而国内融资比较困难,越来越多的优质互联网企业探索走出去到海外资本市场融资。阿里巴巴便是其中优秀代表,尤其在融资方面,是互联网企业中充分运用海外资本市场帮助自己迅速发展的佼佼者。

2. 案例介绍

阿里巴巴于美国时间2014年11月20日正式发售80亿美元高级无抵押信用债券,此时距其当年9月纽交所(NYSE)IPO过去仅两个月,此次融资打破了中国银行65亿美元债券的纪录,成为中国企业海外发债规模之最,同时也是世界第三大规模债券融资。阿里巴巴此次共发行了6种不同期限,共计80亿美元的债券(见表1)。

表1 阿里巴巴80亿美元债券种类

期限/年	金额/亿美元	利率/%
3	3	浮动利率
3	10	1.625
5	22.5	2.5
7	15	3.125
10	22.5	3.6
20	7	4.5

资料来源:阿里巴巴SEC公告。

由表1可知，此次债券融资中，规模最大的3期(5年期、7年期、10年期)债券融资总额为60亿美元，占总融资额的75%。另外3期包括中短期3年和最长期20年，总共占25%。由于浮动利率风险性较高，尤其在预期未来利率将上涨的情况下，会增加融资企业融资成本，此次债券中浮动利率债券仅有3亿美元，占总融资额的3.75%。

债券利率的制定一般要参考发行国当地的国债利率，在此基础上再根据企业自身条件适当加成。表2反映了此次债券各期限债券利率与同期限国债利率的比较。

表2　阿里巴巴各期限债券利率与美国国债利率比较

期限/年	债券利率/%	比国债利率高/%
3	0.97	0.66
5	1.64	0.86
7	2.05	1.08
10	2.34	1.26
20	2.78	1.72

资料来源：全球经济数据网(http://www.alibabagroup.com/cn/ir/secfilings)。

值得注意的是，阿里巴巴在发债的两个月之前即2014年9月19日才刚刚在纽交所上市，共募集资金250亿美元，成为全球最大的IPO项目。根据阿里巴巴公布的招股计划书，在此次IPO中，共有320 106 100股美国存托股票(ADS)(阿里巴巴1股ADS相当于1股普通股)提供给投资者，其中，阿里巴巴集团只提供123 076 931股。此外，阿里巴巴的IPO承销商还拥有购买额外48 015 900股ADS的选择权，这48 015 900股股票中，阿里巴巴新发行了2 614万股，其余股票则来自雅虎、马云、蔡崇信等原股东。由于承销商行使了超额认购权，由阿里巴巴提供的股票共计149 216 931股，按挂牌价68美元计算，归属于阿里巴巴的融资金额共计101.5亿美元。如此大额融资后还要继续发债，阿里巴巴的用意值得我们思考。

(资料来源：孙晓东，张伟.基于财务灵活性和择时理论的海外债券融资案例分析：以阿里巴巴80亿美元债券融资为例[J].海南金融，2015(6)：47-52.)

案例讨论

(1) 结合案例，分析公司债券融资的优缺点。

(2) 根据“啄食理论”评价我国上市公司融资偏好现象。

提升阅读

[1] 赵美涛.租赁融资对企业全要素生产率的影响研究：基于2004—2019年中国上市公司的经验证据[J].调研世界，2021(10)：53-60.

[2] 江轩宇，贾婧，刘琪.债务结构优化与企业创新：基于企业债券融资视角的研究[J].金融研究，2021(4)：131-149.

[3] 杨冠华.创新型企业产业风险、融资偏好与融资选择[J].财经论丛，2021(7)：

60-67.

[4] 刘柏，琚涛.会计稳健性与公司融资方式选择：外源融资视角[J].管理科学，2020，33(5)：126-140.

[5] 马越辉.企业不同筹资方式的风险分析[J].中国商论，2020(5)：64-65.

[6] 罗国莲.筹资结构中短期负债的置位问题研究[J].中国注册会计师，2019(11)：63-66.

[7] 谢志华，邵建涛.中小企业融资难融资贵问题辨析[J].财会月刊，2019(15)：3-7.

[8] 施先旺，程平，孙瑜.基于业财一体化的债务性筹资大会计研究[J].财会月刊，2018(5)：3-8.

[9] 史琪.资本市场融资方式创新研究：混合性筹资工具的选择与应用[J].财会通讯，2016(5)：13-16.

[10] 白铁伦.商业信用筹资的奥妙[J].企业管理，2015(12)：82-85.

第六章

资本成本与资本结构

- 本章结构框架
- 本章学习目标
- 6.1　资本成本
- 6.2　杠杆原理
- 6.3　资本结构
- 相关阅读
- 本章小结
- 关键概念
- 自测题
- 经典案例
- 案例讨论
- 提升阅读

本章结构框架

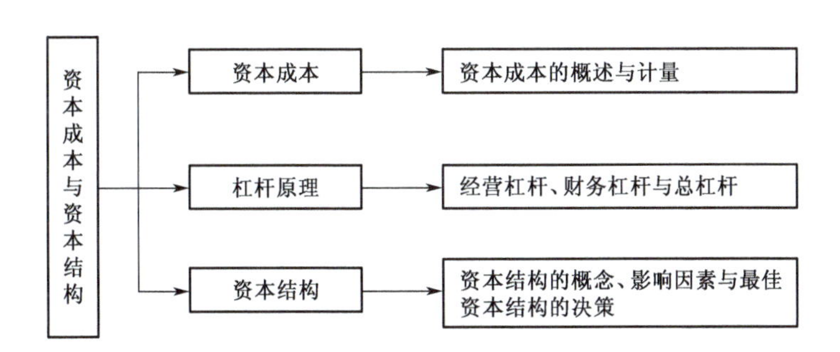

本章学习目标

通过本章学习，掌握资本成本的概念与作用；掌握个别资本成本、加权平均资本成本和边际资本成本的计算方法；掌握经营杠杆、财务杠杆和总杠杆的计量方法；熟悉经营杠杆与经营风险、财务杠杆与财务风险以及总杠杆与企业风险的关系；掌握资本结构的概念；掌握比较资本成本法和每股收益分析法。

6.1 资本成本

6.1.1 资本成本概述

1. 资本成本的概念

资本成本又称资金成本，是指企业为筹集和使用资本而付出的代价，包括资本筹资费用和资本使用费用。资本成本是资本所有权与使用权分离的结果。对出资者而言，由于让渡了资本使用权，必然要求取得一定的补偿，资本成本就表现为让渡资本使用权所带来的投资报酬。对筹资者而言，由于取得了资本使用权，必须要支付一定费用，资本成本则表现为取得资本使用权所付出的代价。

2. 资本成本的内容

（1）资本筹资费用。资本筹资费用是指企业在资本筹措过程中为获取资本而付出的代价，如银行借款手续费，因发行股票、公司债券而支付的发行费等。筹资费用通常在资本筹集时一次性支付，在资本使用过程中不再发生，因此，可视为筹资数额的一项扣除。

（2）资本使用费用。资本使用费用是指企业在资本使用过程中因使用资本而付出的代价，如向银行等债权人支付的利息，向股东支付的股利等。使用费用是因为使用了他人的资本而必须支付的，是资本成本的主要内容。

3. 资本成本的种类

资本成本按用途可分为个别资本成本、综合资本成本和边际资本成本。

(1) 个别资本成本。个别资本成本是指单一筹资方式的资本成本，包括银行借款成本、公司债券成本、普通股成本、优先股成本和留存收益成本等。个别资本成本一般用于比较和评价各种筹资方式。

(2) 综合资本成本。综合资本成本是对各种个别资本成本进行加权平均而得到的资本成本。综合资本成本一般用于资本结构决策。

(3) 边际资本成本。边际资本成本是指新筹集部分资本的成本，一般用于追加筹资决策。

上述三种资本成本之间存在着密切的关系。个别资本成本是综合资本成本和边际资本成本的基础，综合资本成本和边际资本成本都是对个别资本成本的加权平均。与此同时，三种资本成本都与资本结构密切相关，但具体表现有所不同。个别资本成本高低与资本性质关系很大，一般来讲，债务资本成本低于权益资本成本；综合资本成本主要用于评价和选择资本结构；边际资本成本主要用于已经确定目标资本结构的情况下，考察资本成本随筹资规模变动而变动的情况。

4. 资本成本的作用

(1) 资本成本是比较筹资方式、选择筹资方案的重要依据。企业筹集资本有多种筹资方式可以选择，不同方式的筹资费用和使用费用各不相同。通过资本成本的计算与比较，并按其高低进行排列，从中选择资本成本较低的筹资方案。个别资本成本是比较选择各种筹资方式的依据，综合资本成本是衡量资本结构合理性的依据，边际资本成本是选择追加筹资方案的依据。

(2) 资本成本是评价投资项目、比较投资方案的重要标准。资本成本是企业对投入资本所要求的报酬率，即最低必要报酬率。任何投资项目，如果它预期的投资报酬率超过该项目使用资本的资本成本率，则该项目在经济上就是可行的。因此，资本成本率是企业用以确定项目要求达到的投资报酬率的最低标准。

(3) 资本成本是评价企业整体业绩的重要依据。一定时期企业资本成本(率)的高低，不仅反映企业筹资管理的水平，还可作为评价企业整体经营业绩的标准。企业的生产经营活动，实际上就是所筹集资本经过投放后形成的资产营运，企业的总资产报酬率应高于其平均资本成本(率)，才能带来剩余收益。

5. 资本成本的表示形式

资本成本可以用绝对数表示，也可以用相对数表示。资本成本用绝对数表示即资本总成本，它是资本筹集费用和使用费用之和。由于它不能反映用资多少，一般较少使用。为了便于分析比较，资本成本通常用相对数即资本成本率表达。计算时，将初期的筹资费用作为筹资额的一项扣除，扣除筹资费用后的筹资额成为筹资净额，其计算公式是：

$$资本成本率=\frac{年资本占用费}{筹资总额-筹资费用}=\frac{年资本占用费}{筹资总额\times(1-筹资费用率)}$$

而对于金额大、时间超过 1 年的长期资本，更准确的资本成本计算方法是采用折现模

式，即将债务未来还本付息或股权未来股利的折现值与目前筹资净额相等时的折现率作为资本成本率。即：

由：筹资净额现值－未来资本清偿额现金流量现值＝0

求得：资本成本率＝所采用的贴现率

6. 影响资本成本的因素

(1) 总体经济环境。一个国家或地区的总体经济环境状况，表现在国民经济发展水平、预期的通货膨胀水平等方面，这些都会对企业筹资的资本成本产生影响。如果国民经济保持健康、稳定、持续增长，整个社会经济的资金供给和需求相对均衡且通货膨胀水平低，资金所有者投资的风险小，预期收益率低，筹资的资本成本率相应就比较低。相反，如果经济过热，通货膨胀率持续居高不下，投资者投资的风险大，预期收益率高，筹资的资本成本率就高。

(2) 资本市场条件。资本市场条件包括资本市场的效率和风险。如果资本市场缺乏效率，证券的市场流动性低，投资者投资风险大，要求的预期收益率高，那么通过资本市场融通的资本，其成本水平就比较高。

(3) 企业经营状况和融资状况。企业的经营风险和财务风险共同构成企业总体风险。如果企业经营风险高，财务风险大，则企业总体风险水平高，投资者要求的预期收益率高，企业筹资的资本成本相应就大。

(4) 企业对筹资规模和时限的需求。在一定时期内，国民经济体系中资金供给总量是一定的，资本是一种稀缺资源。因此企业一次性需要筹集的资金规模大、占用资金时限长，资本成本就高。当然，融资规模、时限与资本成本的正向相关性并非线性关系。一般来说，融资规模在一定限度内，并不会引起资本成本的明显变化，当融资规模突破一定限度时，才会引起资本成本的明显变化。

6.1.2　资本成本的计量

1. 个别资本成本的计量

(1) 长期借款的资本成本。长期借款是企业向银行或其他组织借入的期限超过1年的借款，其成本包括借款利息和借款手续费。利息费用税前支付，可以起抵税作用，一般计算税后资本成本，税后资本成本和权益资本成本具有可比性。

计算公式为：

$$K_b=\frac{\text{年利率}\times(1-\text{所得税税率})}{1-\text{手续费率}}\times 100\%$$

$$=\frac{i(1-T)}{1-f}\times 100\%$$

式中：K_b 为长期借款资本成本；i 为长期借款年利率；f 为筹资费用率；T 为所得税税率。

上述计算长期借款资本成本的方法比较简单，但缺点在于没有考虑货币的时间价值，因而计算出的资本成本数据不是十分准确。如果对资本成本计算结果精确度要求比较高，可采用折现模型计算。计算公式为：

$$M(1-f)=\sum_{t=1}^{n}\frac{I_t(1-T)}{(1+K_b)^t}+\frac{M}{(1+K_b)^n}$$

式中：K_b 为长期借款资本成本；I_t 为第 t 年长期借款年利率；f 为筹资费用率；M 为第 n 年年末应偿还的本金。

【实例 6-1】 计算长期借款成本

资料：BBD 公司取得 5 年期长期借款 200 万元，年利率为 10%，每年付息一次，到期一次还本，借款费用率为 0.2%，公司所得税税率为 20%。

要求：计算公司该项借款的资本成本。

解答：如果不考虑货币的时间价值，该项长期借款的资本成本为：

$$K_b=\frac{10\%\times(1-20\%)}{1-0.2\%}\times100\%=8.02\%$$

若考虑货币的时间价值，该项长期借款的资本成本计算如下：

$$200\times(1-0.2\%)=200\times10\%\times(1-20\%)\times(P/A,\ K_b,\ 5)+200\times(P/F,\ K_b,\ 5)$$

运用插值法计算，求得：$K_b=8.05\%$

(2) 长期债券的资本成本。债券资本成本包括债券利息和债券发行费用，与长期借款资本成本的计算方法相似。计算公式为：

$$K_b=\frac{\text{年利息}\times(1-\text{所得税税率})}{\text{债券筹资总额}\times(1-\text{手续费率})}=\frac{I(1-T)}{L(1-f)}\times100\%$$

式中：K_b 为债券资本成本；L 为公司债券筹资总额；I 为债券年利息。

【实例 6-2】 计算债券资本成本

资料：BBD 公司发行债券筹资，溢价发行价格为 1 100 元，该债券面值为 1 000 元、期限为 5 年、票面利率为 7%，每年付息一次，到期一次还本，发行费用率为 3%，公司所得税税率为 20%。

要求：计算公司该批债券的资本成本。

解答：如果不考虑货币的时间价值，该批债券的资本成本为：

$$K_b=\frac{1\,000\times7\%\times(1-20\%)}{1\,100\times(1-3\%)}=5.25\%$$

若考虑货币的时间价值，该批债券的资本成本计算如下：

$$1\,100\times(1-3\%)=1\,000\times7\%\times(1-20\%)\times(P/A,\ K_b,\ 5)+1\,000\times(P/F,\ K_b,\ 5)$$

运用插值法计算，求得：$K_b=4.09\%$

(3) 优先股的资本成本。从资本成本角度看，优先股和企业债券最大的区别在于企业债券的利息可以在税前列支，而优先股股利必须从税后利润中支付。因此，优先股成本的计算公式是：

$$K_p = \frac{D_p}{P_p \times (1 - f_p)^t}$$

式中：K_p 为优先股资本成本；D_p 为优先股股利；f_p 为优先股筹资费用率；P_p 为优先股市场价格。

（4）普通股资本成本。普通股的使用费用具有很大的不确定性。一般而言，普通股比优先股的风险更大，因而资本成本更大。普通股资本成本的计算方法有许多，现主要介绍以下两种。

方法一：股利增长模型

股利增长模型是依照股票投资的收益率不断提高的思路计算普通股成本。假定资本市场有效，股票的市场价格与价值相等，股利以固定的年增长率递增，则普通股的资本成本计算公式为：

$$K_s = \frac{D_1}{P_0(1 - f)} + g$$

式中：K_s 为普通股资本成本；D_1 为预期年股利额；P_0 为普通股市价；f 为普通股筹资费用率；g 为普通股利年增长率。

【实例 6-3】 运用股利增长模型计算普通股成本

资料：BBD 公司普通股目前市价为 56 元，估计股利年增长率为 12%，本年每股发放股利2 元，筹资费用率为 2%。

要求：试用股利增长模型计算该公司普通股成本每股。

解答：

$$D_1 = 2 \times (1 + 12\%) = 2.24(\text{元})$$

$$K_s = \frac{2.24}{56 \times (1 - 2\%)} + 12\% = 16.08\%$$

股利增长模型很好地整合了公司的战略规划、目标与任务以及资本成本，并且简单易算，因此对管理层而言非常有意义。其中，股利增长率 g 的大小是影响普通股资本成本的重要因素，估计该指标的方法包括：计算内部增长率、历史增长率，或者查阅本公司年报或其他公告中公开披露的管理层设定的增长目标。

方法二：资本资产定价模型

假定资本市场有效，对于不发放现金股利的公司而言，股利增长模型并不适用，这时可以用资本资产定价模型计算普通股资本成本，基本思路是：普通股资本成本应等于股东要求的股权投资收益率，而后者等于无风险收益率加上风险报酬率。

根据资本资产定价模型，普通股资本成本的计算公式为：

$$K_s = R_s = R_f + \beta \times (R_m - R_f)$$

式中：K_s 为普通股资本成本；R_s 为股东要求的股权投资收益率；R_f 为市场无风险报酬率；R_m 为平均风险股票必要报酬率；β 为股票的贝塔系数。

【实例 6-4】 运用资本资产定价模型计算普通股成本

资料：某期间市场无风险报酬率为 10%，平均风险股票必要报酬率为 14%，BBD 公司普通股的 β 值为 1.2。

要求：用资本资产定价模型计算公司普通股资本成本。

解答：普通股资本成本为：

$$K_s = 10\% + 1.2 \times (14\% - 10\%) = 14.8\%$$

运用资本资产定价模型的优点在于它具有较为普遍的适用性。运用该模型计算普通股成本时，不需要估计公司的长期增长率，且不论企业是否发放股利，或者股利是否稳定增长，都能较为有效地减少主观因素的影响。

(5) 留存收益资本成本。留存收益是企业税后净利润形成的，是一种所有者权益，其实质是所有者向企业追加的投资。企业利用留存收益筹资无须发生筹资费用。如果企业将留存收益用于再投资，所获得的收益率低于股东自己进行一项风险相似的投资项目的收益率，企业就应该将其分配给股东。留存收益的资本成本表现为股东追加投资要求的报酬率，其计算与普通股资本成本相同，但留存收益资本成本无须考虑筹资费用。

在普通股股利固定的情况下，留存收益资本成本的计算公式是：

$$\text{留存收益资本成本} = \frac{\text{每年固定股利}}{\text{普通股筹资金额}} \times 100\%$$

在普通股股利逐年固定增长的情况下，留存收益资本成本的计算公式是：

$$\text{留存收益资本成本} = \frac{\text{第一年预期股利}}{\text{普通股筹资金额}} \times 100\% + \text{股利年增长率}$$

2. 综合资本成本的计量

出于经营的需要，企业往往需要通过多种渠道、多种方式筹集资本，而不同方式筹集的资本成本是不同的。为了进行筹资决策，就要计算确定企业全部资本的总成本，即综合资本成本。综合资本成本是指多元化筹资方式下的平均成本，反映了企业资本成本整体水平的高低。

综合资本成本又称加权平均资本成本，是以各种资本占全部资本的比重为权数，对个别资本成本进行加权平均确定的资本成本。其计算公式是：

$$K_w = \sum_{j=1}^{n} K_j W_j$$

式中：K_w 为加权平均资本成本；K_j 为第 j 种个别资本成本；W_j 为第 j 种个别资本占全部资本的比重(权数)。

【实例 6-5】 综合资本成本计算

资料：BBD 公司账面反映的资本共 1 000 万元，其中长期借款 200 万元，公司债券 100 万元，普通股 500 万元，留存收益 200 万元，其成本分别为 6%、9%、11%、10.5%。

要求：计算 BBD 公司综合资本成本。

解答：首先，计算各种资本的资本比重。长期借款、公司债券、普通股和留存收益占总资本的比重分别为20%、10%、50%和20%。

其次，计算综合资本成本。

$$K_w=6\%\times20\%+9\%\times10\%+11\%\times50\%+10.5\%\times20\%=9.7\%$$

实例中，个别资本占全部资本的比重，是按账面价值确定的，其资料容易取得。但当资本的账面价值与市场价值差别较大时，如股票、债券的市场价格发生较大变动，计算结果会与实际有较大的差距，从而贻误筹资决策。为了克服这一缺陷，个别资本占全部资本比重的确定还可以按市场价值或目标价值确定，分别称为市场价值权数、目标价值权数。

市场价值权数是指债券、股票以市场价格确定的权数。这样计算的加权平均资本成本能反映公司目前的实际状况。同时，为弥补证券市场价格变动频繁的缺陷，也可选用平均价格。

目标价值权数是指债券、股票以未来预计的目标市场价值确定权数。这种权数能体现期望的资本结构，而不像账面价值权数和市场价值权数那样只反映过去和现在的资本结构，所以按目标价值权数计算的加权平均资本成本更适合用于企业筹措新资本。然而，企业很难客观合理地确定证券的目标价值，因而这种计算方法不易推广。

3. 边际资本成本的计量

边际资本成本是指企业追加筹资的成本。企业的个别资本成本和综合资本成本分别是企业过去筹集的单项资本的成本和目前使用的全部资本的成本。然而，企业在追加筹资时，不能仅仅考虑目前所使用资本的成本，还要考虑新筹集资本的成本，即边际资本成本，它是企业进行追加筹资的决策依据。下面结合实例说明边际资本成本的计算与规划步骤。

【实例6-6】 边际资本成本的计算与规划

资料：BBD公司采取多种筹资方式追加筹集新资本，公司经过市场调研分析，各种筹资方式的筹资范围及其对应的个别资本成本(率)见表6-1。

表6-1 BBD公司筹资资料

筹资方式	新筹资的数量范围	个别资本成本
长期借款	10万元以内(含10万元) 10～20万元(含20万元) 20万元以上	6% 7% 8%
普通股	12万元以内(含12万元) 12～24万元(含24万元) 24万元以上	13% 14% 15%

该公司设定的目标资本结构为：长期借款占40%、普通股占60%。

要求：试确定筹集新长期资本的资本成本。

解答：

第1步，根据市场测定各种筹资方式的筹资范围及对应的个别资本成本率，见表6-1。

第2步，确定公司的目标资本结构，即长期借款占40%，普通股占60%；

第3步，确定追加筹资总额的突破点，并划分追加筹资总额各段范围。由于企业追加筹资的金额一旦突破某一规模，资本成本就开始变化，这一规模点即是筹资突破点。其计算公式是：

$$筹资突破点=\frac{某种筹资方式的筹资额}{该种方式追加的资金占全部追加资金的比重}$$

根据上述资料，计算出各段筹资突破点。

100 000÷0.4=250 000(元)　　200 000÷0.4=500 000(元)

120 000÷0.6=200 000(元)　　240 000÷0.6=400 000(元)

根据上述计算结果，可以得到五组筹资总额范围：20 万元以内；20～25 万元；25～40 万元；40～50 万元；50 万元以上。

第 4 步，分组计算筹资总额各段范围的边际资本成本率。计算过程见表 6-2。

表 6-2　BBD 公司边际资本成本计算表

筹资总额范围	筹资方式	资本结构	个别资本成本	边际资本成本
20 万元以内 (含 20 万元)	长期借款 普通股	40% 60%	6% 13%	40%×6%+60%×13%=10.2%
20～25 万元 (含 25 万元)	长期借款 普通股	40% 60%	6% 14%	40%×6%+60%×14%=10.8%
25～40 万元 (含 40 万元)	长期借款 普通股	40% 60%	7% 14%	40%×7%+60%×14%=11.2%
40～50 万元 (含 50 万元)	长期借款 普通股	40% 60%	7% 15%	40%×7%+60%×15%=11.8%
50 万元以上	长期借款 普通股	40% 60%	8% 15%	40%×8%+60%×15%=12.2%

6.2 杠杆原理

财务管理中存在着类似于物理学中的杠杆效应，表现为：由于特定固定支出或费用的存在，导致当某一财务变量以较小幅度变动时，另一相关变量会以较大幅度变动。因此，企业可以通过利用固定成本来增加获利能力。财务管理中的杠杆效应，包括经营杠杆、财务杠杆和总杠杆三种效应形式。杠杆效应既可以产生杠杆利益，也可能带来风险。

6.2.1 经营杠杆与经营风险

1. 经营杠杆的概念

企业的经营成本可以分为固定成本和变动成本两类。在其他条件既定的情况下，产销量的增加会降低单位固定成本，提高单位产品的利润，从而使营业利润的增长率大于产销量的增长率。同样，产销量的减少会提高单位产品固定成本，降低单位产品利润，从而使营业利润下降率大于产销量下降率。如果不存在固定成本，总成本随产销量变动而成比例的变化，那么，企业营业利润变动率就同产销量变动率一致。这种由于固定性经营成本的存在，

使得公司的资产报酬(息税前利润)变动率大于业务量变动率的现象称为经营杠杆。经营杠杆效应既可以产生经营杠杆利益,也可能带来经营风险。

2. 经营杠杆的计量

只要存在固定经营成本,就存在经营杠杆效应。但不同的产销业务量,其经营杠杆效应的大小程度是不同的。经营杠杆的大小一般用经营杠杆系数表示,经营杠杆系数(Degree of Operating Leverage, 缩写为 DOL),也称经营杠杆程度,是息税前利润的变动率与产销量变动率之间的比率。用公式表示为:

$$DOL=\frac{\text{息税前利润变功率}}{\text{产销量变动率}}=\frac{\Delta EBIT/EBIT}{\Delta Q/Q}$$

式中:DOL 为经营杠杆系数;$\Delta EBIT$ 为息税前盈余变动额;$EBIT$ 为变动前的息税前盈余;ΔQ 为产销变动量;Q 为变动前的产销量。

假定企业的成本、销量、利润保持线性关系,可变成本在销售收入中所占比例不变,固定成本也保持稳定,经营杠杆系数便可通过销售额和成本来表示。有两种计算方法:

方法一:

$$DOL_Q=\frac{Q(P-V)}{Q(P-V)-F}$$

式中:DOL_Q 为销售量为 Q 时的经营杠杆系数;P 为单位销售价格;V 为单位变动成本;F 为总固定成本。

方法二:

$$DOL_S=\frac{S-VC}{S-VC-F}$$

式中:DOL_S 为销售额为 S 时的经营杠杆系数;S 为销售额;VC 为变动成本总额。

在实务中,方法一可用于计算单一产品的经营杠杆系数;方法二除了用于单一产品外,还可用于计算多种产品的经营杠杆系数。

【实例 6-7】 经营杠杆系数的计算

资料:BBD 公司经营电器生产业务,固定成本为 100 万元,变动成本率为 60%。

要求:计算并分析 BBD 公司产销额分别为 1 000 万元、500 万元、250 万元时的经营杠杆系数。

解答:

$$DOL_{1\,000}=\frac{1\,000-1\,000\times 60\%}{1\,000-1\,000\times 60\%-100}=1.33$$

$$DOL_{500}=\frac{500-500\times 60\%}{500-500\times 60\%-100}=2$$

$$DOL_{250}=\frac{250-250\times 60\%}{250-250\times 60\%-100}\rightarrow\infty$$

计算出的经营杠杆系数可以说明以下问题:

(1) 在其他因素不变的情况下,经营杠杆系数说明了销售额增长(减少)所引起的利润增长(减少)的幅度。比如,$DOL_{1\,000}$说明销售额在1 000万元时,销售额的增长(减少)会引起利润1.33倍的增长(减少);DOL_{500}说明在销售额500万元时,销售额的增长(减少)将引起利润2倍的增长(减少)。

(2) 在其他因素不变的情况下,销售额越小,经营杠杆系数越大,经营风险也就越大,反之亦然。在销售额为1 000万元时,$DOL_{1\,000}$为1.33,销售额为500万元时,DOL_{500}为2,显然后者的不稳定性大于前者,经营风险也大于前者。当销售额在盈亏临界点250万元时,经营杠杆系数趋于无穷大,因此销售额稍有减少便会导致更大的亏损。

3. 经营杠杆与经营风险的关系

经营风险是经营杠杆所带来的负面效应。经营风险是指由于固定成本的存在,使得企业经营利润的下降幅度大于产销量的下降幅度。影响企业经营风险的因素很多,主要有:

(1) 产品需求的变动。市场对企业产品的需求越稳定,经营风险就越小;反之,经营风险就越大。

(2) 产品售价的变动。产品售价变动不大,经营风险就小;反之,经营风险就大。

(3) 产品成本。成本是收入的抵减,成本不稳定,会导致利润不稳定,因此产品成本变动较大时,经营风险就大,反之,经营风险就小。

(4) 调整价格的能力。当产品成本变动时,若企业具有较强的调整价格的能力,经营风险就小,反之,经营风险就大。

(5) 固定成本的比重。企业全部成本中,固定成本所占比重越大,单位产品分摊的固定成本就越多。若产品数量发生变动,单位产品分摊的固定成本会随之变动,最后就会导致利润更大幅度的变动,经营风险就越大,反之,经营风险就越小。

由上述分析可知:企业可以通过增加销售额、降低产品单位变动成本、降低固定成本比重等措施使经营杠杆系数下降,降低经营风险,但这往往要受到条件的制约。

6.2.2 财务杠杆与财务风险

1. 财务杠杆的概念

负债利息和优先股股息是企业的固定支付义务,与企业实现利润的多少无关。因此,当营业利润增大时,企业固定财务费用负担就会相对减轻,从而给普通股股东带来更多的收益;反之,当营业利润减少时,企业固定财务费用水平就会相对提高,从而会大幅减少普通股股东的收益。这种由于固定财务费用的存在,使普通股每股收益的变动幅度大于营业利润变动幅度的现象,称为财务杠杆。

财务杠杆效应既可以产生财务杠杆利益,也可能带来财务风险。财务杠杆利益是财务杠杆所带来的正面效应,是指当存在固定财务费用时,企业普通股股东收益的增长幅度大于营业利润的增长幅度;财务风险是财务杠杆所带来的负面效应,是指当存在固定财务费用时,企业普通股股东收益下降的幅度大于营业利润下降的幅度。

2. 财务杠杆的计量

与经营杠杆作用的表示方式类似,实务中测算财务杠杆效应的指标通常用财务杠杆系数表示。财务杠杆系数越大,表明财务杠杆作用越大,财务风险也就越大;财务杠杆系数越

小，表明财务杠杆作用越小，财务风险也就越小。财务杠杆系数（DFL）是每股收益的变动率相当于息税前利润的变动率的倍数。用公式表示为：

$$DFL=\frac{每股收益变动率}{息税前利润变动率}=\frac{\Delta EPS/EPS}{\Delta EBIT/EBIT}$$

式中：DFL 为财务杠杆系数；ΔEPS 为普通股每股收益变动额；EPS 为变动前的普通股每股收益；$\Delta EBIT$ 为息税前利润变动额；$EBIT$ 为变动前的息税前利润。

上述公式还可以推导为：

$$DFL=\frac{EBIT}{EBIT-I-P/(1-T)}$$

式中：I 为债务利息；P 为优先股股息；T 为所得税税率。

【实例 6-8】 财务杠杆系数的计算

资料：有 A、B、C 三个公司，资本总额均为 1 000 万元，所得税税率均为 30%（实际上现行税率为 25%），每股面值均为 1 元。A 公司资本全部由普通股组成；B 公司债务资本为 300 万元（利率为 10%），普通股为 700 万元；C 公司债务资本为 500 万元（利率为 10.8%），普通股为 500 万元。三个公司 20×8 年 $EBIT$ 均为 200 万元，20×9 年 $EBIT$ 均为 300 万元，$EBIT$ 增长了 50%。

要求：分别计算 A、B、C 公司的财务杠杆系数。

解答：财务杠杆系数和有关财务指标如表 6-3 所示。

表 6-3　普通股收益及财务杠杆系数的计算

利润项目		A 公司	B 公司	C 公司
普通股股数/万股		1 000	700	500
利润总额	20×8 年/万元	200	170	146
	20×9 年/万元	300	270	246
	增长率/%	50	58.82	68.49
净利润	20×8 年/万元	140	119	102.2
	20×9 年/万元	210	189	172.2
	增长率/%	50	58.82	68.49
普通股收益	20×8 年/万元	140	119	102.2
	20×9 年/万元	210	189	172.2
	增长率/%	50	58.82	68.49
每股收益	20×8 年/元	0.14	0.17	0.2
	20×9 年/元	0.21	0.27	0.34
	增长率/%	50	58.82	68.49
财务杠杆系数		1	1.176	1.37

从表 6-3 可得出以下结论：

(1) 财务杠杆系数表明的是息税前利润增长所引起的每股收益的增长幅度。A 公司由于不存在固定资本成本，因此没有财务杠杆效应；B 公司存在债务资本，其普通股收益增长幅度是息税前盈余增长幅度的 1.176 倍；C 公司存在债务资本，并且债务资本的比重比 B 公司高，其普通股收益增长幅度是税前利润增长幅度的 1.37 倍，财务风险最高。

(2) 在资本总额、息税前利润相同的情况下，负债比率越高，财务杠杆系数越大，财务风险就越高。

3. 财务杠杆与财务风险的关系

财务风险是指企业由于筹资产生的固定资本成本而导致普通股收益波动的风险。引起财务风险的主要原因是资产报酬的不利变化和资本成本的固定负担。由于财务杠杆的作用，当企业的息税前利润下降时，企业仍需要支付固定的资本成本，导致普通股剩余收益以更快的速度下降。财务杠杆放大了资产报酬变化对普通股收益的影响，财务杠杆系数越高，表明普通股收益的波动程度越大，财务风险也就越大。只要有固定性资本成本存在，财务杠杆系数就总是大于 1。

由财务杠杆系数的计算公式可知，影响财务风险的因素有：企业资本结构中债务资本比重、普通股收益水平以及所得税税率水平等。其中，普通股收益水平又受息税前利润、固定资本成本（利息）高低的影响。债务成本比重越高、固定的资本成本支付额越高、息税前利润水平越低，财务杠杆效应越大，反之亦然。负债比率是可以控制的，企业可以通过合理安排资本结构，适度负债，使财务杠杆利益抵消风险增大带来的不利影响。

6.2.3 总杠杆与企业风险

1. 总杠杆的概念

从以上介绍可知，经营杠杆通过扩大产销量影响息税前利润，而财务杠杆通过扩大息税前利润影响股东收益。如果两种杠杆共同起作用，那么产销量稍有变动就会使每股收益产生更大的变动。通常把这两种杠杆的连锁作用称为总杠杆作用。总杠杆，是指由于固定经营成本和固定资本成本的存在，导致普通股每股收益变动率大于产销量变动率的现象。

2. 总杠杆的计量

总杠杆作用的程度用总杠杆系数（DTL）表示，反映产销量变动通过息税前利润的变动使得每股收益发生更大的变动。

总杠杆系数是经营杠杆系数与财务杠杆系数的乘积，即普通股每股收益变动率相当于产销量变动率的倍数。用公式表示为：

$$DTL = \frac{\text{普通股每股收益变动率}}{\text{产销量变动率}} = DOL \times DFL$$

也可进一步表示为：

$$DTL=\frac{Q(P-V)}{Q(P-V)-F-I-P/(1-T)}=\frac{S-VC}{S-VC-F-I-D_{P}/(1-T)}$$

式中：DTL 为总杠杆系数；Q 为产销量；P 为单位销售价格；V 为单位变动成本；F 为固定成本；I 为债务利息；S 为销售额；D_P 为优先股股息；VC 为变动成本总额；T 为所得税税率。

3. 总杠杆与企业风险的关系

企业风险包括经营风险和财务风险。总杠杆系数反映了经营杠杆和财务杠杆之间的关系，用以评价企业的整体风险水平。在总杠杆系数一定的情况下，经营杠杆系数和财务杠杆系数此消彼长。

研究总杠杆的意义在于：第一，能够说明产销量变动对普通股收益的影响，据以预测未来的每股收益水平；第二，揭示了财务管理的风险管理策略，即要保持一定的风险状况水平，需要维持一定的总杠杆系数，经营杠杆和财务杠杆可以有不同组合。

从企业类型来看，固定资产比重较大的资本密集型企业，经营杠杆系数高，经营风险大，企业筹资主要依靠权益资本，以保持较小的财务杠杆系数和财务风险；变动成本比重较大的劳动密集型企业，经营杠杆系数低，经营风险小，企业筹资主要依靠债务资本，以保持较大的财务杠杆系数和财务风险。

从企业发展阶段来看，在企业初创阶段，产品市场占有率低，产销量小，经营杠杆系数大，此时企业筹资主要依靠权益资本，在较低程度上使用财务杠杆；在企业扩张成熟期，产品市场占有率高，产销量大，经营杠杆系数小，此时，企业资本结构中可扩大债务资本，在较高程度上使用财务杠杆。

【实例 6-9】 总杠杆系数的计算

资料：BBD 公司有关财务资料如表 6-4 所示。

表 6-4　BBD 公司有关财务资料

项　　目	20×8 年	20×9 年
销售收入(单价 10 元)/万元	1 000	1 200
边际贡献(单位 4 元)/万元	400	480
固定成本/万元	200	200
息税前利润($EBIT$)/万元	200	280
债务利息/万元	50	50
利润总额/万元	150	230
净利润(税率 20%)/万元	120	184
每股收益(200 万股)/元	0.60	0.92

要求：计算分析 BBD 公司 20×9 年经营杠杆系数、财务杠杆系数、总杠杆系数。

解答：计算过程见表 6-5 所示：

表 6-5 计算过程

项目	20×8 年	20×9 年	变动率
销售收入(单价 10 元)	1 000 万元	1 200 万元	+20%
边际贡献(单位 4 元)	400 万元	480 万元	+20%
固定成本	200 万元	200 万元	—
息税前利润(*EBIT*)	200 万元	280 万元	+40%
债务利息	50 万元	50 万元	—
利润总额	150 万元	230 万元	+53.33%
净利润(税率 20%)	120 万元	184 万元	+53.33%
每股收益(200 万股)	0.60 元	0.92 元	+53.33%
经营杠杆系数(*DOL*)		2	
财务杠杆系数(*DFL*)		1.33	
总杠杆系数(*DTL*)		2.66	

计算出的杠杆系数可以反映 BBD 公司以下几方面的问题：

(1) 杠杆系数可以估计出销售变动对每股收益造成的影响。比如，该公司总杠杆系数为 2.66，说明产销量每增长 1 倍，就会造成每股收益增长 2.66 倍。

(2) 总杠杆系数使我们看到经营杠杆与财务杠杆之间的关系，即为了达到某一总杠杆系数，经营杠杆和财务杠杆可以有多种组合。比如，经营杠杆度高的公司可以在较低的程度上使用财务杠杆；经营杠杆度较低的公司可以在较高的程度上使用财务杠杆。这有待公司在综合考虑各有关具体因素之后作出选择。

6.3 资本结构

资本结构是现代财务管理理论的核心内容之一，也是企业筹资管理的核心问题。企业应综合考虑有关影响因素，运用适当的方法确定最佳资本结构，提升企业价值。

6.3.1 资本结构概念

资本结构是指企业资本总额中各种资本的构成及其比例关系。筹资管理中，资本结构有广义和狭义之分。广义的资本结构包括全部债务与股东权益的构成比率，狭义的资本结构则指长期负债与股东权益的构成比率。狭义的资本结构下，将短期债务作为营运资本来管理。本书所研究的资本结构是指狭义的资本结构。

不同的资本结构会给企业带来不同的后果。企业利用债务资本进行举债经营具有双重效应，既可以发挥财务杠杆效应，也可能带来财务风险。因此企业必须权衡财务风险和资本成本的关系，确定最佳的资本结构。评价企业资本结构最佳状态的标准应该是能够提高股权收益或降低资本成本，最终提升企业价值。股权收益表现为净资产报酬率或普通股每股

收益;资本成本则表现为企业的综合资本成本率。根据资本结构理论,当企业平均资本成本最低时,企业价值最大,此时企业的资本结构最佳。所谓最佳资本结构,是指在一定条件下使企业综合资本成本率最低、企业价值最大的资本结构。资本结构优化的目标,是降低综合资本成本率或提高普通股每股收益。

从理论上讲,最佳资本结构是存在的,但由于企业内部条件和外部环境经常变化,动态地保持最佳资本结构十分困难。因此在实践中,目标资本结构通常是企业结合自身实际进行适度负债经营所确立的资本结构。

6.3.2　资本结构理论

资本结构理论是现代企业财务领域的核心部分,美国学者莫迪利亚尼(Franco Modigliani)与米勒(Merton Miller)提出了著名的 MM 理论,标志着现代资本结构理论的建立。

1. MM 理论

最初的 MM 理论是建立在以下基本假设基础之上的:(1)企业只有长期债券和普通股票,债券和股票均在完善的资本市场上交易,不存在交易成本;(2)个人投资者与机构投资者的借款利率与企业的借款利率相同且无借债风险;(3)具有相同经营风险的企业称为风险同类,经营风险可以用息税前利润的方差衡量;(4)每一个投资者对企业未来的收益、风险的预期都相同;(5)所有的现金流量都是永续的,债券也是。

该理论认为,不考虑企业所得税,有无负债不改变企业的价值。因此企业价值不受资本结构的影响。而且,有负债企业的股权成本随着负债程度的增大而增大。

在考虑企业所得税带来的影响后,提出了修正的 MM 理论。该理论认为企业可利用财务杠杆增加企业价值,因负债利息可带来避税利益,企业价值会随着资产负债率的增加而增加。具体而言:有负债企业的价值等于同一风险等级中无负债企业的价值加上赋税节余的价值;有负债企业的股权成本等于相同风险等级的无负债企业的股权成本加上与以市值计算的债务与股权比例成比例的风险收益,且风险收益取决于企业的债务比例以及企业所得税税率。

在此基础上,米勒进一步将个人所得税因素引入修正的 MM 理论,并建立了同时考虑企业所得税和个人所得税的 MM 资本结构理论模型。

2. 权衡理论

修正了的 MM 理论只是接近了现实,在现实经济实践中,各种负债成本随负债比率的增大而上升,当负债比率达到某一程度时,企业负担破产成本的概率会增加。经营良好的企业通常会维持其债务不超过某一限度。为解释这一现象,权衡理论应运而生。

权衡理论通过放宽 MM 理论完全信息以外的各种假定,考虑在税收、财务困境成本存在的条件下,资本结构如何影响企业市场价值。权衡理论认为,有负债企业的价值等于无负债企业的价值加上税赋节约的现值,再减去财务困境成本的现值。

3. 代理理论

代理理论认为企业资本结构会影响经理人员的工作水平和其他行为选择,从而影响企业未来现金收入和企业市场价值。该理论认为,债务筹资有很强的激励作用,并将债务视为一种担保机制。这种机制能够促使经理多努力工作,少个人享受,并且做出更好的投资决策,从而降低由于两权分离而产生的代理成本(股权代理成本);但是,债务筹资可能带来另一种代理成本,即企业接受债权人监督而产生的成本(债务代理成本)。均衡的企业所有权结构是由股权代理成本和债务代理成本之间的平衡关系决定的。

4. 优序融资理论

优序融资理论以非对称信息条件以及交易成本的存在为前提,认为企业外部融资要多支付各种成本,使得投资者可以基于企业资本结构的选择来判断企业市场价值。企业偏好内部融资,当需要进行外部融资时,债务筹资优于股权筹资。从成熟的证券市场来看,企业的筹资优序模式首先是内部筹资,其次是借款、发行债券、发行可转换债券,最后是发行新股筹资。但是,该理论显然难以解释现实生活中所有的资本结构规律。

值得一提的是,积极主动地改变企业的资本结构(例如,通过出售或者回购股票或债券)牵涉到交易成本,企业很可能不愿意改变资本结构,除非资本结构严重偏离了最优水平。由于公司股权的市值随股价的变化而波动,所以大多数企业的资本结构变动很可能是被动发生的。

6.3.3 影响资本结构的因素分析

资本结构是企业产权结构问题,是社会资本在企业经济组织形式中的资源配置结果。资本结构的变化,将直接影响社会资本所有者的利益。

1. 企业经营状况的稳定性和成长率

企业产销量的稳定程度对资本结构有重要影响。如果产销量稳定,企业可较多地负担固定的财务费用;如果产销量和盈余有周期性,则负担固定的财务费用将承担较大的财务风险。经营发展能力表现为未来产销量的增长率,如果产销量能够以较高的水平增长,企业可以采用高负债的资本结构,以提升权益资本的报酬率。

2. 企业的财务状况和信用等级

企业财务状况良好,信用等级高,则债权人愿意向企业提供信用,企业就容易获得债务资本。相反,如果企业财务状况欠佳,信誉等级不高,债权人投资风险大,则会降低企业获得信用的能力,加大债务资本筹集的资本成本。

3. 企业资产结构

资产结构是企业筹集资本后进行资源配置和使用后的资本占用结构,包括长、短期资产构成和比例,以及长、短期资产内部的构成和比例。资产结构对企业资本结构的影响主要包括:拥有大量固定资产的企业主要通过长期负债和发行股票筹集资本,拥有较多流动资产的企业更多地依赖流动负债筹集资本;资产用于抵押贷款的公司负债较多;以技术研发为主的企业则负债较少。

4. 投资人和管理当局的态度

从企业所有者的角度看,如果企业股权分散,企业可能更多地采用权益资本筹资以分散企业风险;如果企业为少数股东所控制,股东通常重视企业控股权问题,为防止控股权被稀释,企业一般尽量避免普通股筹资,而是采用优先股或债务资本筹资。从企业管理当局的角

度看，高负债资本结构的财务风险高，一旦经营失败或出现财务危机，管理当局将面临市场接管的威胁或者被董事会解聘。因此，稳健的管理当局偏好于选择低负债比例的资本结构。

5. 行业特征和企业发展周期

不同行业资本结构差异很大。产品市场稳定的成熟产业经营风险低，因此可提高债务资本比重，发挥财务杠杆作用。高新技术公司的产品、技术、市场尚不成熟，经营风险高，因此可降低债务资本比重，控制财务风险。

在同一企业的不同发展阶段，资本结构安排也不同。企业初创阶段，经营风险高，在资本结构安排上应控制负债比例；企业发展成熟阶段，产品产销量稳定或持续增长，经营风险低，可适度增加债务资本比重，发挥财务杠杆效应；企业收缩阶段，产品市场占有率下降，经营风险逐步加大，应逐步降低债务资本比重，保证经营现金流量能够偿付到期债务，保持公司持续经营的能力，减少破产风险。

6. 经济环境的税务政策和货币政策

资本结构决策必然要研究理财环境因素，特别是宏观经济状况。政府调控经济的手段包括财政税收政策和货币金融政策。当所得税税率较高时，债务资本的抵税作用大，企业可以充分利用这种作用来提高企业价值。货币金融政策影响资本供给，从而影响利率水平的变动，当国家执行紧缩的货币政策时，市场利率提高，企业债务资本成本增大。

6.3.4 最佳资本结构的决策

制定合理的资本结构决策，要求企业权衡负债的低资本成本和高财务风险的关系，其目标是降低平均资本成本率或提高普通股每股收益。最佳资本结构决策的方法主要有以下三种：

1. 比较资本成本法

比较资本成本法是通过计算和比较各种可能的筹资组合方案的综合资本成本，选择综合资本成本率最低的方案。即能够降低企业加权平均资本成本率的资本结构，就是合理的资本结构。这种方法侧重于从资本投入的角度对筹资方案和资本结构进行优化分析。

【实例 6-10】 比较资本成本法运用

资料：BBD 公司由于投资项目需要，拟筹集 1 500 万元长期资本，可选择的筹资方式有银行借款、发行债券、发行普通股三种，其个别资本成本率已确定，有关资料如表 6-6 所示。

表 6-6 BBD 公司筹资资料

单位：%

筹资方式	资本结构（筹资方式占比）			个别资本成本
	A 方案	B 方案	C 方案	
银行借款	40	30	20	6
债券	50	15	20	8
普通股	10	55	60	9
合　计	100	100	100	—

要求：利用比较资本成本法选择最佳资本结构。

解答：

首先，计算A、B、C三个筹资方案的综合资本成本。

A方案：$K_{wA}=40\%\times6\%+50\%\times8\%+10\%\times9\%=7.7\%$

B方案：$K_{wB}=30\%\times6\%+15\%\times8\%+55\%\times9\%=7.95\%$

C方案：$K_{wC}=20\%\times6\%+20\%\times8\%+60\%\times9\%=8.2\%$

其次，应根据公司筹资评价的其他标准，考虑公司其他因素，对各个方案进行修正之后，再选择其中成本最低的方案。本实例中，假设其他因素对方案选择影响甚小，则A方案的综合资本成本最低。这样，BBD公司的最佳资本结构为A方案，即银行借款600万元、债券750万元、普通股150万元。

2. 每股收益分析法

企业在进行筹资决策过程中，仅单纯明确资本成本是远远不够的，还需要考虑不同筹资方案对企业价值和股东财富所带来的不同影响。因此，判断资本结构合理与否的另一种方法是每股收益分析法。每股收益分析法假定能提高每股收益的资本结构是合理的，反之则不够合理，不利于公司发展。

一个企业每股收益的高低不仅受特定资本结构（由长期负债融资和权益融资构成）的影响，还受到具体销售水平变动的影响。因此，每股收益分析法的基本思路就是要通过每股收益无差别点来分析这三个变量之间的数量关系，寻求企业资本结构的最优解。要处理这三者的关系，就必须运用“每股收益无差别点”的方法来分析。

所谓每股收益无差别点，是指每股收益不受融资方式影响的销售点（或息税前利润点）。通过对每股收益无差别点的分析，判断不同销售水平（或息税前利润水平）下适合于采用何种筹资方式，以便确定企业的资本结构。

每股收益（EPS）的计算公式为：

$$EPS=\frac{(S-VC-F-I)\times(1-T)}{N}=\frac{(EBIT-I)\times(1-T)}{N}$$

式中：EPS 为每股收益；S 为销售额；VC 为变动成本总额；F 为固定成本；I 为债务利息；T 为所得税税率；N 为普通股总股数；$EBIT$ 为息税前利润。

在考虑追加投资的情况下，企业可以考虑股权融资，也可以考虑债务融资。在每股收益无差别点上，无论公司采取股权融资还是债务融资，普通股东获得的每股收益都是一样的。如果以 EPS_1 和 EPS_2 分别表示股权融资和债务融资下的每股收益，可以得到一个方程组：

$$EPS_1=\frac{(S-VC-F-I_1)\times(1-T)}{N_1}$$

$$EPS_2=\frac{(S-VC-F-I_2)\times(1-T)}{N_2}$$

令 $EPS_1=EPS_2$，即：

$$\frac{(S-VC-F-I_1)\times(1-T)}{N_1}=\frac{(S-VC-F-I_2)\times(1-T)}{N_2}$$

式中：I_1 为方案 1 的债务利息；I_2 为方案 2 的债务利息；N_1 为方案 1 的普通股总股数；N_2 为方案 2 的普通股总股数。

满足该约束条件的销售收入就是每股收益无差别点的销售额（S）。

也可以表示为：

$$\frac{(EBIT-I_1)\times(1-T)}{N_1}=\frac{(EBIT-I_2)\times(1-T)}{N_2}$$

满足该约束条件的息税前利润（EBIT）就是每股收益无差别点的息税前利润。

【实例 6-11】 每股收益无差别点法的运用

资料：BBD 公司目前资产总额为 1 500 万元，现由于有一个较好的新投资项目，需要追加筹资 500 万元。新增筹资有两种方案：方案 1——发行普通股筹集；方案 2——发行债券筹集。有关资料见表 6-7 所示。

表 6-7　BBD 公司原资本结构和新增筹资后的资本结构情况

筹资方式	原资本结构	新增筹资后的资本结构	
		方案 1：增发普通股	方案 2：增发公司债券
公司债券（利率 6%）/万元	200	200	700
普通股（每股面值 1 元）/万元	400	600	400
资本公积/万元	500	800	500
盈余公积/万元	400	400	400
资本总数/万元	1 500	2 000	2 000
普通股股数/万股	400	600	400

新股发行价为每股 2.5 元，筹资 500 万元需发行新股 200 万股，因此，普通股股本增加 200 万元，资本公积增加 300 万元。详见表 6-7。

要求：假设公司所得税税率为 50%（实际上现行最高税率为 25%），请用每股收益分析法分析 BBD 公司应选择哪个方案筹集资本。

解答：

将表 6-7 中两个方案数据代入每股收益无差别点计算公式中，得到：

$$\frac{(EBIT-200\times6\%)\times(1-50\%)}{600}=\frac{(EBIT-700\times6\%)\times(1-50\%)}{400}$$

解得：$EBIT=102$（万元）

即当 $EBIT=102$ 万元时，有：

$$EPS_1=EPS_2=\frac{(102-200\times6\%)\times(1-50\%)}{600}=0.075(元)$$

令 $EPS_1=0$，有：

$$\frac{(EBIT - 200 \times 6\%) \times (1 - 50\%)}{600} = 0$$

解得：$EBIT = 12$(万元)

令 $EPS_2 = 0$，有：

$$\frac{(EBIT - 700 \times 6\%) \times (1 - 50\%)}{400} = 0$$

解得：$EBIT = 42$(万元)

根据点(102，0.075)与点(12，0)及点(42，0)，可描绘图 6-1。

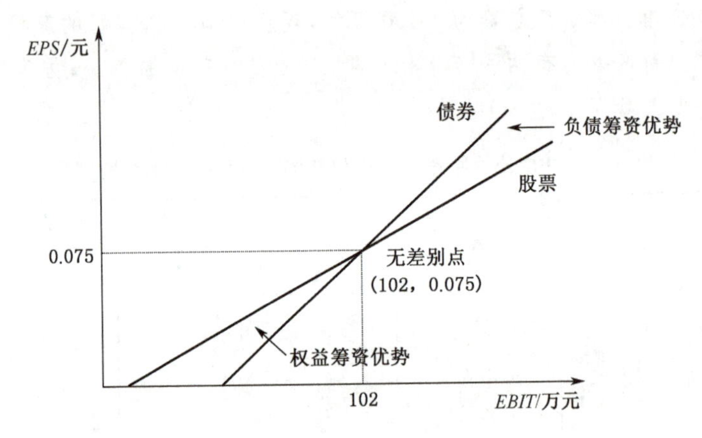

图 6-1　每股收益无差别点

从图 6-1 中可以看出，当息税前利润高于 102 万元(每股收益无差别点的息税前利润点)时，运用负债筹资可获得较高的每股收益；当息税前利润低于 102 万元时，运用权益筹资可获得较高的每股收益。

点评：每股收益分析法的局限在于它只考虑了资本结构对每股盈余的影响，并假定每股盈余最大时，股票价格最高。但把资本结构对风险的影响置于视野之外，是不全面的。因为随着负债的增加，投资者的风险会加大，股票价格和企业价值也会有下降的趋势，所以单纯地使用每股收益分析法有时会作出错误的决策。

3. 综合分析法

以上两种方法都是从账面价值的角度进行资本结构优化分析，没有考虑市场反应，也没有考虑风险因素。

从根本上讲，财务管理的目标在于追求企业价值的最大化或股价最高。然而只有在风险不变的情况下，每股收益的增长才会直接导致股价的上升，实际上经常是随着每股收益的增长，风险也加大。如果每股收益的增长不足以补偿风险增加所需的报酬，尽管每股收益增加，股价仍然会下降。

综合分析法是在考虑市场风险的基础上，以企业市场价值为标准，进行资本结构优化。即能够提升企业价值的资本结构，就是合理的资本结构。这种方法主要用于对现有资本结构进行调整，适用于资本规模较大的上市公司的资本结构优化分析。同时，在企业价值最大

的资本结构下，企业的平均资本成本也是最低的。

企业价值应该等于全部资本的市场总价值。假设：V 表示企业价值，B 表示债务资本价值，S 表示权益资本价值。可以得到：

$$V=S+B$$

为了简化分析，假设企业各期的 EBIT 保持不变，债务资本的市场价值等于其面值，净投资为 0，净利润全部作为股利发放，企业权益资本的市场价值(股票价值)可通过下式计算：

$$S=\frac{(EBIT-I)(1-T)}{K_s}$$

式中：S 为权益资本价值；$EBIT$ 为息税前利润；I 为债务利息；T 为所得税税率；K_s 为权益资本成本(股票资本成本)。

采用资本资产定价模型计算股票的资本成本 K_s：

$$K_s=R_s=R_f+\beta(R_m-R_f)$$

式中：K_s 为普通股资本成本；R_s 为股东要求的股权投资收益率；R_f 为市场无风险报酬率；R_m 为平均风险股票必要报酬率；β 为股票的贝塔系数。

而企业的资本成本，则应用加权平均资本成本表示，其公式为：

$$K_w=K_b\frac{B}{V}(1-T)+K_s\frac{S}{V}$$

式中：K_b 为税前债务资本成本。

【实例 6-12】 运用综合分析法确定该公司的最佳资本结构

资料：BBD 公司税前利润为 400 万元，资本总额账面价值为 1 000 万元，假设无风险报酬率为 6%，证券市场平均报酬率为 10%，所得税税率为 40%(实际上现行最高税率为 25%)。经测算，不同债务水平下的权益资本成本和债务资本成本如表 6-8 所示。

表 6-8　不同债务水平下的债务资本成本和权益资本成本

债务资本价值 B/万元	税前债务利息率 K_b/%	股票 β 系数	权益资本成本 K_s/%
0	—	1.50	12.0
200	8.0	1.55	12.2
400	8.5	1.65	12.6
600	9.0	1.80	13.2
800	10.0	2.00	14.0
1 000	12.0	2.30	15.2
1 200	15.0	2.70	16.8

要求：根据表 6-8 的资料，试用综合分析法分析 BBD 公司不同资本结构下的公司总价

值和综合资本成本。

解答：其计算结果详见表 6-9。

表 6-9　公司价值和平均资本成本

B/万元	S/万元	V/万元	$K_b(1-T)$/%	K_s/%	K_w/%
0	2 000	2 000	—	12.0	12.0
200	1 889	2 089	4.80	12.2	11.5
400	1 743	2 143	5.1	12.6	11.2
600	1 573	2 173	5.40	13.2	11.0
800	1 371	2 171	6.00	14.0	11.1
1 000	1 105	2 105	7.20	15.2	11.4
1 200	786	1 986	9.00	16.8	12.1

从表 6-9 可以看出，在没有债务资本的情况下，公司的总价值等于股票的账面价值。当公司增加一部分债务时，财务杠杆开始发挥作用，股票市场价值大于其账面价值，公司总价值上升，综合资本成本下降。在债务达到 600 万元时，公司总价值最高，综合资本成本率最低。债务超过 600 万元后，随着利息率的不断上升，财务杠杆作用逐步减弱甚至呈现副作用，公司总价值下降，综合资本成本率上升。因此，债务为 600 万元时的资本结构是该公司的最优资本结构。

6.3.5　资本结构的调整

对企业来说，债务资本与权益资本比例适度时，企业价值最高，两种资本比例无论是过高还是过低，对企业都是不利的。因此在确定最佳资本结构后，企业可根据最佳资本结构调整现有的权益资本与债务资本的比例，以达到企业价值最大、综合资本成本最低的目的。调整资本结构的方法主要有：

1. 调整权益资本——发行或回购股票、留存收益

如果企业债务资本过多，权益资本过少，导致财务风险上升，企业价值下降，企业可通过发行普通股的方法调整资本结构，最终达到企业资本结构优化的目的。但发行股票会稀释现有股东的控制权，因此可能会招致股东反对，企业可提高留存收益比例的方法增加权益资本。

反之，如果企业权益资本过多，导致综合资本成本高，股东收益下降，可通过回购股票的方法减少流通在外的普通股，减少权益资本，从而使权益资本与债务资本比例适度。

2. 调整债务资本——发行债券、借款和租赁

当企业债务资本较少、权益资本较多时，会出现综合资本成本高、无法发挥财务杠杆效应等不利于企业价值的因素，因此企业应调整资本结构。除了回购股票，企业还可以通过发行债券、举债、融资租赁等方法来增加债务资本。

相关阅读

国外目标资本结构存在性之争

自从MM无关性定理提出以来，资本结构理论研究一直是现代公司财务理论研究的核心主题，围绕“目标资本结构存在性”问题，西方财务学者在半个世纪以来展开了激烈的讨论，并涌现出丰富的研究文献、富有见地的观点和独具创新的视角。

目标资本结构存在性命题在现代资本结构理论研究中具有十分重要的理论价值，也被财务学者视为权衡理论区别于其他主流资本结构理论的排他性检验标准，正因如此，对于目标资本结构存在性的研究和讨论一直是资本结构理论研究中的核心主题，并不断地推动着资本结构理论的发展。

首先，纵观相关研究文献发现，目标资本结构的确定与一个国家特定的制度环境和市场环境密切相关。Demirguc-Kunt等通过对比19个发达国家和11个发展中国家公司资本结构时发现，制度差异能够解释大部分资本结构的差异。Brounen等进一步指出，即使在同样是发达国家水平的美国和欧洲国家，资本结构决策也受到制度环境的影响。在中国资本市场上，大量的研究表明，上市公司的资本结构受到投资者法律保护、产权性质、银行腐败、信贷政策等制度因素的影响。因此，未来在估计目标资本结构及资本结构调整速度时，须对国家或地区层面的制度因素加以控制。

其次，在利用部分调整模型检验均值回归行为时，资本结构调整速度的估计结果有时相差甚远。出现这种问题的原因可能不在于模型本身，而在于对资本结构的度量以及公司特征代理变量的选择。Welch指出，以往度量资本结构时忽视了非财务性负债。因此，未来的实证研究可能需要更谨慎地合理度量资本结构。

最后，在检验资本结构各主流理论时，以往的实证研究往往将权衡理论和优序融资理论等割裂开来，并视为水火不相容的两种截然对立的资本结构理论。然而，权衡理论与优序融资理论并不一定完全相冲突。正如Fama等指出的，我们在检验权衡理论和优序融资理论时应该停止这种“赛马比赛”，应该将这两种理论视为伙伴关系，每种理论在解释公司融资决策时都有它合理的部分。Byoun也指出，尽管公司遵循动态权衡理论的融资模式，但优序融资理论所强调的逆向选择成本也是影响公司融资决策的一个非常重要的因素。因此，未来对资本结构的实证研究有必要将权衡理论和优序融资理论进行融合，而不是一味地将其割裂开来。

（资料来源：况学文.国外目标资本结构存在性之争[J].会计之友，2021(4)：2-11.）

本章小结

资本成本是指企业为筹集和使用资本而付出的代价，包括资本筹资费用和资本使用费用。资本成本不仅是企业筹资决策、投资决策的重要依据，还是评价企业整体业绩的重要标准。企业进行筹资决策，需要计算个别资本成本、综合资本成本、边际资本成本。

财务管理中存在经营杠杆、财务杠杆和总杠杆三种杠杆效应。杠杆效应既可能产生杠杆利益,也可能带来杠杆风险。

经营杠杆是指由于固定性经营成本的存在,使得公司的资产报酬(息税前利润)变动率大于业务量变动率的现象。财务杠杆是指由于固定财务费用的存在,使普通股每股收益的变动幅度大于营业利润变动幅度的现象。两种杠杆的连锁作用称为总杠杆作用。杠杆效应的程度通常用杠杆系数来反映。经营杠杆系数说明了销售量(额)变动对息税前利润变动的影响程度,财务杠杆系数说明了息税前利润变动对普通股每股收益变动的影响程度,总杠杆系数则说明了销售量(额)变动对普通股每股收益变动的影响程度。

资本结构是指企业资本总额中各种资本的构成及其比例关系。不同的资本结构会给企业带来不同的后果,企业必须确定最佳的资本结构。最佳的资本结构决策方法有比较资本成本法、每股收益分析法、综合分析法。

关键概念

资本成本(capital cost)　　资本结构(capital structure)

经营风险(operating risk)　　财务风险(financial risk)

经营杠杆(operating leverage)　　财务杠杆(financial leverage)

总杠杆(combined leverage)

自测题

一、单项选择题

1. 如果企业的资本来源全部为自有资本,且没有优先股存在,则企业的财务杠杆系数(　　)。

   A. 等于0　　B. 等于1　　C. 大于1　　D. 小于1

2. 如果企业一定期间内的固定生产成本和固定财务费用均不为0,则由上述因素共同作用而导致的杠杆效应属于(　　)。

   A. 经营杠杆效应　　B. 财务杠杆效应

   C. 总杠杆效应　　D. 风险杠杆效应

3. 在计算优先股成本时,下列各因素中,不需要考虑的是(　　)。

   A. 优先股总额　　B. 优先股筹资费率

   C. 优先股的优先权　　D. 优先股每年的股利

4. 下列各项中,运用普通股每股利润(每股收益)无差别点确定最佳资本结构时,需要计算的指标是(　　)。

   A. 息税前利润　　B. 营业利润　　C. 净利润　　D. 利润总额

5. 某企业发行了期限5年的长期债券10 000万元,年利率为8%,每年年末付息一次,到期一次还本,债券发行费率为1.5%,企业所得税税率为25%,该债券的资本成本为(　　)。

A. 6%　　B. 6.09%　　C. 8%　　D. 8.12%

6. 假定某企业的权益资本与负债资本的比例为 60∶40，据此可断定该企业（　　）。

A. 只存在经营风险　　B. 经营风险大于财务风险

C. 经营风险小于财务风险　　D. 同时存在经营风险和财务风险

7. 某公司向银行借款 2 000 万元，年利率为 8%，筹资费率为 0.5%，该公司适用的所得税税率为 25%，则该笔借款的资本成本是（　　）。

A. 6.00%　　B. 6.03%　　C. 8.00%　　D. 8.04%

8. 在不考虑筹款限制的前提下，下列筹资方式中个别资本成本最高的通常是（　　）。

A. 发行普通股　　B. 留存收益筹资

C. 长期借款筹资　　D. 发行公司债券

9. 在信息不对称和逆向选择的情况下，根据优序融资理论，选择融资方式的先后顺序应该是（　　）。

A. 普通股、优先股、可转换债券、公司债券

B. 普通股、可转换债券、优先股、公司债券

C. 公司债券、优先股、可转换债券、普通股

D. 公司债券、可转换债券、优先股、普通股

10. 某公司所有者权益和长期负债比例为 5∶4。当长期负债增加量在 100 万元以内时，资金成本为 8%；当长期负债增加量超过 100 万元时，资本成本为 10%。假定资本结构保持不变，则筹资总额分界点为（　　）万元。

A. 200　　B. 225　　C. 385　　D. 400

二、多项选择题

1. 下列各项中，影响总杠杆系数变动的因素有（　　）。

A. 固定经营成本　　B. 单位边际贡献　　C. 产销量　　D. 固定利息

2. 下列各项中，影响财务杠杆系数的因素有（　　）。

A. 产品边际贡献总额　　B. 所得税税率

C. 固定成本　　D. 财务费用

3. 下列各项中，可用于确定公司最优资本结构的方法有（　　）。

A. 综合分析法　　B. 因素分析法

C. 比较资本成本法　　D. 每股收益分析法

4. 在计算个别资本成本时，需要考虑所得税抵减作用的筹资方式有（　　）。

A. 银行借款　　B. 长期债券　　C. 优先股　　D. 普通股

5. 下列各种情况中会给公司带来经营风险的有（　　）。

A. 企业举债过度　　B. 原材料价格发生变动

C. 企业产品更新换代周期过长　　D. 企业产品的生产质量不稳定

6. 在边际贡献大于固定成本的情况下，下列措施中有利于降低企业复合风险的有（　　）。

A. 增加产品销量　　B. 提高产品单价

C. 提高资产负债率　　D. 节约固定成本支出

7. 下列各项因素中,影响企业资本结构决策的有(　　)。

A. 企业的经营状况　　B. 企业的信用等级

C. 国家的货币供应量　　D. 管理者的风险偏好

8. 下列各项因素中,影响经营杠杆系数计算结果的有(　　)。

A. 销售单价　　B. 销售数量　　C. 资本成本　　D. 所得税税率

9. 下列有关企业资本结构确定的表述中正确的有(　　)。

A. 若企业产销量稳定,可适度增加债务资本比重

B. 若企业处于初创期,可适度增加债务资本比重

C. 若企业处于发展成熟期,应逐步降低债务资本比重

D. 若企业处于收缩阶段,应逐步降低债务资本比重

10. 下列选项中属于融资决策中的总杠杆性质的有(　　)。

A. 总杠杆能够起到财务杠杆和经营杠杆的综合作用

B. 总杠杆能够表达企业边际贡献与税前利润的比率

C. 总杠杆能够估计出销售额变动对普通股每股收益的影响

D. 总杠杆系数越大,企业经营风险越大,企业财务风险越大

三、判断题

1. 企业最优资本结构是指在一定条件下使企业自有资本成本最低的资本结构。(　　)
2. 当企业息税前资本利润率高于借入资本利率时,增加借入资本,可以提高自有资本利润率。(　　)
3. 无论是经营杠杆系数变大,还是财务杠杆系数变大,都可能导致企业的总杠杆系数变大。(　　)
4. 资本成本是投资人对投入资本所要求的最低收益率,也可作为判断投资项目是否可行的取舍标准。(　　)
5. 最优资本结构是使企业筹资能力最强、财务风险最小的资本结构。(　　)
6. 从成熟的证券市场来看,企业筹资的优序模式首先是内部筹资,其次是增发股票,发行债券和可转换债券,最后是银行借款。(　　)
7. 经营杠杆能够扩大市场和生产等不确定性因素对利润变动的影响。(　　)
8. 代理理论认为企业资本结构会影响经理人员的工作水平和其他行为选择,从而影响企业未来现金收入和企业市场价值。(　　)
9. 某公司的经营杠杆系数为 2,预计息税前利润将增长 10%,在其他条件不变的情况下,销售量将增长 20%。(　　)
10. 在不考虑风险的情况下,利用每股收益无差别点进行企业资本结构分析时,当预计息税前利润低于每股收益无差异点时,采用低财务杠杆筹资方式比采用高财务杠杆筹资方式有利。(　　)

四、计算分析题

1. 目的:练习资本结构决策方法。

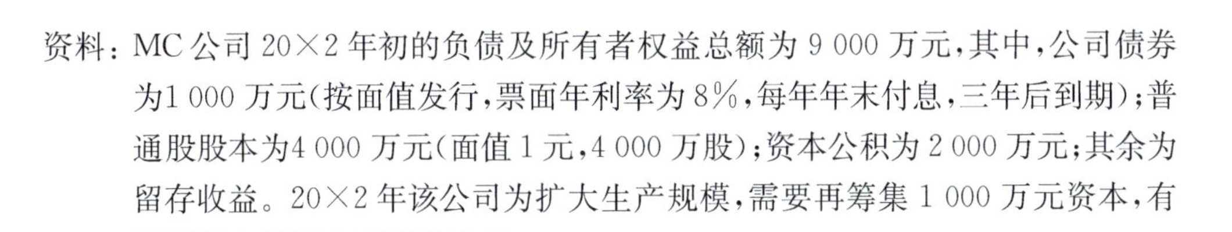

资料：MC公司20×2年初的负债及所有者权益总额为9 000万元，其中，公司债券为1 000万元（按面值发行，票面年利率为8%，每年年末付息，三年后到期）；普通股股本为4 000万元（面值1元，4 000万股）；资本公积为2 000万元；其余为留存收益。20×2年该公司为扩大生产规模，需要再筹集1 000万元资本，有以下两个筹资方案可供选择。

方案一：增发普通股，预计每股发行价格为5元。

方案二：增发同类公司债券，按面值发行，票面年利率为8%。预计20×2年可实现息税前利润2 000万元，适用的企业所得税税率为25%。

要求：(1) 计算增发股票方案的下列指标：①20×2年增发普通股股份数；②20×2年全年债券利息。

(2) 计算增发公司债券方案下的20×2年全年债券利息。

(3) 计算每股利润的无差别点，并据此进行筹资决策。

2. 目的：练习资本结构决策方法和财务杠杆系数的计算。

资料：已知某公司当前资本结构如下表：

筹资方式	长期债券（年利率8%）	普通股（4 500万股）	留存收益
金额/万元	1 000	4 500	2 000
合　计/万元	7 500		

因生产发展需要，公司年初准备增加资本2 500万元，现有两个筹资方案可供选择：甲方案为增发1 000万股普通股，每股市价2.5元；乙方案为按面值发行每年年末付息、票面年利率为10%的公司债券2 500万元。假定股票与债券的发行费用均可忽略不计；适用的企业所得税税率为25%。

要求：(1) 计算两种筹资方案下每股收益无差别点的息税前利润；

(2) 计算处于每股收益无差别点时乙方案的财务杠杆系数；

(3) 如果公司预计息税前利润为1 200万元，指出该公司应采用的筹资方案；

(4) 如果公司预计息税前利润为1 600万元，指出该公司应采用的筹资方案；

(5) 若公司预计息税前利润在每股收益无差别点上增长10%，计算采用乙方案时该公司每股利润的增长幅度。

3. 目的：练习资本结构决策方法。

资料：已知某公司20×3年12月31日的长期负债及所有者权益总额为18 000万元，其中，发行在外的普通股8 000万股（每股面值1元），公司债券2 000万元（按面值发行，票面年利率为8%，每年年末付息，三年后到期），资本公积4 000万元，其余均为留存收益。

20×4年1月1日，该公司拟投资一个新的建设项目，需追加筹资2 000万元，现有A、B两个筹资方案可供选择。A方案为：增发普通股，预计每股发行价格为5元。B方案为：按面值发行票面年利率为8%的公司债券（每年年末付息)。假定该建设项目投产后,20×4 年度公司可实现息税前利润 4 000 万元。公司适用的所得税税率为 25%。

要求:(1) 计算 A 方案的下列指标:

① 增发普通股的股份数;

② 20×4 年公司的全年债券利息。

(2) 计算 B 方案下 20×4 年公司的全年债券利息。

(3) ① 计算 A、B 两方案的每股收益无差别点;

② 为该公司作出筹资决策。

五、综合题

1. 目的:练习资金需要量预测和每股收益无差别点法的运用。

资料:甲、乙、丙三个企业的相关资料如下:

资料一:甲企业历史上现金占用与销售收入之间的关系如下表所示:

现金与销售收入变化情况表 单位:万元

年　度	销售收入	现金占用
20×1	10 200	680
20×2	10 000	700
20×3	10 800	690
20×4	11 100	710
20×5	11 500	730
20×6	12 000	750

资料二:乙企业 20×6 年 12 月 31 日资产负债表(简表)如下表所示:

乙企业资产负债表(简表)(20×6 年 12 月 31 日) 单位:万元

资　产		负债和所有者权益	
现金	750	应付费用	1 500
应收账款	2 250	应付账款	750
存货	4 500	短期借款	2 750
固定资产净值	4 500	公司债券	2 500
		实收资本	3 000
		留存收益	1 500
资产合计	12 000	负债和所有者权益合计	12 000

该企业 20×7 年的相关预测数据为:销售收入 20 000 万元,新增留存收益 100 万元;不变现金总额 1 000 元,每万元销售收入占用变动现金 0.05 万元,其他与销售收入变化有关的资产负债表项目预测数据如下表所示:

现金与销售收入变化情况表　　单位：万元

项目	年度不变资本(a)	每万元销售收入所需变动资本(b)
应收账款	570	0.14
存货	1 500	0.25
固定资产净值	4 500	0
应付费用	300	0.1
应付账款	390	0.03

资料三：丙企业 20×6 年末总股本为 300 万股，该年利息费用为 500 万元，假定该部分利息费用在 20×7 年保持不变，预计 20×7 年销售收入为 15 000 万元，预计息税前利润与销售收入的比率为 12%。该企业决定于 20×7 年初从外部筹集资本 850 万元。具体筹资方案有两个：

方案 1：发行普通股股票 100 万股，发行价为每股 8.5 元。20×6 年每股股利为 0.5 元，预计股利增长率为 5%。方案 2：发行债券 850 万元，债券年利率为 10%，适用的企业所得税税率为 25%。假定上述两方案的筹资费用均忽略不计。

要求：(1) 根据资料一，运用高低点法测算甲企业的下列指标：

①每万元销售收入占用变动现金；②销售收入占用不变现金总额。

(2) 根据资料二为乙企业完成下列任务：

①按步骤建立总资产需求模型；②测算 20×7 年的资本需求总量；③测算 20×7 年的外部筹资量。

(3) 根据资料三为丙企业完成下列任务：

①计算 20×7 年的预计息税前利润；②计算每股收益无差别点；③根据每股收益无差别点法作出最优筹资方案决策，并说明理由；④计算方案 1 增发新股的资本成本。

2. 目的：练习每股收益无差别点法。

资料：B 公司为一上市公司，适用的企业所得税税率为 25%，相关资料如下：

资料一：20×8 年 12 月 31 日发行在外的普通股为 10 000 万股(每股面值 1 元)，公司债券为 24 000 万元(该债券发行于 20×6 年年初，期限 5 年，每年年末付息一次，年利率为 5%)，该年息税前利润为 5 000 万元。假定全年没有发生其他应付息债务。

资料二：B 公司打算在 20×9 年为一个新投资项目筹资 10 000 万元，该项目当年建成并投产。预计该项目投产后公司每年息税前利润会增加 1 000 万元。现有甲、乙两个方案可供选择，其中：甲方案为增发年利率为 6%的公司债券；乙方案为增发 2 000 万股普通股。假定各方案的筹资费用均为 0，且均在 20×9 年 1 月 1 日发行完毕。部分预测数据如下表所示。

部分预测数据

项　　目	甲 方 案	乙 方 案
增资后息税前利润/万元	6 000	6 000
增资前利润/万元	*	1 200
新增利润/万元	600	*
增资后利润/万元	(A)	*
增资后税前利润/万元	*	4 800
增资后税后利润/万元	*	3 600
增资后普通股股数/万股	*	*
增资后每股收益/元	0.315	(B)

说明：上表中“*”表示省略的数据。

要求：(1) 根据资料一计算 B 公司 20×9 年的财务杠杆系数。

(2) 确定表中用字母表示的数值(不需要列示计算过程)。

(3) 计算甲、乙两个方案的每股收益无差别点息税前利润。

(4) 用每股收益无差别点法判断应采取哪个方案，并说明理由。

六、简答题

1. 简述资本成本含义，写出资本成本的一般性表达式。
2. 影响资本成本的因素有哪些？各因素如何影响资本成本的高低？
3. 简述经营杠杆和财务杠杆的基本原理。
4. 如何计算经营杠杆系数、财务杠杆系数和总杠杆系数？
5. 什么是经营风险、财务风险、企业总风险？
6. 影响企业资本结构的因素有哪些？
7. 什么是每股收益无差别点法？

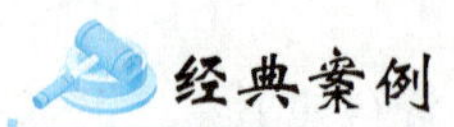

经典案例

英特尔——现实世界中的杠杆公司

为了计算经营杠杆系数和财务杠杆系数，分析师要知道销售收入、营业利润(*EBIT*)、净利润(*NI*)和每股收益(*EPS*)。外部分析师可以从利润表和现金流量表中获得此信息。计算基于年底数据且各年均不稳定。如果运营成本在下一年上升或下降，则利润率将随之变动，经营杠杆系数也将受到影响。

财务杠杆系数也是基于年底数据计算的，并假设利息费用和利率、负债金额和股票数量等保持不变。然而在现实世界中，这些变量每年都在变化，杠杆系数也随之变化。我们以英特尔公司为例分析其实际数据。

表 1　英特尔公司资产负债情况表

内容	2012 年	2013 年	2012—2013 年变动率	2014 年	2013—2014 年变动率
收入	533.41 亿美元	527.08 亿美元	−1.19%	559.00 亿美元	6.06%
营业利润(*EBIT*)	146.00 亿美元	123.00 亿美元	−15.75%	153.00 亿美元	24.39%
营业利润率(*EBIT*/收入)	27.37%	23.34%		27.37%	
净利润	110.05 亿美元	96.20 亿美元	−12.59%	117.00 亿美元	21.62%
净利润率=净利润/收入	20.63%	18.25%		20.93%	
长期负债	131.36 亿美元	131.65 亿美元	0.22%	120.00 亿美元	−8.85%
股东权益	512.03 亿美元	582.56 亿美元	13.77%	582.50 亿美元	−0.01%
长期负债/股东权益	25.65%	22.60%		20.60%	
每股收益(*EPS*)	21.3 美元	18.9 美元	−11.27%	23.1 美元	22.22%
流通股数	49.44 亿股	49.67 亿股	0.47%	46.43 亿股	−6.52%

表 2　英特尔公司杠杆系数计算表

项目	2012—2013 年	2013—2014 年
DOL(经营杠杆系数)=*EBIT* 变动率/收入变动率	13.27	4.03
DFL(财务杠杆系数)=*EPS* 变动率/*EBIT* 变动率	0.72	0.91
DTL(总杠杆系数)=*EPS* 变动率/收入变动率	9.49	3.67
DTL(总杠杆系数)=*DTL*=*DOL*×*DFL*	9.49	3.67

2012—2013 年,英特尔的销售收入下降了 1.19%,营业利润下降了 15.75%,经营杠杆系数为 13.27。请注意,由于销售收入和营业利润的变化均为负数,因此杠杆系数为正数。这仅仅意味着销售额每下降 1%,营业利润下降 15.75%。英特尔的负债—权益比率较低,因此你不会期望它有高的财务杠杆,这可以通过 0.72 的财务杠杆系数证实。这表明公司的营业利润每下降 1%,每股收益下降 0.72%。你可以将 *EPS* 的变动率 11.27%除以 *EBIT* 的变动率 15.75%来计算。总杠杆系数计算的是销售收入的变动率与每股收益变动率的比值。2013 年,英特尔销售收入 1.19%的变化导致每股盈利 11.27%的变化,总杠杆系数为 9.49。

如果分析师用这些杠杆因素预测 2014 年的表现,她会非常失望。杠杆下行趋势(销售收入和收益减少)远远高于杠杆上行趋势(销售收入和收益增加)。销售收入增长 6.06%,导致营业利润增长 24.39%,*DOL* 为 4.03。注意从 2013 年到 2014 年,英特尔的负债减少并回购了 3.32 亿股股票,故其 *DFL* 增加到 0.91。可以将每股收益 22.22%的变动率除以营业利润 24.39%的变动率来计算。鉴于 2014 年的 *DOL* 和 *DFL* 低于 2013 年,总杠杆系数也小得多,为 3.67,所以,英特尔每增加 1%的销售收入,每股收益增加 3.67%。

此例旨在表现公司每年情况的不一致对计算杠杆系数的影响。我们还要重申,离盈亏平衡点越远,杠杆就越小。因此,2012—2013 年公司销售收入较低,更接近其盈亏平衡点,杠杆系数很大。半导体行业的周期性很强,因此英特尔这样的公司从周期的底部向上移动时,杠杆系数可能会很高。这种情况下,普通股的股数减少对每股收益产生了积极影响,有助于提高公司的财务杠杆。

(案例来源:布洛克,赫特,丹尼尔森.财务管理基础[M].16 版.王静,译.北京:中国人民大学出版社,2019.)

案例讨论

(1) 分析案例中使用经营杠杆和财务杠杆会带来什么风险?

(2) 请解释,为什么当公司增加销售收入并从盈亏平衡点离开时,杠杆会减少?

(3) 请根据案例解释总杠杆是如何将营业利润与每股收益联系起来的?

提升阅读

[1] 宁金辉,史方.绿色信贷政策与资本结构动态调整[J].财会月刊,2021(21):44-53.

[2] 吴树畅,张雪,于静.经营风险与财务杠杆关系研究:基于异质性负债视角[J].会计之友,2021(19):59-64.

[3] 吴立力.金融化适度性对企业杠杆率调整的影响[J].现代财经(天津财经大学学报),2021,41(10):99-113.

[4] 文守逊,丁玮,李浩然,等.企业技术创新能力对资本成本影响差异性的实证研究:基于不同生命周期视角[J].南京审计大学学报,2021,18(5):61-70.

[5] 张志强,黄冰冰,吴传琦.企业信息披露与资本结构动态调整[J].统计与信息论坛,2021,36(9):77-88.

[6] 许晓芳,陈素云,陆正飞.杠杆操纵:不为盈余的盈余管理动机[J].会计研究,2021(5):55-66.

[7] 况学文.国外目标资本结构存在性之争[J].会计之友,2021(4):2-11.

[8] 高小芹.金融发展水平、公司治理质量与股权资本成本[J].财会通讯,2021(2):49-52.

[9] 唐秀球.资本成本:一个由来已久的误解[J].财会通讯,2020(20):10-14.

[10] 曾海花,邵希娟.经营杠杆与经营风险的衡量[J].财会月刊,2018(23):63-69.

第七章

项目投资

- 本章结构框架
- 本章学习目标
- 7.1 项目投资概述
- 7.2 项目投资决策的依据
- 7.3 项目投资决策的基本方法
- 7.4 项目投资决策方法的选择
- 7.5 几种特殊的项目投资决策
- 相关阅读
- 本章小结
- 关键概念
- 自测题
- 经典案例
- 案例讨论
- 提升阅读

本章结构框架

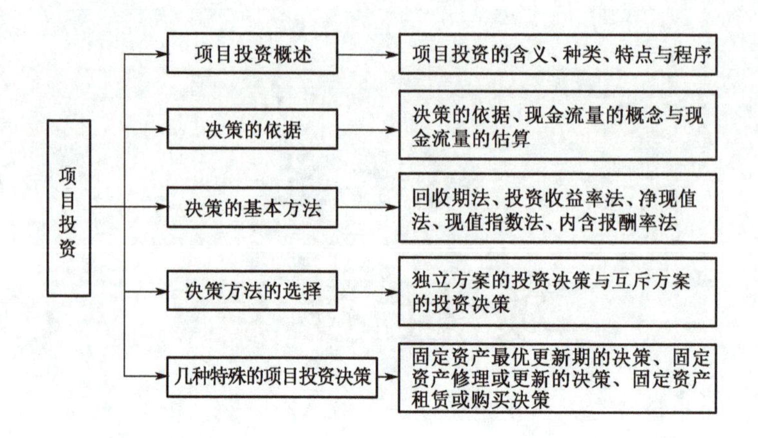

本章学习目标

通过本章学习，掌握项目投资的相关概念；掌握现金流量的估算方法；掌握各种非折现评价指标的含义、特点及计算方法；掌握各种折现评价指标的含义、特点及计算方法。熟悉现金流量的含义与内容；熟悉项目投资决策评价指标的含义与类型；熟悉项目投资决策评价指标的运用。

7.1 项目投资概述

7.1.1 项目投资的含义

广义的投资，是指为了将来获得更多现金流入而现在付出现金的行为。项目投资只是投资的一种类型，即企业进行的生产性资本投资，是以扩大生产能力和改善生产条件为目的的资本投资。不同于证券投资，项目投资的支出是对企业自身的投入，与其他经济实体不发生资本收支的经济往来关系，是一种对内投资、直接投资。在企业的整个投资中，项目投资具有十分重要的地位，关乎企业的成败，对企业的生存与发展、未来盈利能力、长期偿债能力等都具有重大影响。

7.1.2 项目投资的种类

1. 新建项目投资与更新改造投资

项目投资按其与企业未来经营活动的关系分为新建项目投资与更新改造投资。新建项目投资是企业为扩大生产规模，提高生产能力或改变企业经营方向，对企业今后的经营与发

展有重大影响的各种投资。更新改造投资主要是企业为了恢复生产效率或者改善生产经营条件而进行的投资。

2. 固定资产投资、无形资产投资和其他长期资产投资

项目投资按投资内容的不同可分为固定资产投资、无形资产投资和其他长期资产投资。固定资产投资是指投资于企业固定资产，特别是生产经营用固定资产的投资。无形资产投资是指投资于企业长期使用的、没有实物形态的资产的投资。其他长期资产投资是指除固定资产投资和无形资产投资外的其他长期资产投资。

3. 战术性投资和战略性投资

项目投资按其对企业的影响程度分为战术性投资和战略性投资。战术性投资是指对企业的长远发展不会产生重大影响的投资。战略性投资是指对企业的长远发展会产生重大影响的投资。

4. 扩大收入投资和降低成本投资

项目投资按其增加利润的途径可分为扩大收入投资与降低成本投资两类。扩大收入投资是指通过扩大企业生产经营规模，进而增加利润的投资。降低成本投资是指通过降低生产经营中的各种消耗，进而增加利润的投资。

7.1.3 项目投资的特点

1. 投资金额大

项目投资往往涉及企业的生产能力，需要投入大量的资金。项目投资所形成的资产往往在企业总资产中占有相当大的比重，对企业未来现金流量和财务状况具有决定性的影响。

2. 影响时间长

项目投资所涉及的作用期较长，往往需要几年甚至几十年才能收回投资。特别是作为决定企业发展方向的战略性投资，直接决定了企业未来的生产经营方向。

3. 发生频率低

与证券投资相比，项目投资的对象涉及的是企业生产能力和生产条件，一旦生产能力和生产条件形成，不会经常改变。因此项目投资的决策不会经常发生，属于企业的非程序性决策，往往没有相类似的决策可供参照比较。

4. 变现能力差

项目投资的对象大多是变现能力较差的长期资产，变现起来相当困难，不是无法实现，就是代价太大。

5. 投资风险大

由于项目投资数额大、影响时间长且变现能力差，与其他投资相比，项目投资存在很多的不确定性，因此投资风险大是不言而喻的。

7.1.4 项目投资的程序

项目投资的投资金额大、影响时间长、变现能力差、投资风险高，一旦决策失误，对企业未来的生产经营活动、长期经济效益和长期偿债能力都将产生重大而深远的影响，甚至可能

导致企业破产。因此，企业对投资项目要进行深入的调查研究、严格的可行性论证。项目投资的程序详见表 7-1。

表 7-1 项目投资决策程序表

步　骤	要　点
第 1 步：项目提出	根据企业长远发展战略、中长期投资计划和投资环境的变化来确定，在把握好投资计划的情况下提出。项目投资可以由企业管理当局或高层管理人员，提出也可以由企业的各级管理部门及相关部门领导提出
第 2 步：项目评价	项目评价主要涉及四项工作：一是对备选投资方案进行适当分类，为分析评价作准备。二是计算有关项目的建设周期，预算有关项目投产后的收入、费用和经济效益，预测有关项目的现金流量。三是运用各种投资评价指标，将各项投资按可行性程度排序。四是写出详细的评价报告
第 3 步：项目决策	在对投资方案进行可行性评价的基础上，由企业高层管理人员或相关部门经理作出最后决策。投资额小的战术性项目投资或维持性投资，一般由部门经理作出，特别重大的项目投资还需要报董事会或股东大会批准
第 4 步：项目执行	在项目的实施过程中，应对项目进度、质量、施工成本和工程概算进行监督、控制和审核，防止施工过程中的舞弊行为，确保工程质量，保证按时完成
第 5 步：项目再评价	在投资项目的执行过程中，应注意原投资决策是否合理，是否正确。一旦情况出现新的变化，就要随时根据变化的情况作出新的评价，以免造成更大的损失

7.2 项目投资决策的依据

7.2.1 现金流量是项目投资决策的依据

项目投资决策通过对项目投资支出和投资收入进行对比分析，以分析判断投资项目的可行性。项目投资的投资支出和投资收入，均是以现金的实际收支为计算基础的，从筹建施工、正式投产营运到退出报废为止整个项目期间内所发生的现金收支，形成该项目的现金流量。对于项目投资决策来说，其决策目标是投资方案的净现金流量而不是期间利润。只有投资方案的现金流入量大于现金流出量，该方案才是可行的投资方案。这是因为：

1. 净现金流量可以取代利润作为评价净收益的指标

期间利润与现金流量的不一致是由于跨期分配的作用，跨期分配是会计期间假设下权责发生制的要求。从财务管理的角度来看，长期投资项目的会计期间不是日历期间，它应当是该项目的整个寿命期间。从超过一年的长期期间来看，不再存在权责发生制下的跨期分配作用，而应考虑收付实现制下的现金实际收付。在长期项目整个寿命期间，现金流量总额与期间利润总额是相等的。因此，净现金流量可以取代利润作为评价净收益的指标。

2. 采用现金流量可以保证项目投资决策的客观性

在项目投资决策中,应用现金流量能科学、客观地评价投资方案的优劣,而利润则明显地存在不科学、不客观的成分。首先,利润在各年的分布受折旧方法等人为因素的影响,而现金流量的分布不受这些人为因素的影响,可以保证评价的客观性。其次,利润不是实际的现金流量,若以未实际收到现金的利润作为收益,具有较大风险,容易高估投资项目的经济效益,存在不科学、不合理的成分。

3. 在项目投资决策中,现金流动状况比盈亏状况更重要

一个投资项目能否进行,取决于有无实际现金进行支付,而不是取决于在一定期间内有无利润。企业当期利润很大,并不一定有足够的现金进行支付。进一步来看,长期项目的投资回收期较长,若以没有收到现金的收入作为利润的组成部分,那么这种利润往往是靠不住的,具有较大的风险。而且,以未实际收到现金的收入来计算利润,人为地高估了投资项目的投资报酬。现金一旦被支付后,即使没有进入本期的成本费用,也不能用于其他目的。只有当现金真正收回后,才能用于其他项目的再投资。因此,项目投资决策中不采用风险较大的期间利润作为决策依据,而重视现金流量的取得。

7.2.2　现金流量的概念

现金流量指的是在投资活动中,由于引进一个项目而引起的现金支出或现金收入增加的数量。这里的"现金"是一个广义的概念,它不仅包括货币资金,同时也包含了与项目相关的非货币资源的变现价值。如在投资某项目时,投入了企业原有的固定资产,这时的"现金"就包含了该固定资产的变现价值或其重置成本。即假设该固定资产不用于此项目,而是将其变卖所可能获得的"现金"收入;或者假设不投入该固定资产,而是用"现金"重新购置一台相似的固定资产将可能带来的"现金"流出。

项目投资决策中的现金流量包括现金流出量、现金流入量和净现金流量三个具体概念。

1. 现金流出量

投资项目的现金流出量是指该项目引起的企业现金支出的增加额。

例如,企业新建一条生产线,通常会引起以下现金流出:

(1) 生产线投资。购置生产线的价款可能是一次性支出,也可能分几次支出。

(2) 流动资金投资。由于该生产线扩大了企业的生产能力,引起对流动资产需求的增加。企业需要追加的流动资金,也是购置该生产线引起的,因此应列入该项目的现金流出量。

2. 现金流入量

投资项目的现金流入量,是指该项目所引起的企业现金收入的增加额。

例如,企业新建一条生产线,通常会引起下列现金流入:

(1) 营业现金流入。增加的生产线扩大了企业的生产能力,使企业销售收入增加。扣除有关的付现成本以及所得税增量后的余额,是该生产线引起的一项现金流入。

营业现金流入＝营业收入－付现成本－所得税

付现成本在这里是指需要每年支付现金的成本。成本中不需要每年支付现金的部分称为非付现成本，其中主要是折旧、摊销费。因此，付现成本可以用成本减折旧和摊销费来估计。即：

付现成本＝成本－(折旧＋摊销费)

(2) 项目终了时生产线出售(报废)的残值收入。项目终了时生产线出售或报废的残值收入，应当作为投资项目的一项现金流入。

(3) 项目终了时收回的流动资金。一般假设当项目结束时将全部收回流动资金投资。因此，该生产线出售(报废)时企业可以相应收回流动资金，收回的资金可以用于别处，应将其作为该项目的一项现金流入。

3. 净现金流量

净现金流量(记作 *NCF*)，也称为现金净流量，是指一定期间现金流入量和现金流出量的差额。这里所说的“一定期间”，有时是指一年内，有时是指投资项目持续的整个年限内。流入量大于流出量时，净流量为正值；反之，净流量为负值。无论是在建设期内还是在经营期内，都有净现金流量，建设期内的净现金流量一般小于或等于 0，经营期内的净现金流量多为正值。

7.2.3 现金流量的估算

在进行项目投资决策时，准确估计现金流量的数额和时间分布，并据以评价项目的可行性，是决策的关键步骤，只有提高项目现金流量预测的准确度，才能够保证在此基础上作出的决策具有较高的可信度。在确定投资方案相关的现金流量时，应遵循的最基本的原则是：只有增量现金流量才是与项目相关的现金流量。所谓增量现金流量，是指接受或拒绝某个投资方案后，企业总现金流量因此发生的变动。只有那些由于采纳某个项目方案引起的现金支出增加额，才是该项目的现金流出；只有那些由于采纳某个项目方案引起的现金流入增加额，才是该项目的现金流入。

1. 项目计算期

项目计算期是指投资项目从投资建设开始到最终清理结束的整个过程所经过的全部时间，包括建设期和经营期两部分。建设期是指项目资金正式投入、建设开始到项目建成投产为止所需要的时间，建设期的第一年初称为建设起点，建设期的最后一年末称为投产日。项目计算期的最后一年年末称为终结点，假定项目最终报废或清理均发生在终结点。从投产日到终结点之间的时间间隔就是经营期。当建设期为 0 时，项目计算期就等于经营期。项目计算期可用如图 7-1 中的数轴表示，0 表示第一年初，1 即代表第一年的年末，又代表第二年的年初，以下以此类推，s 代表建设期，n 代表项目计算期。

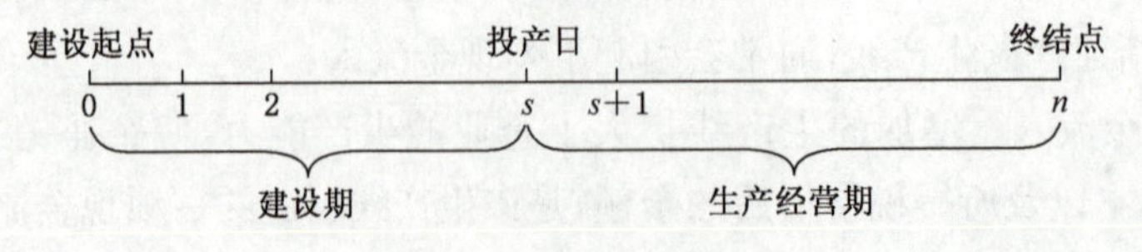

图 7-1 项目计算期

2. 项目计算期净现金流量的估算

在整个项目计算期的各个阶段，都有可能发生现金流量，因此必须逐年估算。项目投资决策的依据主要是净现金流量，净现金流量（NCF）是指在项目计算期内由每年现金流入量与同年现金流出量之间的差额所形成的序列指标，在估算出项目每年的现金流入量和现金流出量之后，可根据如下公式计算出净现金流量：

$$\text{某年净现金流量}(NCF_t) = \text{该年现金流入量} - \text{该年现金流出量} = CI_t - CO_t \ (t=0,\ 1,\ 2,\ \cdots)$$

为简化净现金流量的计算，也可以根据项目计算期不同阶段的现金流入量和现金流出量的具体内容，直接计算各阶段的净现金流量。

（1）建设期现金流量的估算。建设期的现金流量主要是建设投资和流动资金投资，建设投资与流动资金投资合称项目的原始投资。其中：建设投资包括在建设期内发生的固定资产投资、无形资产投资和开办费投资等投资；流动资金投资是指在投资项目中发生的用于生产经营期周转使用的营运资金投资（即垫支流动资金），一般假设当项目结束时将全部收回流动资金投资。假设投资项目的全部原始投资均在建设期内投入，则建设期净现金流量可按以下简化公式计算：

$$\text{建设期某年净现金流量}(NCF_t) = -\text{该年原始投资额} = -I_t \ (t=0,\ 1,\ \cdots,\ s;\ s \geqslant 0)$$

式中，I_t 代表第 t 年原始投资额，s 为建设期年数。

（2）经营期现金流量的估算。经营期的现金流量主要包括营业收入、付现成本（经营成本）以及税金。其中：营业收入的大小受经营期内有关产品各年预计单价和预测销售量的影响；付现成本，又称经营成本，是指在经营期内为满足正常生产经营而动用现实货币资金支付的成本费用；税金主要是指不包括在付现成本中的会引起企业的现金流出的各项税款，这里主要是指所得税。经营期各年（经营期最后一年除外）的净现金流量可按以下简化公式计算：

$$\begin{aligned}\text{经营期某年净现金流量}(NCF_t) &= \text{营业收入} - \text{付现成本} - \text{所得税} \\ &= \text{营业收入} - (\text{成本} - \text{折旧} - \text{摊销费}) - \text{所得税} \\ &= \text{利润} + \text{折旧} + \text{摊销费} - \text{所得税} \\ &= \text{利润} \times (1 - \text{所得税税率}) + \text{折旧} + \text{摊销费} \\ &= \text{净利润} + \text{折旧} + \text{摊销费} \\ &= E_t + D_t + A_t \ (t = s+1,\ s+2,\ \cdots,\ n-1)\end{aligned}$$

式中：E_t 代表第 t 年的净利润；D_t 代表第 t 年的折旧；A_t 代表第 t 年的摊销费；s 为建设期年数；n 为项目计算期年数。

（3）终结点现金流量的估算。经营期的最后一年末是项目的终结点，终结点会发生回收固定资产残值和回收流动资金的现金流量，回收的固定资产残值和回收的流动资金统称为回收额，因此经营期最后一年的净现金流量应按以下简化公式计算：

经营期最后一年的净现金流量(NCF_n)＝净利润＋折旧＋摊销费＋回收额

【实例7-1】 项目投资的现金流量分析

资料：BBD公司准备购置一条生产线，现有两个方案可供选择：方案Ⅰ需要投资10万元，使用寿命为5年，采取直线法计提折旧，5年后设备报废无残值，投产后每年的销售收入为8万元，每年的付现成本为3万元。方案Ⅱ需要投资12万元，使用寿命为5年，也采取直线法计提折旧，5年后设备预计残值为2万元，投产后每年的销售收入为10万元，付现成本第1年为4万元，以后随着设备磨损，每年将逐年增加4 000元的修理费，设备投产时需垫支流动资金3万元。假定所得税税率为25%，投资的必要报酬率为10%，两个方案的建设期均为0，除折旧外两个方案均不存在摊销费。

要求：试对两个方案各年的现金流量进行估算。

解答：项目投资现金流量估算的步骤如下：

第1步：估算建设期的现金流量。建设期的现金流量通常为现金流出量，包括固定资产投资额、无形资产投资额和垫支流动资金额。本例中两个方案的建设期均为0，因此只需要估算建设起点也就是第1年初的现金流量：

方案Ⅰ建设起点的净现金流量 NCF_0＝－100 000(元)

方案Ⅱ建设起点的净现金流量 NCF_0＝－(120 000＋30 000)＝－150 000(元)

第2步：估算经营期各年的现金流量(经营期最后一年除外)。

经营期净现金流量＝净利润＋折旧＋摊销费

方案Ⅰ每年折旧费＝100 000/5＝20 000(元)

方案Ⅱ每年折旧费＝(120 000－20 000)/5＝20 000(元)

表7-2 方案Ⅰ经营期各年净现金流量计算表 单位：元

项目	经营期(不包括最后一年)			
	第1年	第2年	第3年	第4年
1. 销售收入	80 000	80 000	80 000	80 000
2. 付现成本	30 000	30 000	30 000	30 000
3. 折旧	20 000	20 000	20 000	20 000
4. 税前利润	30 000	30 000	30 000	30 000
5. 所得税	7 500	7 500	7 500	7 500
6. 净利润	22 500	22 500	22 500	22 500
7. 净现金流量	42 500	42 500	42 500	42 500

表 7-3 方案Ⅱ经营期各年净现金流量计算表 单位：元

项目	经营期(不包括最后一年)			
	第 1 年	第 2 年	第 3 年	第 4 年
1. 销售收入	100 000	100 000	100 000	100 000
2. 付现成本	40 000	44 000	48 000	52 000
3. 折旧	20 000	20 000	20 000	20 000
4. 税前利润	40 000	36 000	32 000	28 000
5. 所得税	10 000	9 000	8 000	7 000
6. 净利润	30 000	27 000	24 000	21 000
7. 净现金流量	50 000	47 000	44 000	41 000

表中数字计算说明：

税前利润＝销售收入－付现成本－折旧
所得税＝税前利润×所得税税率
净利润＝税前利润－所得税
净现金流量＝净利润＋折旧

由表 7-2 可知：

方案Ⅰ第 1 年至第 4 年的净现金流量 $NCF_{1\sim4}$＝42 500(元)

由表 7-3 可知：

方案Ⅱ第 1 年的净现金流量 NCF_1＝50 000(元)

方案Ⅱ第 2 年的净现金流量 NCF_2＝47 000(元)

方案Ⅱ第 3 年的净现金流量 NCF_3＝44 000(元)

方案Ⅱ第 4 年的净现金流量 NCF_4＝41 000(元)

第 3 步：分析终结点(经营期最后一年即第 5 年)的现金流量。终结点的现金流量相比于经营期其他各年，还应考虑设备报废时的残值收入以及收回垫支的流动资金。方案Ⅰ设备报废时无残值收入，方案Ⅱ设备报废时残值收入为 20 000 元，报废时收回垫支的流动资金为 30 000 元。方案Ⅰ和方案Ⅱ终结点(第 5 年)的净现金流量可按以下公式计算：

经营期最后一年(终结点)的净现金流量＝净利润＋折旧＋回收额

方案Ⅰ经营期最后一年(第 5 年)的净利润

＝(80 000－30 000－20 000)×(1－25%)＝22 500(元)

方案Ⅰ经营期最后一年(第 5 年)的净现金流量 NCF_5

＝22 500＋20 000＋0＝42 500(元)

方案Ⅱ经营期最后一年(第 5 年)的净利润

＝[100 000－(40 000＋4 000×4)－20 000]×(1－25%)＝18 000 元

方案Ⅱ经营期最后一年(第 5 年)的净现金流量 NCF_5

=18 000+20 000+20 000+30 000=88 000 元

第 4 步:确定项目计算期内各年的净现金流量,并画出净现金流量图。方案Ⅰ的净现金流量如图 7-2 所示,方案Ⅱ的净现金流量如图 7-3 所示。

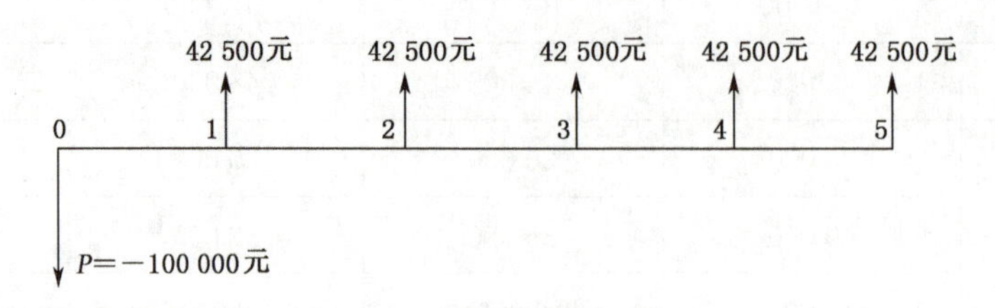

图 7-2　方案Ⅰ净现金流量

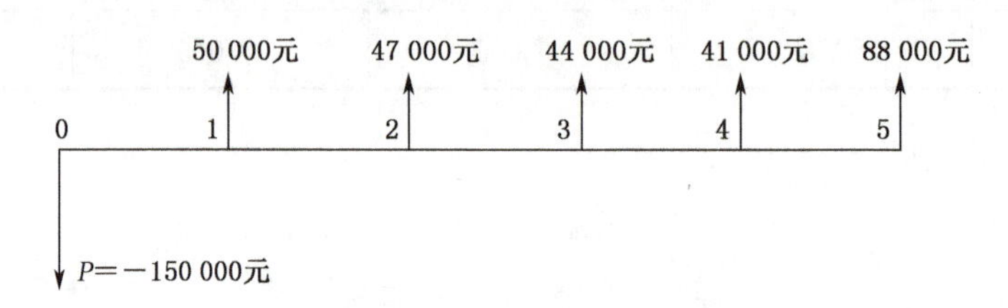

图 7-3　方案Ⅱ净现金流量

7.3 项目投资决策的基本方法

评价投资项目时使用的指标分为两类:一类是非折现指标,即没有考虑时间价值因素的指标,主要包括回收期、投资收益率等;另一类是折现指标,即考虑了时间价值因素的指标,主要包括净现值、现值指数、内含报酬率等。根据分析评价指标的类别,项目投资决策的方法也被分为非折现的评价方法和折现的评价方法两种。

7.3.1 非折现的评价方法

非折现的评价方法不考虑货币时间价值,把不同时间的货币收支看成是等效的,亦被称为静态评价法,在作项目投资决策时主要起辅助作用。

1. 回收期法

(1) 回收期法的基本原理。回收期是指投资项目的未来净现金流量与原始投资额相等时所经历的时间,即原始投资额通过未来现金流量回收所需要的时间。由于未考虑货币时间价值,回收期指标是项目投资决策的次要指标。回收期法是最早使用的投资评价方法,它是用项目回收投资的速度来评价投资项目的一种方法。投资者希望投入的资本能以某种方式尽快地收回来,收回的时间越长,所担风险就越大。因而,投资项目回收期的长短是投资者十分关心的问题,也是评价方案优劣的标准之一。用回收期法评价方案时,回收期越短越好。只有回收期指标小于或等于基准投资回收期的投资项目才具有财务可行性。

(2) 回收期的计算。回收期有“包括建设期的投资回收期(记为 PP)”和“不包括建设期的投资回收期(记为 PP')”两种形式，当建设期为0时，二者相等。计算回收期的方法如下：

方法一：特殊方法

如果一个项目的投资均发生在建设期内，经营期前若干年每年净现金流量相等，且其合计大于或等于原始投资额，则可按以下简化公式计算项目回收期：

$$不包括建设期的回收期(PP')=\frac{原始投资额}{每年相等的净现金流量}$$

$$包括建设期的回收期(PP)=不包括建设期的回收期+建设期$$

方法二：一般方法

如果投资项目的现金流量不满足应用上述特殊方法的条件，则应把每年的净现金流量逐年加总，根据累计净现金流量来确定回收期，可按下式计算回收期：

$$PP=累计净现金流量首次出现正值的年份-1+\frac{该年初尚未收回的投资}{该年净现金流量}$$

$$PP'=包括建设期的回收期(PP)-建设期$$

【实例 7-2】　回收期的计算

资料：见[实例 7-1]。

要求：试计算方案Ⅰ和方案Ⅱ的回收期。

解答：(1) 根据方案Ⅰ的现金流量的特点，选用特殊方法。

$$PP=PP'=\frac{100\ 000}{42\ 500}=2.35(年)$$

(2) 根据方案Ⅱ的现金流量的特点，选用一般方法。

方案Ⅱ各年的净现金流量及累计净现金流量见表 7-4：

表 7-4　各年净现金流量与累计净现金流量　　单位：元

项　目	经营期					
	第0年	第1年	第2年	第3年	第4年	第5年
净现金流量	−150 000	50 000	47 000	44 000	41 000	88 000
累计净现金流量	−150 000	−10 000	−53 000	−9 000	32 000	12 000

$$PP=PP'=(4-1)+\frac{9\ 000}{41\ 000}=3.22(年)$$

点评：计算项目投资的回收期应根据项目的现金流量分布特点选择最佳方法。

(3) 回收期法的评价。回收期法的优点是能够直观地反映原始投资的回收期限，便于理解，计算简便，能够利用回收期之前的净现金流量信息。它的缺点在于不仅忽视了货币时间价值，而且没有考虑回收期以后的收益。事实上，有战略意义的长期投资往往早期收益较低，而中后期收益较高。回收期法优先考虑急功近利的项目，可能导致放弃长期成功的方案。

2. 投资收益率法

(1) 投资收益率法的基本原理。投资收益率法是一种较早使用的投资评价方法，它通过计算项目投产后正常生产年份的投资收益率来判断投资项目的优劣。投资者希望投入的资本能获取较高的收益率，一般收益率越低，所担风险就越大。因此，用投资收益率法评价投资项目时，投资收益率越高越好。只有投资收益率指标大于或等于基准投资收益率的投资项目才具有财务可行性。

(2) 投资收益率的计算。投资收益率(记作 ROI)，又称投资报酬率，是指经营期年均净收益占原始投资额的百分比。投资收益率是项目投资决策的辅助指标，其计算公式如下：

$$\text{投资收益率}(ROI)=\frac{\text{年平均净收益}}{\text{原始投资额}}\times 100\%$$

【实例 7-3】 投资收益率的计算

资料：见[实例 7-1]。

要求：试计算方案Ⅰ和方案Ⅱ的投资收益率。

解答：方案Ⅰ的投资收益率 $ROI=\frac{22\,500}{100\,000}=22.5\%$

方案Ⅱ的投资收益率 $ROI=\frac{(30\,000+27\,000+24\,000+21\,000+18\,000)\div 5}{150\,000}=16\%$

(3) 投资收益率法的评价。投资收益率法的主要优点在于计算简便，并且使用的是普通会计的收益和成本概念，容易接受和掌握。它的缺点是没有考虑货币时间价值因素，分子、分母计算口径的可比性较差，无法直接利用净现金流量信息。

7.3.2 折现的评价方法

折现的评价方法，是指考虑货币时间价值的评价方法，亦被称为动态评价法。

1. 净现值法

(1) 净现值法的基本原理。净现值法就是用投资项目的净现值进行投资评价的基本方法。净现值法所依据的原理是：假设预计的现金流入在年末肯定可以实现，并把原始投资看成是按设定折现率借入的。当净现值为正数时，偿还本息后该项目仍有剩余的收益；当净现值为 0 时，偿还本息后一无所获；当净现值为负数时，该项目收益不足以偿还本息。因此，只有净现值大于或等于 0 的投资项目才具有财务可行性。

(2) 净现值的计算。净现值(记作 NPV)，是指在项目计算期内，按设定折现率或基准收益率计算的各年净现金流量现值的代数和。计算净现值可以采用一般方法和插入函数法：

方法一：一般方法

一般方法是根据净现值的定义，直接利用净现值的理论公式进行计算。计算公式如下：

$$\text{净现值}(NPV)=\sum_{t=0}^{n}(\text{第 } t \text{ 年的净现金流量}\times\text{第 } t \text{ 年的复利现值系数})$$

式中,n 为项目计算期年数。

方法二:插入函数法

插入函数法是指运用 EXCEL 插入财务函数“NPV”,并根据计算机系统的提示正确地输入基准折现率和净现金流量,来直接求得投资项目净现值的方法。

由于 EXCEL 默认项目建设期内的第一次投资发生在第一年末,即该软件只承认第 $1\sim n$ 期的 NCF_t,而不承认第 $0\sim n$ 期的 NCF_t。在 NCF_0 不等于 0 的情况下,该系统自动将 $NCF_{0\sim n}$ 按照 $NCF_{1\sim(n+1)}$ 来处理。在这种情况下,按插入函数法求得的净现值并不是我们需要的第 0 年值,而是第 0 年的前一年的值,两者之间相差一年,需要进行调整。

在建设起点发生投资(即 NCF_0 不等于 0)的情况下,调整公式为:

$$净现值=插入函数法求得的净现值\times(1+i_c)$$

式中,i_c 为设定折现率或基准收益率。

如果在建设起点未发生投资,则插入函数求得的净现值就是所求的投资项目净现值。

【实例 7-4】 净现值的计算

资料:见[实例 7-1]。

要求:试计算方案Ⅰ和方案Ⅱ的净现值。

解答:

(1) 方案Ⅰ的净现值 $NPV=42\,500\times(P/A,10\%,5)-100\,000$

$=42\,500\times3.790\,8-100\,000=61\,109$(元)

(2) 方案Ⅱ的净现值 $NPV=[50\,000\times(P/F,10\%,1)+47\,000\times(P/F,10\%,2)+44\,000\times(P/F,10\%,3)+41\,000\times(P/F,10\%,4)+88\,000\times(P/F,10\%,5)]-150\,000$

$=(50\,000\times0.909\,1+47\,000\times0.826\,4+44\,000\times0.751\,3+41\,000\times0.683\,0+88\,000\times0.620\,9)-150\,000$

$=49\,995.20$(元)

(3) 净现值法的评价。净现值法的优点是充分考虑了货币时间价值以及项目计算期内的全部净现金流量;缺点是计算烦琐,无法直接反映投资项目的实际收益率水平,而且由于净现值指标是绝对数指标,因此只能反映投资的效益而不能反映投资的效率。

2. 现值指数法

(1) 现值指数法的基本原理。现值指数法就是用现值指数对投资项目进行评价的方法。现值指数(记作 PI)也叫获利指数,是指投产后按设定折现率或基准收益率折算的各年净现金流量的现值合计与原始投资的现值合计之比。现值指数可以看成是 1 元原始投资可望获得的现值净收益,因此,可以作为评价方案的一个指标,只有现值指数大于或等于 1 的项目才具有财务可行性。

(2) 现值指数的计算。现值指数的计算公式为:

$$现值指数(PI)=\frac{投产后各年净现金流量的现值合计}{原始投资的现值合计}$$

当建设期为零,且原始投资在建设起点一次投入时,计算公式为:

$$现值指数(PI)=\frac{投产后各年净现金流量的现值合计}{原始投资额}$$

【实例 7-5】 现值指数的计算

资料:见[实例 7-1]。

要求:试计算方案Ⅰ和方案Ⅱ的现值指数。

解答:(1) 方案Ⅰ的现值指数 $PI=\frac{161\ 109}{100\ 000}\approx 1.6$

(2) 方案Ⅱ的现值指数 $PI=\frac{199\ 995.2}{150\ 000}\approx 1.33$

(3) 现值指数法的评价。现值指数法的优点在于能够反映资金投入和总产出之间的关系,现值指数也是相对数,反映投资的效率,可以解决不同投资项目间的净现值指标缺乏可比性的问题;缺点是无法直接反映投资项目的实际收益率水平。

3. 内含报酬率法

(1) 内含报酬率法的基本原理。内含报酬率法是根据投资项目本身的内含报酬率来评价项目优劣的一种方法。内含报酬率(记作 *IRR*),也叫内含收益率,是指投资项目实际可望达到的收益率,或者说是使投资项目净现值为零的折现率。内含报酬率是方案本身的投资报酬率,因此,只有内含报酬率大于或等于基准收益率或资金成本的投资项目才具有财务可行性。

(2) 内含报酬率的计算。将内含报酬率作为设定折现率来计算项目的净现值,所得的结果恰好等于零,即内含报酬率满足如下等式:

$$NPV=\sum_{t=0}^{n}[NCF_t\times(P/F,\ IRR,\ t)]=0$$

计算内含报酬率可以采用特殊方法、一般方法和插入函数法。

方法一:特殊方法

若项目建设期为零,全部投资均于建设起点一次投入,且项目投产后的净现金流量表现为普通年金的形式时,可以直接利用年金现值系数计算内含报酬率。当完全满足上述应用条件时,由于:

$$NPV=投产后每年相等的净现金流量\times(P/A,\ IRR,\ n)-原始投资额=0$$

因此,内含报酬率 *IRR* 可以按下式确定:

$$(P/A,\ IRR,\ n)=\frac{原始投资额}{投产后每年相等的净现金流量}$$

式中,$(P/A,\ IRR,\ n)$是 n 期、设定折现率为 IRR 的年金现值系数。

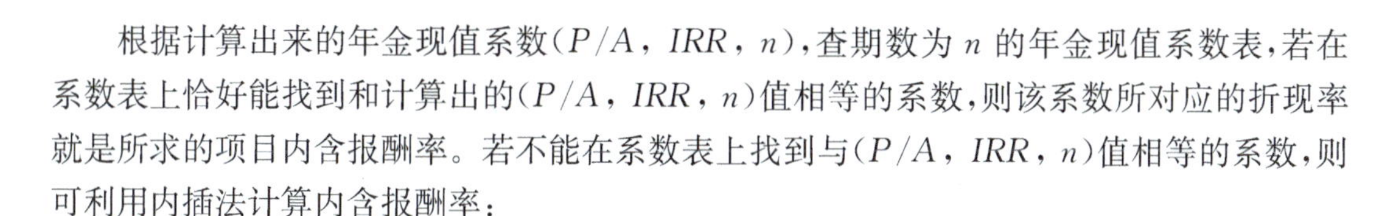

根据计算出来的年金现值系数(P/A, IRR, n)，查期数为 n 的年金现值系数表，若在系数表上恰好能找到和计算出的(P/A, IRR, n)值相等的系数，则该系数所对应的折现率就是所求的项目内含报酬率。若不能在系数表上找到与(P/A, IRR, n)值相等的系数，则可利用内插法计算内含报酬率：

$$IRR = r_m + \frac{D_m - (P/A, IRR, n)}{D_m - D_{m+1}} \times (r_{m+1} - r_m)$$

式中，D_m 和 D_{m+1} 是系数表上同期略大及略小于(P/A, IRR, n)的两个临界值，r_m 和 r_{m+1} 是相应的折现率。

方法二：一般方法

如果不能完全满足特殊方法所要求的条件，内含报酬率的计算通常需要采用“逐步测试法”。其计算步骤如下：

第一步，估计一个折现率，用它来计算项目的净现值。

第二步，如果净现值为正数，说明项目本身的报酬率超过估计的折现率，应提高折现率后进一步测试；如果净现值为负数，说明项目本身的报酬率低于估计的折现率，应降低折现率后进一步测试。

第三步，经过多次测试，找到净现值为正负的两个相邻的贴现率，然后用内插法求出近似的内含报酬率。

即可按下面的公式计算内含报酬率 IRR：

$$IRR = r_m + \frac{NPV_m - 0}{NPV_m - NPV_{m+1}} \times (r_{m+1} - r_m)$$

式中，NPV_m 和 NCF_{m+1} 是最为接近零的两个净现值正负临界值，r_m 和 r_{m+1} 是相应的折现率。

方法三：插入函数法

插入函数法是指运用 EXCEL 插入财务函数“IRR”，并根据计算机系统的提示正确地输入净现金流量，来直接求得投资项目内含报酬率的方法。

由于 EXCEL 默认项目建设期内的第一次投资发生在第一年末，即该软件只承认第 1～n 期的 NCF_t，而不承认第 0～n 期的 NCF_t。在 NCF_0 不等于 0 的情况下，该系统自动将 $NCF_{0\sim n}$ 按照 $NCF_{1\sim(n+1)}$ 来处理，这种情况就相当于该项目无论投资还是生产经营都比原来晚了一年。

由于内含报酬率的计算过程的特殊性，在建设起点发生投资的情况下，无法将按插入函数法求得的内含报酬率调整为项目真实的内含报酬率。虽然采用插入函数法计算出的内含报酬率小于项目的真实内含报酬率，但在项目投资决策过程中仍具有应用价值，这是因为内含报酬率是一个正指标(越大越好)，如果根据插入函数法计算的内含报酬率可以判断项目是否具有财务可行性，那么毫无疑问根据真实内含报酬率一定可以得出相同的结论。

如果在建设起点未发生投资，则按插入函数法求得的内含报酬率就是所求的投资项目的内含报酬率。

【实例 7-6】 内含报酬率的计算

资料：见[实例 7-1]。

要求：试计算方案Ⅰ和方案Ⅱ的内含报酬率。

解答：

(1) 方案Ⅰ的内含报酬率

根据方案Ⅰ的现金流量的特点，即项目建设期为0，全部投资均于建设起点一次投入，且项目投产后的净现金流量表现为普通年金的形式，可采用特殊方法。首先，求出年金现值系数。由公式 $P=A(P/A, i, n)$得：

$$(P/A, i, 5)=100\,000/42\,500=2.352\,9$$

其次，利用内插法求内含报酬率

查表：28%　　年金现值系数=2.532 0

　　　IRR　　年金现值系数=2.352 9

　　　32%　　年金现值系数=2.345 2

$$\frac{32\%-IRR}{32\%-28\%}=\frac{2.345\,2-2.352\,9}{2.345\,2-2.532\,0}$$

解得：$IRR \approx 31.84\%$

(2) 方案Ⅱ的内含报酬率

根据方案Ⅱ的现金流量的特点，应选用一般方法即逐步测试法。其步骤如下：

第1步：估计一个折现率，用它来计算项目的净现值。

当折现率=10%，$NPV=49\,995.2$(元)

第2步：提高贴现率，寻找净现值大于0和净现值小于0的两个值，经多次测试，计算出：当 $I=20\%$ 时，$NPV=4\,906.1$(元)；当 $I=24\%$ 时，$NPV=-8\,668.4$(元)

第3步：利用内插法计算 IRR，如下：

$I=20\%$　　$NPV=4\,906.1$

$IRR=?$　　$NPV=0$

$I=24\%$　　$NPV=-8\,668.4$

$$\frac{24\%-IRR}{24\%-20\%}=\frac{-8\,668.4}{-8\,668.4-4\,906.1}$$

解得：$IRR \approx 21.45\%$

(3) 内含报酬率法的评价

内含报酬率的优点是充分考虑了货币的时间价值，可以直接反映投资项目的实际收益水平，易于理解，容易被人接受，又不受行业基准收益率高低的影响，比较客观。其缺点在于计算过程复杂，通常需要经过多次的测算。

4. 折现指标之间的关系

首先，三个折现指标(净现值 NPV、现值指数 PI、内含报酬率 IRR)是项目投资决策所依据的主要指标，它们之间存在同方向变动关系，在对同一个投资项目进行财务可行性评价

时，会得出相同的结论。三个折现指标满足下列关系式：

若 $NPV>0$，则 $PI>1$，$IRR>$设定折现率或基准收益率；

若 $NPV=0$，则 $PI=1$，$IRR=$设定折现率或基准收益率；

若 $NPV<0$，则 $PI<1$，$IRR<$设定折现率或基准收益率。

其次，三个折现指标都是正指标，除净现值是绝对数指标，其余都是相对数指标。净现值和现值指数的计算都必须首先确定折现率，且它们的大小与折现率高低密切相关，只有内含报酬率无须事先确定折现率。另外，内含报酬率的计算过程中会用到净现值。

7.4 项目投资决策方法的选择

7.4.1 投资项目的性质

项目投资决策的关键，就是选择适当的决策方法，而投资项目的不同性质影响着决策方法的选择。投资项目可分为独立方案和互斥方案两大类，这种分类是针对两个以上投资项目的相对关系而言的。所谓独立方案，是指两个及以上的投资项目互不影响，可以同时并存，选择某一方案并不排斥选择另一方案。例如，在资金充足的情况下，某企业拟投资兴建一条新生产线，同时购置一辆运输汽车，它们之间并不冲突，可以同时进行，因此是完全独立的投资项目。所谓互斥方案，是指两个及以上投资项目之间不能并存，必须相互代替。例如，进行固定资产更新，保留旧固定资产就不能购入新设备，购买新设备就必须出售或报废旧设备，它们是互斥的。

对于独立方案，采用某一项目，并不排除其他项目也被采用的可能性，因此各方案的决策也是独立的，不存在方案之间的对比问题，独立投资方案是否可行，可以直接计算各方案的净现值、现值指数、内含报酬率等指标，只要各方案能达到要求，方案都是可行的，各种项目投资决策的方法均可适用。财务管理中的项目投资决策，主要涉及互斥方案的决策。互斥方案，由于彼此之间存在排他性，只能在若干可供选择的方案中选择一个最佳方案，因此存在着各方案间的对比比较问题。

7.4.2 独立方案的投资决策

独立投资方案互相并不排斥，可以同时采用，因此决策首先要分析各方案本身是否具备财务可行性，评价其财务可行性也就是对其作出最终决策的过程。对于一组独立方案中的任何一个方案，都存在着“接受”或“拒绝”的选择。只有完全具备或基本具备财务可行性的方案，才可以接受；完全不具备或基本不具备财务可行性的方案，只能拒绝。判断一个方案是否具备财务可行性的标准如下：

1. 完全具备财务可行性的条件

若一个方案同时满足以下条件，则该方案完全具备财务可行性：

① 净现值 $NPV\geqslant0$；② 现值指数 $PI\geqslant1$；③ 内含报酬率 $IRR\geqslant$ 基准折现率；④ 投资回

收期(含建设期)$PP \leqslant n/2$(n 为项目计算期),或者不含建设期的投资回收期 $PP' \leqslant p/2$(p 为项目经营期);⑤ 投资收益率 $ROI \geqslant$ 基准投资收益率。

2. 完全不具备财务可行性的条件

若一个方案同时满足以下条件,则该方案完全不具备财务可行性:

①$NPV<0$;②$PI<1$;③$IRR<$基准折现率;④$PP>n/2$(n 为项目计算期),或者 $PP'>p/2$(p 为项目经营期);⑤$ROI<$基准投资收益率。

3. 基本具备财务可行性的条件

若一个方案的主要指标处于可行区间($NPV \geqslant 0$, $PI \geqslant 1$, $IRR \geqslant$基准折现率),但次要指标或辅助指标处于不可行区间($PP>n/2$ 或 $PP'>p/2$, $ROI<$基准投资收益率),则该方案基本具备财务可行性。

4. 基本不具备财务可行性的条件

若一个方案的主要指标处于不可行区间,次要指标或辅助指标处于可行区间,则该方案基本不具备财务可行性。

【实例 7-7】 项目投资的财务可行性分析

资料:见[实例 7-2]~[实例 7-6]。

要求:试分析方案Ⅰ和方案Ⅱ的财务可行性。

解答:(1) 从方案Ⅰ的评价指标来看,净现值 $NPV>0$,现值指数 $PI>1$,内含报酬率 $IRR>$基准折现率,投资回收期(含建设期)$PP<n/2$(n 为项目计算期),投资收益率 $ROI>$基准投资收益率。可见,方案Ⅰ完全具备财务可行性的条件。

(2) 从方案Ⅱ的评价指标来看,净现值 $NPV>0$,现值指数 $PI>1$,内含报酬率 $IRR>$基准折现率,投资收益率 $ROI>$基准投资收益率,而投资回收期(含建设期)$PP>n/2$(n 为项目计算期),可见,方案Ⅱ基本具备财务可行性的条件。

7.4.3 互斥方案的投资决策

互斥投资方案互相排斥,不能并存,决策的实质在于选择最优方案。互斥方案的投资决策是在多个互斥方案已经具备财务可行性的前提下,利用具体决策方法比较各个方案的优劣,从而最终选出一个最优方案的过程。具体的决策方法主要有净现值法、差额投资内含报酬率法、年等额净回收额法和计算期统一法等,其中年等额净回收额法和计算期统一法是上一节所介绍的三个折现的评价方法的变形和应用,应根据互斥方案的特点选择相应的决策方法。

1. 净现值法

净现值法适用于原始投资相同且项目计算期相等的多个互斥方案的比较决策,该法的决策标准是:在所有方案中,净现值最大的方案为最优方案。

2. 差额投资内含报酬率法

差额投资内含报酬率法是指在两个原始投资额不同但项目计算期相等的方案的差量净现金流量的基础上,计算出差额内含报酬率,并据以判断方案孰优孰劣的方法。差额投资内含报酬率的计算方法和内含报酬率的计算方法完全一样,只是前者所依据的是差额净现金

流量。该法的决策标准是：当差额内含报酬率指标大于或等于基准收益率或设定折现率时，原始投资额大的方案较优；反之，则原始投资额小的方案为优。差额投资内含报酬率法最典型的应用就是更新改造项目的投资决策，当该项目的差额内含报酬率指标大于或等于基准收益率或设定折现率时，应当进行更新改造；反之，就不应当进行此项更新改造。

3. 年等额净回收额法

年等额净回收额法是指根据所有投资方案的年等额净回收额指标的大小来选择最优方案的决策方法。该法适用于原始投资不相同、特别是项目计算期不同的多方案比较决策。某方案的年等额净回收额等于该方案净现值与资本回收系数(年金现值系数的倒数)的乘积，计算公式如下：

$$\text{某方案年等额净回收额}=\text{该方案净现值}\times\text{资本回收系数}$$

或
$$\text{某方案年等额净回收额}=\text{该方案净现值}\times\frac{1}{\text{年金现值系数}}$$

年等额净回收额法的决策标准是：在所有方案中，年等额净回收额最大的方案为优。

4. 计算期统一法

所谓计算期统一法就是为了满足时间可比性的要求，采用一定的方法为多个互斥方案确定一个统一的计算分析期，在此基础上计算各个方案的评价指标，从而选择最优方案的方法。该法主要适用于项目计算期不相等的多个互斥方案的比较决策。根据确定统一的计算分析期的思路不同，该法又可分为方案重复法和最短计算期法。

方案重复法。方案重复法是将各方案项目计算期的最小公倍数确定为统一的计算分析期，进而计算相关评价指标，并据此进行多方案比较决策的一种方法。

最短计算期法。最短计算期法又称最短寿命法，是指先将所有方案的净现值均还原为年等额回收额，再以年等额回收额作为项目的净现金流量按照最短的计算期来计算出相应的净现值，进而根据调整后的净现值指标进行多方案比较决策的一种方法。

【实例 7-8】 综合运用

资料：BBD 公司准备投资一个完整工业建设项目，所在的行业基准折现率(资金成本率)为 10%，分别有 A、B、C 三个方案可供选择。

(1) A 方案的有关资料如下：

表 7-5 A 方案各年净现金流量与折现的净现金流量 单位：元

项 目	计算期							合计
	第 0 年	第 1 年	第 2 年	第 3 年	第 4 年	第 5 年	第 6 年	
净现金流量	−60 000	0	30 000	30 000	20 000	20 000	30 000	—
折现的净现金流量	−60 000	0	24 792	22 539	13 660	12 418	16 935	30 344

已知 A 方案的投资于建设期起点一次性投入，建设期为 1 年，该方案年等额净回收额为 6 967 元。

(2) B 方案的项目计算期为 8 年，包括建设期的静态投资回收期 3.5 年，净现值为 50 000

元，年等额净回收额为 9 370 元。

(3) C 方案的项目计算期为 12 年，包括建设期的静态投资回收期 7 年，净现值为 70 000 元。

要求：

(1) 计算 A、B 方案包括建设期的静态投资回收期；

(2) 计算 A、B 方案的净现值。

(3) 评价 A、B、C 三个方案的财务可行性。

(4) 计算 C 方案的年等额净回收额。

(5) 按计算期统一法的最短计算期法计算 B 方案调整后的净现值(计算结果保留整数)。

(6) 分别用年等额净回收额法和最短计算期法作出投资决策(已知最短计算期为 6 年，A、C 方案调整后净现值分别为 30 344 元和 44 755 元)。

(7) 用方案重复法作出投资决策。

解答：

(1) A 方案第三年的累计净现金流量＝30 000＋30 000＋0－60 000＝0(元)

所以该方案包括建设期的静态投资回收期＝3(年)

(2) A 方案净现值＝折现的净现金流量之和＝30 344(元)

(3) 对于 A 方案：由于净现值(30 344 元)＞0

包括建设期的投资回收期＝6/2＝3(年)

所以 A 方案完全具备财务可行性；

对于 B 方案：由于净现值(50 000 元)＞0

包括建设期的静态投资回收期为 3.5 年＜4 年

所以 B 方案完全具备财务可行性；

对于 C 方案：由于净现值(70 000 元)＞0

包括建设期的静态投资回收期为 7 年＞6 年

所以 C 方案基本具备财务可行性。

(4) C 方案的年等额净回收额＝净现值×$(A/P, 10\%, 12)$

＝70 000×0.146 8＝10 276(元)

(5) 三个方案的最短计算期为 6 年

B 方案调整后的净现值＝年等额净回收额×$(P/A, 10\%, 6)$

＝9 370×4.355 3≈40 809(元)

(6) 年等额净回收额法：

A 方案的年等额净回收额＝6 967(元)

B 方案的年等额净回收额＝9 370(元)

C 方案的年等额净回收额＝10 276(元)

因为 C 方案的年等额净回收额最大，B 方案次之，A 方案最小，

所以 C 方案最优，其次是 B 方案，A 方案最差。

最短计算期法：

A 方案调整后的净现值=30 344(元)

B 方案调整后的净现值=40 809(元)

C 方案调整后的净现值=44 755(元)

因为 C 方案调整后的净现值最大，B 方案次之，A 方案最小，

所以 C 方案最优，其次是 B 方案，A 方案最差。

(7) 方案重复法：

$$NPV_A = 30\,344 \times [1 + (P/F, 10\%, 6) + (P/F, 10\%, 12) + (P/F, 10\%, 18)]$$
$$= 62\,599.672(\text{元})$$

$$NPV_B = 50\,000 \times [1 + (P/F, 10\%, 8) + (P/F, 10\%, 16)] = 84\,205(\text{元})$$

$$NPV_C = 70\,000 \times [1 + (P/F, 10\%, 12)] = 92\,302(\text{元})$$

因为 C 方案的净现值最大，B 方案次之，A 方案最小，所以 C 方案最优，其次是 B 方案，A 方案最差。

7.5　几种特殊的项目投资决策

7.5.1　固定资产最优更新期的决策

固定资产使用到一定时间，就必须要进行更新，用更先进或更经济的固定资产来替代。那么固定资产究竟何时更新对企业最有利，如何确定固定资产的最优更新期，这个问题应该基于固定资产的经济寿命来考虑。使某项固定资产的年平均成本达到最低的使用期限就称为该项固定资产的经济寿命，也称为固定资产的最优更新期。

要确定固定资产的最优更新期，就必须计算固定资产在使用期限内各年的年平均成本。如果某年的年平均成本最低，则该年末即为该固定资产的最优更新期，如果不在此时更新，那么随后固定资产的年平均成本就会逐年递增，继续使用该固定资产在经济上就不合算了。在计算固定资产年平均成本时，可以先计算固定资产某年更新前的现值总成本，然后再利用资本回收系数计算固定资产某年更新的年平均成本。能够使固定资产年平均成本最低的那一年就是固定资产的最优更新期。

与固定资产相关的总成本包括两部分，一部分是固定资产的运行费用，另一部分是消耗的在使用年限内的固定资产本身的价值。运行费用又包括固定资产的能源消耗及维护修理费用等，固定资产每年发生的运行费用会随着固定资产的不断老化而逐年上升。消耗的在使用年限内的固定资产本身的价值是以固定资产在更新时能够按照其折余价值变现为前提的，它等于设备的购入价与更新时的变现价值之差。因此，以购入固定资产的时点为起始点，固定资产在更新前的现值总成本可以用如下公式计算：

$$固定资产的现值总成本 = C - \frac{S_n}{(1+i)^n} + \sum_{t=1}^{n} \frac{C_t}{(1+i)^t}$$

上式中，C 表示固定资产的原值；S_n 表示第 n 年时的固定资产折余价值；C_t 表示第 t 年的设备运行成本；n 表示设备拟被更新的年份；i 表示折现率，是企业设定的投资报酬率。

固定资产的年平均成本可以看作是以上述现值总成本为现值、i 为折现率、期数为 n 的普通年金，因此固定资产的年平均成本可以用如下公式计算：

$$固定资产的年平均成本 = \frac{\left[C - \frac{S_n}{(1+i)^n} + \sum_{t=1}^{n} \frac{C_t}{(1+i)^t}\right]}{(P/A, i, n)}$$

利用上述公式可以计算出若干个不同的固定资产更新期的年平均成本，通过比较，选出使年平均成本最小的更新年限，即为固定资产的最优更新期。

【实例 7-9】 固定资产最优更新期决策

资料：BBD 公司的一项固定资产购买价格为 8 万元，预计使用寿命为 8 年，无残值，采用直线法计提折旧。该企业的综合资本成本为 10%，各年折旧额、折余价值及运行费用如表 7-6 所示。

表 7-6 该固定资产各年折旧额、折余价值及运行费用情况表

单位：元

项目	更新年限							
	1 年	2 年	3 年	4 年	5 年	6 年	7 年	8 年
折旧额	10 000	10 000	10 000	10 000	10 000	10 000	10 000	10 000
折余价值	70 000	60 000	50 000	40 000	30 000	20 000	10 000	0
运行费用	10 000	10 000	11 000	12 000	13 000	15 000	19 000	28 000

解答：

根据固定资产年平均成本的计算公式和上述资料，可以计算出各年的年平均成本，计算结果如表 7-7 所示。

表 7-7 该固定资产各年的年平均成本计算表

单位：元

更新年限	折余价值①	现值系数②	折余价值的现值③=①×②	运行费用④	运行费用现值⑤=④×②	n 年更新时运行费用现值合计⑥=∑⑤	现值总成本⑦=③+⑥	(P/A, 10%, n)⑧	年平均成本⑨=⑦/⑧
1 年	70 000	0.909 1	63 637	10 000	9 091	9 091	72 728	0.909 1	80 000
2 年	60 000	0.826 4	49 584	10 000	8 264	17 355	66 939	1.735 5	38 570.44
3 年	50 000	0.751 3	37 565	11 000	8 264.3	25 619.3	63 184.3	2.486 9	25 406.85
4 年	40 000	0.683 0	27 320	12 000	8 196	33 815.3	61 135.3	3.169 9	19 286.19
5 年	30 000	0.620 9	18 627	13 000	8 071.7	41 887	60 514	3.790 8	15 963.39

（续表）

更新年限	折余价值①	现值系数②	折余价值的现值③=①×②	运行费用④	运行费用现值⑤=④×②	n 年更新时运行费用现值合计⑥=Σ⑤	现值总成本⑦=③+⑥	(P/A，10%，n)⑧	年平均成本⑨=⑦/⑧
6 年	20 000	0.564 5	11 290	15 000	8 467.5	50 354.5	61 644.5	4.355 3	14 153.90
7 年	10 000	0.513 2	5 132	19 000	9 750.8	60 105.3	65 237.3	4.868 4	13 400.15
8 年	0	0.466 5	0	28 000	13 062	73 167.3	73 167.3	5.334 9	13 714.84

从表 7-7 可知，该项固定资产在第 7 年更新时年平均成本最低，因此，第 7 年是该设备的最优更新期。

7.5.2　固定资产修理或更新的决策

固定资产修理或更新决策是指，在现有生产能力不变的情况下，选择对固定资产进行大修理后继续使用，还是将旧固定资产淘汰，重新购买运行费用更低的新固定资产使用。由于假定新、旧固定资产生产能力相同，则企业的销售收入不变，现金流入量也不变，只是固定资产使用成本发生变化。由于新旧固定资产的使用寿命往往不同，因此固定资产修理或更新决策需要比较两个方案的年平均成本。由于固定资产的维修费用、运行成本和折旧费都可以在税前扣除，因此，在计算年平均成本时，应考虑这种节税效应带来的成本节约，节约的所得税额可以看作是一项现金流入或者看作是现金流出的减少。

【实例 7-10】　固定资产修理或更新的决策

资料：BBD 公司有一台旧设备，年折旧额为 10 000 元，重置成本为 30 000 元，年运行成本为 6 000 元，如果继续使用，需要在第一年初和第二年初各进行一次大修理，每次的大修理费用为 6 000 元，预计还可使用 3 年，3 年后报废无残值。如果购买新设备，则需花费 85 000 元的购置费用，使用寿命为 8 年，年运行成本 3 000 元，不需大修理，8 年后可收回残值 5 000 元。新、旧设备的生产能力相同，且生产的产品质量无差异。该企业采用直线法计提折旧，综合资本成本为 10%，企业所得税税率为 25%。请问该企业应该对旧设备大修理后应继续使用还是购买新设备？

解答：

方案一：继续使用旧设备

设备重置成本＝30 000（元）

大修理费用现值＝6 000×（1－25%）＋6 000×（1－25%）×（P/F，10%，1）＝8 590.95（元）

折旧节约的所得税额现值＝10 000×25%×（P/A，10%，3）＝6 217.25（元）

运行成本现值＝6 000×（1－25%）×（P/A，10%，3）＝11 191.05（元）

总现值成本＝30 000＋8 590.95－6 217.25＋11 191.05＝43 564.75（元）

继续使用旧设备的年平均成本＝43 564.75/（P/A，10%，3）≈17 517.69（元）

方案二：购置新设备

新设备购置成本＝85 000（元）

回收残值的现值=5 000×(P/F，10%，8)=2 332.5(元)

折旧节约的所得税额现值=[(85 000-5 000)/8]×25%×(P/A，10%，8)
=13 337.25(元)

运行成本现值=3000×(1-25%)×(P/A，10%，8)=12 003.53(元)

总现值成本=85 000-2 332.5-13 337.25+12 003.53=81 333.78(元)

继续使用旧设备的年平均成本=81 333.78/(P/A，10%，8)≈15 245.61(元)

从上述计算结果可以看出，购买新设备的年平均成本低于继续使用旧设备的年平均成本，因此该企业应当淘汰旧设备，购置新设备。

7.5.3 固定资产租赁或购买决策

在进行固定资产租赁或购买决策时，通常情况下，租赁和购买的固定资产的生产能力和运营费用基本相同，因此仅需要比较两种方案所带来的成本支出差异。本节所指的固定资产租赁是经营租赁，固定资产租赁和购买的主要区别在于：租赁是分期逐次支出，而购买则是在开始时一次性支出。在进行决策时，应考虑租赁费用和节税收益两个因素。由于经营租赁费用可在税前列支，所以企业可以得到节税收益；而企业购置固定资产，每年可计提折旧，折旧费用可以税前列支，因此也可以取得节税效应。

【实例 7-11】 固定资产租赁或购买决策

资料：BBD 公司因生产需要使用一台某型号的设备，若自行购买，需支付 80 000 元，可用 8 年，预计无残值，采用直线法计提折旧。若从外部租赁，则每年需支付租金 15 000 元，租期 8 年。已知该企业的综合资本成本为 10%，所得税税率为 25%，请为该企业作出租赁或购买的决策。

解答：

(1) 自行购买固定资产的支出

固定资产买价=80 000(元)

折旧节约的所得税额现值=(80 000/8)×25%×(P/A，10%，8)=13 337.25(元)

支出的总现值=80 000-13 337.25=66 662.75(元)

(2) 从外部租赁固定资产的支出

租赁费用现值=15 000×(P/A，10%，8)=80 023.5(元)

租赁费用节约的所得税额现值=15 000×25%×(P/A，10%，8)=20 005.88(元)

支出的总现值=80 023.5-20 005.88=60 017.62(元)

上述计算结果表明，租赁设备的支出现值小于购买设备的支出现值，因此该企业不应自行购买，而应从外部租赁设备。

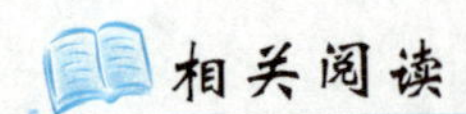

估算现金流量应注意的几个问题

在确定投资方案相关的现金流量时，应遵循的基本原则是：只有增量现金流量才是与项

目有关的现金流量。所谓增量现金流量，是指接受或拒绝某个投资方案后，企业总现金流量因此发生的变化。只有那些由于采取某个项目引起的现金支出增加量，才是该项目的现金流出；只有那些由于采取某个项目引起的现金流入增加量，才是该项目的现金流入。

为了正确计算投资方案的增量现金流量，需要正确判断哪些支出会引起企业总现金流量变动，哪些支出不会引起总现金流量变动。在进行这种判断时，要注意以下几个问题：

1. 区别相关成本与无关成本

相关成本是指与特定决策有关的、在分析评价时必须加以考虑的成本。例如，差量成本、未来成本、重置成本、机会成本等都属于相关成本。与此相反，与特定决策无关的、在分析评价时不必加以考虑的成本是非相关成本。例如，沉没成本、账面成本等往往是非相关成本。

2. 不要忽视机会成本

在投资方案的选择中，如果选择了一个投资方案，则必须放弃投资于其他项目的机会。其他投资机会可能取得的收益是实施本方案的一种代价，被称为这项投资方案的机会成本。

机会成本不是我们通常意义上的“成本”，它不是一种支出或费用，而是失去的收益。这种收益不是实际发生的，而是潜在的。机会成本总是针对具体方案的，离开被放弃的方案就无从计量确定。

机会成本在决策中的意义在于，它有助于全面考虑可能采取的各种方案，以便为既定资源寻求最为有利的使用途径。

3. 要考虑投资方案对公司其他项目的影响

当我们采纳一个新的项目后，该项目可能对公司的其他项目造成有利或不利的影响。

4. 要考虑投资方案对净营运资金的影响

在一般情况下，当公司开办一个新业务并使销售额扩大后，对存货或应收账款等经营性流动资产的需要也会增加，公司必须筹措新的资金以满足这种额外需求；另一方面，公司扩充的结果，应付账款与一些应付费用等经营性流动负债也会同时增加，从而降低公司流动资金的实际需要。

当投资方案的寿命周期快要结束时，公司将与项目有关的存货出售，应收账款变为现金，应付账款也随之偿付，净营运资金恢复到原有水平。通常，在进行投资分析时，假定开始投资时筹措的净营运资金在项目结束时收回。

5. 现金流量估算应由企业内不同部门的人员共同参与进行

由于项目投资涉及面广，影响深远，所以需要企业内部的众多人员和部门参与并估算投资现金流量。例如，一般由销售部门负责对产品售价和销量的预测，他们依据其所掌握的市场情况、经济形势、消费趋势、广告效果、产品价格弹性以及竞争对手的情况等资料进行预测与估算；项目工程师和技术及产品开发部门负责估计厂房建造、设备购置、产品研制等资本支出；投资方案的营运成本多由采购部门、生产部门、劳资部门和会计部门负责估计。财务部门要为各部门的预测、估计建立共同的基本假设条件，如物价水平、折现率、可供资源的限制条件等。

（资料来源：中国注册会计师协会.财务成本管理[M].北京：中国财政经济出版社，2009.）

本章小结

项目投资是以扩大生产能力和改善生产条件为目的的资本投资。从性质来看，项目投资是企业直接的、生产性的对内投资。

现金流量是项目投资决策的重要依据，是指一个项目引起的企业现金支出和现金收入增加的数量。现金流量涉及现金流出量、现金流入量和净现金流量三个具体概念。

投资项目评价时使用的指标分为两类：一类是非折现指标，主要包括回收期、投资收益率等；另一类是折现指标，主要包括净现值、现值指数、内含报酬率等。

项目投资决策的关键就是选择适当的决策方法，而投资项目的不同性质影响着决策方法的选择。投资项目可分为独立方案和互斥方案两大类。对于独立投资方案是否可行的判断，可以直接计算各方案的净现值、现值指数、内含报酬率等指标，只要各方案能达到标准要求，方案都是可行的，各种项目投资决策的方法均可适用。而互斥方案的投资决策方法主要有净现值法、差额投资内含报酬率法、年等额净回收额法和计算期统一法等。

几种特殊的项目投资决策，包括固定资产最优更新期的决策、固定资产修理或更新的决策和固定资产租赁或购买决策，需要综合运用现金流量和货币时间价值知识进行决策。

关键概念

项目投资（project investment）
现金流量(cash flow)
回收期(payback period)
投资收益率(return on investment)
净现值(net present value)
现值指数(profitability index)
内含报酬率(internal rate of return)

自测题

一、单项选择题

1. 存在所得税的情况下，以“利润＋折旧”估计经营期净现金流量时，“利润”是指(　　)。

A. 利润总额　　B. 净利润
C. 营业利润　　D. 息税前利润

2. 下列各项中，不属于投资项目现金流出量内容的是(　　)。

A. 固定资产投资　　B. 折旧与摊销
C. 无形资产投资　　D. 新增经营成本

3. 下列各项中，不会对投资项目内部收益率指标产生影响的因素是(　　)。

A. 原始投资　　B. 现金流量
C. 项目计算期　　D. 设定折现率

4. 已知某投资项目按14％折现率计算的净现值大于0，按16％折现率计算的净现值小于0,则该项目的内部收益率肯定(　　)。

A. 大于14%,小于16%　　B. 小于14%

C. 等于15%　　D. 大于16%

5. 某投资方案,当折现率为16%时,其净现值为6.12万元;当折现率为18%时,其净现值为−3.17万元。该方案的内含报酬率为(　　)。

A. 14.68%　　B. 16.68%　　C. 17.32%　　D. 18.32%

6. 某投资方案,当贴现率为16%时,其净现值为338元;当贴现率为18%时,其净现值为−22元。该方案的内含报酬率为(　　)。

A.15.88%;　　B. 16.12%;　　C.17.88%　　D. 18.14%

7. 如果某投资项目的相关评价指标满足以下关系:$NPV>0$, $PI>1$, $IRR>ic$, $PP>n/2$,则可以得出的结论是(　　)。

A. 该项目基本具备财务可行性　　B. 该项目完全具备财务可行性

C. 该项目基本不具备财务可行性　　D. 该项目完全不具备财务可行性

8. 下列评价方法中属于非折现评价指标的是(　　)。

A. 净现值　　B. 内含报酬率

C. 现值指数　　D. 投资回收期

9. 某公司计划投资建设一条新生产线,投资总额为60万元,预计新生产线接产后每年可为公司新增净利润4万元,生产线的年折旧额为6万元,则该投资的静态回收期为(　　)年。

A. 5　　B. 6　　C. 10　　D. 15

10. 已知某投资项目的原始投资额现值为100万元,净现值为25万元,则该项目的现值指数为(　　)。

A. 0.25　　B. 0.75　　C. 1.05　　D. 1.25

11. 某企业投资方案A的年销售收入为180万元,年销售成本和费用为120万元,其中折旧为20万元,所得税税率为25%,则该投资方案的经营净现金流量为(　　)。

A. 42万元　　B. 65万元　　C. 60万元　　D. 48万元

12. 项目投资决策依据是(　　)。

A. 净利润　　B. 利润总额

C. 息税前利润　　D. 现金流量

13. 在下列评价方法中,未考虑货币时间价值的是(　　)。

A. 净现值　　B. 内含报酬率

C. 现值指数　　D. 平均报酬率

14. 某投资项目只有第一年年初产生现金净流出,随后各年均产生现金净流入,且其动态回收期短于项目寿命期,则该项目的净现值(　　)。

A. 无法判断　　B. 小于0　　C. 大于0　　D. 等于0

二、多项选择题

1. 采用净现值法评价投资项目可行性时,所采用的折现率通常有(　　)。

A. 投资项目的资金成本率　　B. 投资的机会成本率
C. 行业平均资金收益率　　D. 投资项目的内部收益率

2. 完整的工业投资项目的现金流入主要包括(　　)。
A. 营业收入　　B. 回收固定资产变现净值
C. 固定资产折旧　　D. 回收流动资金

3. 与财务会计使用的现金流量表相比,项目投资决策所使用的现金流量表的特点有(　　)。
A. 只反映特定投资项目的现金流量　　B.在时间上包括整个项目计算期
C. 表格中不包括任何决策评价指标　　D. 所依据的数据是预计信息

4. 在项目计算期不同的情况下,能够应用于多个互斥投资方案比较决策的方法有(　　)。
A. 差额投资内部收益率法　　B. 年等额净回收额法
C. 最短计算期法　　D. 方案重复法

5. 如果某投资项目完全具备财务可行性,且其净现值指标大于 0,则可以断定该项目的相关评价指标同时满足以下关系:(　　)。
A. 获利指数大于 1
B. 净现值率大于等于 0
C. 内部收益率大于基准折现率
D. 包括建设期的静态投资回收期大于项目计算期的一半

6. 内含报酬率是指(　　)。
A. 投资报酬与总投资现值的比率
B. 能使未来现金流入量现值与未来现金流出量现值相等的贴现率
C. 投资报酬现值与总投资现值的比率
D. 使投资方案净现值为零的贴现率

7. 在其他因素不变的情况下,下列财务评价指标中,指标数值越大表明项目可行性越强的有(　　)。
A. 净现值　　B. 现值指数　　C. 内含报酬率　　D. 动态回收期

8. 某项目需要在第一年年初投资 76 万元,寿命期为 6 年,每年年末产生现金净流量 20 万元。已知 $(P/A, 14\%, 6)=3.8887$,$(P/A, 15\%, 6)=3.7845$。若公司根据内含收益率法认定该项目具有可行性,则该项目的必要投资收益率不可能为(　　)。
A. 16%　　B. 13%　　C. 14%　　D. 15%

三、判断题

1. 某企业正在讨论更新现有的生产线,有两个备选方案:A 方案的净现值为 400 万元,内含报酬率为 10%;B 方案的净现值为 300 万元,内含报酬率为 15%。据此可确认定 A 方案较好。(　　)

2. 现金净流量是现金流入量与现金流出量的差额,其数值一定大于零。(　　)

3. 在评价投资项目的财务可行性时,如果静态投资回收期或投资利润率的评价结论与净

现值指标的评价结论发生矛盾，应当以净现值指标的结论为准。（　　）

4. 在应用差额投资内含报酬率法对固定资产更新改造投资项目进行决策时，如果差额内含报酬率小于行业基准折现率或资金成本率，就不应当进行更新改造。（　　）
5. 在项目投资决策中，净现金流量是指经营期内每年现金流入量与同年现金流出量之间的差额所形成的序列指标。（　　）
6. 根据项目投资的理论，在各类投资项目中，运营期现金流出量中都包括固定资产投资。（　　）
7. 回收期指标的优点是计算简单，易于操作，并且考虑了整个项目计算期的现金净流量信息。（　　）
8. 对同一独立项目进行评价时，根据净现值、内含报酬率和获利指数可能会得出不同的结论。（　　）
9. 在运用获利指数法进行投资决策时，投资者应放弃现值指数小于1的投资项目。（　　）

四、计算题

1. 目的：练习项目投资决策评价指标的计算与决策。

资料：已知宏达公司拟于202×年初用自有资金购置设备一台，需一次性投资100万元。经测算，该设备使用寿命为5年，税法亦允许按5年计提折旧；设备投入运营后每年可新增利润20万元。假定该设备按直线法计提折旧，预计的净残值率为5%；不考虑建设安装期和公司所得税。

要求：(1) 计算使用期内各年净现金流量。

(2) 计算该设备的静态投资回收期。

(3) 计算该投资项目的投资利润率。

(4) 如果以10%作为折现率，计算其净现值。

2. 目的：练习项目投资决策评价指标的计算与投资决策。

资料：某企业拟进行一项固定资产投资，该项目的现金流量表(部分)如下：

现金流量表(部分)　　单位：万元

指标	建设期		经营期					合计
	第0年	第1年	第2年	第3年	第4年	第5年	第6年	
净现金流量	−1 000	−1 000	100	1 000	(B)	1 000	1 000	2 900
累计净现金流量	−1 000	−2 000	−1 900	(A)	900	1 900	2 900	—
折现净现金流量	−1 000	−943.4	89	839.6	1 425.8	747.3	705	1 863.3

要求：(1) 计算或确定下列指标：①静态投资回收期，②净现值，③原始投资现值，④净现值率，⑤获利指数。

(2) 评价该项目的财务可行性。

3. 目的：练习静态投资回收期法和净现值法的运用。

资料：已知某企业拟进行一项单纯固定资产投资，现有A、B两个互斥方案可供选择，相关资料如下表所示：

单位：万元

方案	指标	建 设 期		运 营 期	
		第0年	第1年	第2～11年	第12年
A	固定资产投资	*	*		
	新增息税前利润(每年相等)			*	*
	新增折旧			100	100
	新增营业税金及附加			1.5	*
	所得税前净现金流量	－1 000	0	200	*
B	固定资产投资	500	500		
	所得税前净现金流量	*	*	200	*

说明：表中"第2～11年"一列中的数据为每年数，连续10年相等；"*"表示省略的数据。

要求：(1) 确定或计算A方案的下列数据：①固定资产投资金额；②运营期每年新增息税前利润；③不包括建设期的静态投资回收期。

(2) 请判断能否利用净现值法作出最终投资决策。

(3) 如果A、B两方案的净现值分别为180.92万元和273.42万元，请按照一定方法作出最终决策，并说明理由。

4. 目的：练习现金流量的估算以及净现值、获利指数的决策应用。

资料：雪山公司某项目投资期为2年，每年投资200万元。第3年开始投产，投产开始时垫支营运资本50万元，于项目结束时收回。项目有效期为6年，净残值为40万元，按直线法计提折旧。每年营业收入400万元，付现成本280万元。公司所得税税率为25%，资本成本为10%。

要求：(1) 计算每年的营业净现金流量；

(2) 计算项目的净现值、获利指数，并判断项目是否可行。

五、综合题

目的：练习项目投资决策。

资料：E公司拟投资建设一条生产线，行业基准折现率为10%，现有六个方案可供选择，相关的净现金流量数据如表所示：

单位：万元

方案	第0年	第1年	第2年	第3年	第4年	第5年	…	第9年	第10年	第11年	合计
A	－1 050	－50	500	450	400	350	…	150	100	50	1 650
B	－1 100	0	50	100	150	200	…	400	450	500	1 650
C	－1 100	0	275	275	275	275	…	275	275	275	1 650

（续表）

方案	第0年	第1年	第2年	第3年	第4年	第5年	…	第9年	第10年	第11年	合计
D	−1 100	275	275	275	275	275	…	275	275	—	1 650
E	−550	−550	275	275	275	275	…	275	275	275	1 650
F	—	−1 100	275	275	275	275	…	275	275	275	1 650

要求：

(1) 根据表中数据，分别确定下列数据：

① A方案和B方案的建设期；

② C方案和D方案的运营期；

③ E方案和F方案的项目计算期。

(2) 根据表中数据，说明A方案和D方案的资金投入方式。

(3) 计算A方案包括建设期的静态投资回收期指标。

(4) 利用简化方法计算E方案不包括建设期的静态投资回收期指标。

(5) 利用简化方法计算C方案净现值指标。

(6) 利用简化方法计算D方案内部收益率指标。

六、简答题

1. 什么是项目投资的现金流量？它包括哪些内容？
2. 项目投资决策的基本方法有哪些？各自有什么特点？
3. 简述独立方案完全具备财务可行性的条件。
4. 互斥方案的投资决策方法有哪些？

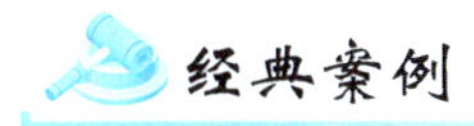

经典案例

基于贴现现金流法的N公司项目投资决策

N公司现计划一项石英管高科技生产项目，涉及多项设备、建筑等投资建设活动。若新项目建成，将大大提高石英管的产品质量及应用范围。为了保证投资能够实现企业预期经济效益并为公司利益相关者创造价值，在项目实施之前，N公司采用贴现现金流法对该投资项目的可行性进行合理判断。

一、公司投资项目简介

根据N公司的市场分析及估算，预计项目总投资达6 453万元，其中，建设投资约4 653万元，铺底流动资金约1 800万元。项目预计新建10 058.4平方米的生产作业厂房，上新钨锅、熔炉等多项设备价值约3 302.1万元，产能约3 420吨/年。其中，透明管年产2 340吨，无臭氧管年产360吨，滤紫外线管年产720吨。项目建设期为两年。

二、公司项目投资决策流程

(一) 总体思路

1. 判断项目投资方案类型

在选择适用的投资决策方法前,N公司首先分析了该项目投资方案属于独立投资方案还是互斥投资方案。N公司该项目的接受或放弃并不影响其他项目的考虑和选择,并且项目投资不受资金、人力等限制,该项目与其他项目互不依赖,互不排斥,故判定该项目投资方案属于独立投资方案。

2. 选择项目投资决策方法

为了分析项目投资方案的可行性,N公司选择了贴现现金流法的以下方法进行决策:

(1) 净现值法。当净现值(*NPV*)大于零时,意味着项目具有可行性。

(2) 内含报酬率法。当内含报酬率(*IRR*)大于资本成本时,意味着项目具有可行性。

由于该投资方案属于独立投资方案,使用净现值法和内含报酬率法得出的结论应是相同的。

3. 项目投资决策方法的实施

N公司项目投资决策方法的具体实施主要按照以下流程进行:

(1) 建设投资及流动资金估算;

(2) 资金筹措计划;

(3) 收入及费用估算;

(4) 现金流量估算;

(5) 净现值与内含报酬率的计算及可行性分析。

(二) 具体应用流程

1. 建设投资及流动资金估算

N公司该项目的建设投资主要包括土建、设备与办公用具购置费、工程建设其他费用、开办费和预备费等。项目建设投资估算额约为4 653万元。建设投资估算情况如表1所示。

表1 建设投资估算表

项目	金额/万元	比例/%
一、土建	1 062.9	22.8
二、设备与办公用具	3 302.1	71.0
三、工程建设其他费用	216.0	4.6
其中:研发设计费	54.0	1.2
试车费	90.0	1.9
工程管理费	18.0	0.4
职工培训费	54.0	1.2
四、开办费	18.0	0.4
五、预备费	54.0	1.2
总计	4 653.0	100.0

该项目的流动资金主要包括原材料、辅助材料、燃料、功力、人工工资等。估算铺底流动资金大约需要1 800万元。

2. 资金筹措计划

N公司该项目资金的筹措均来源于自有资金，无债务资金融资。资金筹措计划如表2所示。

表2 资金筹措计划

资金来源	建设投资		铺底流动资金	
	金额/万元	占比/%	金额/万元	占比/%
资本金	4 653.0	100.0	1 800.0	100.0
贷款	0.0	0.0	0.0	0.0
合计	4 653.0	100.0	1 800.0	100.0

3. 收入及费用估算

(1) 营业收入与税金估算

如表3，项目计算期为10年，其中建设期2年，第3年投产，生产负荷达90%，第4年达到满负荷生产。由于N公司该项目生产的产品并非产成品，因此采用内部转移价格计算该项目的销售收入。各产品的内部转移价格确定为：透明管2.8万元/吨；无臭氧管6.4万元/吨；滤紫外管5.5万元/吨。合计营业收入可达101 246.4万元。税金及附加主要包括城建税和教育费附加，城建税按照应纳增值税的5%估算，教育费附加按照应纳增值税的2%估算。

表3 营业收入与税金估算表

项目		计算期										合计
		第1年	第2年	第3年	第4年	第5年	第6年	第7年	第8年	第9年	第10年	
生产负荷/%		—	—	90	100	100	100	100	100	100	100	—
一、营业收入/万元		—	—	11 534.4	12 816.0	12 816.0	12 816.0	12 816.0	12 816.0	12 816.0	12 816.0	101 246.4
透明管	内部转移价格/(万元/吨)	—	—	2.8	2.8	2.8	2.8	2.8	2.8	2.8	2.8	—
	数量/吨	—	—	2 106.0	2 340.0	2 340.0	2 340.0	2 340.0	2 340.0	2 340.0	2 340.0	—
	合计/万元	—	—	5 896.8	6 552.0	6 552.0	6 552.0	6 552.0	6 552.0	6 552.0	6 552.0	51 760.8
无臭氧管	内部转移价格/(万元/吨)	—	—	6.4	6.4	6.4	6.4	6.4	6.4	6.4	6.4	—
	数量/吨	—	—	324.0	360.0	360.0	360.0	360.0	360.0	360.0	360.0	—
	合计/万元	—	—	2 073.6	2 304.0	2 304.0	2 304.0	2 304.0	2 304.0	2 304.0	2 304.0	18 201.6

（续表）

项目		计算期										合计
		第1年	第2年	第3年	第4年	第5年	第6年	第7年	第8年	第9年	第10年	
滤紫外管	内部转移价格/（万元/吨）	—	—	5.5	5.5	5.5	5.5	5.5	5.5	5.5	5.5	—
	数量/吨	—	—	648.0	720.0	720.0	720.0	720.0	720.0	720.0	720.0	—
	合计/万元	—	—	3 564.0	3 960.0	3 960.0	3 960.0	3 960.0	3 960.0	3 960.0	3 960.0	31 284.0
二、税金及附加		—	—	75.8	84.2	84.2	84.2	84.2	84.2	84.2	84.2	665.2
城建税		—	—	37.9	42.1	42.1	42.1	42.1	42.1	42.1	42.1	332.6
教育费附加		—	—	37.9	42.1	42.1	42.1	42.1	42.1	42.1	42.1	332.6

（2）成本费用估算

该项目正常年份经营成本估算值7 809.1万元。经营成本估算情况见表4。

表4　经营成本估算表

成本费用项目	计算期										合计
	第1年	第2年	第3年	第4年	第5年	第6年	第7年	第8年	第9年	第10年	
生产负荷/%	—	—	90	100	100	100	100	100	100	100	—
外购原辅材料费及动力/万元	—	—	4 701.6	5 224.0	5 224.0	5 224.0	5 224.0	5 224.0	5 224.0	5 224.0	41 269.6
工资及福利费/万元	—	—	330.5	330.5	330.5	330.5	330.5	330.5	330.5	330.5	2 644.0
修理费/万元	—	—	270.0	300.0	300.0	300.0	300.0	300.0	300.0	300.0	2 370.0
其他制造费用/万元	—	—	78.0	78.0	78.0	78.0	78.0	78.0	78.0	78.0	624.0
管理费用/万元	—	—	1 035.4	1 035.4	1 035.4	1 035.4	1 035.4	1 035.4	1 035.4	1 035.4	8 283.2
销售费用/万元	—	—	757.1	841.2	841.2	841.2	841.2	841.2	841.2	841.2	6 645.5
经营成本/万元	—	—	7 172.6	7 809.1	7 809.1	7 809.1	7 809.1	7 809.1	7 809.1	7 809.1	61 836.3

4. 现金流量估算

N公司该项目的现金流入主要来源于投产后的营业收入以及项目末期固定资产余值和流动资金的回收；现金流出主要包括建设投资、流动资金、经营成本和税金及附加。所得税享受二免三减半的优惠政策。现金流量估算情况见表5。

表5　项目现金流量估算表

项目	计算期									
	第1年	第2年	第3年	第4年	第5年	第6年	第7年	第8年	第9年	第10年
生产负荷/%	—	—	90	100	100	100	100	100	100	100
一、现金收入/万元	0.0	0.0	11 534.4	12 816.0	12 816.0	12 816.0	12 816.0	12 816.0	12 816.0	14 616.0

（续表）

项目	计算期									
	第1年	第2年	第3年	第4年	第5年	第6年	第7年	第8年	第9年	第10年
营业收入/万元	0.0	0.0	11 534.4	12 816.0	12 816.0	12 816.0	12 816.0	12 816.0	12 816.0	12 816.0
回收固定资产余值/万元	0.0	0.0	0.0	0.0	0.0	0.0	0.0	0.0	0.0	600.0
回收流动资金/万元	0.0	0.0	0.0	0.0	0.0	0.0	0.0	0.0	0.0	1 200.0
二、现金流出/万元	3 342.0	1 791.0	8 568.4	7 893.3	7 893.3	7 893.3	7 893.3	7 893.3	7 893.3	7 893.3
建设投资/万元	3 102.0	1 551.0	0.0	0.0	0.0	0.0	0.0	0.0	0.0	0.0
流动资金/万元	240.0	240.0	1 320.0	0.0	0.0	0.0	0.0	0.0	0.0	0.0
经营成本/万元	0.0	0.0	7 172.6	7 809.1	7 809.1	7 809.1	7 809.1	7 809.1	7 809.1	7 809.1
税金及附加/万元	0.0	0.0	75.8	84.2	84.2	84.2	84.2	84.2	84.2	84.2
三、税前净现金流量/万元	−3 342.0	−1 791.0	2 996.0	4 922.7	4 922.7	4 922.7	4 922.7	4 922.7	4 922.7	6 722.7
所得税/万元	0.0	0.0	0.0	0.0	513.2	513.2	513.2	1 026.4	1 026.4	1 026.4
四、税后净现金流量/万元	−3 342.0	−1 791.0	2 996.0	4 922.7	4 409.5	4 409.5	4 409.5	3 896.3	3 896.3	5 696.3

5. 净现值与内含报酬率的计算及可行性分析

N公司项目投资决策时的折现率根据行业加权平均资本成本结合项目本身确定，项目基准收益率 $I_C=12.5\%$。

（资料来源：温素彬，柴梦蝶.贴现现金流法：解读与应用案例[J].会计之友，2021 (9)：149-155.）

案例讨论

(1) 通过以上案例，谈谈项目投资决策的步骤、流程和方法。

(2) 项目投资决策中，基础数据的收集和估算至关重要，请结合上述案例，分析数据收集和估算中需要哪些部门和人员的努力和配合。

(3) 请利用上述资料和数据，计算N公司此项目的净现值和内含报酬率，并为N公司作出投资决策。

提升阅读

[1] 张萍香.企业项目投资决策净现值法研究[J].重庆理工大学学报(自然科学)，2020，34(2)：252-258.

[2] 郭慧婷，李彬，冷奥琳.过度投资、现金流量操控影响公司价值增长的机理研究[J].投资研究，2020，39(9)：133-146.

[3] 陈兴琴.城市轨道交通 PPP 项目财务测算模型分析[J].城市轨道交通研究，

2019,22(10):18-21.

[4] 温素彬,麻丽丽.管理会计工具及应用案例:管理会计工具整合及其在影视企业项目决策中的应用[J].会计之友,2017(3):132-136.

[5] 李宏杰.房地产企业项目投资决策管理的优化[J].山西财经大学学报,2021,43(S2):50-52.

[6] 龚凯颂.资本预算中的净现金流量预测十项规则[J].财务与会计,2021(7):64-66.

第八章

证 券 投 资

- 本章结构框架
- 本章学习目标
- 8.1　证券投资概述
- 8.2　债券投资
- 8.3　股票投资
- 8.4　证券投资组合
- 8.5　基金投资
- 相关阅读
- 本章小结
- 关键概念
- 自测题
- 经典案例
- 案例讨论
- 提升阅读

本章结构框架

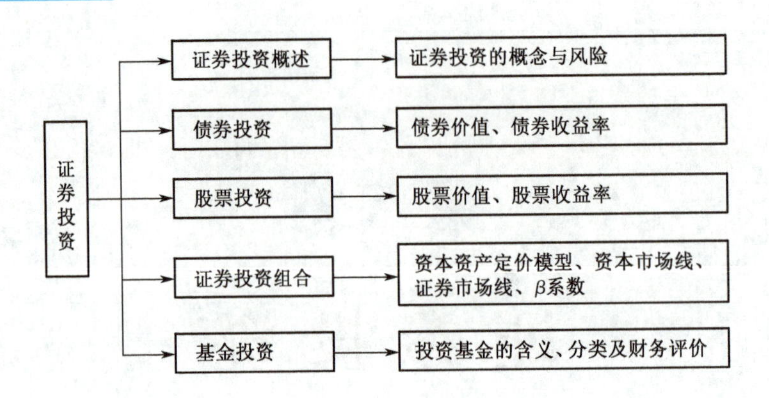

本章学习目标

通过本章学习，理解证券投资风险的种类；掌握债券投资的价值及收益率的计算；掌握股票投资的价值及收益率的计算；掌握证券组合投资的风险与报酬、资本资产定价模型、β系数等概念及计算方法，了解资本市场线、证券市场线；掌握投资基金的含义、分类以及对基金的财务评价。

8.1 证券投资概述

8.1.1 证券投资的概念

证券投资是指投资者将资金投资于股票、债券、基金及衍生证券等资产，从而获得收益的一种投资行为。证券投资是企业对外投资的重要组成部分。科学地进行证券投资，可以充分地利用企业的闲置资金，增加企业收益，降低风险，有利于实现企业的财务目标。

证券投资和前面讲的项目投资不同：项目投资是购买固定资产等实物资产，直接投资于生产活动，属于直接投资；证券投资是购买金融资产，这些资金转移到企业手中后再投入生产活动，属于间接投资。因此，证券投资与实物投资相比具有如下特征：一是流动性强。证券资产的流动性明显地高于实物投资。二是价格不稳定。证券价格受政治、经济环境等各种因素影响较大。三是交易成本低。证券交易过程快速、简便，成本较低。

8.1.2 证券投资的对象

目前我国金融市场上可供企业投资的证券主要有国库券、短期融资券、可转让存单、企业股票与债券、投资基金以及期权、期货等衍生证券。因而证券投资可具体分为债券投资、股票投资、基金投资、期货投资、期权投资和证券组合投资等。

8.1.3 证券投资的目的

进行证券投资的目的主要有：

(1) 暂时存放闲置资金。证券投资在多数情况下都是出于预防动机，以替代较大量的非盈利的现金余额。

(2) 与筹集长期资金相配合。处于成长期或扩张期的企业一般每隔一段时间会发行长期证券融资，但所筹集的资金往往不会一次用完，企业可将暂时闲置的资金投资于有价证券，以获得一定的收益。

(3) 满足未来的财务需求。企业根据未来对资金的需要，可以将现金投资于有价证券，在满足未来需求的同时获得证券投资收益。

(4) 满足季节性经营对现金的需求。从事季节性经营的企业在资金有剩余的月份可以投资证券，而在资金短缺的季节再将证券变现。

(5) 获得对相关企业的控制权。通过购入相关企业的股票可实现对该企业的控制。

8.1.4 证券投资的程序

进行证券投资的基本程序如表 8-1 所示。

表 8-1 证券投资的基本程序

步骤	要点
(1) 选择投资对象	选择投资于何种证券，投资于哪家企业的证券。它是证券投资最关键的一步，事关投资的成败
(2) 开户与委托	投资者在进行证券买卖之前，首先要到证券营业部或证券机构开立证券账户。证券账户用来记载投资者进行证券买卖和拥有证券的数额和品种的情况。投资者在开户并选择好投资于何种证券后，就可以选择合适的证券经纪人，委托其买卖证券
(3) 交割与清算	证券交割是指买入证券方交付价款领取证券，卖出证券方交出证券收取价款的收交活动
(4) 过户	投资者从交易市场买进证券后，到证券的发行公司办理变更持有人姓名的手续

8.1.5 证券投资的风险

获取投资收益是证券投资的主要目的，证券投资的风险是投资者无法获得预期投资收益的可能性。证券投资的风险按风险性质划分为系统性风险和非系统性风险两大类别。

1. 系统性风险

系统性风险是由于外部经济环境因素变化引起整个证券市场不确定性加强，从而对市场上所有证券都产生影响的共同性风险。主要系统性风险种类如下：

(1) 价格风险。价格风险是由于市场利率上升而使证券价格普遍下跌的可能性①。资

① 价格风险所指的证券价格波动，不是指经营业绩变化而引起的个别证券的价格波动。

本是一种商品，利率是资本使用权的价格，它受资本供求关系的制约。资本需求量增加，市场利率上升；资本供应量增加，市场利率下降。证券市场是一个资本市场，价格风险来自于资本市场上证券买卖双方供求关系的不平衡。市场利率上升，资本需求量增加，意味着证券发行量增加，将引起整个证券市场所有证券价格的普遍下降。同时，市场利率上升，促使投资者将资本投向于银行存款，使资本供应量下降，证券投资者减少，引起证券价格下跌。反之，市场利率下降，证券价格上升。

当证券持有期间的市场利率上升时，证券价格就会下跌，证券期限越长，投资者遭受的损失越大。流动性附加率就是对投资者承担利率变动风险的一种补偿，期限越长的证券，要求的流动性附加率就越大。

(2) 再投资风险。再投资风险是由于市场利率下降而造成的无法通过再投资实现预期收益的可能性。一般来说，短期证券的报酬率会低于长期证券的报酬率。投资者一般都愿意接受短期证券的低报酬率。因为证券期限越长，不确定性就越强，而短期证券较易变现从而收回本金。同时，证券发行者一般愿意为长期证券支付较高的报酬率。因为长期证券可以筹集到长期资金，而不必经常面临筹集不到资金的困境。

为了避免市场利率上升的价格风险，投资者可能会投资于短期证券，但短期证券又会面临市场利率下降的再投资风险，即无法按预定报酬率进行再投资而实现所要求的预期收益。

(3) 购买力风险。购买力风险是由于通货膨胀而使货币购买力下降的可能性。证券资产是一种货币性资产，通货膨胀会使证券投资的本金和收益贬值，导致名义报酬率不变而实际报酬率降低。购买力风险对具有收款权利性质的资产影响很大，债券投资的购买力风险远大于股票投资。如果通货膨胀长期持续，投资人会把资本投向于实体性资产以求保值，对证券资产的需求量减少，引起证券价格下跌。

系统性风险影响整个资本市场，所影响的证券非常多，但影响程度的大小有区别。例如，各种股票处于同一经济系统之中，它们的价格变动有趋同性，多数股票的报酬率在一定程度上正相关。经济繁荣时，多数股票的价格上涨；经济衰退时，多数股票的价格下跌。尽管涨跌的幅度各股票有区别，但多数股票的变动方向是一致的。所以，不管投资多样化有多充分，也不可能消除全部风险，即使购买的是全部股票的市场组合。因此，系统风险也称“市场风险”或“不可分散风险”。

2. 非系统性风险

非系统性风险是由于特定经营环境或特定事件变化引起的不确定性，从而对个别证券产生影响的特有性风险。主要非系统性风险种类如下：

(1) 履约风险。履约风险是指证券发行者无法按时兑付证券利息和偿还本金的可能性。履约风险是投资于收益固定型有价证券的投资者经常面临的，多发生于债券投资中。履约风险产生的原因可能是公司产品经销不善，也可能是公司现金周转不灵。

(2) 变现风险。变现风险是证券持有者无法在市场上以正常的价格平仓出货的可能性。持有证券的投资者可能会在证券持有期限内出售现有证券转投资于其他项目，但在短期内找不到愿意出合理价格的买主，投资者就会丧失新的投资机会或面临降价出售的损失。在同一证券市场上，各种有价证券的变现力是不同的，交易越频繁的证券，其变现能力越强。

(3) 破产风险。破产风险是在证券发行者破产清算时投资者无法收回应得权益的可能性。当证券发行者由于经营管理不善而持续亏损、现金周转不畅而无力清偿债务或其他原因导致难以持续经营时,可能会申请破产保护。破产保护会导致债务清偿的豁免、有限责任的退资,使得投资者无法取得应得的投资收益,甚至无法收回投资的本金。

非系统性风险源于每个公司自身特有的营业活动和财务活动,与某个具体的证券相关,同整个证券市场无关,因此也称"特殊风险"或"特有风险"。非系统性风险可以通过持有证券的多样化来分散,即发生于一家公司的不利事件可以被其他公司的有利事件所抵消,因此也称为"可分散风险"。

8.2 债券投资

8.2.1 债券投资概述

1. 债券投资的目的

债券投资是指投资者购买债券以获取资金收益的一种投资活动。债券投资按投资期限长短分为短期债券投资和长期债券投资。企业进行短期债券投资的目的主要是为了配合企业对资金的需求,调节现金余额,使现金余额达到合理水平;企业进行长期债券投资的目的主要是为了获得稳定的收益。

2. 债券投资的特点

债券投资不同于股票投资,有着自身的特征和规律:

(1) 安全性。由于债券的利率固定,债务人必须按约定的期限和利率向投资人支付利息,到期归还本金,债券票面利率不受市场利率变动影响,债券的本息偿还有法律保障,有相应的担保,并且对发行人有严格的规定和要求,所以与其他有价证券相比,债券投资风险较小。

(2) 流动性。债券具有较强的变现能力,在期满前可以在市场上转让变为现金,也可用于抵押以获得贷款。

(3) 收益性。主要体现在两个方面,一是债券可以获得固定的利息,二是债券可以在市场上进行买卖,可以获得差价收益。

3. 债券的基本要素

债券一般包含以下几个基本要素:

(1) 债券面值。债券面值是指债券设定的票面金额,它代表发行人承诺未来某一特定日偿付债券持有人的金额。债券面值又包括票面币种和票面金额两方面的内容。

(2) 债券票面利率。债券票面利率是指债券发行者预计一年内向持有者支付的利息占票面金额的比率。票面利率不同于实际利率,实际利率是指按复利计算的一年期的利率,由于债券的计息和付息方式多样,票面利率可能与实际利率之间存在差异。

(3) 债券到期日。债券到期日是指偿还债券本金的日期,债券一般都规定了到期日,以便到期时归还本金。

8.2.2 债券投资评价指标

1. 债券价值

债券的价值是发行者按照合同规定从现在至债券到期日所支付的款项的现值。计算现值时使用的折现率,取决于当前的利率和现金流量的风险水平。在进行债券投资决策时,只有在债券价格低于估价模型计算出的价格时,才值得投资。

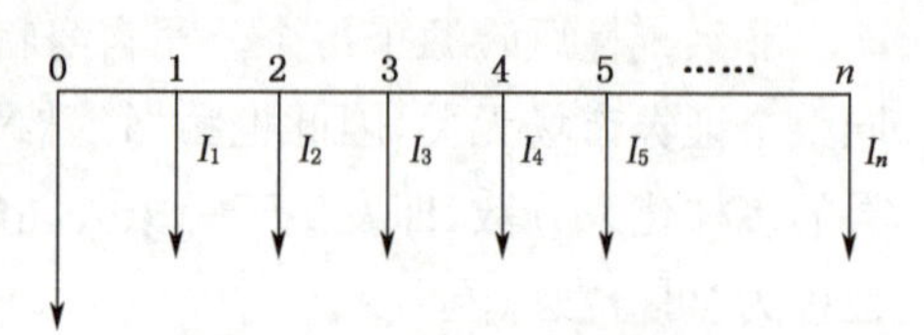

图 8-1 分期付息、到期还本债券的现金流量

(1) 分期付息、到期还本债券的估价模型。典型的债券类型是有固定的票面利率、每期支付利息、到期归还本金,其现金流量分布见图 8-1。

这种债券模式下债券价值的计量模型是:

$$V=\frac{I_1}{(1+k)^1}+\frac{I_2}{(1+k)^2}+\cdots+\frac{I_n}{(1+k)^n}+\frac{M}{(1+k)^n}$$

或
$$V=I\cdot(P/A,k,n)+M(P/F,k,n)$$

式中:V 为债券价值;I_n 为债券每年的利息;M 为债券的面值;k 为估算债券价值所采用的贴现率,一般采用当时的市场利率或投资人要求的必要报酬率;n 为债券到期前的年数。

【实例 8-1】 债券价值的计算

资料:BBD 公司于 20×1 年 5 月 1 日发行面额为 1 000 元的债券,票面利率为 8%,每年 5 月 1 日付息,并于 20 年后的 4 月 30 日到期。同等风险的必要报酬率为 10%。

要求:试计算该债券的价值。

解答:该债券的价值为:

$$\begin{aligned}V&=\frac{80}{(1+10\%)^1}+\frac{80}{(1+10\%)^2}+\frac{80}{(1+10\%)^3}+\cdots+\frac{80+1\,000}{(1+10\%)^{20}}\\&=80\times(P/A,10\%,20)+1\,000\times(P/F,10\%,20)\\&=80\times8.513\,6+1\,000\times0.148\,6\\&=681.09+148.6=829.69(\text{元})\end{aligned}$$

点评:影响债券价值的因素有市场利率、票面利息率、计息期、到期时间和面值。

(2) 到期一次还本付息债券的估价模型。其投资的现金流量分布见图 8-2。

该类债券估价模型为:

$$V=(M+M\times i\times n)(P/F,k,n)$$

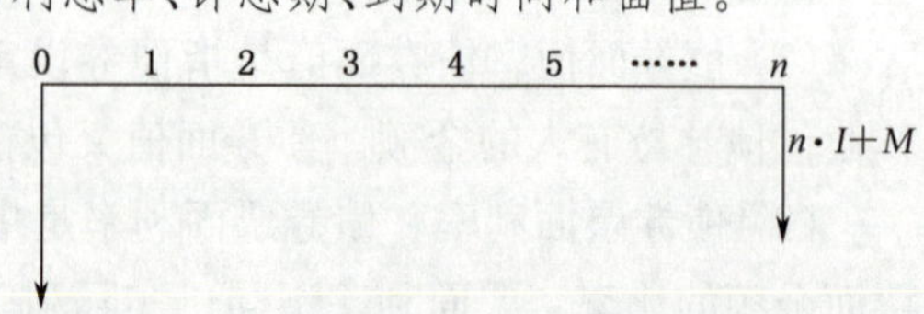

图 8-2 到期一次还本付息债券投资现金流量

式中，i 为票面利率。

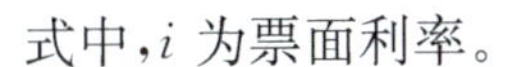

【实例 8-2】　到期一次还本付息债券价值的计算

资料：有一 3 年期国库券，面值 1 000 元，票面利率为 8%，到期时一次还本付息。假设必要报酬率为 10%。

要求：计算该债券的价值。

解答：此债券的价值：

$$V=(M+M\times i\times n)(P/F,\ k,\ n)$$
$$=(1\,000+1\,000\times 8\%\times 3)\times(P/F,\ 10\%,\ 3)=931.63(\text{元})$$

(3) 折现发行债券的估价模型。这些债券以折现方式发行，没有票面利率，到期按面值偿还，又叫零票面利率债券，该类债券估价模型为：

$$V=M(P/F,\ k,\ n)$$

(4) 影响债券价值的因素。债券价值的高低主要取决于以下因素：

① 市场利率。市场利率是债券持有期影响债券价值的主要因素。市场利率等于债券利率时，债券价值就是其面值；如果市场利率高于债券利率，债券的价值就低于其面值；如果市场利率低于债券利率，债券的价值就高于其面值。这也是所有类型债券定价的基本原则。

② 债券的到期时间。债券价值不仅受市场利率的影响，而且受债券到期时间的影响。债券的到期时间，是指当前日至债券到期日之间的时间间隔，随着时间的延续，债券的到期时间逐渐缩短，至到期日该间隔为零。在市场利率一直保持不变的情况下，不管它高于或低于票面利率，债券价值随到期时间的缩短逐渐向债券面值靠近，至到期日债券价值等于债券面值。当市场利率高于票面利率时，随着时间向到期日靠近，债券价值逐渐提高，最终等于债券面值；当市场利率等于票面利率时，债券价值一直等于票面价值；当市场利率低于票面利率时，随着时间向到期日靠近，债券价值逐渐下降，最终等于债券面值。如果市场利率在债券发行后发生变动，债券价值也会因此而变动。随着到期时间的缩短，市场利率变动对债券价值的影响越来越小。这就是说，债券价值对市场利率特定变化的反应越来越不灵敏。

此外，债券价值还受债券的票面利率、面值等的影响。

2. 债券的收益率

(1) 债券收益的来源。债券的收益主要包括三个方面：一是债券的利息收入，它等于债券面值与票面利率的乘积。二是利息再投资收益。各期收取的债券利息重新投资于同一项目，并取得与本金相同的利息收益率。按货币时间价值的原理计算债券投资收益，已经考虑了利息再投资收益的因素。在取得再投资收益的同时，承担着再投资风险。三是债券的价差收益。债券尚未到期时投资者中途转让债券，在转让价格与转让时的理论价格（价值）之间的价差上所获得的收益，也称为资本利得收益。

(2) 债券的收益率。为反映投资者在不同买卖价格和持有年限下的不同收益率水平，债券收益率又分为票面收益率、直接收益率、持有期收益率和到期收益率等多种形式。

票面收益率，又称息票率，是按债券票面利率计算的年利息收入与债券面值的比率。

直接收益率又称本期收益率，指债券的年利息收入与买入债券的实际价格的比率。这两个收益率由于忽略了价差收益，所以不能全面反映投资者的实际收益。

持有期收益率是指买入债券后持有一段时间，在债券到期前将其出售而得到的收益率，它包括持有债券期间的利息收入和价差收益，其计算方法主要有两种：

方法一：典型债券（有固定的票面利率、每期支付利息、到期归还本金）持有期收益率＝{债券年利息＋(债券卖出价－债券买入价)÷持有年限}÷债券买入价×100％。

方法二：到期一次还本付息债券及折现发行债券持有期收益率＝(债券卖出价－债券买入价)÷持有年限÷债券买入价×100％。

到期收益率，是指按特定价格购买债券并持有至到期日所产生的预期报酬率。它是使未来现金流量等于债券购入价格的折现率。

计算到期收益率的方法是求解含有贴现率的方程：

$$V = I \times (P/A, R, n) + M \times (P/F, R, n)$$

式中：V 为债券购进价格；I 为每年利息；M 为债券面值（或转让价格）；n 为到期（或到转让日）的年数；R 为债券到期收益率（贴现率）。

【实例 8-3】 债券到期收益率的计算

资料：BBD 公司以 1 050 元的价格购买一份当期发行、面值为 1 000 元、票面利率为 12％的 5 年期债券，BBD 公司将该债券持有至到期日。

要求：试计算债券到期收益率。

解答： $1\,050 = 1\,000 \times 12\% \times (P/A, R, 5) + 1\,000 \times (P/F, R, 5)$

用“试误法”解该方程，设 $R = 12\%$：

$$120 \times (P/A, 12\%, 5) + 1\,000 \times (P/F, 12\%, 5) = 1\,000$$

可见，每年付息一次的平价债券，其到期收益率等于票面利率。

由于贴现结果 1 000 小于 1 050，应进一步降低贴现率，设 $R = 10\%$：

$$120 \times (P/A, 10\%, 5) + 1\,000 \times (P/F, 10\%, 5) = 1\,075.80$$

贴现结果高于 1 050，可以判断到期收益率高于 10％，用内插法计算近似值：

$$R = 10\% + \frac{1\,075.8 - 1\,050}{1\,075.8 - 1\,000} \times (12\% - 10\%) = 10.68\%$$

此外，还有一种简便方法计算近似值：

$$R = \frac{I + (M - P) \div n}{(M + P) \div 2} \times 100\%$$

式中的分母是平均资本占用，分子是每年的平均收益[每年利息加(减)溢(折)价摊销]，其中：I 为每年利息；M 为债券面值（或转让价格）；P 为债券购进价格；n 为到期（或到转让日）的年数。

$$R=\frac{120+(1\,000-1\,050)\div 5}{(1\,000+1\,050)\div 2}\times 100\%=10.73\%$$

可见,债券的买价和面值不等时,债券的到期收益率和票面利率不同。另外还须注意,如果债券不是定期付息,而是到期时一次还本付息或以其他方式付息,那么即使平价发行,到期收益率也可能与票面利率不同。

8.3 股票投资

8.3.1 股票投资概述

1. 股票投资的目的

股票投资的主要目的有:

(1) 获利,即获得股利收入和股票买卖价差收入。

(2) 控股,即通过购买某一企业的大量股票达到控制该企业的目的。

2. 股票投资的特点

相对于债券投资来讲,股票投资具有以下特点:

(1) 股票投资是权益投资。股票投资从性质上讲属于权益投资,股票持有人(股东)有权参与公司的经营决策。

(2) 股票投资的风险大。投资者购买股票后,不能要求股份公司偿还本金,只能在证券市场上转让,因此股票投资者至少面临两个方面的风险:一是股票发行公司经营不善所形成的风险;二是股票市场价格变动所形成的价差损失风险。

(3) 股票投资的收益高。一般来讲,股票投资的收益率高于债券投资的收益率。

(4) 股票投资的收益不稳定。股票投资的主要收益来自于股利和股票转让的价差收益,相对于债券而言,股票投资收益的稳定性较差。

(5) 股票价格的波动性大。股票价格既受发行公司经营状况的影响,又受股市投机因素的影响,其价格波动性极大。

8.3.2 股票投资评价指标

1. 股票价值

股票价值是指股票投资预期的未来现金流入的现值。股票预期的未来现金流入包括两部分:一是持有期的预期股利;二是出售股票时的变价收入。由于股票没有固定的股息,也没有一定的期末价值,因此,股票价值的评估方法具有多样性。下面介绍几种最常见的股票估价模型。

(1) 股票估价基本模型。从理论上说,如果股东不在中途转让股票,股票投资没有到期日,投资于股票所得到的未来现金流量就只是各期的股利。

假定某股票未来各期股利为 D_t(t 为期数),R_s 为估价所采用的贴现率即所期望的必要报酬率，则股票价值 V 为：

$$V=\frac{D_1}{(1+R_s)^1}+\frac{D_2}{(1+R_s)^2}+\cdots+\frac{D_n}{(1+R_s)^n}=\sum_{t=1}^{\infty}\frac{D_t}{(1+R_s)^t}$$

上式是股票估价的基本模型。

股利的多少，取决于每股盈利和股利支付率两个因素。对其估计的方法是对历史资料的统计分析，例如回归分析、时间序列的趋势分析等。股票评价的基本模型要求无限期地预计历年的股利（D_t），实际上不可能做到。因此应用的模型都是各种简化办法，如每年股利相同或按固定比率增长等。

贴现率的主要作用是把所有未来不同时间的现金流入折算为现在的价值，折算现值的比率应当是投资者所要求的收益率。

(2) 股利固定增长的股票估价模型。一般来说，公司并没有把每年的盈余全部作为股利分配出去，而是以留存收益的形式留存下来。留存的利润扩大了公司的资本额，增长的资本会创造更多的盈余，进一步又引起下期股利的增长。如果公司本期的股利为 D_0，未来各期的股利基于上期股利按速度 g 呈几何级数增长，根据股票估价基本模型，股票价值 V 为：

$$V=\sum_{t=1}^{\infty}\frac{D_0(1+g)^t}{(1+R_s)^t}$$

因为 g 是一个固定的常数，且 $R_s>g$，上式可以简化为①：

$$V=\frac{D_0(1+g)}{R_s-g}=\frac{D_1}{R_s-g}$$

【实例 8-4】 股利固定增长股票价值的计算

资料：某投资者准备购买甲公司的股票，要求达到 12% 的收益率，甲公司今年每股股利 0.8 元，预计未来股利会以 9% 的速度增长。

要求：试计算该股票价值。

解答：甲公司股票的价值为：

$$V=\frac{0.8\times(1+9\%)}{12\%-9\%}=29.07(\text{元})$$

如果甲公司股票目前的市场价格低于 29.07 元，则该公司的股票是值得购买的。

点评：比较股票的价值与市场价格，就可以做出买入、卖出或继续持有股票的决策。

(3) 零成长的股票估价模型。如果公司未来各期发放的股利都相等，那么这种股票与优先股是相类似的。或者说，当固定成长模式中 $g=0$ 时，$D_1=D_2=\cdots=D$，有：

---

① 设 $V=\sum_{t=1}^{\infty}\frac{D_0(1+g)^t}{(1+R_s)^t}$ 为(1)式，将(1)式两边同时乘以 $(1+R_s)/(1+g)$，并用这个结果与(1)式相减，得：$V\times\frac{1+R_s}{1+g}-V=D_0-D_0\times\left(\frac{1+R_s}{1+g}\right)^{\infty}$，只要 $g<R_s$，$D_0\times\left(\frac{1+R_s}{1+g}\right)^{\infty}$ 就趋于 0，进而得 $V=\frac{D_0(1+g)}{R_s-g}=\frac{D_1}{R_s-g}$。

$$V = D \div R_s$$

[实例 8-4]中，如果 $g=0$，甲公司股票的价值为：$P=0.8\div 12\%=6.67$(元)

(4) 阶段性成长的股票估价模型。许多公司的盈余在某一期间有一个超常的增长率，这个期间的增长率 g 可能大于 R_s，而后阶段公司的盈余固定不变或正常增长。对此，需要分段计算，才能确定股票的价值。

【实例 8-5】 阶段性成长的股票估价

资料：某投资者准备购买甲公司的股票，要求达到 12%的收益率，甲公司今年每股股利 0.6 元，预计甲公司未来 3 年股利以 15%的速度高速成长，而后股利以 9%的速度转入正常的成长。

要求：计算该股票价值。

解答：该类型股票的价值分两个时期计算。

第一步，计算高速成长期股利的现值，见表 8-2。

表 8-2　高速成长期股利现值计算表

年　份	股利计算	现值系数(12%)	股利现值/元
第 1 年	0.60×(1+15%)=0.69	0.893	0.616 2
第 2 年	0.69×(1+15%)=0.793 5	0.797	0.632 4
第 3 年	0.793 5×(1+15%)=0.912 5	0.712	0.649 7
合　计			1.898 3

第二步，正常成长期股利在第三年末的现值：

$$V_3 = \frac{0.912\,5\times(1+9\%)}{12\% - 9\%} = 33.154\,2(\text{元})$$

第三步，计算该股票的价值：

$$V_0 = 33.154\,2\times 0.712 + 1.898\,3 = 25.51(\text{元})$$

点评：分阶段估算的普通股价值，等于各阶段现值之和。

(5) 增长率 g 的确定。未来每期股利的固定增长率 g 是不容易估计的。从理论上看，g 就是公司的成长率，它至少应当不低于整个社会国民生产总值的增长率。从操作上看，一条近似的思路是以净资产报酬率为标准来推断股利增长率 g。

公司把每年盈余的一部分留存下来，扩大了公司的权益资本额，进而创造更多的未来盈余。利润留存增加资本，资本扩大增加利润，多获利润则多分股利。

按这样一条思路，假定一个经营稳定的公司，每年的股利发放率都相等，每年的净资产报酬率也相等，则每年盈余的留存部分用于再投资，也能取得与净资产报酬率一致的收益率。因此：

$$\text{股利增长率 } g = (1 - \text{股利发放率}) \times \text{净资产报酬率}$$

其中：

$$净资产报酬率=\frac{本期净利润}{期末净资产}=\frac{每股收益}{每股净资产}$$

式中，净资产报酬率指标所指的期末净资产，是指本期利润未留存之前的净资产。

【实例 8-6】 增长率 g 和股票价值的确定

资料：甲公司本期每股收益（*EPS*）为 1.65 元，股利发放率为 40%，净资产报酬率为 12%，股东所要求的报酬率为 15%。

要求：试确定增长率 g 和股票价值。

解答：股利增长率＝(1－40%)×12%＝7.2%

$$股票价值=\frac{1.65\times 40\%\times(1+7.2\%)}{15\%-7.2\%}=9.07(元)$$

2. 股票投资的收益率

与债券投资相同，股票投资的收益也由股利收益、股利再投资收益、转让价差收益三部分构成。并且，只要按货币时间价值的原理计算股票投资收益，就无须单独考虑再投资收益的因素。

股票的收益率，是在股票未来现金流量贴现值等于目前的购买价格时的贴现率。股票的收益率高于投资者所要求的最低报酬率时，投资者才愿意购买该股票。

在固定成长股票估价模型中，用股票的购买价格 P_0 代表股票价值①，并做公式移项整理，有：

$$R_s=\frac{D_1}{P_0}+g$$

可以看出，股票的总收益率可以分为两个部分：第一部分是 D_1/P_0，叫作股利收益率，它是根据预期现金股利除以当前股价计算出来的。第二部分是增长率 g，叫作股利增长率。由于股利的增长速度也就是股价的增长速度，因此 g 可以解释为股价增长率或资本利得收益率，g 的数值可根据公司的可持续增长率估计。P_0 是股票市场形成的价格。只要能预测出下一期的股利，我们就可以估计出股东预期报酬率，在有效市场中它就是与股票风险相适应的报酬率。

【实例 8-7】 股票的收益率

资料：甲公司股票的价格为 18 元，预计下一期的股利为 1.1 元，该股利将以 9% 的速度持续增长。

要求：计算该股票的收益率。

解答：该股票的期望收益率 $R_s=\frac{1.1}{18}+9\%=15.11\%$

---

① 假设股票价格是公平的市场价格，证券市场处于均衡状态；在任一时点证券价格都能完全反映有关该公司的任何可获得的公开信息，而且证券价格对新信息能迅速做出反应。在这种假设条件下，股票的期望收益率等于其必要的报酬率。

也就是说，股东期望或者说要求公司赚取15.11%的收益，这也是公司的权益资本成本。

3. 市盈率分析

上述股票价值和收益率的计算方法，在理论上比较健全，计算结果也很方便，但未来股利的预计很复杂且要求较高，一般投资者往往很难办到。有一种粗略衡量股票价值的方法，即市盈率分析法。市盈率分析法容易掌握，被许多投资者使用。

(1) 用市盈率估计股价。市盈率是股票市价和每股盈余之比，以股价是每股盈余的倍数表示。其计算公式是：

$$市盈率=股票市价\div每股收益$$

可见：

$$股票价格=该股票市盈率\times该股票每股盈利$$
$$股票价值=行业平均市盈率\times该股票每股盈利$$

根据证券机构或刊物提供的同类股票过去若干年的平均市盈率，乘以当前的每股盈利，就可以得出股票的公平价值，用它和当前市价比较，可以看出所付价格是否合理。因此，市盈率指标可以粗略反映股价的高低，表明投资者愿意用盈利的多少倍货币来购买这种股票，是市场对该股票的评价。

(2) 用市盈率估计股票风险。一般而言，股票的市盈率较高，表明投资者对公司的未来充满信心，愿意为每1元盈利多付买价，这种股票的风险较小；股票的市盈率较低，表明投资者对公司的未来缺乏信心，不愿意为每1元盈利多付买价，这种股票的风险较大。通常认为，平均的市盈率在10～11之间，市盈率在5～20之间是比较正常的，过高或过低的市盈率都不是好兆头。但各行业的正常市盈率值是有区别的，因此应研究拟投资股票市盈率的长期变化，估计其正常值，作为分析的基础。

8.4 证券投资组合

证券投资组合又叫证券组合，是指在进行证券投资时，不是将所有的资金都投向单一的某种证券，而是有选择地投向一组证券。通过有效地进行证券投资组合，可削减证券投资风险，达到降低风险的目的。

8.4.1 证券投资组合的风险与报酬

如果不考虑建立投资组合的交易成本问题，规模最大的投资组合形式是市场上所有的证券所构成的投资组合。按证券投资组合理论，理想的证券投资组合完全可以消除各证券本身的非系统性风险，证券投资组合只考虑系统性风险即市场风险问题。

1. 两种证券的投资组合

(1) 投资组合的风险与报酬。投资组合的报酬率是构成组合各证券报酬率的加权平均数，但投资组合报酬率的标准差(即风险)并不是构成组合各证券标准差的加权平均数。

假设:两种风险性证券,投资者将 A_1 比重的资金投向于第一种证券,将剩余 A_2 比重的资金投向于第二种证券。R 为证券投资可能的报酬率,$E(R)$为报酬率的期望值,σ 为证券的标准差;下标 1、2 代表不同的证券;下标 p 代表证券投资组合;P_i 为各种投资报酬情况出现的概率。则有:

组合的期望报酬率

$$E(R_p)=A_1E(R_1)+A_2E(R_2)$$

组合的方差

$$\begin{aligned}\sigma_p^2&=E\{[R_p-E(R_p)]^2\}\\&=(A_1\sigma_1)^2+(A_2\sigma_2)^2+2A_1A_2\sigma_{12}\\&=(A_1\sigma_1)^2+(A_2\sigma_{\sigma 2})^2+2A_1A_2\sigma_1\sigma_2r_{12}\end{aligned}$$

其中:

$$\sigma_{12}=[R_1-E(R_1)]\times[R_2-E(R_2)]\times Pi$$

$$r_{12}=\frac{\sigma_{12}}{\sigma_1\sigma_2}$$

式中,σ_{12}称为两种证券报酬率 R_1 与 R_2 之间的协方差,r_{12}是两种证券收益变动的相关系数。

若 $r_{12}=0$,表示两种证券的收益完全不相关,一种证券收益的变动不会引起另一种证券收益的相关联变化;

若 $r_{12}=1$,表示两种证券的收益完全正相关,一种证券收益的变动会引起另一种证券收益的同向同量变化;

若 $r_{12}=-1$,表示两种证券的收益完全负相关,一种证券收益的变动会引起另一种证券收益的反向同量变化。

由上述分析可知:投资组合的报酬率是构成组合各证券报酬率的加权平均数,但投资组合报酬率的标准差(即风险)并不是构成组合各证券标准差的加权平均数。

(2) 投资组合能够降低投资风险。只要相关系数 $r\leqslant1$,证券投资组合就有可能分散组合中的非系统性风险。

假定两种证券的投资风险相等,标准差均为 σ,则:

$$\begin{aligned}\sigma_p^2&=\sigma^2(A_1^2+A_2^2+2A_1A_2r_{12})\\&=\sigma^2[(A_1+A_2)^2+2A_1A_2(r_{12}-1)]\\&=\sigma^2[1+2A_1A_2(r_{12}-1)]\end{aligned}$$

由上式可知,只要 $r_{12}\leqslant1$,就有 $\sigma_p^2\leqslant\sigma^2$,这表明证券投资组合能降低投资风险。随机地将任何收益非完全正相关的证券组合在一起,都能分散投资风险。

将相关系数 r_{12}分别取 1、0 和-1 这三个数值,则:

$$r_{12}=1\text{ 时},\sigma_p^2=(A_1\sigma_1+A_2\sigma_2)^2$$

$$r_{12}=0\text{ 时},\sigma_p^2=(A_1\sigma_1)^2+(A_2\sigma_2)^2$$

$$r_{12}=-1\text{ 时},\sigma_p^2=(A_1\sigma_1-A_2\sigma_2)^2$$

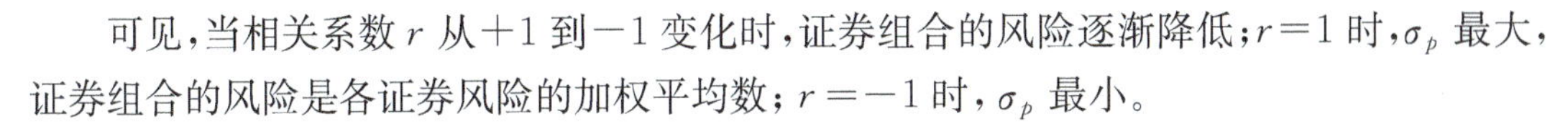

可见，当相关系数 r 从 $+1$ 到 -1 变化时，证券组合的风险逐渐降低；$r=1$ 时，σ_p 最大，证券组合的风险是各证券风险的加权平均数；$r=-1$ 时，σ_p 最小。

2. 多种证券的投资组合

当投资组合由两种以上证券构成时，与两种证券构成的投资组合一样，其收益与风险的关系也由各证券之间的相关性来决定。

假设 m 是投资组合 p 中各证券种类的总数，$E(R_j)$ 是第 j 种证券的预期报酬率，A_j 是第 j 种证券在全部投资额中的比重，A_k 是第 k 种证券在全部投资额中的比重，σ_j 是第 j 种证券的标准差，σ_k 是第 k 种证券的标准差，σ_{jk} 是第 j 种证券与第 k 种证券的协方差，则：

组合的期望报酬率：

$$E(R_p)=E[\sum_{j=1}^{m}R_jA_j]=\sum_{j=1}^{m}E(R_j)A_j$$

组合的方差：

$$\begin{aligned}\sigma_p^2&=E\{[R_p-E(R_p)]^2\}\\&=E\{[A_j[R_j-E(R_j)]]^2\}\\&=\sum_{j=1}^{m}A_jE\{[R_j-E(R_j)]^2\}+\sum_{j=1}^{m}\sum_{k=1,j\neq k}^{m}A_jA_kE\{[R_j-E(R_j)][R_k-E(R_k)]\}\\&=\sum_{j=1}^{m}(A_j\sigma_j)^2+\sum_{j=1}^{m}\sum_{k=1,j\neq k}^{m}A_jA_k\sigma_{jk}=\sum_{j=1}^{m}\sum_{k=1}^{m}A_jA_k\sigma_{jk}\end{aligned}$$

协方差用来衡量两种证券之间共同变动的程度：

$$\sigma_{jk}=r_{jk}\sigma_j\sigma_k$$

其中 r_{jk} 是证券 j 与证券 k 报酬率之间的预期相关系数：

$$r_{jk}=\frac{\sigma_{jk}}{\sigma_j\sigma_k}=\frac{\sum_{j=1,k=1}^{m}[R_j-E(R_j)]\times[R_k-E(R_k)]}{\sqrt{\sum_{j=1}^{m}[R_j-E(R_j)]^2}+\sqrt{\sum_{k=1}^{m}[R_k-E(R_k)]^2}}$$

若定义 $A=(A_1,A_2,\cdots,A_m)'$，$R=[E(R_1),E(R_2),\cdots,E(R_m)]'$，并把各证券报酬率之间的协方差矩阵记为：

$$\sigma_W=\begin{pmatrix}\sigma_{11} & \sigma_{12}\cdots & \sigma_{1m}\\ \sigma_{21} & \sigma_{22}\cdots & \sigma_{2m}\\ \cdots & \cdots\cdots & \cdots\\ \sigma_{m1} & \sigma_{m2}\cdots & \sigma_{mm}\end{pmatrix}$$

则投资组合 p 的期望报酬率和方差可表示为：

$$E(R_p)=A'\times R$$

$$\sigma_p^2=A'\times\sigma_W\times A$$

【实例 8-8】 试说明证券组合的风险与报酬

资料：设 A 证券的预期报酬率为 10%，标准差是 12%；B 证券的预期报酬率是 18%，标准差是 20%。对 A 投资比例为 80%，对 B 投资比例为 20%。

要求：计算证券组合的风险与报酬。

解答：该投资组合的预期报酬率为：

$$E(R_P)=(0.8\quad 0.2)\times\begin{pmatrix}10\%\\18\%\end{pmatrix}=0.8\times 10\%+0.2\times 18\%=11.6\%$$

如果两种证券之间预期相关系数 r 等于 0.2，则

$$\sigma_A^2=(12\%)^2=0.014\,4 \qquad \sigma_B^2=(20\%)^2=0.04$$

$$\sigma_{AB}=\sigma_{BA}=0.2\times 12\%\times 20\%=0.004\,8$$

$$\sigma_W=\begin{pmatrix}\sigma_{A,A} & \sigma_{A,B}\\ \sigma_{B,A} & \sigma_{B,B}\end{pmatrix}=\begin{pmatrix}\sigma_A^2 & \sigma_{A,B}\\ \sigma_{B,A} & \sigma_B^2\end{pmatrix}=\begin{pmatrix}0.014\,4 & 0.004\,8\\ 0.004\,8 & 0.04\end{pmatrix}$$

$$\sigma_p^2=(0.8\quad 0.2)\times\begin{pmatrix}0.014\,4 & 0.004\,8\\ 0.004\,8 & 0.04\end{pmatrix}\times\begin{pmatrix}0.8\\0.2\end{pmatrix}$$

$$=\begin{pmatrix}0.8\times 0.014\,4+0.2\times 0.004\,8\\ 0.8\times 0.004\,8+0.2\times 0.04\end{pmatrix}'\times\begin{pmatrix}0.8\\0.2\end{pmatrix}$$

$$=(0.08\times 0.014\,4+0.2\times 0.004\,8)\times 0.8+(0.8\times 0.004\,8+0.2\times 0.04)\times 0.2$$

$$=0.001\,689\,6+0.002\,368=0.004\,057\,6$$

$$\sigma_p=\sqrt{0.004\,057\,6}=6.37\%$$

两个证券报酬率标准差的加权平均数为 0.8×12%+0.2×20%=13.6%。可以看出，只要两种证券之间的相关系数小于 1，证券组合报酬率的标准差就小于各证券报酬率标准差的加权平均数。

上述分析表明：证券组合的风险 σ_p 取决于三类因素：第一，组合中各类证券所占的比重 A_j；第二，各种证券本身的风险 σ_j；第三，各种证券收益之间的相关性 r。

8.4.2 有效投资组合与资本市场线

1. 有效投资组合

证券投资组合在降低风险的同时，收益也可能被降低，投资者总是在寻找有效的投资组合。所谓有效组合，是指按既定收益率下风险最小化或既定风险下收益最大化的原则所建立起来的证券组合。

在[实例 8-8]中，如投资比例变化了，投资组合的预期报酬率和标准差也会发生变化。对于这两种证券各种投资比例的组合，按[实例 8-8]中方法计算，结果见表 8-3。按表 8-3 中的数据绘制图 8-3。

表 8-3 不同投资比例的组合

组 合	对 A 投资比例	对 B 投资比例	组合的期望报酬率/%	组合的标准差/%
1	1	0	10.00	12.00
2	0.8	0.2	11.60	11.11
3	0.6	0.4	13.20	11.78
4	0.5	0.5	14.00	12.65
5	0.4	0.6	14.80	13.79
6	0.2	0.8	16.40	16.65
7	0	1	18.00	20.00

在图 8-3 中，*BC* 曲线段是有效投资组合。曲线 *ACB* 上所有的点表示：当相关系数等于 0.2 时，A、B 两种证券所有可能的不同比重组合；点 A 表示所有资金都投在 A 证券上，点 *B* 表示所有资金都投在 B 证券上。显然，投资者不会选择 *AC* 曲线段上的投资组合，因为在这一段的任意一点，总能找到一个风险水平相同而预期报酬率更高的其他投资组合。*ACB* 曲线所包含的面积都是可能的投资组合，但有效组合只落在 *BC* 曲线段上，*BC* 曲线段是将所有有效组合的预期报酬和风险的坐标连接而成的轨迹，称为有效边界(Efficient Frontier)。

证券报酬率之间的相关性越小，机会集曲线就越弯曲，风险分散化效应就越强；证券报酬率之间的相关性越高，风险分散化效应就越弱，完全正相关的投资组合不具有风险分散化效应，其机会集是一条直线(图 8-3 中的直线 *AB*)。

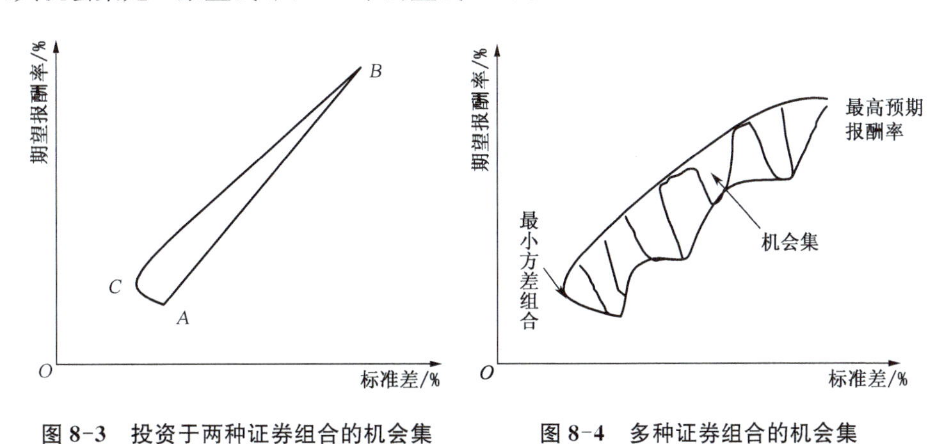

图 8-3 投资于两种证券组合的机会集　　图 8-4 多种证券组合的机会集

图 8-3 显示的是两种证券组合的机会集，两种以上证券组合的机会集与此不同：两种证券的所有可能组合都落在一条曲线上，而两种以上证券的所有可能组合会落在一个平面中，见图 8-4 的曲线围合部分所示。这个机会集反映了投资者所有的可能投资组合，图中曲线围合部分中的每个点都与一种可能的投资组合相对应。随着可供投资证券数量的增加，所有可能的投资组合数量将呈几何级数上升。

2. 资本市场线

有效边界(图 8-5 中 BC 曲线段)代表风险资产之间的组合。假设存在无风险资产,它的标准差为零,即报酬率 R_f 是确定的,如图8-5 所示,从无风险资产的报酬率(纵轴的 R_f)开始,作有效边界的切线 PR_f,该直线则代表了风险资产与无风险资产之间的组合,从图 8-5 中可以看出,除了切点 M,在风险相同的情况下,风险资产与无风险资产的组合优于风险资产之间的组合。而切点 M 是最优的风险资产组合,是市场均衡点,是所有证券以各自的总市场价值为权数的加权平均组合,称为市场投资组合(Market Portfolio)。

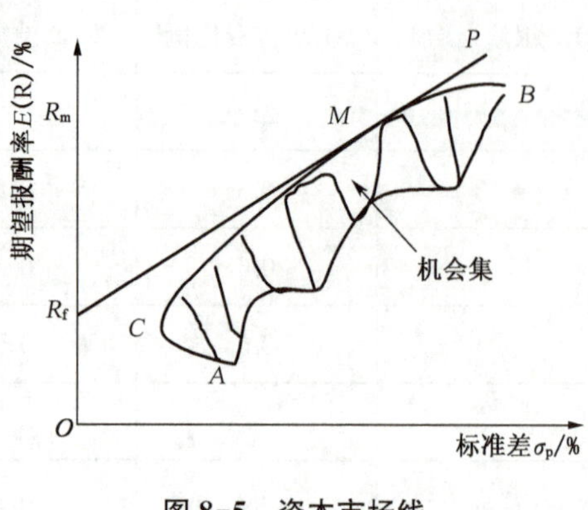

图 8-5　资本市场线

切线 PR_f 又称资本市场线(CML:Capital Market Line),假设市场组合 M 的报酬率为 R_m,标准差为 σ_m,则资本市场线的函数表达式为:

$$E(R_p)=R_f+\frac{E(R_m)-R_f}{\sigma_m}\times\sigma_p$$

资本市场线表明有效投资组合的期望报酬率由两部分组成:一部分是无风险报酬率 R_f;另一部分是风险报酬率,它是投资者承担的投资组合风险 σ_p 所得到的补偿。$[E(R_m)-R_f]$是资本市场提供给投资者的风险报酬,斜率$[E(R_m)-R_f]/\sigma_m$ 则是单位风险的报酬率或称为风险的市场价格。

8.4.3　资本资产定价模型

1. 单个证券的期望报酬率

证券组合投资能够分散非系统性风险,而且,如果组合是充分有效的,非系统性风险能完全被消除,证券组合关心的是系统性风险。在证券市场均衡而无套利行为时,一种证券应当能提供与系统性风险相对称的期望收益率,市场的系统性风险越大,投资者从该证券获得的期望收益率也应当越高。

风险资产组合的有效边界中,某证券 i 与市场组合 M 在点 M 处的切线斜率为:

$$[E(R_i)-R_m]\times\sigma_m/(\sigma_{im}-\sigma_m^2)$$

它应当与资本市场线的斜率相等,即有:

$$\frac{R_m-R_f}{\sigma_m}=\frac{[E(R_i)-R_m]\times\sigma_m}{\sigma_{im}-\sigma_m^2}$$

整理可得资本资产定价模型:

$$E(R_i)=R_f+(R_m-R_f)\times\beta_i$$

其中：

$$\beta_i = \frac{\sigma_{im}}{\sigma_m^2}$$

β_i 可以度量证券的系统风险，代表了证券 i 的风险对市场组合风险的贡献度，即该证券报酬率与市场组合报酬率之间的协方差相对于市场组合报酬率的方差的比值。由于市场组合的方差 σ_m^2 对所有证券来说都是相同的，因此，协方差 σ_{im} 较大的证券其风险也高，协方差 σ_{im} 较小的证券其风险也低。

2. β 系数

资本资产定价模型描述了证券资产风险与报酬的均衡关系，其核心是 β 系数。β 系数表示单个证券报酬率与市场组合报酬率之间的相关性，反映个别证券报酬率相对于证券市场所有证券的报酬率的变化幅度，用以衡量个别证券的市场风险而不是全部风险。其计算公式可进一步展开为：

$$\beta_i = \frac{\sigma_{im}}{\sigma_m^2} = \frac{r_{im}\sigma_i\sigma_m}{\sigma_m^2} = r_{im}\left(\frac{\sigma_i}{\sigma_m}\right)$$

可以看出，一种证券的 β 值的大小取决于：①该证券与证券市场的相关性；②它自身的标准差；③整个市场的标准差。

β 系数的计算方法有两种：

一种是使用回归直线法。根据数理统计的线性回归原理，β 系数可以通过同一时期内的证券收益率和市场组合收益率的历史数据，使用线性回归方程预测出来，β 系数就是该线性回归方程的回归系数。

另一种方法是按照定义，根据证券与股票指数收益率的相关系数、股票指数的标准差和股票收益率的标准差直接计算。

【实例 8-9】 β 系数的计算方法

资料：i 股票历史已获得收益率以及市场历史已获得收益率的有关资料如表 8-4 所示。

要求：计算 i 股票的 β 值。

解答：β 值的数据准备过程也见表 8-4。

表 8-4 计算 β 值的数据及数据准备

年　度	i 股票收益率 Y_i/%	市场收益率 X_i/%	X_i^2	X_iY_i	$X_i-\overline{X}$	$Y_i-\overline{Y}$	$(X_i-\overline{X})\times(Y_i-\overline{Y})$	$(X_i-\overline{X})^2$	$(Y_i-\overline{Y})^2$
第 1 年	1.7	1.4	1.96	2.38	0.12	−0.20	−0.023 3	0.013 6	0.040 0
第 2 年	−0.4	0.9	0.81	−0.36	−0.38	−2.30	0.881 7	0.146 9	5.290 0
第 3 年	1.9	0.1	0.01	0.19	−1.18	0.00	0.000 0	1.400 3	0.000 0
第 4 年	−1.8	−1.7	2.89	3.06	−2.98	−3.70	11.038 3	8.900 3	13.690 0
第 5 年	4.9	3.9	15.21	19.11	2.62	3.00	7.850 0	6.846 9	9.000 0
第 6 年	5.1	3.1	9.61	15.81	1.82	3.20	5.813 3	3.300 3	10.240 0

（续表）

年　度	i 股票收益率 Y_i/%	市场收益率 X_i/%	X_i^2	X_iY_i	$X_i-\overline{X}$	$Y_i-\overline{Y}$	$(X_i-\overline{X})\times(Y_i-\overline{Y})$	$(X_i-\overline{X})^2$	$(Y_i-\overline{Y})^2$
合计	11.4	7.7	30.49	40.19			25.560 0	20.608 3	38.260 0
平均数	1.90	1.28							
标准差	2.766 2	2.030 2							

第一种方法：根据求解回归方程 $y=a+bx$ 系数的计算公式

$$a=\frac{\sum_{i=1}^{n}X_i^2\times\sum_{i=1}^{n}Y_i-\sum_{i=1}^{n}X_i\sum_{i=1}^{n}X_iY_i}{n\sum_{i=1}^{n}X_i^2-(\sum_{i=1}^{n}X_i)^2}\qquad b=\frac{n\sum_{i=1}^{n}X_iY_i-\sum_{i=1}^{n}X_i\times\sum_{i=1}^{n}Y_i}{n\sum_{i=1}^{n}X_i^2-(\sum_{i=1}^{n}X_i)^2}$$

将相关数据代入其中，得出：

$$a=\frac{30.49\times11.4-7.7\times40.19}{6\times30.49-7.7\times7.7}=0.31$$

$$b=\frac{6\times40.19-7.7\times11.4}{6\times30.49-7.7\times7.7}=1.24$$

直线方程斜率 b 就是该股票的 β 值。

第二种方法：先计算相关系数、标准差

$$r=\frac{\sum_{i=1}^{n}[(X_i-\overline{X})\times(Y_i-\overline{Y})]}{\sqrt{\sum_{i=1}^{n}(X_i-\overline{X})^2}\times\sqrt{\sum_{i=1}^{n}(Y_i-\overline{Y}^2)}}$$

$$r_{im}=\frac{25.56}{\sqrt{20.608\ 3}\times\sqrt{38.26}}=\frac{25.56}{4.539\ 6\times6.185\ 5}=0.910\ 3$$

$$\sigma=\sqrt{\frac{\sum_{i=1}^{n}(X_i-\overline{X})^2}{n-1}}\qquad\sigma_m=\sqrt{\frac{20.608\ 3}{6-1}}=2.030\ 2$$

$$\sigma_i=\sqrt{\frac{38.26}{6-1}}=2.766\ 2$$

然后计算 β 值：$\beta_i=r_{im}\left(\frac{\sigma_i}{\sigma_m}\right)=0.910\ 3\times\frac{2.766\ 2}{2.030\ 2}=1.24$

β 值的经济意义在于揭示相对于市场组合而言特定证券的系统风险是多少。如果某证券的系数等于 1，表明该证券与整个证券市场具有同样的系统风险；如果系数大于或小于 1，表明系统性风险对该证券的影响大于或小于市场平均水平。总之，某一股票的 β 系数的大

小反映了这种股票收益的变动与整个股票市场收益变动之间的相关关系，计算 β 系数就是确定这种股票与整个股市收益变动的影响的相关性及其程度。

3. 投资组合的 β 系数

投资组合的系数等于被组合各证券 β 系数的加权平均数，其计算公式为：

$$\beta_{p}=\sum_{i=1}^{n} X_{i} \beta_{i}$$

式中：β_p 为投资组合的 β 系数；X_i 为投资组合中第 i 种证券所占的比重；β_i 为第 i 种证券的 β 系数；n 为投资组合中证券的数量。

显然，系统性风险不能通过投资于更多的证券而分散掉，但可以通过投资组合来降低或提高组合证券的 β 值，从而降低或扩大投资组合的市场风险。所以一种股票的 β 值可以度量该股票对整个组合风险的贡献，β 值可以作为对这一股票风险程度的一个大致度量。当然，组合资产 β_p 降低的同时，投资组合的收益率也在降低。

资本资产定价模型用途广泛，如资本结构优化决策中权益资本成本的确定，证券投资决策中证券市场价值的确定。只要确定了各证券的期望报酬率，就可以评估该证券的内在价值。

4. 证券市场线

如果图 8-5 中以 β 值作为横轴，PR_f 直线也称为证券市场线，可用来描述单一证券风险与收益之间的关系，其函数表达式就是资本资产定价模型：

$$E(R_i)=R_f+[E(R_m)-R_f]\times\beta_i$$

式中：$E(R_i)$是第 i 种股票的必要收益率；R_f 是无风险收益率（通常以国库券的收益率作为无风险收益率）；R_m 是股票的平均必要收益率（指 $\beta=1$ 的股票的必要收益率，也是指包括所有股票的组合即市场组合的必要收益率），在均衡状态下，$[E(R_m)-R_f]$是投资者为补偿承担超过无风险收益的平均风险而要求的额外收益，即风险价格。

从证券市场线上可以看出：纵轴为必要收益率，横轴则是以 β 值表示的风险，其中无风险证券 $\beta=0$，R_f 成为证券市场线在纵轴上的截距；证券市场线的斜率表示经济系统中风险厌恶感的程度，一般地讲，投资者对风险的厌恶感越强，证券市场线的斜率越大，对风险资产所要求的风险补偿越大，对风险资产的要求收益率越高；投资者的必要收益率取决于市场风险、无风险利率（证券市场线的截距）和市场风险补偿程度（证券市场线的斜率），由于这些因素始终处于变动之中，所以证券市场线也不是一成不变。预计通货膨胀提高时，无风险利率会随之提高，进而导致证券市场线向上平移。风险厌恶感的加强，会提高证券市场线的斜率。

证券市场线适用于单个证券和证券组合（不论它是否已经有效地分散了风险），它测度的是证券（或证券组合）每单位系统风险（β 系数）的超额收益。证券市场线的使用条件比资本市场线的宽松，应用也更广泛。

8.5 基金投资

8.5.1 投资基金的概念

从资金关系来看，基金是指专门用于某种特定目的并进行独立核算的资金。其中，既包括各国共有的养老保险基金、退休基金、救济基金、教育奖励基金等，也包括我国特有的财政专项基金、能源交通重点建设基金、预算调节基金等。

作为证券投资工具的基金被称为投资基金。投资基金是一种利益共享、风险共担的集合投资方式，即通过发行基金股份或受益凭证等有价证券聚集众多的不确定投资者的资金，交由专业投资机构经营运作，以规避投资风险并谋取投资收益的证券投资工具。投资基金在不同国家或地区称谓有所不同，美国称为“共同基金”，英国和我国香港特别行政区称为“单位信托基金”，日本和我国台湾省称为“证券投资信托基金”。

投资基金与股票、债券相比，差别主要表现在以下几个方面：

(1) 影响价格的主要因素不同。在宏观经济、政治环境大致相同的情况下，股票的价格主要受市场供求关系、上市公司经营状况等因素的影响；债券的价格主要受市场利率的影响；投资基金的价格主要受市场供求关系或基金资产净值的影响。

(2) 投资收益与风险的大小不同。一般来说，在风险程度上，股票投资的风险大于基金，基金投资的风险又大于债券。从收益来看，股票的收益通常是不确定的，债券的收益往往是确定的，基金投资的收益虽然也不确定，但其特点决定了其收益一般要高于债券。

(3) 收回投资的方式不同。股票投资是无期限的，收回投资需要在证券市场上按市场价格变现。债券投资有一定的期限，期满后可收回本息。投资基金中的封闭式基金，可以在市场上变现，存续期满后，投资人可按持有的基金份额分享相应的剩余资产；开放式基金没有存续期限，投资人可以随时向基金管理人要求赎回。

8.5.2 投资基金的类型

1. 契约型基金和公司型基金

根据组织形式的不同，可分为契约型基金和公司型基金。

(1) 契约型基金。契约型基金是历史最为悠久的一种投资基金，又称为单位信托基金，是指把受益人(投资者)、管理人、托管人三者作为基金的当事人，由管理人与托管人通过签订信托契约的形式发行受益凭证而设立的一种基金。契约型基金由基金管理人负责基金的管理操作；由基金托管人作为基金资产的名义持有人，负责基金资产的保管和处置，对基金管理人的动作实行监督。

(2) 公司型基金。公司型基金是指按照公司法以股份有限公司的形态组成的，它以发行股份的方式募集资金，一般投资者购买该公司的股份即为认购基金，也就成为该公司的股东，凭其持有的基金份额依法享有投资收益。

契约型基金与公司型基金的差异主要表现在三个方面：一是基金的运营依据不同。契约型基金依据基金契约运营基金，公司型基金依据基金公司章程运营基金。二是资金的性质不同。契约型基金的资金是信托财产，公司型基金的资金为公司法人的资本。三是投资者的法律地位不同。契约型基金的投资者购买受益凭证后成为基金契约的当事人之一，即受益人；公司型基金的投资者购买基金公司的股票后成为该公司的股东，以股息或红利形式取得收益。

2. 封闭式基金和开放式基金

根据运作方式的不同，可分为封闭式基金和开放式基金。

（1）封闭式基金。封闭式基金又称为固定式证券投资基金，是指基金的预定数量发行完毕，在规定的时间（也称"封闭期"）内基金资本规模不再增大或缩减的投资基金。基金的发起人在设立基金时，限定了基金单位的发行总额，筹集到这个总额后，基金即宣告成立，并进行封闭，在一定时期内不再接受新的投资。基金单位的流通采取在交易所上市的办法，通过二级市场进行竞价交易。

（2）开放式基金。开放式基金又称为变动式证券投资基金，是指基金规模不是固定不变的，而是可以随时根据市场供求情况发行新份额或被投资人赎回的投资基金。投资者也可根据市场状况和各自的投资决策，或者要求发行机构按现期净资产值扣除手续费赎回股份或受益凭证，或者再买入股份或受益凭证，增加基金单位份额的持有比例。

封闭式基金与开放式基金的差异主要表现在四个方面：一是基金规模的可变性不同。封闭式基金均有明确的存续期限，在此期限内已发行的基金单位不能被赎回。虽然特殊情况下此类基金可进行扩募，但扩募应符合严格的法定条件。因此，在正常情况下，基金规模是固定不变的。而开放式基金所发行的基金单位是可赎回的，而且投资者在基金的存续期间内也可随意申购基金单位，导致基金的资金总额每日均不断地变化。换言之，它始终处于"开放"的状态。这是封闭式基金与开放式基金的根本差别。二是基金单位转让方式不同。封闭式基金发起设立时，投资者可以向基金管理公司或销售机构认购；当封闭式基金上市交易时，投资者又可以委托券商在证券交易所按市价买卖。开放式基金的投资者则可以在首次发行结束一段时间（多为 3 个月）后，随时向基金管理人或者中介机构提出购买或赎回申请。三是基金单位的交易价格形成方式不同。封闭式基金的买卖价格受市场供求关系的影响，并不必然反映公司的净资产值。开放式基金的交易价格则取决于基金的每单位净资产值的大小，基本不受市场供求关系的影响。四是基金的投资策略不同。由于封闭式基金基金单位数不变，资本不会减少，其募集得到的资金可全部用于投资，基金管理公司便可据以制定长期的投资策略，取得长期经营绩效。开放式基金因基金单位可随时赎回，为应付投资者随时赎回兑现，基金资产不能全部用来投资，更不能把全部资产用来进行长线投资，制定投资策略时必须注意保持基金资产的流动性。

3. 股票基金、债券基金和货币基金等

根据投资对象的不同，可分为股票基金、债券基金、货币基金、期货基金、期权基金、认股权证基金、专门基金等。

（1）股票基金。股票基金是所有基金品种中最为流行的一种类型，它是指主要投资于股票市场的投资基金，其风险程度较个人投资股票市场要小得多，同时具有较强的流动性，

因此它也是一种比较受欢迎的基金类型。

(2) 债券基金。债券基金是指全部或大部分资金投资于债券市场的基金，主要投资于政府债券、市政公债、企业债券等各类债券品种。债券基金一般情况下定期派息，其风险和收益水平通常较股票基金低。

(3) 货币基金。货币基金是投资于货币市场金融产品的基金，专门从事商业票据、银行承兑汇票、可转让大额定期存单以及其他短期类票据的买卖。这类基金的投资风险小，投资成本低，流动性较高，在整个基金市场上属于低风险的安全基金。

(4) 期货基金。期货基金是指主要投资于期货市场的投资基金。由于期货市场具有高风险和高回报的特点，因此投资期货基金既可能获得较高的投资收益，同时也面临着较大的投资风险。

(5) 期权基金。期权基金是指以期权为主要投资对象的基金。期权基金和期货基金一样，是一种风险较高的基金。

(6) 认股权证基金。认股权证基金是指以认股权证为主要投资对象的基金。一般来说，认股权证的投资风险较通常的股票要大得多。因此，认股权证基金也属于高风险基金。

(7) 专门基金。专门基金是指将资金专门投资于某一特定行业领域的股票基金。包括黄金基金、资源基金、科技基金、地产基金等，这类基金的投资风险较大，收益水平较易受到市场行情的影响。

4. 增长型基金、收入型基金和平衡型基金

根据投资目标的不同，可以将基金分为增长型基金、收入型基金和平衡型基金。

(1) 增长型基金。增长型基金主要投资于具有良好增长潜力的股票，投资目标为获得资本增值，较少考虑当期收入。

(2) 收入型基金。收入型基金主要关注能否取得稳定的经常性收入，投资对象集中于风险较低的蓝筹股、公司及政府债券等。

(3) 平衡型基金。平衡型基金集合了上述两种基金的投资目标，既关注资本增值，又关注收入问题。

5. 主动型基金和被动型基金

根据投资理念的不同，可以将基金分为主动型基金和被动型基金。

(1) 主动型基金。主动型基金是指由基金经理主动操盘寻找超越基准组合表现的投资组合进行投资的基金。

(2) 被动型基金。被动型基金即指数型基金，这类基金通过选取特定的指数成分股作为投资对象，期望能复制指数的表现。目前，被动型基金除完全复制指数成分股的投资策略外，也有指数增强型基金，其在复制的基础上根据市场变化做适当调整，以期获得超过所跟踪指数的收益。

6. 私募基金和公募基金

根据募集方式的不同，可以将基金分为私募基金和公募基金。

(1) 私募基金。私募基金是指以非公开方式向特定投资者募集资金，并以特定目标为投资对象的证券投资基金。私募基金的投资者往往风险承受能力较高，单个投资者涉及的

资金量较大。

(2) 公募基金。公募基金是指以公开方式向社会公众投资者募集资金并以证券为主要投资对象的证券投资基金。公募基金的投资者数量众多,受到更加严格的监管,并要求更高的信息透明度。

8.5.3 投资基金的财务评价

对投资基金进行财务评价旨在衡量投资基金的经营业绩,为投资者选择合适的基金作为投资对象提供参考。对投资基金进行财务评价主要涉及四个概念:基金的价值、基金单位净值、基金报价和基金收益率。

1. 基金的价值

从理论上来说,基金也是一种证券,与其他证券一样,基金的内涵价值也是由在基金投资上所能带来的未来现金流量的现值决定的。但是,在实务中,基金价值的具体确定依据与股票、债券等其他证券又有很大的区别。基金的价值取决于基金净资产的现在价值,其原因在于:股票的未来收益是可以预测的,而投资基金的未来收益是不可预测的。由于投资基金不断变换投资组合对象,再加上资本利得是投资基金收益的主要来源,变幻莫测的证券价格波动,使得对投资基金未来收益的预计变得不大现实。既然未来不可预测,投资者能够把握的就是"现在",即基金净资产的现有市场价值。

2. 基金单位净值

基金单位净值,也称为单位净资产值或单位资产净值。基金的价值取决于基金净资产的现在价值,因此基金单位净值是评价基金业绩最基本和最直观的指标,也是开放式基金申购价格、赎回价格以及封闭式基金上市交易价格确定的重要依据。

基金单位净值是在某一时点每一基金单位(或基金股份)所具有的市场价值,计算公式为:

$$基金单位净值=\frac{基金净资产价值总额}{基金单位总份数}$$

式中,基金净资产价值总额等于基金资产总额减去基金负债总额。基金负债包括以基金名义对外融资借款以及应付给投资者的分红、应付给基金管理人的经理费等。

3. 基金的报价

基金的报价理论上是由基金的价值决定的。基金单位净值高,基金的交易价格也高。具体而言,封闭式基金在二级市场上竞价交易,其交易价格由供求关系和基金业绩决定,围绕基金单位净值上下波动;开放式基金的柜台交易价格则完全以基金单位净值为基础,通常采用两种报价形式:认购价(卖出价)和赎回价(买入价)。开放式基金柜台交易价格的计算公式为:

$$基金认购价=基金单位净值+首次认购费$$

$$基金赎回价=基金单位净值-基金赎回费$$

4. 基金收益率

基金收益率是反映基金增值情况的指标,它通过基金净资产的价值变化来衡量。基金净资产的价值是以市价计量的，基金资产的市场价值增加，意味着基金的投资收益增加，基金投资者的权益也随之增加。基金收益率的计算公式为：

$$基金收益率=\frac{年末持有份数\times基金单位净值年末数-年初持有份数\times基金单位净值年初数}{年初持有份数\times基金单位净值年初数}$$

式中，“持有份数”是指基金单位的持有份数。如果年末和年初基金单位的持有份数相同，基金收益率就简化为基金单位净值在本年内的变化幅度。年初的基金单位净值相当于购买基金的本金投资，基金收益率也就相当于一种简便的投资报酬率。

【实例 8-10】 投资基金的财务评价

资料：BBC 公司是一家基金公司，相关资料如下。

(1) 20×8 年 1 月 1 日，BBC 公司的基金资产总额(市场价值)为 30 000 万元，其负债总额(市场价值)为 5 000 万元，基金份数为 10 000 万份。在基金交易中，该公司收取首次认购费和赎回费，认购费率为基金资产净值的 2%，赎回费率为基金资产净值的 1%。

(2) 20×8 年 12 月 31 日，BBC 公司按收盘价计算的资产总额为 34 150 万元，其负债总额为 2 800 万元，已售出 11 000 万份基金单位。

(3) 假定 20×8 年 12 月 31 日某投资者购买该基金 1.5 万份，准备长期持有，假设该投资者持有的份数不变，预计 20×9 年 12 月 31 日基金单位净值为 3.42 元。

要求：

(1) 计算 20×8 年 1 月 1 日 BBC 公司的下列指标：

①基金净资产价值总额；②基金单位净值；③基金认购价；④基金赎回价。

(2) 计算 20×8 年 12 月 31 日的 BBC 公司基金单位净值。

(3) 计算该投资者 20×9 年的预计基金收益率。

解答：

(1) ① 20×8 年 1 月 1 日的基金净资产价值总额＝30 000－5 000＝25 000(万元)

② 20×8 年 1 月 1 日的基金单位净值$=\frac{25\ 000}{10\ 000}=2.5$(元)

③ 20×8 年 1 月 1 日的基金认购价＝2.5＋2.5×2%＝2.55(元)

④ 20×8 年 1 月 1 日的基金赎回价＝2.5－2.5×1%＝2.475(元)

(2) 20×8 年 12 月 31 日的基金单位净值$=\frac{34\ 150-2\ 800}{11\ 000}=2.85$(元)

(3) 预计基金收益率$=\frac{1.5\times3.42-1.5\times2.85}{1.5\times2.85}\times100\%=20\%$

或：预计基金收益率$=\frac{3.42-2.85}{2.85}\times100\%=20\%$

8.5.4 基金投资的优缺点

1. 基金投资的优点

(1) 基金投资的最大优点是能够在不承担太大风险的情况下获得较高收益。基金将众多投资者的资金集中起来，委托基金管理人进行共同投资，有利于发挥资金的规模优势，降

低投资成本。基金由基金管理人进行投资管理和运作。基金管理人一般拥有大量的专业投资研究人员和强大的信息网络，能够更好地对证券市场进行全方位的动态跟踪与分析。将资金交给基金管理人管理，能使中小投资者也享受到专业化的投资管理服务。

（2）组合投资，分散风险。中小投资者由于资金量小，一般无法通过购买不同的股票分散投资风险。基金通常会购买几十种甚至上百种股票，投资者购买基金就相当于用很少的资金购买了一篮子股票，某些股票下跌造成的损失可以用其他股票上涨的盈利来弥补。因此可以充分享受到组合投资、分散风险的好处。

2. 基金投资的缺点

（1）基金投资无法获得很高的投资收益。投资基金在投资组合的过程中，降低风险的同时，也丧失了获得巨大收益的机会。

（2）当遭遇熊市大盘整体大幅度下跌时，投资人可能要承担较大风险。

相关阅读

新冠肺炎疫情对我国股债市场的影响

自新冠肺炎疫情暴发以来，全球经济受挫，其对中国金融市场带来的巨大影响也不容忽视。自 2020 年 1 月 20 日钟南山教授对外公布新冠病毒能够人传人以后，部分投资者开始恐慌，上证指数、国债指数等反映股债市场情况的代表性指标均出现不同程度的波动，股债市场遭受明显冲击。部分投资者为了规避潜在的风险紧急抛售手中的股票，这种紧急避险行为在投资者中产生了“羊群效应”，越来越多的投资者相继抛售手中的股票，导致股市发生了踩踏现象进一步下跌。与此同时，债券因为大多以国家信用和企业信用作为担保，风险系数低，成为投资者们的较优选择。这时候，投资者将从风险较大的股票市场转入风险较小的债券市场，导致债券市场收益率上涨。相继而来的是，更多的投资者会被上升的债券市场收益率所吸引，将资金从股票市场转向债券市场，风险在市场间相互传染。股票市场和债券市场收盘价时间序列图如图 1 和图 2 所示，其中也可以看出大概在 2020 年 1 月 20 日，股票市场和债券市场收盘价都出现了较大的波动，在此之后的短时间内，上证指数仍然持续下跌。

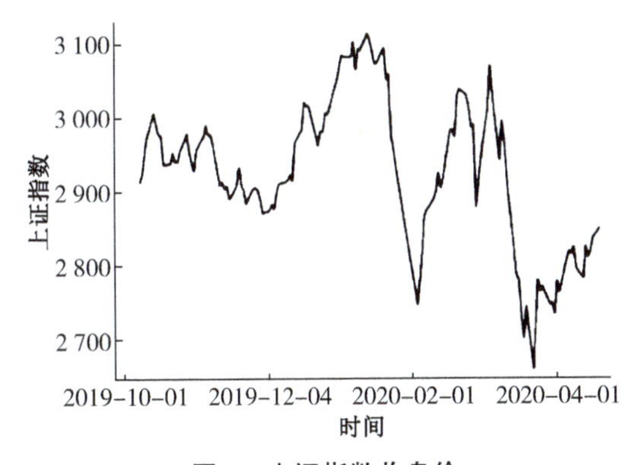

图 1　上证指数收盘价

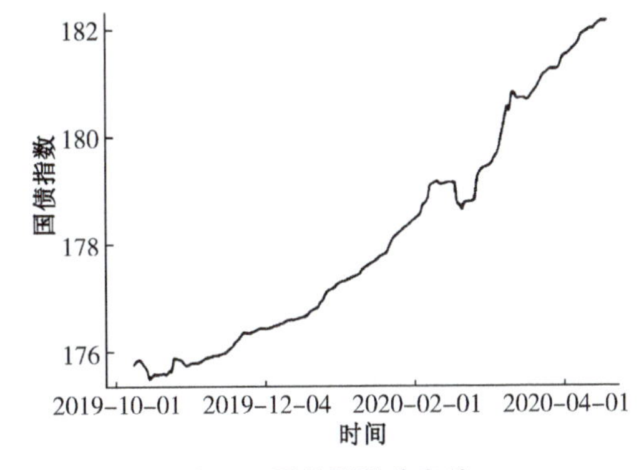

图 2　国债指数收盘价

陈波、钱惠惠研究认为:(1)短期来看新冠肺炎疫情对股票市场具有负向冲击作用,而对国债市场具有正向冲击作用。这可能是因为新冠肺炎疫情的发生导致投资者对经济产生悲观预期,失去投资信心。在这种情况下,由于国家债券和企业债券大多是以国家信用和企业信用作为担保,风险系数低,相对而言是一个较优的选择。因此,为了规避风险,投资者会从股票市场转向债券市场。(2)在新冠肺炎疫情冲击下,股票市场率先产生波动,并且对国债市场和企债市场产生冲击。同时国债市场的波动也会影响股票市场,两者之间存在双向传导。相对而言,企债市场规模较小,被动接受股票市场的冲击。(3)股票市场、国债市场和企债市场存在协整关系,即长期均衡关系。这表明,虽然短期来看,新冠肺炎疫情的发生会对股票市场和债券市场产生冲击,但长期来看,股票市场和债券市场最终还是会走向均衡。

(资料来源:陈波,钱惠惠.新冠肺炎疫情对我国股债市场的影响研究[J].工业技术经济,2021,40(11):53-60.)

本章小结

证券投资是指投资者将资金投资于股票、债券、基金及衍生证券等资产,从而获得收益的一种投资行为。科学地进行证券投资,可以充分地利用企业的闲置资金,增加企业收益,降低风险,有利于实现企业的财务目标。证券投资的风险主要包括价格风险、再投资风险、购买力风险、履约风险、变现风险和破产风险。证券投资包括债券投资、股票投资和基金投资等主要形式。

债券投资是指投资者购买债券以获取资金收益的一种投资活动。债券投资收益较低,但固定,风险也较低。评价债券投资收益水平的指标主要有债券价值和债券收益率。

股票投资收益高,但不固定,因而风险大。评价股票投资收益水平的指标主要有股票价值和股票收益率。

证券投资组合是指在进行证券投资时,不是将所有的资金都投向单一的某种证券,而是有选择地投向一组证券。通过有效地进行证券投资组合,可削减证券风险,达到降低风险的目的。

投资基金是一种利益共享、风险共担的集合投资方式。投资基金与股票、债券相比,差别主要表现在三个方面:影响价格的主要因素不同、投资收益与风险的大小不同和收回投资的方式不同。投资基金财务评价主要涉及四个概念,即基金价值、基金单位净值、基金报价和基金收益率。

关键概念

证券投资(investment in securities)
债券投资(investment in bonds)
股票投资(investment in stocks)
股票价值(stock value)
债券价值(bond value)
投资基金(investment fund)
市盈率(price-earning ratio)
资本市场线(capital market line)
资本资产定价模型 (capital asset pricing model)
有效投资组合(efficient set)

自测题

一、单项选择题

1. 在证券投资中，通过随机选择足够数量的证券进行组合可以分散掉的风险是（　　）。
   A. 所有风险　　B. 市场风险　　C. 系统性风险　　D. 非系统性风险
2. 企业进行短期债券投资的主要目的是（　　）。
   A. 调节现金余缺、获取适当收益　　B. 获得对被投资企业的控制权
   C. 增加资产流动性　　D. 获得稳定收益
3. 投资者对股票、短期债券和长期债券进行投资，共同的目的是（　　）。
   A. 合理利用暂时闲置资金　　B. 获取长期资金
   C. 获取控股权　　D. 获取收益
4. 基金发起人在设立基金时，规定了基金单位的发行总额，筹集到这个总额后，基金即宣告成立，在一定时期内不再接受新投资，这种基金称为（　　）。
   A. 契约型基金　　B. 公司型基金　　C. 封闭式基金　　D. 开放式基金
5. 如果某单项资产的系统风险大于整个市场投资组合的风险，则可以判定该项资产的 β 值（　　）。
   A. 等于 1　　B. 小于 1　　C. 大于 1　　D. 等于 0
6. 如果 A、B 两只股票的收益率变化方向和变化幅度完全相同，则由其组成的投资组合（　　）。
   A. 不能降低任何风险　　B. 可以分散部分风险
   C. 可以最大限度地抵消风险　　D. 风险等于两只股票风险之和
7. 相对于股票投资而言，下列项目中能够揭示债券投资特点的是（　　）。
   A. 无法事先预知投资收益水平　　B. 投资收益率的稳定性较强
   C. 投资收益率比较高　　D. 投资风险较大
8. 下列各项中，属于证券投资系统风险（市场风险）的是（　　）。
   A. 利息率风险　　B. 违约风险　　C. 破产风险　　D. 流动性风险
9. 下列因素引起的风险中，投资者可以通过证券投资组合予以削减的是（　　）。
   A. 宏观经济状况变化　　B. 世界能源状况变化
   C. 发生经济危机　　D. 被投资企业出现经营失误
10. 根据债券估价模型，不考虑其他因素的影响，当市场利率上升时，固定利率债券价值的变化方向是（　　）。
    A. 不确定　　B. 不变　　C. 下降　　D. 上升
11. 假定投资者要求达到 10%的收益率，某公司当期每股股利（D_0）为 0.5 元，预计股利增长率为 5%，则该公司股票的价值为（　　）元。
    A. 5.25　　B. 10.5　　C. 5　　D. 10
12. 某公司当期每股股利为 3.30 元，预计未来每年以 3%的速度增长，假设投资者的必

要收益率为8%,则该公司每股股票的价值为(　　)元。

A. 66.00　B. 110.00　C. 41.25　D. 67.98

13. 现有一份刚发行的面值为1 000元、每年付息一次、到期归还本金、票面利率为14%的5年期债券,若某投资者现在以1 000元的价格购买该债券并持有至到期,假定不考虑税费等,该债券的内部收益率应该(　　)。

A. 小于14%　B. 无法计算　C. 等于14%　D. 大于14%

14. 某投资者年初以100元的价格购买A债券,当年获得利息收入5元,当年年末以103元的价格出售该债券,假定不考虑税费,则该债券的持有期间收益率为(　　)。

A. 7.77%　B. 8%　C. 3%　D. 5%

15. 某ST公司在2021年3月5日宣布其发行的公司债券本期利息总额8 980万元将无法于原定付息日2021年3月9日全额支付,仅能够支付500万元,则该公司债券的投资者面临的风险是(　　)。

A. 违约风险　B. 价格风险　C. 购买力风险　D. 变现风险

二、多项选择题

1. 与股票投资相比,债券投资的主要缺点有(　　)。

A. 购买力风险大　B. 流动性风险大

C. 没有经营管理权　D.投资收益不稳定

2. 下列各项中,属于投资基金优点的有(　　)。

A. 具有专家理财优势　B. 具有资金规模优势

C. 可以完全规避投资风险　D. 可能获得很高的投资收益

3. 在下列各项中,属于证券投资风险的有(　　)。

A. 违约风险　B. 购买力风险　C. 流动性风险　D. 期限性风险

4. 契约型基金又称单位信托基金,其当事人包括(　　)。

A. 受益人　B. 管理人　C. 托管人　D. 投资人

5. 在下列各项中,影响债券收益率的有(　　)。

A. 债券的票面利率、期限和面值　B. 债券的持有时间

C. 债券的买入价和卖出价　D. 债券的流动性和违约风险

6. 投资者在计算基金投资收益率时,应考虑的因素有(　　)。

A. 年初持有基金份数　B. 年末持有基金份数

C. 年初基金单位净值　D. 年末基金单位净值

7. 下列关于资本资产定价模型β系数的表述中,正确的有(　　)。

A. β系数可以为负数

B. β系数是影响证券收益的唯一因素

C. 投资组合的β系数一定会比组合中任何单一证券的β系数低

D. β系数反映的是证券的系统风险

8. 下列项目中,可导致投资风险产生的原因有(　　)。

A. 投资成本的不确定性　B. 投资收益的不确定性

C. 投资决策的失误　　D. 自然灾害

9. 按照资本资产定价模型，确定特定股票必要收益率所考虑的因素有（　　）。

A. 无风险收益率　　B. 公司股票的特有风险

C. 特定股票的 β 系数　　D. 所有股票的年均收益率

10. 下列有关证券投资风险的表述中，正确的有（　　）。

A. 证券投资组合的风险有公司特别风险和市场风险两种

B. 公司特别风险是不可分散风险

C. 股票的市场风险不能通过证券投资组合加以消除

D. 当投资组合中股票的种类特别多时，非系统性风险几乎可全部分散掉

三、判断题

1. 由两种完全正相关的股票组成的证券组合不能抵消任何风险。（　　）

2. 一般情况下，股票市场价格会随着市场利率的上升而下降，随着市场利率的下降而上升。（　　）

3. 市场风险是指市场收益率整体变化所引起的市场上所有资产的收益率的变动性，它是影响所有资产的风险，因而不能被分散掉。（　　）

4. 投资基金的收益率是通过基金净资产的价值变化来衡量的。（　　）

5. 购买国债虽然违约风险小，也几乎没有破产风险，但仍会面临利息率风险和购买力风险。（　　）

6. 根据财务管理的理论，必要投资收益等于期望投资收益、无风险收益和风险收益之和。（　　）

7. 证券组合风险的大小，等于组合中各个证券风险的加权平均数。（　　）

8. 根据财务管理理论，按照三阶段模型估算的普通股价值等于股利高速增长阶段现值、股利固定增长阶段现值和股利固定不变阶段现值之和。（　　）

四、计算分析题

1. 目的：练习资本资产定价模型运用、股票价值计算和应用。

资料：甲公司和乙公司是同一行业、规模相近的两家上市公司。两家公司的有关情况如下：

（1）甲公司股票的 β 系数为 1.2，无风险收益率为 4%，证券市场平均收益率为 9%。甲公司每年按每股 3 元发放固定现金股利。目前该公司的股票市价为 46.20 元。

（2）乙公司股票的必要收益率为 11%。该公司 2021 年度股利分配方案是每股现金股利 1.5 元（即 $D_0=1.5$），预计未来各年的股利年增长率为 6%。目前乙公司的股价为 25 元。

要求：（1）运用资本资产定价模型计算甲公司股票的必要收益率；

（2）计算甲公司股票的价值，给出“增持”或“减持”该股票的投资建议，并说明理由；

（3）计算乙公司股票的内部收益率，给出“增持”或“减持”该股票的投资建议，

并说明理由。

2. 目的：练习证券投资组合决策。

资料：某公司拟进行股票投资，计划购买A、B、C三种股票，并分别设计了甲、乙两种投资组合。

已知三种股票的β系数分别为1.5、1.0和0.5，它们在甲种投资组合下的投资比重分别为50%、30%和20%；乙种投资组合的风险收益率为3.4%。同期市场上所有股票的平均收益率为12%，无风险收益率为8%。

要求：(1) 根据A、B、C股票的β系数，分别评价这三种股票相对于市场投资组合而言的投资风险大小。

(2) 按照资本资产定价模型计算A股票的必要收益率。

(3) 计算甲种投资组合的β系数和风险收益率。

(4) 计算乙种投资组合的β系数和必要收益率。

(5) 比较甲、乙两种投资组合的β系数，评价它们的投资风险大小。

3. 目的：练习债券投资收益率的计算。

资料：甲企业于20×0年1月1日以1 100元的价格购入A公司新发行的面值为1 000元、票面年利息率为10%、每年1月1日支付一次利息的5年期债券。

要求：(1) 计算该项债券投资的到期收益率。

(2) 假定市场利率为8%，根据债券投资的到期收益率，判断甲企业是否应当继续持有A公司债券，并说明原因。

(3) 如果甲企业于20×1年1月1日以1 150元的价格卖出A公司债券，计算该项投资的持有期收益率。

4. 目的：练习资本资产定价模型运用、股票价值计算和证券投资组合决策。

资料：现行国库券的利率为5%，证券市场组合平均收益率为15%，市场上A、B、C、D四种股票的β系数分别为0.91、1.17、1.8和0.52；B、C、D股票的必要收益率分别为16.7%、23%和10.2%。

要求：(1) 采用资本资产定价模型计算A股票的必要收益率。

(2) 计算B股票价值，为拟投资该股票的投资者作出是否投资的决策，并说明理由。假定B股票当前每股市价为15元，最近一期发放的每股股利为2.2元，预计年股利增长率为4%。

(3) 计算A、B、C投资组合的β系数和必要收益率。假定投资者购买A、B、C三种股票的比例为1∶3∶6。

(4) 已知按3∶5∶2的比例购买A、B、D三种股票，所形成的A、B、D投资组合的β系数为0.96，该组合的必要收益率为14.6%。如果不考虑风险大小，请在A、B、C和A、B、D两种投资组合中作出投资决策，并说明理由。

5. 目的：练习债券价值和收益率的计算。

资料：某公司发行票面金额为1 000元、票面利率为8%的3年期债券，该债券每年

计息一次，到期归还本金，当时的市场利率为10%。

要求：(1) 计算该债券的理论价值。

(2) 假定投资者甲以940元的市场价格购入该债券，准备一直持有至期满，若不考虑各种税费的影响，计算到期收益率。

(3) 假定该债券约定每季度付息一次，投资者乙以940元的市场价格购入该债券，持有9个月收到利息60元，然后以965元的价格将该债券卖出。计算：①持有期收益率；②持有期年均收益率。

五、综合题

目的：练习债券价值和债券收益率的计算。

资料：A公司拟购买某公司债券作为长期投资(打算持有至到期日)，要求的必要收益率为6%。

现有三家公司同时发行5年期、面值均为1 000元的债券。其中：甲公司债券的票面利率为8%，每年付息一次，到期还本，债券发行价格为1 041元；乙公司债券的票面利率为8%，单利计息，到期一次还本付息，债券发行价格为1 050元；丙公司债券的票面利率为0，债券发行价格为750元，到期按面值还本。

要求：(1) 计算A公司购入的甲公司债券的价值和收益率。

(2) 计算A公司购入的乙公司债券的价值和收益率。

(3) 计算A公司购入的丙公司债券的价值。

(4) 根据上述计算结果，评价甲、乙、丙三种公司债券是否具有投资价值，并为A公司作出购买何种债券的决策。

(5) 若A公司购买并持有甲公司债券，1年后将其以1 050元的价格出售，计算该项投资的收益率。

六、简答题

1. 如何计算债券的到期收益率?
2. 债券投资的风险包括哪些内容?
3. 如何对股票进行估值?
4. 如何运用资本资产定价模型进行证券组合投资?

经典案例

巴菲特是如何看待指数基金的?

一、巴菲特在致股东信里谈论指数基金

在1998年前，巴菲特曾经在两年的致股东信里谈论指数基金。这两次表述经常被指数基金拥趸并断章取义地引用。但这两年，巴菲特表达的真正意思其实是：“指数基金不错，但自己如果有基本的投资能力，就没必要去搞指数基金。”

1993年致股东信，巴菲特第一次谈论指数基金，他写道：“通过定期投资指数基金，一个什么都不懂的业余投资者竟然往往能够战胜大部分专业投资者。奇怪得很，当傻钱知道自己的缺陷时，它就不再是傻钱了。但是，如果你是稍有常识的投资人，对商业有基本了解的话，你应该能够找出5到10家股价合理且具备长期竞争优势的企业。此时分散投资理论对你就毫无意义了，它反而会损害你的投资成果并增加你的风险。我实在无法理解一名投资人为什么要把资金投向了解和熟悉程度是第20名的企业，而不是集中在前面几名最熟悉、性价比最高的投资上。”

这段话的前半截经常被用来证明巴菲特说过“指数基金可以帮助业余投资者战胜大部分专业投资者”。可惜从上下文看，巴菲特表述的意思明显在“但是”之后：有商业常识的投资人，应该集中投资5到10家股价合理且具备长期竞争优势的企业。

1996年致股东信里，巴菲特第二次谈起指数基金。他写道：“对于各位的个人投资，我可以提供一点心得供大家参考：大部分投资者，包括机构投资者和个人投资者，早晚会发现最好的投资股票的方法是购买管理费很低的指数基金。扣除各种费用后的指数基金投资收益率，肯定能够超过绝大多数投资专家。但是，你也可以选择自己建立投资组合，此时有几个要点是需要你牢记的：投资并不复杂，但说它很容易也不现实。投资者真正需要的是给你选中的公司进行估值的能力。请特别注意“选中的”这个词，你不必成为每家公司或者许多公司的行家，你只需要将自己限定在能力范围就好。能力范围的大小不重要，重要的是，你知道它的边界。要成功地投资，你不需要了解β值、有效市场理论、现代投资组合理论、期权定价或者新兴市场。实际上，你最好对此一无所知。在我看来，投资专业的学生只需要学习两门课程就够了：“如何给公司估值”和“如何面对市价波动”。当然，商学院和学术界是不会同意我这种观点的。作为一名投资者，你的目标应当仅仅是以理性的价格买入一家你能理解的、在未来5到10年甚至20年时间确定会成长的公司之部分股权。随着时间的推移，你会发现只有很少的公司能够符合这样的标准。所以一旦发现一家合乎标准的企业，你就应当大量买入。在这期间，你必须尽量坚守一个原则：如果你不想拥有某公司股权10年，那就不要考虑持有它10分钟。将一些符合标准的公司构成组合，之后你会发现它的市值自然而然地就会不断增长。尽管我们很少承认，但这正是伯克希尔股东们积累财富的秘诀。”

这次巴菲特确实夸奖了指数基金是最好的投资股票的方法，但阐述的重点依然在“但是”之后：如何构建自己的好企业组合。正如巴菲特1998年10月在佛罗里达大学商学院的那场著名演讲里谈到的：“要是你能找到6家不错的企业，就已经足够分散了，用不着再分散了，而且你能赚很多钱。”

1998年底收购通用再保后，巴菲特被市场一通“胖揍”，直到5年后通用再保才止住亏损的势头。那年(2003年)的致股东信里，巴菲特再次谈到指数基金，表述与之前出现明显区别。他说：“那些收费非常低廉的指数基金(比如先锋基金公司旗下的指数基金)在产品设计上非常适合投资者。我认为，对于大多数想要投资股票的人来说，认购成本低廉的指数基金是最理想的选择。”注意，这次后面没有“但是”。

2004年致股东信延续了这种风格，他写道：“过去35年来，美国企业创造出非常优异的业绩，按理说股票投资者也应该获得丰厚的回报，只要简简单单地搭上顺风车就可以了，持有低成本的指数基金就可以达到这样的目的。但为什么绝大多数投资者收益平平甚至惨不忍睹呢？我认为主要有三个原因……”

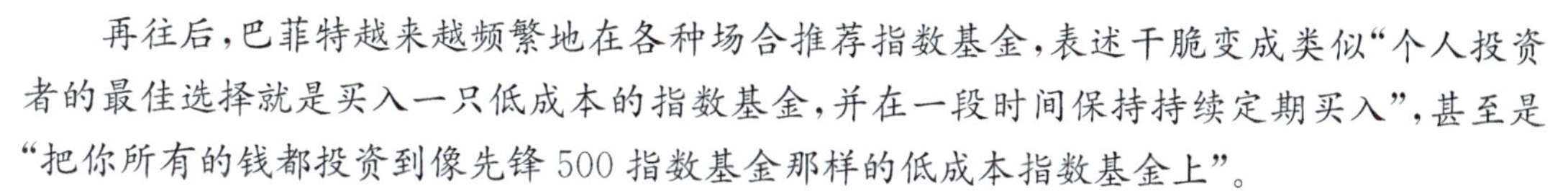

再往后，巴菲特越来越频繁地在各种场合推荐指数基金，表述干脆变成类似“个人投资者的最佳选择就是买入一只低成本的指数基金，并在一段时间保持持续定期买入”，甚至是“把你所有的钱都投资到像先锋500指数基金那样的低成本指数基金上”。

2005年致股东信里巴菲特直接指出：“投资管理机构及基金经理，向他们的客户收取大量费用。然而，将这些机构和经理当作一个整体来看，他们是通过收费让客户赚得更少，让客户的回报率落后于最简单的指数基金被动投资。”

二、百万赌局力挺指数基金

2006年致股东信披露后，巴菲特公开发起百万美元赌局，挑战所有的基金管理人。

巴菲特声称，任何基金管理人都可以选择至少5只基金，巴菲特赌10年内这5只基金跑不赢先锋SP500指数基金。巴菲特说：“我充满期待地等待各位基金经理来挑战，毕竟他们有能力让客户掏出几十亿美元来，他们不应该害怕拿一笔小钱出来和我赌一把。但是，随之而来的是一片寂静，几千名职业投资经理里最终只有一个人——泰德·西德斯应战了，他是门徒基金公司(门徒基金管理着35亿美元资产)总裁。”

泰德选择了5只FOF基金(FOF基金指专门投资基金的基金)，这5只基金持有200多家基金，相当于泰德雇用超过200名信心满满的华尔街精英，以及他们背后的专业投研团队管理自己的资金。如此大规模的样本，基本可以确保隔绝运气因素。泰德的基金组合将与先锋SP500指数基金比赛，赛期10年，从2008年1月1日起计算。10年后，5只基金无一例外全部跑输。

赢得赌局的巴菲特说：“长期看，确实有部分有经验的人能超过标普500指数的表现。然而在我的一生里，我也就提前判断出10位左右的专业人士，能够如同我预期的一样完成这一壮举。当然，一定有成千上万的指数超越者是我没有见过的，毕竟跑赢指数并非不可能。不过，问题在于大多数试图跑赢指数的基金经理最终都会失败。”

为何难以战胜指数？难道基金经理岗位自带诅咒？巴菲特继续解释背后的原因。

股市投资者可以划分为两大群体：打算在证券市场上获得超越指数收益的投资者，这群人可被称为“主动投资者A”；与他们相对的另一个群体是“被动投资者B”。按照定义，B的仓位总和大致和指数构成接近，自动获得指数收益。那么，A作为另一个整体也必将等于指数收益。然而，由于主动投资者需要承担大笔年费、巨额业绩报酬，以及活跃交易的佣金税费成本。同样扣除成本后，A群体收益一定低于B群体，因为B群体对管理人没什么资历和智力要求，只需缴纳象征性管理费用以及几乎可以忽略的交易税费(当指数成分股发生变化时交易)。

(资料来源：唐朝.巴芒演义：可复制的价值投资[M].北京：中国经济出版社，2020.)

案例讨论

(1) 结合上述案例，谈谈你是否赞同巴菲特对个股投资和指数基金投资的看法。

(2) 为什么即使是专业投资者，绝大多数基金经理也无法长期战胜指数基金？

(3) 搜集沪深300指数基金、公募基金和大盘蓝筹股的长期表现数据，讨论在我国资本

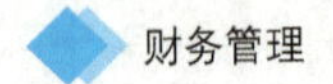

市场普通投资者应怎样进行投资选择。

提升阅读

[1] 唐朝.巴芒演义:可复制的价值投资[M].北京:中国经济出版社,2020.

[2] 格雷厄姆,多德.证券分析:经典版[M].巴曙松,陈剑,等译.北京:中国人民大学出版社,2018.

[3] 邱国鹭.投资中最简单的事:更新版[M].北京:中国经济出版社,2020.

[4] 马子红,陈欣,张诗彬.证券投资基金特征与橱窗粉饰效应:基于2005—2017年中国开放式股票基金的经验证据[J].投资研究,2019,38(1):69-81.

[5] 李宝瑜,周玲,李原.基于全球证券投资网络的中国金融影响力测评[J].统计研究,2019,36(7):39-49.

[6] 李响,田路,王谦,等.投资者情绪对股票投资收益的影响研究[J].数学的实践与认识,2020,50(18):258-268.

[7] 曹扬,沈坤荣.心理健康与股票投资:基于中国家庭微观调查数据的实证研究[J].中国经济问题,2017(5):12-24.

第九章

营 运 资 本

本章结构框架

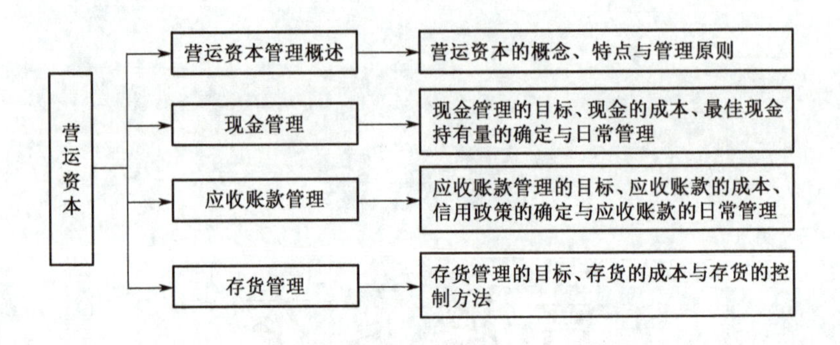

本章学习目标

通过本章学习，熟悉营运资本的含义与特点；掌握现金的管理目标、现金的成本和最佳现金持有量的计算，熟悉现金的日常管理方法；掌握应收账款的管理目标、应收账款的成本，掌握信用政策的构成与决策，熟悉应收账款的日常管理方法；掌握存货管理的目标、存货的成本，熟悉存货经济批量模型和存货日常控制方法。

9.1 营运资本管理概述

9.1.1 营运资本的概念与特点

营运资本有广义和狭义两种概念，狭义的概念指净营运资本，即流动资产减去流动负债后的差额，一般用来衡量企业避免发生流动性问题的程度；广义的概念指总营运资本，即企业所有流动资产与流动负债的管理问题。

营运资本的特点体现在流动资产与流动负债的特点上。流动资产具有投资回收期短、流动性强，且具有并存性、波动性等特点；流动负债具有融资速度快、弹性高、成本低、风险大等特点。因而营运资本具有以下四大特点：(1)营运资本的来源具有多样性。与筹集长期资本的方式相比，营运资本的筹资方式较为灵活，通常有短期借款、短期融资券、商业信用、应交税费、应付股利、应付职工薪酬等多种内外部融资方式。(2)营运资本的数量具有波动性。流动资产的数量会随企业内外条件的变化而变化，时高时低，波动很大。因而企业流动负债的数量也会随着流动资产数量的变动而变动。(3)营运资本的周转具有短期性。流动资产占用的资金通常会在1年或超过1年的一个营业周期内收回，对企业影响的时间比较短。因而营运资本可通过短期筹资方式来完成。(4)营运资本的实物形态具有变动性和易变现性。一方面，企业营运资本的占用形态是经常变化的，每次循环都要经过采购、生产、销售等过程，一般按照现金、材料、在产品、产成品、应收账款、现金的顺序转化。因此，企业管理流动资产时，应合理配置其数额，做到结构合理，确保资金周转顺利。另一方面，以公允价值计量且其变动计入当期损益的金融资产、应收账款、存货等流动资产都具有较强的变现能力，当企业出现资金周转不灵、现金短缺时，便可迅速变卖这些资产，以获取现金，这对财务上应付临时性资金需求具有重要意义。

9.1.2　营运资本的管理原则

营运资本活动是企业四大财务活动之一，且周转期短，形态易变，因此营运资本管理是企业财务管理工作的一项主要内容。企业进行营运资本管理，应遵循以下原则：

1. 满足正常资金需求

合理确定营运资本的需要数量是企业营运资本管理的首要任务。一般来讲，营运资本的需求数量与企业生产经营活动有着直接关系。当企业产销两旺时，其流动资产和流动负债均会相应增加；反之，当产销量不断缩减时，企业的流动资产和流动负债也会相应减少。因此，企业财务人员应认真分析生产经营状况，采用一定的方法预测营运资金的需要数量。

2. 提高资金使用效率

营运资本的周转是指企业的营运资本从现金投入生产经营开始，到最终转化为现金的过程。这种周转主要是通过营运资本的各项目循环实现的，具体包括应收账款周转、存货周转、应付账款周转等环节。因此，企业应加速应收账款、存货等流动资产的周转，缩短营业周期，加速变现过程，加快营运资本周转，将有限的资金服务于更大的产业规模，为企业取得更优的经济效益提供条件。

3. 节约资金使用成本

企业营运资本管理必须正确处理保证生产经营需要和节约资金使用成本两者之间的关系，在保证生产经营需要的前提下，尽力降低资金使用成本。一方面，企业应挖掘资金潜力，加速资金周转，精打细算地使用资金；另一方面，企业还应积极拓展融资渠道，合理配置资源，低成本筹措资本，服务于生产经营过程。

4. 维持短期偿债能力

营运资本管理既包括流动资产的管理，也包括流动负债的管理，因而维持短期偿债能力是企业营运资本管理的一项重要内容。流动负债是在短期内需要偿还的债务，流动资产则是在短期内可以转化为现金的资产，因此，企业应合理安排流动资产与流动负债的比例关系，保持流动资产结构与流动负债结构的适配性。当一个企业的流动资产较多，流动负债较少，说明该企业具有较强的短期偿债能力；反之，则说明该企业的短期偿债能力较弱。但如果企业的流动资产太多，流动负债太少，也不是正常现象，这可能是因流动资产闲置或流动负债利用不足所致。

9.2 现金管理

现金是可以立即投入流通的交换媒介。它的首要特点就是普遍的可接受性，即可以有效地立即用来购买商品、货物、劳务或偿还债务。因此，现金是企业中流动性最强的资产。属于现金内容的项目，包括企业的库存现金、各种形式的银行存款和银行本票、银行汇票等①。

9.2.1 现金管理的目标

企业置存现金的原因，主要是满足交易性需要、预防性需要和投机性需要。

1. 交易性需要

交易性需要是指企业置存现金以满足日常业务的支付。在企业日常生产经营中，虽然经常发生现金收入和现金支出，但两者在时间上和数量上不可能完全保持同步同量。当收入多于支出，则形成多余现金；当收入少于支出，就会出现现金不足。因此，企业必须要维持适当的现金余额，使企业经营活动正常地进行下去。一般而言，企业为满足交易性需要所持有的现金余额量主要取决于企业的销售水平。

2. 预防性需要

预防性需要是指企业置存现金以防发生意外的支付。基于市场行情的瞬息万变和其他各种不确定因素的存在，企业应在正常业务活动现金需要量的基础上，增加一定数量的现金以应付未来现金流入量与流出量的随机波动。企业为满足预防性需要所持有的现金余额量主要取决于企业愿意承担风险的程度、企业临时借款能力和企业对现金流量预测的准确度三个方面。

3. 投机性需要

投机性需要是指企业置存现金用于不寻常的购买机会。如遇廉价原材料或其他资产供应的机会，便可用手头现金大量购入。一般来说，绝大多数企业（金融和投资公司外）不会专为投机性需要而置存现金，当企业遇到不寻常的购买机会时，会设法临时筹集资金。但拥有相当数额的现金，确实为突然的大批采购提供了方便。

企业为满足交易性、预防性和投机性需要必须置存一定数量现金。在市场正常的情况下，流动性强的资产，其收益率较低。这就意味着企业应尽可能少地置存现金，避免资金闲置带来损失。企业现金管理便面临现金不足和现金多余两个方面的威胁。因此，企业现金管理的目的就是要在现金的流动性和盈利能力之间作出抉择，在保证企业经营活动现金需要的同时，降低闲置现金的数量，提高资金收益率。

---

① 有价证券是企业现金的一种转换形式。有价证券变现能力强，可以随时兑换成现金。企业有多余现金时，常将现金兑换成有价证券；现金流出量大于流入量需要补充现金时，再出让有价证券换回现金。在这种情况下，有价证券就成了现金的替代品，是“现金”的一部分。

9.2.2 现金的成本

企业持有现金的成本通常由四部分组成：

1. 机会成本

机会成本是指因持有现金而不能赚取投资收益的机会损失。机会成本属于变动成本，与现金持有量成正比例关系。现金持有量越大，机会成本就越高。企业为经营业务，需要拥有一定的现金，付出相应的机会成本代价是必要的，但现金持有量过多，机会成本代价大幅度上升，就不合算了。其数学表达式为：机会成本＝平均现金持有量×报酬率。

2. 管理费用

管理费用是指企业因持有现金而发生的管理费用，如管理人员工资、安全措施费等。管理成本是一种固定成本，与现金持有量之间无明显的比例关系。

3. 转换成本

转换成本是指企业用现金购入有价证券以及转让有价证券换取现金时付出的交易费用，即现金与有价证券之间相互转换的成本，如委托买卖佣金、委托手续费、证券过户费、实物交割手续费等。转换成本中，有的具有固定成本的性质，而有的具有变动成本的性质，如委托买卖佣金。

4. 短缺成本

短缺成本是指企业因现金持有量不足而又无法及时通过有价证券变现加以补充给企业造成的损失，包括直接损失和间接损失。如因现金不足而不能及时购买原材料，使生产中断造成停工损失；再如因现金不足而造成信用损失和得不到折扣好处等。短缺成本与现金持有量成反方向变动关系，即现金的短缺成本随着现金持有量的增加而下降，随着现金持有量的减少而上升。

9.2.3 最佳现金持有量的确定

企业基于满足交易性需要、预防性需要和投机性需要而持有一定数量的现金余额，但现金基本上是一种非盈利性资产，过多地持有现金势必会造成资源浪费，因此，企业必须要确定最佳现金持有量。最佳现金持有量的确定方法主要有成本分析模式、存货模式和随机模式三种。

1. 成本分析模式

成本分析模式是根据现金有关成本，分析预测总成本最低时现金持有量的一种方法。在成本分析模式下，确定现金最佳持有量应考虑的相关成本有：机会成本、短缺成本和管理成本。这三项成本与现金持有量的关系如图 9-1 所示：机会成本线是向右上方倾斜的，短缺成本线是向右下方倾斜的，管理成本线为一条平行于横轴的平

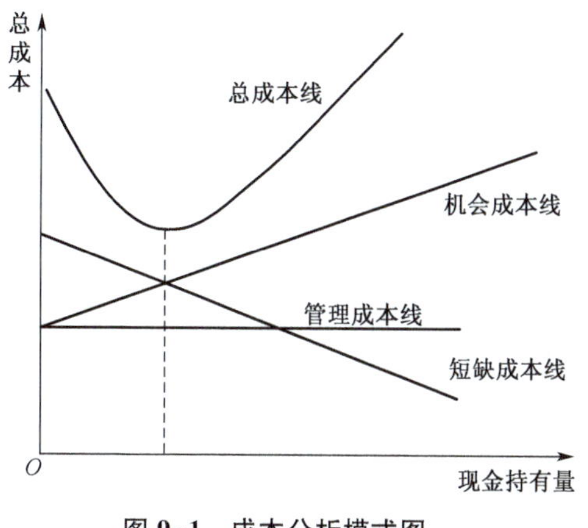

图 9-1 成本分析模式图

行线。由于机会成本、管理成本和短缺成本与现金持有量之间的变动关系不同，使得总成本线显抛物线形，该抛物线的最低点即为三项成本之和的最低点，该点所对应的现金持有量就是最佳现金持有量。超过这一点，机会成本上升的代价会大于短缺成本下降的好处；低于这一点，短缺成本上升的代价又大于机会成本下降的好处。

在实际工作中，运用成本分析模型确定现金最佳持有量的步骤是：第一步，根据不同现金持有量测算并确定有关成本数值；第二步，按照不同现金持有量及有关成本资料编制最佳现金持有量测算表；第三步，在测算表中找出总成本最低时的现金持有量，即最佳现金持有量。

【实例 9-1】 成本分析模式的运用

资料：BBD 公司有四种现金持有方案，有关成本资料如表 9-1 所示，该企业资本收益率为 10%(即机会成本率为 10%)。

表 9-1 现金持有量备选方案表

项　目	A	B	C	D
现金持有量/元	25 000	50 000	75 000	100 000
机会成本率/%	10	10	10	10
管理成本/元	15 000	15 000	15 000	15 000
短缺成本/元	12 000	6 750	2 200	

要求：运用成本分析模型确定最佳现金持有量

解答：

(1) 编制最佳现金持有量测算表，见表 9-2。

表 9-2 最佳现金持有量预测表 单位：元

项　目	A	B	C	D
现金持有量	25 000	50 000	75 000	100 000
机会成本	2 500	5 000	7 500	10 000
管理成本	15 000	15 000	15 000	15 000
短缺成本	12 000	6 750	2 200	
总成本	29 500	26 750	24 700	25 000

(2) 在测算表中找出总成本最低时的现金持有量。由表 9-2 可知，C 方案的总成本最低，也就是说当企业持有 75 000 元现金时，各方面的总代价最低，对企业最合算，故75 000 元是该企业的最佳现金持有量。

点评：成本分析模式的基本思路是寻求持有现金的相关总成本最低时的现金余额，方法简单易懂。

2. 存货模式

现金持有量的存货模式是美国经济学家威廉·鲍莫(William Baumol)提出的，故又称鲍莫模型。他认为企业现金持有量确认在很多方面与存货相似，并以此为出发点，建立了鲍莫模型。

现金持有量的存货模式是建立在以下假定基础上的：①企业所需要的现金可通过证券变现取得，且证券变现的不确定性很小；②企业预算期内现金需要总量可以预测；③现金的支出过程比较稳定，波动性较小，且每当现金余额降至零时，均可以通过部分证券变现得以补充；④证券的利率或报酬率以及每次固定交易费用可以获悉。其基本原理是将企业现金持有量和短期有价证券联系起来，将现金的持有成本同现金和短期有价证券的转换成本进行权衡，求出总成本最低时的现金余额，从而得出最佳现金持有量。

在现金持有量的存货模型下，确定现金最佳持有量应考虑的相关成本有机会成本和交易成本。企业每次以有价证券换回现金是要付出代价的，这被称为现金的交易成本，又称转换成本。现金的交易成本与现金的转换次数、每次的转换量有关。假定现金每次的交易成本是固定的，在企业一定时期现金使用量确定的前提下，每次以有价证券转换回的现金的金额越大，企业平时持有的现金量便越高，转换的次数便越少，现金的交易成本就越低；反之，每次转换回的现金金额越低，企业平时持有的现金量便越低，转换的次数就越多，现金的交易成本就越高。可见，现金的交易成本与现金的平时持有量成反比，这与现金短缺成本的性质是一致的，如图 9-2 所示。

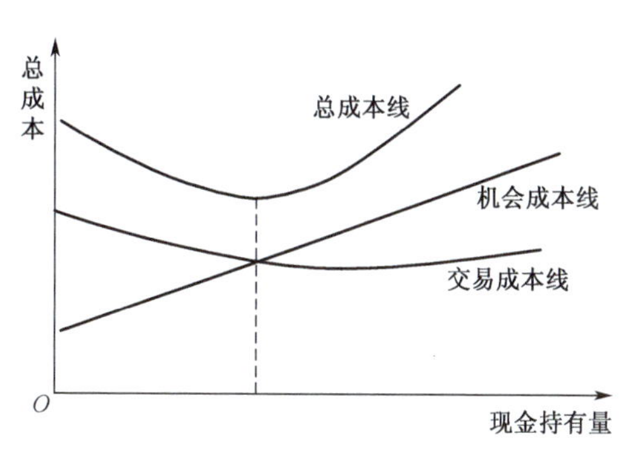

图 9-2　现金的总成本与机会成本和转换成本的关系

由图 9-2 可知，现金的机会成本和交易成本是两条随现金持有量的增加向不同方向发展的曲线，两条曲线的交叉点相对应的现金持有量，即是总成本最低的现金持有量，其计算公式如下：

$$\text{总成本}=\text{机会成本}+\text{交易成本}=\frac{C}{2}\times K+\frac{T}{C}\times F$$

式中：C 为最佳现金持有量；T 为一定期间内的现金需求量；K 为持有现金的机会成本，即有价证券的利率；F 为每次出售有价证券以补充现金所需的交易成本。

运用微积分求最小值的原理，将总成本函数对 C 求导并令其结果为零，即：

$$\frac{\mathrm{d}}{\mathrm{d}C}\left(\frac{C}{2}\times K+\frac{T}{C}\times F\right)=0 \qquad \text{则可推出：} C=\sqrt{\frac{2\times T\times F}{K}}$$

【实例 9-2】　存货模式的运用

资料：BBD 公司预计平均每周的现金净流出量为 100 000 元，现金与有价证券的每次转换成本为 1 000 元，该企业的资本收益率为 10%。

要求：运用存货模式确定 BBD 公司的最佳现金持有量。

解答：(1) 该企业全年现金需求量

$$T=100\,000\times 52=5\,200\,000(\text{元})$$

(2) 最佳现金持有量

$$C=\sqrt{\frac{2\times T\times F}{K}}$$

$$=\sqrt{\frac{2\times 5\,200\,000\times 1\,000}{10\%}}$$

$$=322\,490(\text{元})$$

点评：存货模式是一种简单、直观的确定最佳现金持有量的方法。但存货模式是假定现金的流出量稳定不变，这一假设在实际中很少有。

3. 随机模式

随机模式是在现金需求量难以预知的情况下确定最佳现金持有量的一种方法。对企业来讲，虽然现金需求量往往波动大且难以预知，但企业可以根据历史经验和现实需要，测算出一个现金持有量的控制范围，即制定出现金持有量的上限和下限，将现金持有量控制在上限和下限之内。当现金量达到控制上限时，用现金购入有价证券，使现金持有量下降；当现金量下降到控制下限时，则抛售有价证券换回现金，使现金持有量回升。若现金量在控制的上限和下限之内，就不必进行现金与有价证券的转换，保持它们各自的现有存量。这种对现金持有量的控制，见图9-3。

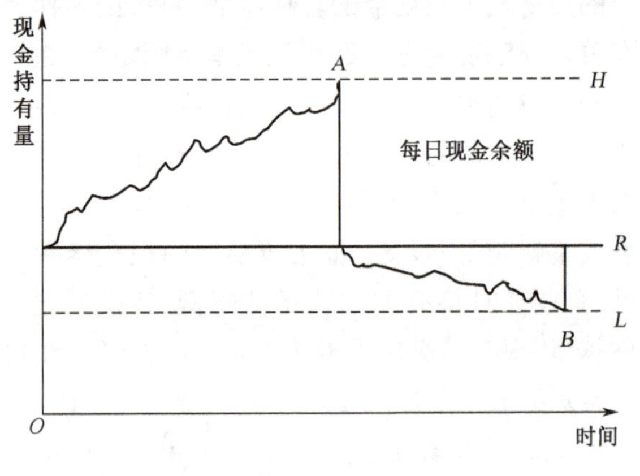

图 9-3　随机模式图

图 9-3 中，虚线 H 为现金存量的上限，虚线 L 为现金存量的下限，实线 R 为目标控制线。由图 9-3 可知：企业的现金存量是随机波动的，当其达到 A 点时，即达到了现金控制的上限，企业应用现金购买有价证券，使现金量回落到目标控制线(R 线)的水平；当现金存量降至 B 点时，即达到了现金控制的下限，企业则应转让有价证券换回现金，使其存量回升至目标控制线的水平。现金存量在上、下限之间的波动属控制范围内的变化，是合理的，不予理会。上述关系中上限 H、目标控制线 R 可按下列公式计算：

$$R=\frac{\sqrt[3]{3b\,\delta^2}}{\sqrt[3]{4i}}+L \qquad H=3R-2L$$

式中：b 为每次有价证券的固定转换成本；i 为有价证券的日利息率；δ 为预期每日现金余额变化的标准差；L 为现金持有量的下限。

而公式中下限 L 的确定，则会受到企业每日的最低现金需要量、管理人员的风险承受能力等因素的影响。

【实例 9-3】 随机模式的运用

资料：BBD企业有价证券的年利率为6.48%，每次固定转换成本为120元；该企业认为任何时候其银行活期存款及库存现金余额均不能低于50 000元，根据以往经验算出现金余额波动的标准差为6 000元。

要求：确定目标控制线 R、现金控制上限 H。

解答：

(1) 有价证券日利率

$$i = 6.48\%/360 = 0.018\%$$

(2) 目标控制线

$$R = \sqrt[3]{\frac{3 \times 120 \times 6\,000^2}{4 \times 0.018\%}} + 50\,000$$

$$= 76\,207(元)$$

(3) 现金控制上限

$$H = 3R - 2L = 128\,621(元)$$

可见，当公司的现金余额达到128 621元时，即应以52 414元(128 621－76 207)的现金去投资有价证券，使现金持有量回落为76 207元；当公司的现金余额降至50 000元时，则应转让26 207元(76 207－50 000)的有价证券，使现金持有量回升至76 207元。

点评：随机模式是建立在企业的现金未来需求量和收支不可预测的前提下，因此计算出来的现金持有量比较保守。

9.2.4 现金日常管理

现金日常管理的目的在于保证现金的安全、完整，提高现金使用效率。现金日常管理的基本内容包括两个方面：

1. 现金回收管理

现金回收管理的目的是尽快回收现金，加快现金的周转。为此，企业应根据成本效益原则选择适当方法加快应收账款的收回。企业应收账款的收回需要经过四个环节：客户开出付款支票、企业收到票据、票据交付银行和企业收到现金。与此相对应，企业账款的收回时间包括票据邮寄时间、票据在企业停留的时间和票据结算时间。其中，票据邮寄时间和票据在企业停留的时间不仅与客户、企业、银行之间的距离有关，而且与收款的效率有关。加速现金回收主要是尽可能地缩短收款浮账时间。在实际工作中，企业根据银行结算制度和企业自身的实际情况，常采取以下方法：

(1) 邮政信箱法(又称锁箱法)。其基本做法是：企业在各主要城市租用专门的邮政信箱，并开立分行存款户，授权当地银行每日开启信箱，在取得客户支票后立即予以结算，并通过电汇将货款拨给企业所在地银行。这种方法缩短了支票邮寄和支票在企业停留的时间，但也存在一定的缺点：一是需要在收款银行保持一定的存款余额，二是需要支付委托银行一定的服务费用。在西方国家，企业常用此方法加速现金流转。

(2) 银行业务集中法。它是一种通过建立多个收款中心加速现金流转的方法。其具体做法是：企业销售商品时，由各地分设的收款中心开出账单后，直接汇款或邮寄支票给当地的收款中心，中心收款后立即存入当地银行或委托当地银行办理支票兑现，当地银行在进行票据交换处理后立即转给企业总部所在银行。这种方法不仅缩短了账单和支票的往返邮寄时间，而且还缩短了支票兑现所需要的时间。但在多处设立收款中心，增加了相应的费用支出。

(3) 电子支付方式。电子支付方式是对纸质支付方式的一种改进。该支付方式具有以下优点：一是结算时间和资金可用性可以预计；二是向任何一个账户或任何金融机构支付具有灵活性，不受人工干扰；三是客户的汇款信息可与支付同时传送，更容易更新应收账款；四是减少或消除了收款浮动期，降低了收款成本，收款过程更容易控制，并且提高了预测精度。

此外，企业还可以采取电汇、大额款项专人处理等方法加快现金回收。

2. 现金支出管理

现金支出管理的目的是尽可能延缓现金的支出时间。为此，企业应根据风险与收益权衡原则选择适当方法延期支付账款。在实际工作中，一般采取以下方法延期支付账款。

(1) 合理使用"现金浮游量"。从企业开出支票，收票人收到支票并存入银行，至银行将款项划出企业账户，中间需要一段时间。现金在这段时间的占用称为现金浮游量。在这段时间里，尽管企业已开出了支票，却仍可运用在活期存款账户上的这笔资金。不过，在使用现金浮游量时，一定要控制好使用时间，否则会发生银行存款的透支。

(2) 推迟应付款的支付。推迟应付款的支付是指企业在不影响自己信誉的前提下，尽可能地推迟应付款的支付期，充分运用供货方所提供的信用优惠。如遇企业急需现金，甚至可以放弃供货方的折扣优惠，在信用期的最后一天支付款项。当然，这要权衡折扣优惠与急需现金之间的利弊得失而定。

(3) 采用汇票付款。利用不是"见票即付"的汇票支付方式，合法地延期付款。

(4) 改进员工工资支付模式。企业可以为支付工资专门设立一个工资账户，通过银行向职工支付工资。为了最大限度地减少工资账户的存款余额，企业应合理预测开出支付工资的支票到职工去银行兑现的具体时间。

(5) 争取现金流出与现金流入同步。当企业现金流出与流入同步时，一方面可降低交易性现金余额，另一方面可减少有价证券转换为现金的次数，进而节约转换成本。

(6) 使用零余额账户。企业与银行合作时，可保持一个主账户和系列子账户。企业只在主账户保持一定的安全储备，而在系列子账户不需要保持安全储备。当从某个子账户签发的支票需要现金时，所需的资金立即从主账户划拨过来，从而使更多的资金可以作他用。

9.3 应收账款管理

应收账款是指因对外销售产品、材料、供应劳务及其他原因,应向购货单位或接受劳务的单位及其他单位收取的款项,包括应收销售款、其他应收款、应收票据等。

9.3.1 应收账款管理的目标

企业发生应收账款的原因主要有以下两个方面:

第一,基于商业竞争的考虑。这是发生应收账款的主要原因。在社会主义市场经济条件下,存在着激烈的商业竞争。竞争机制的作用迫使企业以各种手段扩大销售。除了依靠产品质量、价格、售后服务、广告等外,赊销也是企业扩大销售的手段之一。一般来说,当同等产品的价格、质量水平和售后服务一样时,实行赊销的产品或商品的销售额将会大于现金销售的产品或商品的销售额。这是因为客户将从赊销中得到好处。出于扩大销售的竞争需要,企业不得不以赊销或其他优惠方式招揽客户,于是就产生了应收账款。由竞争产生的应收账款,是一种商业信用。

第二,由于销售与收款的时间差距。由于商品成交的时间和收到货款的时间常常不一致,导致了应收账款。在现实经济生活中,现金销售是很普遍的,特别是零售企业更为常见。但就批发和大量生产的企业来讲,发货的时间和收到货款的时间往往不同,其原因是货款结算需要时间。一般来讲,结算手段越是落后,结算所需时间就越长,销售企业为此垫支的资金越多。因销售和收款的时间差而造成的应收账款,不属于商业信用,因此,本章只论述属于商业信用的应收账款的管理。

由上述分析可知,应收账款是企业为了扩大销售和盈利而进行的一项资金投放,其管理的目标就是追求利润。作为投资肯定要发生成本,这就需要在应收账款信用政策所增加的盈利和这种政策的成本之间做出权衡。只有当应收账款所增加的盈利超过所增加的成本时,才应当实施应收账款赊销;如果应收账款赊销有着良好的盈利前景,就应当放宽信用条件增加赊销量。

9.3.2 应收账款的成本

1. 机会成本

机会成本是指因资金投放在应收账款上而丧失的其他收入。机会成本的高低与应收账款占用资金、资金成本率或有价证券的利息率有关。其计算公式为:

应收账款机会成本=应收账款占用资金×资金成本率

其中: 应收账款占用资金=应收账款平均余额×变动成本率

应收账款平均余额=平均每日赊销额×平均收现期

2. 管理成本

管理成本是指企业对应收账款进行日常管理而耗费的开支，是应收账款成本的重要组成部分，主要包括收账费用、客户的资信调查费用、应收账款账簿记录费用等。

3. 坏账成本

坏账成本是指基于商业信用产生的应收账款存在无法收回的可能性给企业带来的损失。坏账成本一般与应收账款同方向变动，即应收账款越多，坏账成本也就越高。因此，为了规避坏账成本给企业生产经营活动的稳定性带来不利影响，企业应合理提取坏账准备。

9.3.3 信用政策的确定

信用政策是指企业为应收账款投资进行规划和控制而确立的基本原则和行为规范，包括信用标准、信用条件和收款政策三个方面。

1. 信用标准

信用标准是指客户获得企业商业信用所应具备的条件。如果客户达不到信用标准，便不能享受企业的信用或只能享受较低的信用优惠。一般来说，企业在制定信用标准时应考虑三个基本因素：一是同行业竞争对手的情况；二是企业承担风险的能力；三是客户的资信程度。客户的资信程度通常借助于“5C”系统来评估。如果企业信用标准过高，将使许多客户因信用品质达不到标准而被企业拒绝，这样，虽然降低了违约风险和收账费用，但不利于企业竞争能力的提高和销售收入的增加。相反，如果企业信用标准过低，企业的竞争能力和产品市场占有率提高了，但企业的坏账风险和收账费用却增加了。因此，企业应在成本与效益比较原则的基础上，制定合理的信用标准。

企业确定信用标准一般从定性分析和定量分析两个方面入手评价客户的信用能力。

(1) 定性分析。“5C”系统是对客户信用状况的定性分析。所谓“5C”系统，是评估客户信用品质的五个方面，即：品质(Character)、能力(Capacity)、资本(Capital)、抵押(Collateral)和条件(Condition)。见表9-3。

表9-3 “5C”评估系统

项目	要点
品质	是指客户的信誉，即履行偿债义务的可能性。品质是评价客户信用的首要因素。企业应设法了解客户过去的付款记录，看其是否有按期如数付款的一贯做法以及与其他供货企业的关系是否良好
能力	是指客户的偿债能力，即其流动资产的数量和质量以及与流动负债的比例。一般而言，客户的流动资产越多，其支付能力越强。此外，还应注意客户流动资产的质量，看是否存货过多、过时或质量下降
资本	是指客户的财务实力和财务状况，表明客户可能偿还债务的背景
抵押	是指客户拒付款或无力支付款项时被用作抵押的资产。对于不知底细或信用状况有争议的客户来讲，抵押尤为重要。一旦收不到这些客户的款项，便以抵押品抵补
条件	是指可能影响客户付款能力的经济环境。一般应了解客户在过去困难时间的付款历史

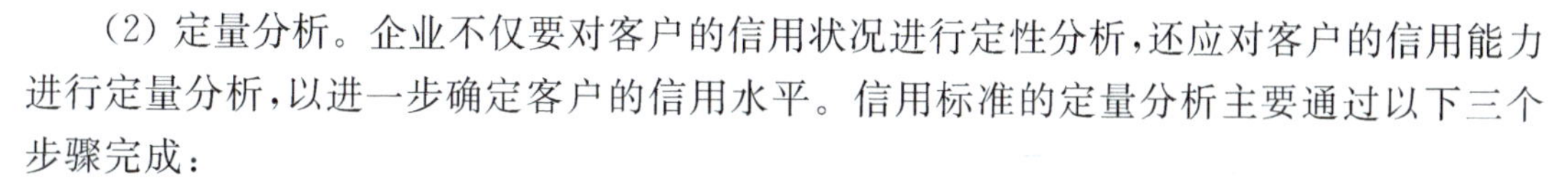

(2) 定量分析。企业不仅要对客户的信用状况进行定性分析，还应对客户的信用能力进行定量分析，以进一步确定客户的信用水平。信用标准的定量分析主要通过以下三个步骤完成：

第一步，设定信用等级的评价标准。企业应根据自己的信用标准，构建一套具有代表性、能够反映付款能力和财务状况的若干财务比率作为信用风险指标，并分别给出信用好和信用差的平均值，以此确定评价客户信用优劣的数量标准。

第二步，利用既有或潜在客户的财务报表数据，计算每个财务比率的指标值，并与信用评价指标进行比较，确定客户的拒付风险系数。

第三步，按照客户累计拒付风险系数由小到大进行排序，同时结合企业承受违约风险的能力和市场竞争的需要，确定划分客户信用等级的标准。对于不同信用等级的客户，分别采取不同的信用政策。

2. 信用条件

信用条件是指企业接受客户信用订单时所提出的付款要求，主要包括信用期间、折扣期限和现金折扣率。信用条件的基本表达方式如“2/10，n/30”，其含义是：若客户能够在发票开出后 10 日内付款，就可以享受 2%的现金折扣；如果客户放弃折扣优惠，全部货款必须在 30 日内付清。该信用条件的信用期限为 30 天，折扣期限为 10 天，现金折扣率为 2%。

(1) 信用期间。信用期间是企业允许客户从购货到付款之间的时间。例如某企业允许客户在购货后的 50 天内付款，则信用期为 50 天。信用期过短，不足以吸引客户，在竞争中会使销售额下降；信用期过长，对销售额的增加固然有利，但只顾及销售增长而盲目放宽信用期，所得的收益有时会被增长的费用抵消，甚至造成利润减少。因此，企业必须慎重研究，确定恰当的信用期间。

信用期间的确定，主要是分析改变现行信用期对收入和成本的影响。延长信用期，会使销售额增加，产生有利影响；与此同时，应收账款的成本增加，会产生不利影响。当前者大于后者时，可以延长信用期，否则不宜延长。如果缩短信用期，情况则与此相反。

(2) 现金折扣。现金折扣是企业对客户在商品价格上所做的扣减。向客户提供这种价格上的优惠，主要目的在于吸引客户为享受优惠而提前付款，缩短企业的平均收款期。此外，现金折扣也能招揽一些视折扣为减价出售的客户前来购货，借此扩大销售量。

企业采用什么程度的现金折扣，要与信用期间结合起来考虑。比如，要求客户最迟不超过 30 天付款。若希望客户 20 天、10 天付款，能给予多大折扣？能吸引客户在多少天内付款？不论是信用期间还是现金折扣，这可能给企业带来收益，但也会增加成本以及价格折扣损失。当企业给予客户某种现金折扣时，应当考虑折扣所能带来的收益与成本孰高孰低，权衡利弊，抉择决断。

由于现金折扣是与信用期间结合使用的，所以确定折扣程度的方法与程序实际上与前述确定信用期间的方法与程序一致，只不过要把所提供的延期付款时间和折扣综合起来，看各方案的延期与折扣能取得多大的收益增量，再计算各方案带来的成本变化，最终确定最佳方案。

【实例 9-4】 信用条件的决策

资料：BBD 公司对当前公司设置的应收账款信用条件进行评估，拟做相应调整，有关资料如表 9-4 所示。

表 9-4　信用条件详情

项　　目	目前的信用条件 (2/10, n/30)	备选方案Ⅰ (3/10, n/45)	备选方案Ⅱ (3/10, n/60)
销售量/套	2 000	2 200	2 500
单价/(万元/套)		0.8	
单位变动成本/(万元/套)		0.5	
固定成本/万元		200	
赊销比例/%	35	50	60
享受现金折扣的销售额占赊销额比例/%		80	
坏账损失占赊销额比例/%	3	4	5
收账费用/万元	2	3	5

各方案的固定成本总额均不包括坏账损失、收账费用以及现金折扣，公司要求的最低报酬率为 10%。

要求：问该公司是否应改变目前的信用条件?

解答：信用条件的分析计算过程如表 9-5。

表 9-5　信用条件的分析计算表　　单位：万元

项　　目	目前信用条件	备选方案Ⅰ	备选方案Ⅱ
销售额	1 600	1 760	2 000
变动成本总额	1 000	1 100	1 250
边际贡献总额	600	660	750
固定成本总额		200	
信用成本前收益	400	460	550
应收账款机会成本	1.36	2.6	4.17
现金折扣	8.96	21.12	28.8
坏账损失	16.8	35.2	60
收账费用	2	3	5
信用成本后收益	370.88	398.08	452.03

表中有关数据计算如下：

目前应收账款的平均收账期 $=10\times80\%+30\times20\%=14$(天)

备选方案 Ⅰ 的应收账款平均收账期 $=10\times80\%+45\times20\%=17$(天)

备选方案 Ⅱ 的应收账款平均收账期 $=10\times80\%+60\times20\%=20$(天)

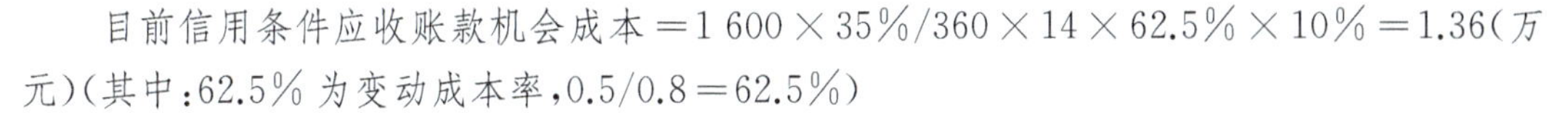

目前信用条件应收账款机会成本＝1 600×35%/360×14×62.5%×10%＝1.36(万元)(其中:62.5%为变动成本率,0.5/0.8＝62.5%)

备选方案Ⅰ的应收账款机会成本＝1 760×50%/360×17×62.5%×10%＝2.6(万元)

备选方案Ⅱ的应收账款机会成本＝2 000×60%/360×20×62.5%×10%＝4.17(万元)

目前信用条件的现金折扣＝1 600×35%×80%×2%＝8.96(万元)

备选方案Ⅰ的现金折扣＝1 760×50%×80%×3%＝21.12(万元)

备选方案Ⅱ的现金折扣＝2 000×60%×80%×3%＝28.8(万元)

目前信用条件下的坏账损失＝1 600×35%×3%＝16.8(万元)

备选方案Ⅰ坏账损失＝1 760×50%×4%＝35.2(万元)

备选方案Ⅱ坏账损失＝2 000×60%×5%＝60(万元)

通过计算可知:BBD公司应当改变目前的信用条件,且应采用备选方案Ⅱ。

点评:信用条件决策常用总额分析法和差额分析法。总额分析法的基本思路是先分别计算出原方案和新方案的信用成本后收益,再选择信用成本后收益高的方案。而差额分析法则是计算出原方案和新方案的信用成本后收益之差,当Δ信用成本后收益大于零时,就可以改变决策。

3. 收账政策

收款政策是指企业针对客户违反信用条件,拖欠甚至拒付账款所采取的收款策略与措施,主要包括收账程序、收账方式等。企业制定收款政策就要在增加收账费用与减少坏账损失、减少应收账款机会成本之间进行权衡。若前者小于后者,说明该收款政策是可行的。企业在制定收款政策时应从以下三方面入手:

(1) 制定合理的奖罚措施。为了促使客户尽快付款,企业应在赊销时采取一定的奖罚措施。如实施现金折扣等奖励措施,以鼓励客户及早付款;实施取消赊销资格、加收罚息等惩罚措施,以防止客户拖欠账款,减少坏账损失。

(2) 设计合理的催收方式与程序。首先,企业对于拖欠的应收账款,应选择合适的催收方式。对过期较短的客户,不必过多地打扰,以免将来失去这一客户;对过期稍长的客户,可措辞婉转地写信催款;对过期较长的客户,可采取频繁的信件催款并电话催询;对过期很长的客户,可在催款时措辞严厉,必要时提请有关部门仲裁或提起诉讼等。可见,催收的花费越大,催收措施越有力,坏账损失也就越小。其次,设计合理的催收程序。企业常用的收账程序是:信函→电话催收→派人催收→法律起诉等。

(3) 优选收账人员,研究收账技巧。收账是一项复杂的工作,它涉及法律、经济和技术等问题,因此,企业必须精心挑选收账人员,研究收账技巧①。

此外,边际收益法也是企业制定收款政策时常用的定量分析方法。其基本思路是,按以前年度的收款政策或假定收款政策为分析基础,分析确定改变收款政策后的边际收益和边际成本,按照边际收益大于边际成本的原则,选择最适宜的收款政策。

---

① 赵德武.财务管理[M].北京:高等教育出版社,2000:263-264.

9.3.4 应收账款的日常管理

应收账款发生后，企业应采取各种措施，尽量争取按期收回款项，否则会因拖欠时间过长而发生坏账，使企业蒙受损失。这些措施包括账龄分析和收现保证率分析。

1. 账龄分析

企业已发生的应收账款时间有长有短，有的尚未超过收款期，有的则超过了收款期。一般来讲，拖欠时间越长，款项收回的可能性越小，形成坏账的可能性越大。对此，企业应实施严密的监督，随时掌握回收情况。实施对应收账款回收情况的监督，可以通过账龄分析进行。应收账款账龄分析又称应收账款账龄结构分析。所谓账龄结构是指各账龄应收账款的余额占应收账款总计余额的比重。现结合实例说明账龄分析步骤与技巧。

【实例 9-5】 账龄分析法的运用

资料：已知 BBD 公司账龄分析如表 9-6 所示。

表 9-6 账龄分析表 20×7 年 12 月 31 日

应收账款账龄	账户数量/个	金额/千元	百分率/%
信用期内	200	80	40
超过信用期 1～20 天	100	40	20
超过信用期 21～40 天	50	20	10
超过信用期 41～60 天	30	20	10
超过信用期 61～80 天	20	20	10
超过信用期 81～100 天	15	10	5
超过信用期 100 天以上	5	10	5
合　计	420	200	100

要求：运用账龄分析法揭示 BBD 公司的应收账款账龄结构。

解答：利用账龄分析表(表 9-6)，可以了解到 BBD 公司的应收账款账龄如下：

(1) 有多少欠款尚在信用期内。表 9-6 显示，有价值 80 000 元的应收账款处在信用期内，占全部应收账款的 40%。这些款项未到偿付期，欠款是正常的；但到期后能否收回，还要待时再定，故及时的监督仍是必要的。

(2) 有多少欠款超过了信用期，不同拖欠时间的款项各占多少，有多少欠款会因拖欠时间太久而可能成为坏账。由表 9-6 可知，有价值 120 000 元的应收账款已超过了信用期，占全部应收账款的 60%。不过，其中拖欠时间较短的(20 天内)有 40 000 元，占全部应收账款的 20%，这部分欠款收回的可能性很大；拖欠时间较长的(21～100 天)有 70 000 元，占全部应收账款的 35%，这部分欠款的回收有一定难度；拖欠时间很长的(100 天以上)有 10 000 元，占全部应收账款的 5%，这部分欠款有可能成为坏账。因此，对不同拖欠时间的欠款，企业应采取不同的收账方法，制定出经济、可行的收账政策、收款方案；对可能发生的坏账损失，则应提前作出准备，充分估计这一因素对损失的影响。

应收账款收现保证率是企业基于当期现金支付需要量与当期应收账款收现额之间存在着非对称性矛盾，并显现出预付性与滞后性的差异特点，对应收账款的收现水平所制定的一个控制标准。其计算公式如下：

应收账款收现保证率＝(当期必要现金支付总额－当期其他稳定可靠的现金流入总额)÷当期应收账款总计金额

应收账款收现保证率指标反映了企业既定会计期间预期现金支付数量扣除各种可靠、稳定来源后的差额，必须通过应收款项有效收现予以弥补的最低保证程度。其意义在于，应收账款未来是否可能发生坏账损失对企业并非最为重要，更为关键的是实际收现的款项是否能够满足同期必要的现金支付要求，特别是满足具有刚性约束的纳税债务及偿还不得展期的到期债务的需要①。

【实例 9-6】 应收账款收现保证率的计算

资料：某企业预期必须以现金支付的款项有：支付工人工资 50 万元，应纳税款 35 万元，支付应付账款 60 万元，其他现金支出 3 万元。预计该期稳定的现金收回数是 70 万元。记载在该期“应收账款”明细期末账上客户情况如下：A 客户欠款 80 万元、B 客户欠款 100 万元、C 客户欠款 20 万元。

要求：计算该企业应收账款收现保证率。

解答：当期现金支付总额＝50＋35＋60＋3＝148(万元)

当期应收账款总计金额＝80＋100＋20＝200(万元)

应收账款收现保证率＝(148－70)/200×100%＝39%

点评：上述计算表明该企业当期必须收回应收账款的 39%，才能最低限度地保证当期必要的现金支出，否则企业便有可能出现支付危机。为此，企业应定期计算应收账款实际收现率，看其是否达到了既定的控制标准，如果发现实际收现率低于应收账款收现保证率，则应查明原因，采取相应措施，确保企业有足够的现金满足同期必需的现金支付要求。

9.4 存货管理

9.4.1 存货管理的目标

存货是指企业在生产经营过程中为销售或耗用而储备的物资，包括材料、燃料、低值易耗品、在产品、半产品、产成品、商品等。

如果工业企业能在生产投料时随时购入所需的原材料，或者商业企业能在销售时随时购入该项商品，就不需要存货。但实际上，企业总有储存存货的需要，并因此占用或多或少

① 财政部会计资格评价中心.财务管理[M].北京：中国财政经济出版社，2009：159.

的资金。这种存货的需要出自以下两个原因：

1. 基于生产或销售的经营需要

在现实经济生活中，企业很少能做到随时购入生产或销售所需的各种物资，即使是市场供应量充足的物资也是如此。因为市场上不时会出现某种材料短缺、企业距供货点较远而需要必要的途中运输以及可能出现运输故障等情况。一旦生产或销售所需物资短缺，生产经营将被迫停顿，造成损失。为了避免或减少出现停工待料、停业待货等事故，企业需要储存存货。

2. 基于价格的考虑

一般来说，零购物资的价格往往较高，而整批购买在价格上常有优惠。但是，过多地储存存货一方面会占用较多的资金，另一方面还会增加包括仓储费、保险费、维护费、管理人员工资在内的各项开支。因此，存货管理的目标就是要在各种存货成本与存货效益之间做出权衡，达到两者的最佳结合。

9.4.2 存货的成本

与储备存货有关的成本，包括以下三种：

1. 取得成本

取得成本指为取得某种存货而支出的成本，通常用 TC_a 来表示。其又分为订货成本和购置成本。

(1) 订货成本。订货成本指取得订单的成本，如办公费、差旅费、邮资、电报电话费等支出。订货成本中有一部分与订货次数无关。如常设采购机构的基本开支等，称为订货的固定成本，用 F_1 表示；另一部分与订货次数有关，如差旅费、邮资等，称为订货的变动成本。每次订货的变动成本用 K 表示；订货次数等于存货年需要量 D 与每次进货量 Q 之商。订货成本的计算公式为：

$$TC_a = F_1 + \frac{D}{Q}K$$

(2) 购置成本。购置成本指存货本身的价值，经常用数量与单价的乘积来确定。年需要量用 D 表示，单价用 U 表示，于是购置成本为 DU。

可见，取得成本＝订货成本＋购置成本＝订货固定成本＋订货变动成本＋购置成本。其公式为：

$$TC_a = F_1 + \frac{D}{Q}K + DU$$

2. 储存成本

储存成本指为保持存货而发生的成本，包括存货占用资金所应计的利息、仓储费用、保险费用、存货破损和变质损失等等，通常用 TC_c 来表示。其中，存货占用资金所应计的利息表现为“放弃利息”(是指企业用现有现金购买存货所失去的将现金存放银行或投资于证券本应取得的利息)或“付出利息”(指企业借款购买存货所要支付的利息费用)。

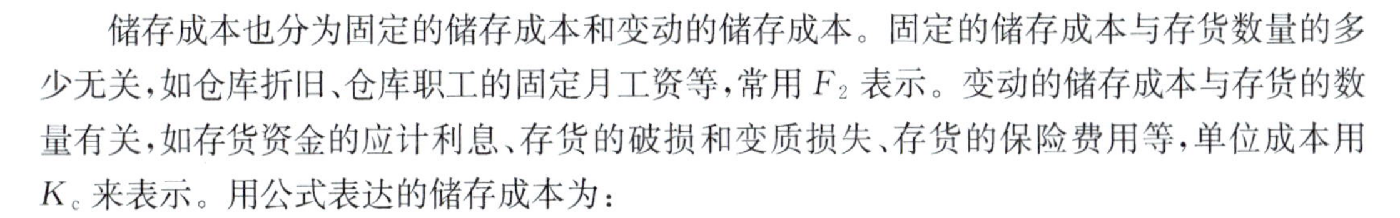

储存成本也分为固定的储存成本和变动的储存成本。固定的储存成本与存货数量的多少无关，如仓库折旧、仓库职工的固定月工资等，常用 F_2 表示。变动的储存成本与存货的数量有关，如存货资金的应计利息、存货的破损和变质损失、存货的保险费用等，单位成本用 K_c 来表示。用公式表达的储存成本为：

$$储存成本 = 储存固定成本 + 储存变动成本$$

$$TC_c = F_2 + K_c \frac{Q}{2}$$

3. 缺货成本

缺货成本指由于存货供应中断而造成的损失，包括材料供应中断造成的停工损失、产成品库存缺货造成的拖欠发货损失和丧失销售机会的损失（还应包括需要主观估计的商誉损失）。如果生产企业以紧急采购代用材料解决库存材料中断之急，那么缺货成本表现为紧急额外购入成本（紧急额外购入的开支会大于正常采购的开支）。缺货成本用 TC_s 表示。

如果以 TC 来表示储备存货的总成本，它的计算公式为：

$$\begin{aligned} TC &= TC_a + TC_c + TC_s \\ &= F_1 + \frac{D}{Q}K + DU + F_2 + K_c \frac{Q}{2} + TC_s \end{aligned}$$

企业存货的最优化，就是使上式 TC 值最小。

9.4.3　存货的控制方法

1. 存货 ABC 管理法

存货 ABC 管理法是指按照一定的标准，将企业存货划分为 A、B、C 三类，分别实行分品种重点管理、分类别一般控制和按总额灵活掌握的存货管理方法。

在企业尤其是大中型企业中，存货品种繁多，有的存货品种数量少，但金额巨大，若管理不善，将会给企业造成极大的损失；有的存货虽然品种繁多，但金额微小，即使管理中出现一些疏忽，也不会给企业产生较大影响。因此，从能力和经济角度看，企业均不可能而且也没有必要对所有存货不分巨细严加管理。ABC 管理法正是基于这一考虑而提出的，其目的在于使企业分清主次，突出重点，提高企业管理存货资金的整体效果。

（1）分类标准。存货 ABC 管理法的分类标准主要有两个：金额标准和品种数量标准。其中，金额标准是最基本的，品种数量标准仅作参考。每类存货特点与管理方法见表 9-7。

表 9-7　存货特点与管理方法列表

项目	特　点	管理方法
A 类存货	金额巨大，品种数量较少，金额和品种数量比重分别约为 70%和 10%	分品种重点管理
B 类存货	金额一般，品种数量相对较多，金额和品种数量比重分别约为 20%和 20%	分类别一般控制
C 类存货	金额很小，品种数量繁多，金额和品种数量比重分别约为 10%和 70%	按总额灵活掌握

(2) 操作步骤。存货ABC管理法的具体过程分为三步：

第一步，列示企业全部存货的明细表，并计算出每种存货的价值总额和占全部存货金额的百分比。

第二步，按照金额由大到小进行排列并累加金额百分比；

第三步，当金额百分比累加到70%左右时，以上存货为A类存货；累计百分比介于70%～90%之间的存货为B类存货，其余则为C类存货。详见表9-7。

(3) 在存货管理中的运用。通过将企业存货分为A、B、C类，可以使企业存货管理分清主次，分别采取有效的管理、控制措施。如企业在组织经济订货批量、储存期分析时，对A、B两类存货可以分别按品种、类别进行，对C类存货只需要加以灵活掌握即可，一般不必进行经济订货批量和储存期的测算和分析。

2. 存货经济批量模型

所谓经济批量是指能够使一定时期存货的总成本达到最低点的进货数量。通过上述对存货成本的分析可知，决定存货经济批量的成本因素主要有变动性取得成本、变动性储备成本和允许缺货时的缺货成本，但不同的存货成本与进货批量之间显现出不同的变动关系。当减少进货批量时，进货次数就会增加，进货费用和缺货成本也会提高，相反储备成本则会下降；当增加进货批量时，进货次数就会减少，进货费用和缺货成本也会下降，但储备成本则会提高。因此，如何协调各项成本间的关系，使其总成本保持最低，是企业组织进货过程需要解决的主要问题。

(1) 基本经济批量模型。基本经济批量模型是设立在以下假设条件基础之上的：①能够及时补充存货，即需要订货时便可立即取得存货；②能集中到货，而不是陆续入库；③不允许缺货，即无缺货成本，TC_s 为零，这是因为良好的存货管理本来就不应该出现缺货成本；④需求量稳定，并且能预测，即 D 为已知常量；⑤存货单价不变，不考虑现金折扣，即 U 为已知常量；⑥企业现金充足，不会因现金短缺而影响进货；⑦所需存货市场供应充足，不会因买不到需要的存货而影响其他方面。

由基本经济批量模型基本假设可知，存货总成本的公式可以简化为：

$$TC = F_1 + \frac{D}{Q}K + DU + F_2 + K_c \frac{Q}{2}$$

当 F_1、K、D、U、F_2、K_c 为常数量时，TC 的大小取决于 Q。为了求出 TC 的极小值，将总成本函数对 Q 求导，并令其结果为零，可得出下列公式：

$$Q^* = \sqrt{\frac{2KD}{K_c}}$$

这一公式称为经济订货量基本模型，求出的每次订货批量，可使 TC 达到最小值。这个基本模型还可以演变为其他形式。

每年最佳订货次数公式：

$$N^* = \frac{D}{Q^*} = \frac{D}{\sqrt{\frac{2KD}{K_c}}} = \sqrt{\frac{DK_c}{2K}}$$

与批量有关的存货总成本公式：

$$TC(Q^*)=\frac{KD}{\sqrt{\frac{2KD}{K_c}}}+\frac{\sqrt{\frac{2KD}{K_c}}}{2}\times K_c=\sqrt{2KDK_c}$$

最佳订货周期公式：

$$t^*=\frac{1}{N^*}=\frac{1}{\sqrt{\frac{DK_c}{2K}}}=\sqrt{\frac{2K}{DK_c}}$$

经济订货量占用资金：

$$I^*=\frac{Q^*}{2}\times U=\frac{\sqrt{\frac{2KD}{K_c}}}{2}\times U=\sqrt{\frac{KD}{2K_c}}\times U$$

【实例 9-7】　基本经济批量模型的运用

资料：BBD 公司每年耗用某种材料 9 000 千克，该材料单位成本 30 元，单位存储成本为 2 元，一次订货成本 40 元。要求：分别计算经济订货量、每年最佳订货次数、经济订货量占用资金、最佳订货周期。

解答：

(1) 经济订货量

$$Q^*=\sqrt{\frac{2KD}{K_c}}=\sqrt{\frac{2\times 9\,000\times 40}{2}}=600(\text{千克})$$

(2) 每年最佳订货次数

$$N^*=\frac{D}{Q^*}=\frac{9\,000}{600}=15(\text{次})$$

(3) 经济订货量占用资金

$$I^*=\frac{Q^*}{2}\times U=\frac{600}{2}\times 30=1\,000(\text{元})$$

(4) 最佳订货周期(年)

$$t^*=\frac{1}{N^*}=\frac{1}{15}\text{年}=0.8(\text{个月})$$

(2) 基本模型的扩展。经济订货量的基本模型是在前述各假设条件下建立的，但现实生活中能够满足这些假设条件的情况十分罕见。为使模型更接近于实际情况，具有较高的可用性，需逐一放宽假设条件，同时改进模型。

① 订货提前期。一般情况下，企业的存货不能做到随用随时补充，因此不能等存货用完再去订货，而需要在没有用完时提前订货。在提前订货的情况下，企业再次发出订货单时，尚有存货的库存量，称为再订货点(R)，它的数量等于交货时间(L)和每日平均需用量(d)的乘积：$R=L\times d$。

如企业订货日至到货期的时间为10天，每日存货量10千克，那么：

$R=L\times d=10\times 10=100$(千克)

即企业在尚存100千克存货时，就应当再次订货，等到下批订货到达时(再次发出订货单10天后)原有库存刚好用完。此时，有关存货的每次订货批量、订货次数、订货间隔时间等并无变化，与瞬时补充时相同。这就是说，订货提前期对经济订货量无影响，可仍以原来瞬时补充情况下的600千克为订货量，只不过在到达再订货点(库存100千克)时即发出订货单罢了。

② 存货陆续供应和使用。经济订货量的基本模型是假设存货一次全部入库，故存货增加时存量变化为一条垂直的直线。事实上，各批存货可能陆续入库，使存量陆续增加。尤其是产成品入库和在产品转移，几乎总是陆续供应和陆续耗用的。在这种情况下，需要对基本模型做一些修改。

设每批订货数为Q，每日送货量为P，故该批货全部送达所需日数则为Q/P，称之为送货期。

设零件每日耗用量为d，故送货期内的全部耗用量为：

$$\frac{Q}{P}\times d$$

由于零件边送边用，所以每批送完时，最高库存量为：

$$Q-\frac{Q}{P}\times d$$

平均存量则为：

$$\frac{1}{2}\left(Q-\frac{Q}{P}\times d\right)$$

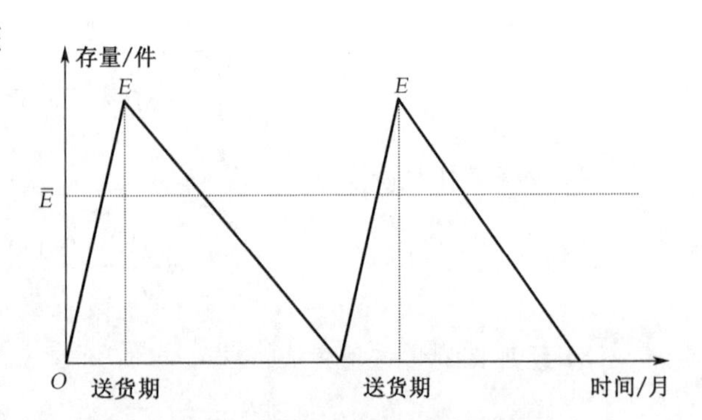

图 9-4　存货陆续供应和使用模型

图9-4中的E表示最高库存量，$\overline{E}$表示平均库存量。

这样，与批量有关的总成本为：

$$TC(Q)=\frac{D}{Q}\times K+\frac{1}{2}\left(Q-\frac{Q}{P}\times d\right)\times K_c=\frac{D}{Q}\times K+\frac{Q}{2}\left(1-\frac{d}{P}\right)\times K_c$$

在订货变动成本与储存变动成本相等时，即

$$\frac{D}{Q}\times K=\frac{Q}{2}\left(1-\frac{d}{P}\right)\times K_c$$

$TC(Q)$ 有最小值，故存货陆续供应和使用的经济订货量公式为：

$$Q^* = \sqrt{\frac{2KD}{K_c}\left(\frac{P}{P-d}\right)}$$

将这一公式代入上述 $TC(Q)$ 公式，可得出存货陆续供应和使用的经济订货量总成本公式：

$$TC(Q^*) = \sqrt{2KDK_c\left(1-\frac{d}{P}\right)}$$

陆续供应和使用的经济订货量模型，还可以用于自制和外购的选择决策。自制零件属于边送边用的情况，单位成本可能较低，但每批零件投产的生产准备成本比一次外购订货的订货成本可能高出许多。外购零件的单位成本可能较高，但订货成本可能比较低。要在自制零件和外购零件之间作出选择，需要全面衡量它们各自的总成本，才能得出正确的结论。这时，就可借用陆续供应或瞬时补充的模型。

③ 保险储备。前面所讨论的是假定存货的供需稳定且确知，即每日需求量不变，交货时间也固定不变。实际上，每日需求量可能会发生变化，交货时间也可能会发生变化。按照某一订货批量（如经济订货批量）和再订货点发出订单后，如果需求增大或送货延迟，就会发生缺货或供货中断。为防止由此造成的损失，就需要多储备一些存货以备应急之需，该存货称为保险储备（安全存量）。这些存货在正常情况下不动用，只有当存货过量使用或送货延迟时才动用。

建立保险储备，固然可以使企业避免存货或供应中断造成的损失，但存货平均储备量加大却会使储备成本升高。研究保险储备的目的，就是要找出合理的保险储备量，使缺货或供应中断损失和储备成本之和最小。方法上可先计算出各不同保险储备量的总成本，然后再对总成本进行比较，选定其中最低的。

如果设与此有关的总成本为 $TC(S, B)$，缺货成本为 C_s，保险储备成本为 C_b，则：

$$TC(S, B) = C_s + C_b$$

设单位缺货成本为 K_u，一次订货缺货量为 S，年订货次数为 N，保险储备量为 B，单位存货成本为 K_c，则：

$$C_s = K_u \times S \times N \qquad C_b = B \times K_c$$

$$TC(S, B) = K_u \times S \times N + B \times K_c$$

现实中，缺货量 S 具有概率性，其概率可根据历史经验估计得出；保险储备量 B 可选择而定。

【实例 9-8】 保险储备的确定

资料：BBD公司某材料的年需要量 $D=9\,000$ 千克，单位储存变动成本 $K_c=2$ 元，单位缺货成本 $K_u=4$ 元，交货时间 $L=10$ 天，已经计算出经济订货量 $Q=600$ 千克，每年订货次数 $N=15$ 次。交货期内的材料需要量及其概率分布见表 9-8。

表 9-8　材料需要量及其概率分布表

需要量(10×d)/千克	概率(P_i)	需要量(10×d)/千克	概率(P_i)
70	0.01	110	0.2
80	0.04	120	0.04
90	0.2	130	0.01
100	0.5		

要求：计算不同保险储备量。

解答：先分别计算不同保险储备的总成本。

(1) 不设置保险储备量。即令 $B=0$，且以 100 千克为再订货点。此种情况下，当需要量为 100 千克及其以下时，不会发生缺货，其概率为 0.75(0.01＋0.04＋0.2＋0.5)；当需要量为 110 千克时，缺货 10 千克(110－100)，其概率为 0.2；当需要量为 120 千克时，缺货 20 千克(120－100)，其概率为 0.04；当需要量为 130 千克时，缺货 30 千克(130－100)，其概率为 0.01。因此，$B=0$ 时缺货的期望值 $S(0)$、总成本 $TC(S, B)$ 可计算如下：

$$S(0)=(110-100)\times 0.2+(120-100)\times 0.04+(130-100)\times 0.01=3.1(\text{千克})$$

$$TC(S, B)=K_u\times S(0)\times N+B\times K_c=4\times 3.1\times 15+0\times 2=186(\text{元})$$

(2) 保险储备量为 10 千克。即 $B=10$ 千克，以 110 千克为再订货点。此种情况下，当需要量为 110 千克及其以下时，不会发生缺货，其概率为 0.95(0.01＋0.04＋0.2＋0.5＋0.2)；当需要量为 120 千克时缺货 10 千克(120－100)，其概率为 0.04；当需要量为 130 千克时，缺货 20 千克(130－110)，其概率为 0.01。因此，$B=10$ 千克时缺货的期望值 $S(10)$、总成本 $TC(S, B)$ 可计算如下：

$$S(10)=(120-110)\times 0.04+(130-110)\times 0.01=0.6(\text{千克})$$

$$TC(S,B)=K_u\times S(10)\times N+B\times K_c=4\times 0.6\times 15+10\times 2=56(\text{元})$$

(3) 保险储备量为 20 千克。运用以上方法，计算如下：

$$S(20)=(130-120)\times 0.01=0.1(\text{千克})$$

$$TC(S, B)=4\times 0.1\times 15+20\times 2=46(\text{元})$$

(4) 保险储备量为 30 千克。即 $B=30$ 千克，以 130 千克为再订货点。此种情况下可满足最大需求量，不会发生缺货，因此：$S(30)=0$

$$TC(S, B)=4\times 0\times 15+30\times 2=60(\text{元})$$

然后，比较上述不同保险储备量的总成本，以其低者为最佳。当 $B=20$ 千克时，总成本为 46 元，是各总成本中最低的。故应确定保险储备量为 20 千克，或者说应确定以 120 千克为再订货点。

点评：以上举例解决了需求量变化引起的缺货问题。对延迟交货引起的缺货，也可以通过建立保险储备量的方法来解决。确定保险储备量时，可将延迟的天数折算为增加的需求

量，其余计算过程与前述方法相同。若企业延迟到货3天的概率为0.01，则可认为缺货30千克（3×10）或者交货期内需求量为130千克（10×10＋30）的概率为0.01。这样就把交货延迟问题转换成了需求过量问题。

3. 适时制库存控制管理

适时制库存控制管理最早由丰田公司提出并将其应用于实践。该管理系统的基本原理强调：只有当制造企业在生产过程中需要原料或零件时，供应商才会将原料或零件送来；每当产品生产出来就被客户拉走。这样，制造企业的存货持有水平就可以大大下降，企业的物资供应、生产和销售形成连续的同步运动过程，消除了企业内部存在的所有浪费，可不断提高产品质量和生产效率。目前，越来越多的企业利用适时制库存控制管理（即零库存管理）减少甚至消除对存货的需求，如丰田、海尔公司等。适时制库存控制管理系统进一步被应用于企业整个生产管理的过程中一集开发、生产、库存和分销于一体，大大提高了企业运营管理效率。但适时制库存控制管理的成功应用还取决于企业的计划要求、与供应商的关系、准备成本、信息化实施水平等因素。

相关阅读

关于中央企业“两金”管理工作的几点思考

为控制中央企业应收账款和存货（以下简称“两金”）资金占用，降低运营成本和风险，近年来，国资委持续组织中央企业开展“两金”管控工作，要求中央企业从严制定“两金”管控目标和方案，切实做好“两金”专项治理工作。

一、追根溯源，“两金”管理的目标不止是压降

在最理想的状态下，“两金”管理的目标应是零应收和零库存，但这个目标的实现不仅需要单个企业具有极致的产品竞争力和经营管理水平，而且还需要企业所处产业链上所有的企业、企业所在的国家之间的密切协同配合才有可能实现。零应收和零库存更多的是一种管理理念，在实践中几乎是不可能实现的。既然实践中“两金”管理的目标为零很难实现，那么“两金”管理的目标是不是越低越好呢？笔者认为，回答这个问题必须追根溯源，分析企业在生产经营过程中为什么会产生“两金”。企业“两金”是生产经营业务活动的产物，与战略目标密切相关。首先，战略目标的确定需要综合考虑宏观、产业等外部环境。企业所处的宏观环境和企业所属的产业环境会影响企业“两金”规模，外部环境因素通常是不受企业控制的，反映在企业战略目标的选择中，这部分“两金”是不可避免的，是为实现战略目标付出的成本，是必要的“两金”。其次，还需要考虑企业资源与能力、价值链等内部环境。企业资源与能力会对“两金”规模产生影响，而产品或服务的竞争能力是影响“两金”的关键因素，同一产品或服务在市场上竞争能力不同会影响企业“两金”；企业的研发设计、生产、采购、销售等各项业务活动的管理能力，以及各项业务活动之间的协同能力同样会对“两金”产生影响。内部环境方面的因素通常是企业可通过努力而逐步改善的，在理想状态下这部分“两金”是可以避免的，是为产品或服务竞争能力不强或管理水平不高付出的成本，是非必要的“两金”。但需特别注意的是，企业资源的聚集和能力的提升具有很强的路径依赖，不是一朝一夕的事情，非必要“两金”的压控需要一个长期过程。

基于以上分析，必要的“两金”应确保其是最优的，所谓最优就是指增加“两金”带来的收益应高于付出的成本；非必要的“两金”应逐步压控。在实践中，中央企业应结合内外部环境和自身实际，做到有“压”有“保”，“压”“保”并重。

二、业财融合，“两金”管理不只是财务部门的事情

应收账款和存货都是会计专用名词，管理结果最终体现在财务报表中，因此在实务工作中，大多数中央企业将财务部门作为“两金”管理工作的归口或牵头部门。财务部门牵头“两金”管理工作，最大的优势就是数据，可以量化本单位的管理目标，并对“两金”账面数据进行跟踪，可以对“两金”的构成、分类、账龄、库龄情况进行系统分析，能够及时反映和预警“两金”变动情况。但财务部门负责“两金”管理工作存在两个方面的不足：一方面，“两金”产生的根源是企业研发、销售、生产、采购等科研生产经营活动，但这些业务活动却基本不受财务部门的控制，财务部门进行“两金”管理缺乏足够的抓手；另一方面，财务人员对数据背后的实际业务涉入不深，不了解具体业务活动，很难对“两金”产生的本质原因做出准确判断，也就谈不上有效管理“两金”了。

由业务部门牵头负责“两金”管理工作，更容易从实际业务出发找到本单位“两金”管理的关键环节，从而有针对性地开展管理工作。但业务部门牵头负责“两金”管理工作同样存在两个方面的不足：一方面，业务活动承载企业的科研生产经营任务，业务人员的思维方式往往是以完成具体工作为导向，对于财务数据缺乏足够的关注和敏感性；另一方面，“两金”不是某一个或者某几个业务部门产生的，而是一系列科研生产业务活动的综合结果，例如存货的产生既可能是销售管理的问题，也可能是采购管理、生产管理以及业务活动之间协同的问题，很难将其归结于一个业务部门。

综上所述，财务部门或者业务部门牵头“两金”管理工作都各有优势和不足，解决这个问题的唯一途径就是推动单位内部的业财融合，取长补短。在实践中，很多中央企业成立了专门的机构负责“两金”管理工作，这些机构大多挂靠在财务部门。相对而言，财务部门具有数据方面的资源，而且独立于各业务部门之外属于综合管理部门，财务部门牵头负责“两金”管理工作更具优势和可行性。但应克服前文所提的两个不足，第一个不足的克服需要单位管理层将相关业务部门纳入工作组织机构并确定其在“两金”管理中的职责；第二个不足的克服需要财务部门自身不断提升业财融合的能力，增强对业务的认识和判断。

三、回归本源，“两金”管理不应“另起炉灶”

“两金”是企业经营管理活动的结果，产生于各个业务循环，“两金”管理工作不能脱离于经营管理活动而单独存在。中央企业进行“两金”管理绝不是一项新的工作，需要回归业务本源，融入其他管理工作中。

(1) 全面预算管理是“两金”管理的保障

将“两金”管理工作机构纳入中央企业全面预算管理组织框架之内是一个可行的路径。一方面，全面预算管理是少数几个能把企业所有问题融合于一个体系的管理控制方法之一，而且中央企业全面预算管理工作已日渐成熟和完善；另一方面，脱离了全面预算管理而孤立地谈“两金”管理没有任何意义。一是要合理确定管理目标。“两金”管理工作的根本目标是推动企业高质量发展，发展要摆在首位，为了“两金”管理而制约发展显然得不偿失。中央企业的子公司数量多，行业分布广，在统一的管理目标基础上，要充分考虑各类特殊事项，财务部门应组织各相关业务部门统一判定，确保管理目标的科学性。二是要将“两金”管理目标进行层层分解。将集团公司管理目标分解至子公司，并要求子公司将管理目标落实到部门、个人，同时强化预算执行的过程控制。三是要严格兑现奖惩，充分调动员工的积极性。同时，应对年度“两金”管理工作进行梳理和总结，用于指导下一年度的“两金”管理工作。

（2）生产经营业务管理是“两金”管理的核心

“两金”管理成效通过企业业务流程的优化、生产经营管理水平的提升、产品或服务竞争力的增强得以体现。中央企业应组织成员单位对与“两金”相关的生产经营业务活动进行全面梳理，业务活动既应包括研究与开发、生产、销售等基本活动，也应包括资金管理、采购管理、法务管理等支持活动。同时，还应通过制度建设和流程规范建立长效机制，不断提高生产经营管理水平，有效控制非必要“两金”的增量。

（3）核算管理是“两金”管理的基础

数据是“两金”管理的基础，财务数据与业务数据互为补充，缺一不可。财务数据可通过会计核算来实现，中央企业应加强会计信息质量管理，要求成员单位在进行会计核算时必须以会计准则为准绳并强化监督检查，确保“两金”数据的真实性和准确性。同时，应将会计核算与统计核算紧密结合，“两金”管理的核心是业务活动的开展情况，必须收集大量的、真实的业务数据作为支撑。此外，中央企业应加强对数据的分析，要通过与其他同行业企业的对标，找出差距并制定改善措施，也要对子公司“两金”管理情况进行分析。

（4）信息化是“两金”管理的支撑

在中央企业总部层面，要依托现有的财务信息系统，畅通与“两金”相关数据上传下达的通道。同时，应组织子公司做好财务系统与业务系统的对接，确保财务和业务信息对称，通过信息化系统将以合同为主线的业务流程嵌入到信息化平台，实现与“两金”相关的采购、入库出库、生产销售、款项收付等全流程管理。

（资料来源：张守坤，张梦竹.关于中央企业“两金”管理工作的几点思考[J].财务与会计，2021(19)：70-71.）

本章小结

营运资本包括了流动资产和流动负债，其管理触角几乎可以延伸到企业生产经营的各个方面，是企业日常财务管理的重要内容。

流动资产的主要项目是现金、应收账款和存货。企业置存现金的原因，主要是满足交易性需要、预防性需要和投机性需要。现金的管理除了做好日常收支管理、加速现金流转速度外，还需控制好现金持有规模，即确定适当的现金持有量。

企业发生应收账款的主要原因是为了扩大销售，增强竞争力。应收账款是企业的一项资金投放，是为了扩大销售和盈利而进行的投资。而投资肯定要发生成本，这就需要在应收账款信用政策所增加的盈利和这种政策的成本之间做出权衡。

进行存货管理，就要尽力在各种存货成本与存货效益之间做出权衡，达到两者的最佳结合，这也是存货管理的目标。按照这个目标，需要通过合理确定进货批量和进货时间，使存货的总成本最低。

关键概念

营运资本(working capital)

信用标准(credit standard)

信用期间(credit period)

现金折扣(cash discount)

经济订货量(economic order quantity)

订货点(order point)

存货控制的 ABC 法(ABC method of inventory control)

自测题

一、单项选择题

1. 企业为满足交易动机而持有现金，所需考虑的主要因素是(　　)。
A. 企业销售水平的高低　　B. 企业临时举债能力的大小
C. 企业对待风险的态度　　D. 金融市场投机机会的多少

2. 下列各项中，不属于营运资本构成内容的是(　　)。
A. 货币资金　　B. 无形资产　　C. 存货　　D. 应收账款

3. 在确定最佳现金持有量时，成本分析模式和存货模式均需考虑的因素是(　　)。
A. 持有现金的机会成本　　B. 固定性转换成本
C. 现金短缺成本　　D. 现金保管费用

4. 根据营运资金管理理论，下列各项中不属于企业应收账款成本内容的是(　　)。
A. 机会成本　　B. 管理成本　　C. 短缺成本　　D. 坏账成本

5. 下列各项中，不属于信用条件构成要素的是(　　)。
A. 信用期限　　B. 现金折扣(率)　　C. 现金折扣期　　D. 商业折扣

6. 企业评价客户等级，决定给予或拒绝客户信用的依据是(　　)。
A. 信用标准　　B. 收账政策　　C. 信用条件　　D. 信用政策

7. 下列各项因素中，不影响存货经济订货批量计算结果的是(　　)。
A. 单位变动储存成本　　B. 每次订货变动成本
C. 存货年需要量　　D. 保险储备

8. 采用存货 ABC 管理法进行存货管理时，应该重点控制的存货类别是(　　)。
A. 品种较多的存货　　B. 数量较多的存货
C. 库存时间较长的存货　　D. 单位价值较大的存货

9. 以下各项与存货有关的成本费用中，不影响经济进货批量的是(　　)。

A. 专设采购机构的基本开支 B. 采购员的差旅费
C. 存货资金占用费 D. 存货的保险费

10. 某公司存货年需求量为36 000千克，经济订货批量为600千克，一年按360天计算，则最佳订货期为(　　)天。
A. 60 B. 1.67 C. 100 D. 6

二、多项选择题

1. 用存货模式分析确定最佳现金持有量时，应予以考虑的成本费用项目有(　　)。
A. 现金管理费用 B. 现金与有价证券的转换成本
C. 持有现金的机会成本 D. 现金短缺成本

2. 企业运用存货模式确定最佳现金持有量所依据的假设包括(　　)。
A. 所需现金只能通过银行借款取得 B. 预算期内现金需要总量可以预测
C. 现金支出过程比较稳定 D. 证券利率及转换成本可以知悉

3. 运用成本分析模式确定最佳现金持有量时，持有现金的相关成本包括(　　)。
A. 机会成本 B. 转换成本 C. 短缺成本 D. 管理成本

4. 赊销在企业生产经营中所发挥的作用有(　　)。
A. 增加现金 B. 减少存货 C. 促进销售 D. 减少借款

5. 存货模式和随机模式是确定最佳现金持有量的两种方法。对这两种方法的以下表述中，正确的有(　　)。
A. 两种方法都考虑了现金的交易成本和机会成本
B. 存货模式简单、直观，比随机模式有更广泛的适用性
C. 随机模式可以在企业现金未来需要总量和收支不可预测的情况下使用
D. 随机模式确定的现金持有量，更易受到管理人员主观判断的影响

6. 企业如果延长信用期限，可能导致的结果有(　　)。
A. 扩大当期销售 B. 延长平均收账期
C. 增加坏账损失 D. 增加收账费用

7. 存货在企业生产经营过程中所具有的作用主要有(　　)。
A. 适应市场变化 B. 维持连续生产 C. 降低储存成本 D. 维持均衡生产

8. 下列各项中，属于建立存货经济进货批量基本模型假设前提的有(　　)。
A. 一定时期的进货总量可以较为准确地预测
B. 允许出现缺货
C. 仓储条件不受限制
D. 存货的价格稳定

9. 下列各项因素中，影响经济订货批量大小的有(　　)。
A. 仓库人员的固定月工资 B. 存货的年耗用量
C. 存货资金的应计利息 D. 保险储备量

10. 下列各项中，与企业储备存货有关的成本有(　　)。
A. 取得成本 B. 管理成本 C. 储存成本 D. 缺货成本

三、判断题

1. 企业持有的现金总额可以小于各种动机所需现金余额之和，且各种动机所需保持的现金也不必均为货币形态。 （ ）
2. 企业现金持有量过多会降低企业的收益水平。 （ ）
3. 现金折扣是企业为了鼓励客户多买商品而给予的价格优惠，每次购买的数量越多，价格也就越便宜。 （ ）
4. 即使企业已按规定对逾期应收账款作坏账处理，企业仍然拥有对逾期账款行使继续收账的法定权利。 （ ）
5. 企业之所以持有一定数量的现金，主要是出于交易动机、预防动机和投机动机。 （ ）
6. 现金作为一种资产，它的流动性强，盈利性也差。 （ ）
7. 通过应收账款账龄分析，编制账龄分析表，可以了解各顾客的欠款金额、欠款期限和偿还欠款的可能时间。 （ ）
8. 在有关现金折扣的业务中，“1/10”的标记是指：若付款方在一天内付款，可以享受10%的价格优惠。 （ ）
9. 企业的信用标准严格，给予客户的信用期很短，使得应收账款周转率很高，将有利于增加企业的利润。 （ ）
10. 存货的缺货成本主要包括所缺少的存货的采购成本、原材料存货中断造成的停工损失、成品存货供应中断导致延误发货的信誉损失以及丧失销售机会的损失等。 （ ）

四、计算题

1. 目的：练习现金成本分析模型。

资料：某企业有四种现金持有方案，各方案有关成本资料如下表所示：

项　目	A方案	B方案	C方案	D方案
现金持有量/元	15 000	25 000	35 000	45 000
机会成本率/%	10	10	10	10
短缺成本/元	8 500	4 000	3 500	0

要求：运用现金成本分析模型计算该企业的最佳现金持有量。

2. 目的：练习现金存货模式的运用。

资料：已知某公司现金收支平稳，预计全年（按360天计算）现金需要量为360 000元，现金与有价证券的转换成本为每次300元，有价证券年均报酬率为6%。

要求：(1) 运用存货模式计算最佳现金持有量。

(2) 计算最佳现金持有量下的现金管理相关总成本、全年现金转换成本和全年现金持有机会成本。

(3) 计算最佳现金持有量下的全年有价证券交易次数和有价证券交易间

隔期。

3. 目的：信用决策。

资料：某企业预测202×年度销售收入净额为4 500万元，现销与赊销比例为1∶4，应收账款平均收账天数为60天，变动成本率为50%，企业的资金成本率为10%。一年按360天计算。

要求：(1) 计算202×年度的赊销额。

(2) 计算202×年度的应收账款的平均余额。

(3) 计算202×年度维持赊销业务所需要的资金额。

(4) 计算202×年度应收账款的机会成本额。

(5) 若202×年应收账款需要控制在400万元，在其他因素不变的条件下，应收账款平均收账天数应调整为多少天？

4. 目的：练习存货经济批量法。

资料：某企业每年需耗用A材料45 000件，单位材料年存储成本为20元，平均每次进货费用为180元，A材料全年平均单价为240元。假定不存在数量折扣，不会出现陆续到货和缺货的现象。

要求：(1) 计算A材料的经济进货批量。

(2) 计算A材料的年度最佳进货批数。

(3) 计算A材料的相关进货成本。

(4) 计算A材料的相关存储成本。

(5) 计算A材料经济进货批量平均占用资金。

五、问答题

1. 简述营运资本管理的概念、特点与管理原则。
2. 在成本分析模式和存货模式下，企业持有现金的成本分别包括哪些内容？
3. 企业在制定销售条件时应考虑哪些因素？
4. 什么是5C评估法？
5. 简述应收账款的功能和成本。
6. 什么是存货ABC管理法？

经典案例

Q公司营运资金管理模式创新与实践

一、Q公司营运资金管理模式创新

Q公司是国内一家具有国际品牌影响力的食品饮料生产企业，其经营环节包括采购、生产、销售等。在发展过程中，Q公司持续重视并加强营运资金管理，搭建全面有效的营运资金管理体系，动态优化营运资金管理模式，提升营运效率，减少资金占用和资金成本。

Q公司经过持续的营运资金管理创新，形成了适应公司特点的"3456"营运资金管理模式。"3"指全面、全员、全流程的"3全"营运资金管理。"4"指营运资金管理主要关注应收账款、存货、应付账款与现金周期等4个关键要素，实现对营运资金的整合管理。"5"指公司形成了销售按现款现货回款、采购按账期付款、以销定产、以产订购、产销协同等5个营运资金管理规则。“6”指营运资金管理体系构建与实践包括树立规则意识、搭建制度、设定目标、过程管控、评价激励、形成营运资金管理模式等6个步骤。

二、Q公司营运资金管理模式的实践

(1) 树立规则意识，公司层面统一确定营运资金管理规则

“运营提效才能资金提速”“优化业务规则才能改善财务绩效”，提升营运资金效率的重要前提是优化运营规则和提升管理意识，统一各单位各部门在营运资金管理方面的目标和行为。为此，Q公司从集团层面统一确定了“销售按现款现货回款、采购按账期付款、以销定产、以产订购、产销协同”等5个营运资金管理规则，规范全公司各单位在销售回款、采购付款、生产与存货管理、应收管理、应付管理等方面的运营规则和资金管理要求，同时要求各单位严格执行，全面提升员工的营运资金管理意识。

(2) 搭建营运资金管理制度体系，明确职责分工与管控标准

“管理未动，制度先行”。为更有效地加强营运资金管理，Q公司建立了一整套合理有效的营运资金管理制度，具体分为应收账款管理制度(包括《信用政策管理内控制度》《内部往来内控管理制度》等)、存货管理制度(包括《存货管理内控制度》《存货损失管理内控制度》等)及应付账款管理制度(《应付账款及采购付款账期管理内控制度》)。管理制度明确了营运资金管理的目标、原则、要求、权限、职责分工、考核与激励办法等。

(3) 设定营运资金管理的预算考核目标，促进营运资金效率持续提升

为了持续优化营运资金效率，Q公司每年制定总体的现金周期加速目标与考核目标，同时结合各单位实际情况分别制定各单位的现金周期加速目标及考核目标。

(4) 强化营运资金管理过程控制，确保规则和制度有效落地

一是推进各单位严格按现款现货的销售回款政策执行，从源头规避应收账款管理。同时，对个别特殊的赊销进行严格限制与管控，对应收账款情况进行实时跟踪与闭环运行，确保按时回款。二是持续跟踪各单位的存货周转情况，推进各单位严格按订单需求进行采购与生产，对公司和各单位的产成品、在产品、原材料等进行动态跟踪，分析库存周转天数等指标的变化，对上升较大的单位要求及时改进。三是总部对各单位应付账款情况进行跟踪，监控各单位实际付款账期，通过系统校验，确保各单位严格按照合同账期进行付款，杜绝擅自调整账期的行为。

(5) 实行营运资金管理考核与激励，激发人员的积极性

Q公司各单位的业务负责人与财务负责人的考核指标都包括营运资金效率指标。公司每年对各单位的应收账款周转天数、存货周转天数、现金周期等指标完成与加速情况进行跟踪考核与排序，根据考核结果进行激励，促进内部各单位相互学习、持续提升营运资金效率，确保资金管理目标顺利完成。

(6) 打造适合公司特点的营运资金管理模式

Q公司结合所在行业特点，根据公司的产品特征、市场特征、供应链特征，逐步形成独特的营运资金管理模式，将营运资金由原来的蓄水池转变为畅通的河流，加速销售回款资金的流入，降低应收与存货等资金占用，规范采购付款账期，减少资金闲置，对各单位资金实现集中有效利用，提升资金效率与收益。同时，也形成了应收账款管理模式、存货管理模式、应付账款管理模式和现金周期管理模式。

三、 Q公司营运资金管理的效果

一是从公司层面树立了营运资金管理的统一规则和意识，明确了销售按现款现货回款、采购按账期付款、以销定产等运营规则和资金管理要求。二是构建了全面有效的营运资金管理制度，明确了营运资金管理的目标、原则、职责分工与管控标准等。三是形成了行之有效的营运资金考核激励机制，保障各单位严格执行公司的营运资金管理制度和要求。四是形成了独特的营运资金管理模式，持续推进营运资金管理创新，促进公司实现高质量发展。五是优化了公司的财务状况与经营绩效，加快了资金周转速度，增加了公司经营活动现金净流量。六是促进了公司销售能力、产品创新能力、供应链管理能力的持续提升，进而提升了公司的整体竞争力。

（资料来源：于竹明，彭家钧.Q公司营运资金管理模式创新与实践[J].财务与会计，2019(18)：73-74.）

案例讨论

（1）试分析Q公司营运资金管理理模式创新之处。

（2）试分析我国企业营运资金管理的实践探索与理论创新。

提升阅读

[1] 王竹泉，逄咏梅，孙建强.国内外营运资金管理研究的回顾与展望[J].会计研究，2007(2)：85-90.

[2] 孙昳昊，顾晓军.渔业上市公司存货质量控制研究：獐子岛黑天鹅事件引发的思考[J].中国内部审计，2015(8)：96-99.

[3] 王竹泉，孙莹，孙建强，等.中国上市公司营运资金管理调查：2015[J].会计研究，2016(12)：37-43.

[4] 金灿灿，王竹泉，王海龙.财务共享模式下企业营运资金管理绩效研究：基于海尔集团2007—2014年的纵向案例[J].财会通讯，2017(2)：98-103.

[5] 王秀红，孙彦丛，宋倩.中兴通讯应收账款“三环”管理体系构建与应用[J].财务与会计，2018(1)：57-59.

[6] 曹秋菊，雷远卓.我国上市公司现金持有量影响因素实证分析[J].云南财经大学学报，2019，35(11)：59-70.

[7] 何瑛，李雯琦.苏宁易购新零售模式下营运资金融资管理及启示[J].财务与会计，2019(19)：25-28.

[8] 张海啸，张波.基于三维分析法的营运资金管理研究：以万科为例[J].财会通讯，2019(35)：63-67.

[9] 温素彬，焦然.管理会计工具应用对营运资金管理效率的影响研究：基于利益相关者视角的分析[J].会计研究，2020(9)：149-162.

[10] 蒋秋菊，陈敏，窦宇，等.存货内部控制缺陷及改进建议：基于广州浪奇的案例研究[J].会计之友，2021(16)：107-111.

第十章

收 益 分 配

本章结构框架

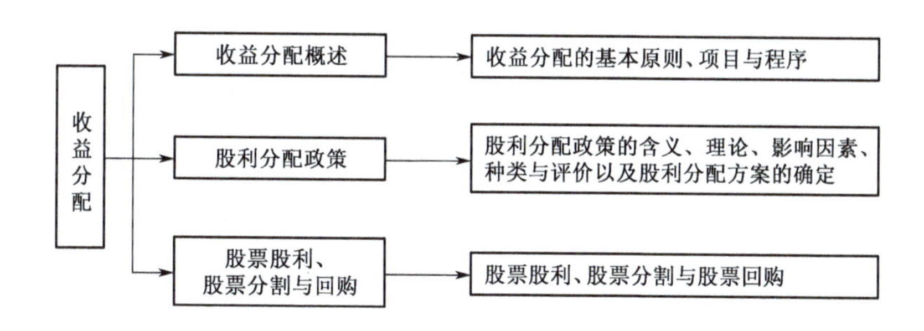

本章学习目标

通过本章学习，熟悉收益分配的基本原则；掌握确定收益分配政策应考虑的因素；掌握各种收益分配政策的基本原理、优缺点与使用范围；掌握股利分配的程序；熟悉股利的发放程序；熟悉股票回购的含义、动机和方式。

10.1 收益分配概述

收益分配是企业财务管理的一项重要内容，有广义和狭义两种概念。广义的分配是指对企业的收入和收益总额进行分割和分配的过程；而狭义的分配则是指对企业净收益的分配。本章讨论企业净收益的分配。

10.1.1 收益分配的基本原则

企业的收益分配不仅影响企业的筹资决策和投资决策，而且还涉及国家、企业、投资者、职工等多方面的利益，涉及企业的生存与发展。因此，企业在收益分配的过程中，应遵守以下基本原则：

1. 依法分配原则

企业的收益分配涉及国家、企业、股东、债权人、职工等多方面的利益。因此，正确处理各方面的利益关系，协调各方面利益矛盾是收益分配的重要内容。国家为了保障企业收益分配的有序进行，维护企业、所有者、债权人以及职工的合法权益，促使企业增加积累，增强风险防范能力，制定了相关法律法规规范企业的收益分配行为，如企业收益分配的基本要求、一般程序和重要比例。因此，企业的收益分配必须依法进行。

2. 资本保全原则

资本保全原则是现代企业制度的基础性原则之一。它要求企业在生产经营、成本补偿和利润分配过程中要保持资本的完整性，保证权益不受侵蚀。因而企业在进行利润分配时首先应保证资本的完整，不能因利润分配而减少企业的资本。企业的收益分配是对投资者投入资本的增值部分进行的分配，而不是投资者资本金的返还。以企业的资本金进行的分配是一种清算行为，而不是收益的分配。按照此原则，企业如果存在尚未弥补的亏损，首先应弥补亏损，然后才能进行收益分配。

3. 兼顾各方面利益原则

企业的收益分配直接关系到各方面的切身利益。国家作为基础设施的投资人和企业政策环境的制定者，对企业的生产经营起到主要的影响作用，它要参与企业的收益分配；企业的投资者作为企业权益资本的投入者、企业的所有者，依法享有净收益的分配权；企业的债权人作为企业债务资本的投入者也承担了一定的风险，企业的收益分配中应当充分保护债权人的利益；企业的员工是企业净收益的直接创造者，企业的收益分配中应当考虑员工的长远利益。因此，企业的收益分配应当统筹兼顾，维护各方面的合法权益。

4. 分配与积累原则

企业赚取的净收益，一部分用于对企业投资者进行分配，另一部分形成企业的积累。积累的留存收益一方面为企业扩大再生产筹措了资金，提高了企业经营的稳定性和安全性；另一方面还可以达到以丰补歉，平抑收益分配额的波动，稳定投资报酬率的效果。因此，企业的收益分配应当处理好分配与积累之间的关系。

5. 投资与收益对等原则

投资与收益对等原则是企业正确处理投资者利益关系的关键。它要求企业的收益分配体现出谁投资谁收益、收益大小与投资比例相适应。企业在向投资者分配收益时，应本着平等一致的原则，按照投资者投入资本的比例进行分配，实现收益分配中的公开、公平、公正，保护投资者的权益，提高投资者的积极性。

10.1.2 收益分配的项目

根据我国《公司法》及其他相关规定，股份有限公司实现的税后利润分配包括以下四个部分：

(1) 法定公积金。公司在分配当年税后利润时，应当按税后利润的10%提取法定公积金，但当法定公积金累计额达到公司注册资本的50%时，可以不再提取。

(2) 优先股股息。股份有限公司如果发行了优先股，应当在提取法定公积金之后，优先于普通股股东向优先股股东支付股息。根据2013年国务院发布的《国务院关于开展优先股试点的指导意见》和2014年证监会发布的《优先股试点管理办法》的规定，优先股股东按照约定的票面股息率，优先于普通股股东分配公司利润。公司应当以现金的形式向优先股股东支付股息，在完全支付约定的股息之前，不得向普通股股东分配利润。公司应当在公司章程中明确规定，如果公司因本会计年度可分配利润不足而未向优先股股东足额派发股息，差额部分是否累积到下一会计年度，以及优先股股东按照约定的股息率分配股息后，是否有权同普通股股东一起参加剩余利润分配。

(3) 任意公积金。公司从税后利润中提取法定公积金和支付优先股股息之后，经股东

大会决议，还可以从税后利润中提取任意公积金。法定公积金和任意公积金都是公司从税后利润中提取的积累资本，是公司用于防范和抵御风险、提高经营能力的重要资本来源。盈余公积金和未分配利润都属于公司的留用利润，从性质上看属于股东权益。公积金可以用于弥补亏损、扩大生产经营或者转增公司股本，但转增股本后，所留存的法定公积金不得低于转增前公司注册资本的25%。

（4）普通股股利。公司在按照上述程序弥补亏损、提取公积金和支付优先股股利之后，所余当年利润与以前年度的未分配利润构成可供普通股分配的利润，公司可根据股利政策向普通股股东分配股利。按照现行制度规定，股份有限公司依法回购后暂未转让或者注销的股份，不得参与利润分配；公司弥补以前年度亏损和提取公积金后，当年没有可供分配的利润时，一般不得向股东分配股利。

10.1.3 收益分配的程序

根据我国《公司法》的规定，公司税后利润分配的顺序如下：

（1）弥补以前年度亏损，但不得超过税法规定的弥补期限。

（2）缴纳所得税。

（3）弥补在税前利润亏损之后仍存在的亏损。

（4）提取法定公积金。

（5）提取任意公积金。

（6）向投资者分配利润或股利。

公司股东大会或董事会违反上述利润分配顺序，在抵补亏损和提取法定公积金之前向股东分配利润的，必须将违反规定发放的利润退还公司。

10.2 股利分配政策

10.2.1 股利分配政策的含义

股利分配政策是指在法律允许的范围内，企业关于是否发放股利、发放多少股利及何时发放股利的方针及对策。企业的净收益可以支付给股东，也可以留存在企业内部，股利分配政策的核心问题就是在法律允许的范围内，合理确定分配和留存的比例。股利分配政策不仅会影响股东的财富，还会影响企业在资本市场上的形象及企业股票的价格，更会影响企业的长短期利益。因此，制定合理的股利政策对企业、对股东来讲都是非常重要的。

10.2.2 股利分配理论

企业的股利分配方案既取决于企业的股利政策，又取决于决策者对股利分配的理解与认识，即股利分配理论。股利分配理论是指人们对股利分配的客观规律的科学认识与总结，其核心问题是股利政策与公司价值的关系问题。在市场经济条件下，股利分配要符合财务管理目标。人们对股利分配与财务目标之间关系的认识存在不同的流派与观念,还没有一种被大多数人所接受的权威观点和结论。但主要有以下两种较流行的观点。

1. 股利无关论

股利无关论认为,在一定的假设条件限制下,股利政策不会对公司的价值或股票的价格产生任何影响,投资者不关心公司股利的分配。公司市场价值的高低,是由公司所选择的投资决策的获利能力和风险组合所决定的,而与公司的利润分配政策无关。

尽管公司对股东的分红可以采取派现或股票回购等不同的方式,但是,在完全有效的资本市场上,股利政策的改变仅仅意味着股东的收益在现金股利与资本利得之间分配上的变化。如果投资者理性行事,这种改变不会影响公司的市场价值以及股东的财富。该理论是建立在完全资本市场理论之上的,假定条件包括:第一,市场具有强式效率,没有交易成本,没有任何一个股东的实力足以影响股票价格;第二,不存在任何公司或个人所得税;第三,不存在任何筹资费用;第四,公司的投资决策与股利决策彼此独立,即投资决策不受股利分配的影响;第五,股东对股利收入和资本增值之间并无偏好。

2. 股利相关论

与股利无关论相反,股利相关论认为,企业的股利政策会影响股票价格和公司价值。主要观点有以下几种:

(1)"手中鸟"理论。"手中鸟"理论认为,用留存收益再投资给投资者带来的收益具有较大的不确定性,并且投资的风险随着时间的推移会进一步加大,因此,厌恶风险的投资者会偏好确定的股利收益,而不愿将收益留存在公司内部去承担未来的投资风险。该理论认为公司的股利政策与公司的股票价格是密切相关的,即当公司支付较高的股利时,公司的股票价格会随之上升,公司价值将得到提高。

(2)信号传递理论。信号传递理论认为,在信息不对称的情况下,公司可以通过股利政策向市场传递有关公司未来获利能力的信息,从而会影响公司的股价。一般来讲,预期未来获利能力强的公司,往往愿意通过相对较高的股利支付水平把自己同预期获利能力差的公司区别开来,以吸引更多的投资者。对于市场上的投资者来讲,股利政策的差异或许是反映公司预期获利能力的有价值的信号。如果公司连续保持较为稳定的股利支付水平,那么,投资者就可能对公司未来的盈利能力与现金流量抱有乐观的预期。另外,如果公司的股利支付水平在过去一个较长的时期内相对稳定,而现在却有所变动,投资者将会把这种现象看作公司管理当局将要改变公司未来收益率的信号,股票市价将会对股利的变动作出反应。

(3)所得税差异理论。所得税差异理论认为,由于普遍存在的税率以及纳税时间的差异,资本利得收益比股利收益更有助于实现收益最大化目标,公司应当采用低股利政策。一般来说,对资本利得收益征收的税率低于对股利收益征收的税率;再者,即使两者没有税率上的差异,由于投资者对资本利得收益的纳税时间选择更具有弹性,投资者仍可以享受延迟纳税带来的收益差异。

(4)代理理论。代理理论认为,股利政策有助于减缓管理者与股东之间的代理冲突,即股利政策是协调股东与管理者之间代理关系的一种约束机制。该理论认为,股利的支付能

够有效地降低代理成本。首先,股利的支付减少了管理者对自由现金流量的支配权,这在一定程度上可以抑制公司管理者的过度投资或在职消费行为,从而保护外部投资者的利益;其次,较多的现金股利发放减少了内部融资,导致公司进入资本市场寻求外部融资,从而公司将接受资本市场上更多的、更严格的监督,这样便通过资本市场的监督减少了代理成本。因此,高水平的股利政策降低了企业的代理成本,但同时增加了外部融资成本,理想的股利政策应当使两种成本之和最小。

10.2.3 制定股利分配政策应考虑的因素

1. 法律因素

任何企业都是在一定的法律环境下开展生产经营活动的。为了保护投资者和债权人的利益,国家有关法规对企业的股利分配予以一定的硬性限制。主要包括:

(1) 资本保全限制。它要求企业发放的股利或投资分红不得来源于原始投资(或股本),只能来源于企业当期利润或留存收益。其目的是为了防止企业任意减少资本结构中所有者权益的比例,以维护债权人的合法权益。

(2) 企业积累限制。它要求企业在分配收益时,必须按税后利润的一定比例提取法定公积金。此外,还鼓励企业提取任意公积金,只有当提取的法定公积金达到注册资本的50%时,才可以不再计提。

(3) 净利润限制。企业年度累计净利润必须为正数时才可以发放现金股利,以前年度亏损必须足额弥补。

(4) 无偿债能力限制。美国有些州的法律规定,禁止缺乏偿债能力的企业支付现金股利。无偿债能力包括两种含义:一是企业的负债总额超过了资产的公允价值总额;二是企业不能向债权人偿还到期债务。无偿债能力限制在我国尚未被纳入法律规范的范畴,但在企业长期借款或发行企业债券的相关条款中已有所涉及。

(5) 超额累积利润限制。由于股东接受现金股利缴纳的所得税高于股东进行股票交易的资本利得税,于是许多国家规定企业不得超额累积利润,一旦企业的保留盈余超过法律许可的水平,将被加征额外税收。目前我国法律对企业累积利润尚未作出限制性规定。

2. 企业因素

企业因素是指企业基于长期发展和短期经营的考虑,结合投资和筹资的需要,在股利分配政策制定过程中受到制约的因素。主要有:

(1) 盈余的稳定性。企业盈余是否稳定,直接影响着其收益。盈余相对稳定的企业有可能支付较高的股利,而盈余不稳定的企业一般采用低股利政策。因为盈余不稳定的企业,其低股利政策可以减少因盈余下降而造成的股利无法支付、股价急剧下降的风险,还可将更多的盈余用于再投资,以提高企业的权益资本比重,减少财务风险。

(2) 资产的流动性。由于股利代表现金流出,较多地支付现金股利会减少企业的现金持有量,使企业资产的流动性降低。而保持一定的资产流动性是企业经营的基础必备条件。企业的现金状况和资产流动性越好,其支付股利的能力就越强,反之亦然。

(3) 举债能力。具有较强举债能力的企业,由于能够及时地筹措到所需资本,有可能采用较为宽松的股利政策；而举债能力弱的企业则不得不留存盈余，采用较紧的股利政策。

(4) 投资机会。有着良好投资机会的企业需要强大的资金支持，往往少发放现金股利，而将大部分盈余留存下来进行再投资；缺乏良好投资机会的企业，保留大量盈余的结果必然是大量资金闲置，于是倾向于支付较高的现金股利。

(5) 资本成本。与增发普通股相比，保留盈余无须花费筹资费用，其资本成本较低，是一种比较经济的筹资渠道。

(6) 偿债需要。具有较高债务偿还需要的企业，可以通过举借新债、发行新股筹集偿债需要的资金，也可以用保留盈余偿还债务。如果举借新债的资本成本高或受其他限制而难以进入资本市场，企业则应当减少现金股利的支付。

3. 股东因素

企业的股利政策最终是由代表股东利益的董事会决定，因此，股东对控制权、税负和收益等方面的要求都会对企业的股利分配产生一定影响。

(1) 股东的税负。股东的税负应从两个方面考虑：一是公司所得税与个人所得税的差异。当股东与公司投资的预期报酬率相同时，若公司所得税高于个人所得税，宜多派股利；反之，则应多留少派。二是股利收益税与资本利得税的差异。当股利收益税高于资本利得税时，宜多留少派；反之，则宜少留多派。

(2) 股东的投资机会。当股东有较好的投资机会，且预期投资收益率高于企业以留存收益投资的预期收益率时，宜少留多派；反之，则宜多留少派。

(3) 股东的股权稀释。一般而言，高现金股利可能导致留存收益减少，这意味着企业发行新股的可能性较大，进而可能导致原有股东控制权的稀释。

4. 其他因素

除了上述因素外，企业的股利分配还应考虑以下因素：

(1) 债务合同约束。企业的债务合同，尤其是长期债务合同，往往有限制企业现金股利支付程度的条款约束，这就使得企业只能采取低股利政策。

(2) 通货膨胀。在通货膨胀条件下，企业折旧基金的购买力水平下降，会导致没有足够的资金重置固定资产。因此，在通货膨胀时期企业应采取偏紧的股利政策。

10.2.4 股利分配政策的种类与评价

在股利分配的实务中，企业经常采取的股利政策有：

1. 剩余股利政策

剩余股利政策是指企业生产经营获取的净收益首先用于可接受投资项目的资金需要，在满足了可接受投资项目的资金需要之后，若还有剩余，则派发股利，如果没有剩余，则不派发股利。采取剩余股利政策的理由在于保持理想的资本结构，使加权平均资本成本最低。

采用剩余股利政策时，应遵循以下四个步骤：

第一步，设定目标资本结构，即确定权益资本与债务资本的比率，在此资本结构下，加权平均资本成本将达到最低水平。

第二步，确定目标资本结构下投资所需的权益资本数额。

第三步，最大限度地使用保留盈余来满足可接受投资项目所需的权益资本数额。

第四步，可接受投资项目所需权益资本已经满足后若还有剩余，再将其作为股利发放给股东。

【实例 10-1】 剩余股利政策的运用

资料：假定 BBD 公司 20×7 年可供分配的利润为 900 万元，20×8 年可接受投资项目所需资金为 1 200 万元，公司的目标资本结构为权益资本占 60%，债务资本占 40%。

要求：该公司如果采取剩余股利政策，当年应向股东发放的现金股利是多少？

解答：(1) 确定该公司的目标资本结构，即权益资本占 60%，债务资本占 40%。

(2) 计算目标资本结构下投资所需权益资本的数额：

$$1\,200\times 60\%=720(\text{万元})$$

(3) 可接受投资项目所需权益资本得到满足后还有剩余：900－720＝180(万元)

因此，当年应发放的股利额为 180 万元。

点评：剩余股利政策是一种变动股利政策。该股利政策下每年股利发放额会随着投资机会和盈利水平的波动而波动。在盈利水平不变的情况下，股利将会随着投资机会的多少呈反方向变动。投资机会越多，股利越少；反之，投资机会越少，股利越多。而在投资机会维持不变的情况下，股利发放额将随公司每年盈利水平的波动而同方向波动。

采取该股利政策的优点是有助于降低再投资的资本成本，保持最佳的资本结构，实现企业价值的长期最大化。

该股利政策的缺点是既不利于投资者安排收入与支出，也不利于公司树立良好的形象。

一般来讲，剩余股利政策适用于企业初创阶段或衰退阶段。

2. 固定或稳定增长的股利政策

固定或稳定增长的股利政策是指每年发放的股利固定在一定的水平上，并在较长时间内保持不变，只有当公司认为未来盈余将会显著地、不可逆转地增长时，才会提高股利发放额。采取固定或稳定增长的股利政策的主要目的是避免出现由于经营不善而削减股利的情况。

该股利政策的优点是：

(1) 稳定的股利政策向市场传达着企业正常发展的信息，有利于树立良好的公司形象，增强投资者的信心，稳定企业股票的价格。

(2) 稳定的股利政策有利于股东安排股利收入和支出，特别是那些对现金股利有着很高依赖性的股东。

该股利政策的缺点是：

(1) 该股利政策下的股利分配只升不降，股利支付与公司盈利相脱离。

(2) 在企业发展的过程中难免会出现经营状况不好或短暂的困难时期，该政策的实施可能会给企业造成较大的财务压力，甚至可能侵蚀企业的留存收益和资本。

一般来讲，该股利政策适用于经营比较稳定或正处于成长期的企业。

3. 固定股利支付率政策

固定股利支付率政策是指企业确定一个股利占盈余的比率，并长期按此比率支付股利的政策。在这一股利政策下，各年股利额随企业经营的好坏而上下波动，获得较多盈余的年份股利额高，获得盈余少的年份股利额就低。

采用该股利政策的理由是：

(1) 股利与公司盈余紧密地配合，体现了多盈多分、少盈少分、无盈不分的股利分配原则，避免固定股利政策下每年必须支付固定股利的支付压力。

(2) 企业每年按固定的比例从税后利润中支付现金股利，从企业支付能力的角度看，这是一种稳定的股利政策。

该股利政策的缺点是：

由于股利随盈利变化而波动，容易使外界产生企业经营不稳定的感觉，会影响股东对企业未来经营的信心，也不利于企业股价的稳定与上涨。

一般来讲，该股利政策适合稳定发展且财务状况也比较稳定的企业。

4. 低正常股利加额外股利政策

低正常股利加额外股利政策是指在一般情况下，企业每年只支付较低的正常股利，只有在企业经营非常好时，才支付正常股利之外的额外股利。在这种政策下，企业每年按照固定的数额向股东支付正常股利，当企业年景好、盈利有较大幅度增加时，再根据实际情况，向股东临时发放一些额外股利。

采用该股利政策的理由是：

(1) 向股东发放稳定的正常股利，可以增强股东对企业的信心。

(2) 具有较大的灵活性。该股利政策使企业在股利发放上留有余地和具有较大的财务弹性，即使企业盈利很少或需要多留存盈利时，企业仍可发放固定的正常股利，而当企业盈利较多时，还可给股东以额外股利。

该股利政策的缺点是：

(1) 由于不同年份之间企业的盈利波动使得额外股利不断变化，时有时无，造成分派的股利不同，容易给人造成企业收益不稳定的感觉。

(2) 当企业在较长时期持续发放额外股利后，可能会被股东误认为是正常股利。而一旦取消了这部分额外股利，传递出去的信号可能会使股东认为这是公司财务状况恶化的表现，进而可能会引起企业股价下跌的不良后果。

综上所述，固定股利政策和低正常股利加额外股利政策是企业在实际业务中较常用的两种基本政策。企业在具体选择股利政策时，应借鉴各种股利政策的基本决策思想，制定适合自己的股利政策。

【实例 10-2】 股利政策的综合运用

资料：某公司成立于20×3年1月1日，20×3年度实现的净利润为1 000万元，分配现金股利550万元，提取盈余公积450万元(所提盈余公积均已指定用途)。20×4年实现的净

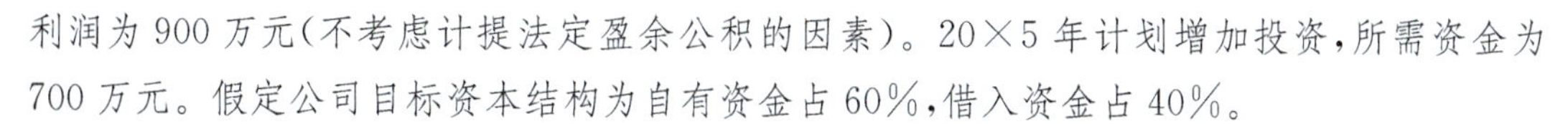

利润为900万元(不考虑计提法定盈余公积的因素)。20×5年计划增加投资,所需资金为700万元。假定公司目标资本结构为自有资金占60%,借入资金占40%。

要求:

(1) 在保持目标资本结构的前提下,计算20×5年投资方案所需的自有资金额和需要从外部借入的资金额。

(2) 在保持目标资本结构的前提下,如果公司执行剩余股利政策,计算20×4年度应分配的现金股利。

(3) 在不考虑目标资本结构的前提下,如果公司执行固定股利政策,计算20×4年度应分配的现金股利、可用于20×5年投资的留存收益和需要额外筹集的资金额。

(4) 在不考虑目标资本结构的前提下,如果公司执行固定股利支付率政策,计算该公司的股利支付率和20×4年度应分配的现金股利。

(5) 假定公司20×5年面临着从外部筹资的困难,只能从内部筹资,不考虑目标资本结构,计算在此情况下20×4年度应分配的现金股利。

解答:

(1) 20×5年投资方案所需的自有资金额为:700×60%=420(万元)

20×5年投资方案所需从外部借入的资金额为:700－420=280(万元)

(2) 在保持目标资本结构的前提下,如果公司执行剩余股利政策:

20×4年度应分配的现金股利

=净利润－20×5年投资方案所需的自有资金额

=900－420=480(万元)

(3) 在不考虑目标资本结构的前提下,如果公司执行固定股利政策:

20×4年度应分配的现金股利=上年分配的现金股利=550(万元)

可用于20×5年投资的留存收益=900－550=350(万元)

20×5年投资需要额外筹集的资金额=700－350=350(万元)

(4) 在不考虑目标资本结构的前提下,如果公司执行固定股利支付率政策:

该公司的股利支付率=550/1 000×100%=55%

20×4年度应分配的现金股利=900×55%=495(万元)

(5) 由于公司只能从内部筹资,所以20×5年的投资需要从20×4年的净利润中留存700万元,因此:

20×4年度应分配的现金股利=900－700=200(万元)

10.2.5 股利分配方案的确定

企业确定股利分配方案时应从以下几个方面进行考虑:

1. 选择股利政策

企业选择股利分配政策时,应充分考虑上述股利政策的利弊,结合企业生命周期理论,选择适宜的股利分配政策。企业在不同的发展阶段所采取的股利政策见表10-1。

表 10-1 企业生命周期与股利政策的选择

企业发展阶段	特　点	采取的股利政策
初创期	经营风险高,筹资能力差	剩余股利政策
高速发展期	发展速度快,资金需求量大	低正常股利加额外股利政策
稳定期	经营稳定,投资需求量少,净现金流入量增加,每股净收益呈上升趋势	固定或稳定增长的股利政策
成熟期	盈利水平稳定,有一定盈余和资金积累	固定支付率股利政策
衰退期	产品销售收入锐减,利润严重下降,股利支付能力日渐下降	剩余股利政策

2. 确定股利支付水平

股利支付水平通常用股利支付率来衡量。股利支付率是指每股实际分配的盈余与可供分配盈余之比。股利支付率的制定应考虑以下因素:①企业所处的成长周期;②企业的投资机会;③企业的筹资能力;④企业的资本成本;⑤股利的信号传递功能;⑥借款协议及法律限制;⑦股东偏好;⑧通货膨胀等因素。

3. 确定股利支付形式

常见的股利支付形式主要有:

(1) 现金股利。现金股利是指以现金支付的股利,它是股利支付的最常见的方式。企业采用现金股利形式时,必须具备两个基本条件:第一,公司要有足够的未指明用途的留存收益(未分配利润)。第二,公司要有足够的现金。

(2) 股票股利。股票股利是指企业以股票形式发放的股利,又称送股或送红利。以股票作为股利,一般都是按在册股东持有股份的一定比例发放的。股票股利最大的优点是节约现金支出,因而常在企业现金短缺时采用。

(3) 负债股利。负债股利是以负债方式支付的股利,通常将企业的应付票据支付给股东,有时也以发行公司债券的方式支付股利。

(4) 财产股利。财产股利是以现金以外的其他资产支付的股利,主要是以公司所拥有的其他企业的有价证券,如企业债券、企业股票等作为股利发放给股东。

4. 确定股利发放日期

企业向股东支付股利,要经历一定的流程,这一流程是用一些特定的日期来表示的,因此,企业制定股利政策时必须要明确这些日期。

(1) 预案公布日,即公司董事会向社会公开发布分红预案的日期。上市公司分派股利时,首先要由公司董事会制定分红预案。预案内容包括本次分红的数量、分红的方式,股东大会召开的时间、地点及表决方式等。

(2) 股利宣布日,即公司董事会宣告发放股利的日期。我国的股份公司通常一年派发一次股利,也有在年中派发中期股利的。

(3) 股权登记日,即确定股东是否有资格领取股利的截止日期。凡是在股权登记日之前注册的股东才有权利分享股利，而在此日之后取得股票的股东无权享受已宣布的股利。

(4) 除息日，即股票的所有权和领取股息的权利分离的日期。在这一天购入公司股票的投资者不能享有已宣布发放的股利。

(5) 股利支付日，即公司向股东发放股利的日期。

【实例 10-3】 股利发放日期的确定

资料：某上市公司于 20×8 年 4 月 15 日公布 20×7 年度的分红方案，其发布的公告如下："20×8 年总公司召开的股东大会，通过 20×8 年 4 月 9 日董事会关于每股分派 0.4 元的 20×7 年股息分配方案。股权登记日为 4 月 25 日，除息日是 4 月 26 日，股东可在 5 月 10 日至 30 日之间通过深圳交易所按交易方式领取股息。特此公告。"

要求：试确定该公司股利发放的日期。

解答：该公司预案公布日为 20×7 年 4 月 9 日，宣布日为 4 月 15 日，股权登记日为 4 月 25 日，除息日为 4 月 26 日，股利支付期间为 5 月 10 日至 5 月 30 日。该公司股利支付程序见图 10-1。

4月9日	4月15日	4月25日	4月26日	5月10日	5月30日
预案公布日	宣布日	登记日	除息日	支付期间	

图 10-1 该公司股利支付程序

点评：从投资者的角度分析，股票价格在除息日会下跌。在既无税收又无交易成本的理想状态下，股票价格下跌额应等于股利额。实证研究表明，由于个人所得税的影响，股票价格的下跌额将小于股利额。

10.3 股票股利、股票分割与回购

10.3.1 股票股利

1. 股票股利对股东权益的影响

股票股利对公司来说，并没有现金流出企业，也不会导致公司的财产减少，而只是将公司的留存收益转化为股本；但股票股利会增加流通在外的股票数量，使股票的每股价值降低；股票股利不会改变公司股东的权益总额，但会改变股东权益的构成。

【实例 10-4】 股票股利

资料：某上市公司 20×8 年资产负债表的股东权益账户如表 10-2。

表 10-2 20×8 年资产负债表 单位：万元

项目	金额
股东权益：	
普通股(面值 10 元，流通股 2 000 万股)	20 000

（续表）

项　目	金　额
资本公积	40 000
盈余公积	8 000
未分配利润	10 000
股东权益合计	78 000

要求：试分析该公司宣告发放30%的股票股利后，股东权益有何变化，每股净资产是多少。

解答：发放股票股利后，该公司权益情况变化如表10-3。

表10-3　发放股票股利后的资产负债表　　单位：万元

项　目	金　额
股东权益：	
普通股(面值10元，流通股2 600万股)	26 000
资本公积	40 000
盈余公积	8 000
未分配利润	4 000
股东权益合计	78 000

表中有关数据计算说明：

普通股股数为：2 000(1＋30%)＝2 600(万股)

普通股金额为：2 600×10＝26 000(万元)

未分配利润＝10 000－6 000＝4 000(万元)

每股的净资产为：78 000/(2 000＋600)＝30(元/股)

由此可见：股票股利对公司来说，只是将公司的留存收益转化为股本，股东权益总额不变，但股东权益的构成却发生变化；股票股利会增加流通在外的股票数量，使公司每股的净资产下降。

2. 股票股利对公司和股东的意义

(1) 股票股利对公司的意义。第一，发放股票股利既不需要向股东支付现金，又可以在心理上给股东以从公司取得投资回报的感觉。这使公司留存了大量现金，可用于再投资，有利于公司的长期发展。第二，发放股票股利可以有效地降低公司股票的市场价格。一些公司在其股票价格较高，不利于股票交易和流通时，通过发放股票股利来适当降低股价水平，促进公司股票的交易和流通。第三，发放股票股利可以向市场传递公司未来发展前景良好的信息，增强投资者的信心。第四，发放股票股利在降低每股市价的同时，会吸引更多的投资者成为公司的股东，从而可以使股权更为分散，有效地防止公司被恶意控制。

(2) 股票股利对股东的意义。第一，如果公司在发放股票股利后同时发放现金股利，股东会因所持股数的增加而得到更多现金。第二，有时公司发放股票股利后，股价并不成比例下降，这可使股东得到股票价值相对上升的好处。第三，发放股票股利通常是成长企业所为，这种心理会稳定股价甚至使股价略有上升。第四，在股东需要现金时可以将分得的股票股利出售。

10.3.2 股票分割

1. 股票分割的含义

股票分割又称股票拆细，是指将面额较高的股票转换成面额较低的股票的行为。股票分割不属于某种股利行为，但其所产生的效果与发放股票股利近似，所以一般要根据证券管理部门的具体规定对两者加以区别。按国际惯例，发放25%以下股票股利界定为股票股利，而发放25%以上股票股利则界定为股票分割。①

2. 股票分割对股东权益的影响

从会计的角度看，股票分割对公司的资本结构不会产生任何影响，一般只会使发行在外的股票总数增加，使得每股面额降低，每股收益下降，但公司价值不变，股东权益总额、权益各项目的金额及其相互间的比例也保持不变。因此，股票分割与股票股利既有相同之处，又有不同之处。

【实例 10-5】 股票分割与股票股利

资料：同[实例 10-4]。

要求：(1) 假设该公司按照 1∶5 的比例进行股票分割。股票分割后，股东权益有何变化？每股的净资产是多少？

(2) 分析股票分割与股票股利的异同点。

解答：(1) 该公司按照 1∶5 进行股票分割后，该公司权益情况变化如表 10-4。

表 10-4 发放股票股利后的资产负债表 单位：万元

项　目	金　额
股东权益：	
普通股(面值 2 元，流通在外 10 000 万股)	20 000
资本公积	40 000
盈余公积	8 000
未分配利润	10 000
股东权益合计	78 000

每股的净资产为：$78\,000 \div (2\,000 \times 5) = 7.8$(元/股)

(2) 股票分割与股票股利的相同点是：普通股股数增加；每股收益和每股市价下降；资产总额、负债总额、股东权益总额不变。两者的不同点是：发放股票股利后，股票面值不变；而股票分割后股票面值变小。发放股票股利后，股东权益结构产生了变化，即股本增加，未分配利润减少；而股票分割后股东权益结构却保持不变。股票股利属于股利支付方式；而股票分割不属于股利支付方式。

---

① 陈玉菁，宋良荣.财务管理[M].北京：清华大学出版社，2005：218.

点评：尽管股票分割与股票股利都能达到降低公司股价的目的，但一般来讲，只有在公司股价剧涨且预期难以下降时，才采取股票分割的办法降低股价。而在公司股价上涨幅度不大时，往往通过发放股票股利将股价维持在理想的范围之内。

3. 股票分割对公司和股东的意义

(1) 股票分割对公司的意义。第一，股票分割可以促进股票流通和交易。一般来讲，股票价格过高，不利于股票交易活动。通过股票分割降低股票价格，可使公司股票更广泛地分散到投资者手中。第二，股票分割可以向投资者传递公司发展前景良好的信息，有助于提高投资者对公司的信心。第三，股票分割可以为公司发行新股做准备。在新股发行之前利用股票分割降低股票价格，可以促进新股的发行。第四，股票分割有助于公司并购政策的实施。当一个公司兼并或合并另一个公司时，首先应将自己的股票进行分割，以提高对被兼并公司股东的吸引力。第五，股票分割带来的股票流通性的提高和股东数量的增加，也会在一定程度上加大恶意收购公司股票的难度。

(2) 股票分割对股东的意义。第一，实行股票分割后，各股东持有的股数增加，但其持股比例不变，持有股票的总价值没有任何变化。只要股票分割后每股现金股利的下降幅度小于股票分割的幅度，股东仍能多获得现金股利。第二，股票分割向社会传播的有利信息和降低了的股价，可能导致购买该股票的人数增加，反使股票价格上升，进而增加股东财富。

10.3.3 股票回购

1. 股票回购的含义

股票回购，是指上市公司出资将其发行在外的股票以一定价格购买回来予以注销或作为库存股的一种资本运作方式。企业以多余的现金回购股东所持股份，使流通在外的股份减少，每股股利增加，从而使股价上升，股东因此获得资本利得，这相当于企业支付给股东的股利。因此，可以将股票回购看作是一种现金股利的替代方式。

2. 股票回购的法律规定

我国《公司法》规定，公司有下列情形之一的，可以收购本公司股份：

(1) 减少公司注册资本；

(2) 与持有本公司股份的其他公司合并；

(3) 将股份用于员工持股计划或者股权激励；

(4) 股东因对股东大会作出的公司合并、分立决议持异议，要求公司收购其股份；

(5) 将股份用于转换上市公司发行的可转换为股票的公司债券；

(6) 上市公司为维护公司价值及股东权益所必需。

属于减少公司注册资本收购本公司股份的，应当自收购之日起 10 日内注销；属于与持有本公司股份的其他公司合并和股东因对股东大会作出的公司合并、分立决议持异议，要求公司收购其股份的，应当在 6 个月内转让或者注销；属于其余三种情形的，公司合计持有的本公司股份数不得超过本公司已发行股份总额的 10%，并应当在 3 年内转让或者注销。上市公司将股份用于员工持股计划或者股权激励、将股份用于转换上市公司发行的可转换为

股票的公司债券以及上市公司为维护公司价值及股东权益所必需情形收购本公司股票的，应当通过公开的集中交易方式进行。上市公司以现金为对价，采取要约方式、集中竞价方式回购股份的，视同上市公司现金分红，纳入现金分红的相关比例计算。公司不得接受本公司的股票作为质押权的标的。

3. 股票回购的方式

股票回购包括公开市场回购、要约回购及协议回购三种方式。

(1) 公开市场回购，是指公司在公开的股票交易市场上以等同于任何潜在投资者的地位，按照股票当前市价回购股票。这种方式在回购时很容易推高股价，导致回购成本增加。

(2) 要约回购，是指公司在特定期间向市场发出的以高于股票当前市价的某一价格，回购既定数量股票的要约。与公开市场回购相比，溢价要约回购会向市场传递一种积极的信号，但溢价的存在也使得要约回购的执行成本较高。

(3) 协议回购，是指公司以协议价直接向一个或几个主要股东回购股票。协议价一般低于当期的股票市价。有时公司也会向其认为存在潜在威胁的非控股股东回购股票。

4. 股票回购对公司和股东的意义

(1) 股票回购对公司的意义。第一，公司拥有回购的股票(库藏股)，可用来交换被并购企业的股票，也可用来满足认股权的行使等。第二，通过股票回购可防止敌意收购。第三，股票回购可改变公司的资本结构，增加负债比例，发挥财务杠杆的作用。第四，当公司拥有多余资金而又没有把握长期维持高股利政策时，以股票回购的方式将多余现金分给股东，可避免出现大的股价波动。第五，公司拥有回购的股票，还可以在需要现金时将库藏股重新出售。

(2) 股票回购对股东的意义。与现金股利相比，股票回购不仅可以节约个人税金，而且具有更大的灵活性，需要现金的股东可以出售股票。

5. 股票回购的负效应

(1) 股票回购对公司的影响。第一，股票回购需要大量资金支付回购的成本，容易造成资金紧张、资产流动性降低，影响公司的后续发展。第二，公司进行股票回购，无异于股东退股和公司资本的减少，在一定程度上削弱了对债权人利益的保障。第三，股票回购可能使公司的发起人股东更注重创业利润的兑现，而忽视公司长远的发展，损害公司的根本利益。第四，股票回购容易导致公司操纵股价。

(2) 股票回购对股东的影响。股票回购虽然可以节约个人税收，具有更大的灵活性，但如果公司急于回购相当数量的股票，而对股票回购的出价太高，以至于偏离均衡价格，那么结果会不利于选择继续持有股票的股东，因为回购行动过后，股票价格会出现回归性下跌。

中美企业上市融资后的股利支付特征

从优顺融资角度来看，以上市为代表的股权融资方式并不处于企业融资的优先级。当企业以成本相对较高的股权形式进行融资后，其应当将融资资金用于企业生产经营活动，以便创造更大的利润来摊薄融资成本。因此，企业上市后应当扩大生产，而非增加股利发放。

鉴于美国数据的可得性,课题组仅获得了2005—2019年美国资本市场分红公司占比,以及分红公司每股现金股利支付金额的数据,由于中美资本市场计价单位的差异,无法直接对两个市场现金股利金额进行比较,但可以就中美本国数据进行纵向分析,然后对两国各自的趋势性特征展开探讨。

从表1可知,A股上市公司在上市后前三年分红的公司数量占比明显高于全样本的平均水平,并且这一特征在各主要板块中均有体现。在现金股利支付率方面,从A股公司总体情况来看,上市后前三年的每股现金股利支付金额均值总体偏高,高于全样本期间的平均值。但是,不同板块之间存在明显差异。主板上市公司的每股现金股利支付金额均值在上市后前三年有所下降,但波动较小,下降幅度约为10%;但中小创上市公司上市后前三年的现金股利支付金额均值呈现出显著的下降趋势,下降幅度平均在40%左右。

表1　我国A股市场及主要板块上市公司的融资分红意愿

时间	股利支付指标	全A股市场	上海主板	深圳主板	中小板	创业板
上市第1年	分红公司占比/%	95.8	97.7	100.0	94.4	95.7
	每股现金股利支付金额均值/元	0.28	0.27	0.62	0.27	0.30
上市第2年	分红公司占比/%	92.5	95.1	100.0	89.0	94.1
	每股现金股利支付金额均值/元	0.21	0.24	0.40	0.21	0.18
上市第3年	分红公司占比/%	89.9	91.4	80.0	87.9	91.0
	每股现金股利支付金额均值/元	0.19	0.24	0.59	0.19	0.15
2005—2019年	分红公司占比/%	5.2	73.2	57.4	83.4	89.9
	每股现金股利支付金额均值/元	0.18	0.19	0.16	0.17	0.16

数据来源:Wind资讯。

表2展示了美国上市公司在上市之初的分红特征。从股利支付倾向来看,美股公司在上市后前三年分红的公司在总样本中的占比低于全样本均值,这说明美股上市公司的融资分红意愿较弱。从三个交易所来看,除了美国证券交易所外,纽约证券交易所和纳斯达克证券交易所在上市当年的分红倾向均低于全样本均值10个百分点以上,在上市后第2年和第3年,现金股利支付倾向于逐渐稳步提升。从每股现金股利分红均值来看,美国上市公司分红总体呈现出逐年上升趋势,这种特征在纽约证券交易所上市公司中表现得尤为明显;即便是以新兴经济为代表的纳斯达克证券市场,其上市公司每股现金股利随着上市年数的增加也呈现出小幅上涨趋势。由此可见,美国各交易所上市公司均没有表现出明显的融资分红倾向。

表2　美股市场及主要板块上市公司的融资分红意愿

时间	股利支付指标	全美上市公司	纽约证券交易所	纳斯达克证券交易所	美国证券交易所
上市第1年	分红公司占比/%	34.0	54.3	20.4	20.3
	每股现金股利支付金额均值/美元	0.79	0.89	0.58	0.66

（续表）

时间	股利支付指标	全美上市公司	纽约证券交易所	纳斯达克证券交易所	美国证券交易所
上市第2年	分红公司占比/%	40.3	62.0	25.1	21.9
	每股现金股利支付金额均值/美元	0.94	1.06	0.74	0.75
上市第3年	分红公司占比/%	43.8	65.5	28.2	21.5
	每股现金股利支付金额均值/美元	0.98	1.12	0.74	0.77
2005—2019年	分红公司占比/%	49.5	70.3	34.1	22.9
	现金分红额均值/美元	1.09	1.24	0.83	0.82

数据来源：Wind资讯。

总体来看，我国A股市场上市公司在上市后具有融资分红特征，沪深主板公司在上市后的现金分红特征相对较弱，而中小创公司的现金股利支付意愿十分强烈，支付率较高。相比较而言，美股与A股表现出完全相反的特征，并没有表现出融资分红特征，更符合资本市场融资以促进企业成长的目标，这说明我国资本市场在融资使用效率方面与成熟型资本市场具有较大差距。

（资料来源：中山证券课题组，李湛，张泽华.中美资本市场财富效应比较研究[J].证券市场导报，2021(4)：69-79.）

本章小结

收益分配是企业财务管理的一项重要内容。收益分配应坚持依法分配、资本保全、兼顾各方面利益、分配与积累和投资与收益对等等基本原则。我国《公司法》规定，公司利润分配的项目包括法定公积金和股利。

股利分配政策是指在法律允许的范围内，企业关于是否发放股利、发放多少股利及何时发放股利的方针及对策。企业制定股利政策时应考虑法律、企业、股东、债务合同约束以及通货膨胀等因素。在股利分配的实务中，公司经常采取的股利政策有：剩余股利政策、固定或稳定增长的股利政策、固定股利支付率政策和低正常股利加额外股利政策。企业确定股利分配方案时应从选择股利政策、确定股利支付水平、确定股利支付形式和确定股利发放日期方面进行考虑。

股票分割又称股票拆细，是指将面额较高的股票转换成面额较低的股票的行为。股票分割虽不属于某种股利行为，但其所产生的效果与发放股票股利近似。按国际惯例，发放25%以下股票股利界定为股票股利，而发放25%以上股票股利则界定为股票分割。股票回购，是指上市公司出资将其发行在外的股票以一定价格购买回来予以注销或作为库存股的一种资本运作方式。可以将股票回购看作是一种现金股利的替代方式。

关键概念

股利政策(dividend policy)

剩余股利政策(residual dividend policy)

固定股利支付率政策(stable payout ratio policy)

低正常股利加额外股利政策(low regular dividend plus extras policy)

股票分割(stock split)

股票回购(stock buyback)

股票股利(stock dividends)

现金股利(cash dividends)

自测题

一、单项选择题

1. 在确定企业的收益分配政策时,应当考虑相关因素的影响,其中"资本保全约束"属于(　　)。

   A. 股东因素　B. 公司因素　C. 法律因素　D. 债务契约因素

2. "为充分保护投资者的利益,企业必须在有可供分配留存收益的情况下才进行收益分配"所体现的分配原则是(　　)。

   A. 资本保全原则　B. 兼顾各方面利益原则

   C. 依法分配原则　D. 投资与收益对等原则

3. 公司采用固定股利政策发放股利的好处主要表现为(　　)。

   A. 降低资金成本　B. 维持股价稳定　C. 提高支付能力　D. 实现资本保全

4. 上市公司按照剩余股利政策发放股利的好处是(　　)。

   A. 有利于公司合理安排资金结构　B. 有利于投资者安排收入与支出

   C. 有利于公司稳定股票的市场价格　D. 有利于公司树立良好的形象

5. 在下列股利分配政策中,能保持股利与收益之间一定的比例关系,并体现多盈多分、少盈少分、无盈不分原则的是(　　)。

   A. 剩余股利政策　B. 固定或稳定增长股利政策

   C. 固定股利支付率政策　D. 低正常股利加额外股利政策

6. 某企业在选择股利政策时,以代理成本和外部融资成本之和最小化为标准。该企业所依据的股利理论是(　　)。

   A. "手中鸟"理论　B. 信号传递理论

   C. MM 理论　D. 代理理论

7. 在下列各项中,能够增加普通股股票发行在外股数,但不改变公司资本结构的行为是(　　)。

   A. 支付现金股利　B. 增发普通股　C. 股票分割　D. 股票回购

8. 下列各项中，受企业股票分割影响的是（ ）。
A. 每股股票价值
B. 股东权益总额
C. 企业资本结构
D. 股东持股比例
9. 确定股东是否有权领取本期股利的截止日期是（ ）。
A. 除息日
B. 股权登记日
C. 权利宣告日
D. 股利发放日

二、多项选择题

1. 按照资本保全约束的要求，企业发放股利所需资金的来源包括（ ）。
A. 当期利润
B. 留存收益
C. 原始投资
D. 股本
2. 公司在制定利润分配政策时应考虑的因素有（ ）。
A. 通货膨胀因素
B. 股东因素
C. 法律因素
D. 公司因素
3. 在下列各项中，属于企业进行收益分配应遵循的原则有（ ）。
A. 依法分配
B. 资本保全
C. 分配与积累并重
D. 投资与收益对等
4. 下列关于发放股票股利的表述中，正确是有（ ）。
A. 不会导致公司现金流出
B. 会增加公司流通在外的股票数量
C. 会改变公司股东权益的内部结构
D. 会对公司股东总额产生影响
5. 股东在决定公司收益分配政策时，主张低股利政策考虑的主要因素有（ ）。
A. 投资机会
B. 稳定股利收入
C. 防止公司控制权稀释
D. 避税
6. 企业在确定股利支付率水平时，应当考虑的因素有（ ）。
A. 投资机会
B. 筹资成本
C. 资本结构
D. 股东偏好
7. 上市公司发放股票股利可能导致的结果有（ ）。
A. 公司股东权益内部结构发生变化
B. 公司股东权益总额发生变化
C. 公司每股利润下降
D. 公司股份总额发生变化
8. 股票股利和股票分割均会（ ）。
A. 有利于促进股票流通和交易
B. 使股东权益总额减少
C. 使普通股股数增加
D. 使每股收益下降
9. 下列各项股利政策中，股利水平与当期盈利直接关联的有（ ）。
A. 固定股利政策
B. 稳定增长股利政策
C. 固定股利支付率政策
D. 低正常股利加额外股利政策
10. 下列各项中，属剩余股利政策优点的有（ ）。
A. 保持目标资本结构
B. 降低再投资资本成本
C. 使股利与企业盈余紧密结合

D. 实现企业价值的长期最大化

三、判断题

1. 采用固定股利支付率政策分配利润时，股利不受经营状况的影响，有利于公司股票价格的稳定。（ ）
2. 低正常股利加额外股利政策能使股利与公司盈余紧密地配合，以体现多盈多分、少盈少分。（ ）
3. 采用剩余股利分配政策的优点是有利于保持理想的资金结构，降低企业的综合资金成本。（ ）
4. 在除息日之前，股利权从属于股票；从除息日开始，新购入股票的人不能分享本次已宣告发放的股利。（ ）
5. 企业发放股票股利会引起每股利润的下降，从而有可能导致每股市价下跌，因而每位股东所持股票的市场价值总额也将随之下降。（ ）
6. 股票分割不仅有利于促进股票流通和交易，而且还助于公司并购政策的实施。（ ）
7. 与发放现金股利相比，股票回购可以提高每股收益，使股价上升或将股价维持在一个合理的水平上。（ ）
8. 股票分割会使股票的每股市价下降，可以提高股票的流动性。（ ）
9. 在股利支付程序中，除息日是指领取股利的权利与股票分离的日期，在除息日购入股票的股东有权参与当次股利的分配。（ ）
10. 当公司处于稳定环境或成长期，对未来的盈利和支付能力可作出准确判断并具有足够把握时，可以考虑采用稳定增长的股利政策，以增强投资者的信心。（ ）

四、计算题

1. 目的：练习股利政策决策。

资料：BBD公司20×7年（正常年度）提取公积金后的税后净利为800万元，分配现金股利320万元。20×8年提取公积金的税后净利为600万元。20×9年没有计划投资项目。

要求：(1) 计算在剩余股利政策下，该公司20×8年应分配的现金股利；

(2) 计算在固定股利政策下，该公司20×8年应分配的现金股利；

(3) 计算在固定股利支付率政策下，该公司20×8年应分配的现金股利；

(4) 计算在正常股利加额外股利政策下，该公司20×8年应分配的现金股利。

2. 目的：练习剩余股利政策。

资料：BBD公司公司本年实现税后净利润100万元。下年度将面临一个投资机会，需投资50万元。公司预期的最佳资本结构为权益与负债之比为3∶2，公司发行在外的普通股为40万股。公司决定采用剩余股利政策进行股利分配。

要求：(1) 计算应提取的盈余公积金数额。

(2) 计算本年应发放的股利数额。

(3) 计算每股收益和每股股利。

3. 目的：练习固定股利支付率政策。

资料：BBD公司的产品销路稳定，拟投资600万元，扩大20%的生产能力。该公司想要维持目前45%的负债比率，并想继续执行20%的固定股利支付率政策。该公司在20×8年的税后润为260万元，那么该公司20×9年为扩大上述生产能力必须从外部筹措多少权益资本？

五、综合题

目的：练习财务杠杆系数计算、股票估价模型和股利政策决策的综合运用。

资料：BBD公司有关资料如下：

(1) 公司本年年初未分配利润贷方余额为181.92万元，本年息税前利润为800万元，适用的所得税税率为25%。

(2) 公司流通在外的普通股为60万股，发行时每股面值1元，每股溢价收入9元；长期负债为200万元，平均年利率为10%。

(3) 公司股东大会决定本年度按10%的比例计提法定公积金，本年按可供投资者分配利润的16%向普通股股东发放现金股利，预计现金股利以后每年增长6%。

(4) 该公司股票风险价值系数为1.5，无风险收益率为8%，市场上所有股票的平均收益率为14%。

要求：(1) 计算该公司本年度净利润。

(2) 计算该公司本年末可供投资者分配的利润。

(3) 计算该公司每股支付的现金股利。

(4) 计算该公司现有资本结构下的财务杠杆系数。

(5) 计算该公司股票的风险收益率和投资者要求的必要投资收益率。

(6) 利用股票估价模型计算该公司股票价格为多少时投资者才愿意购买。

六、问答题

1. 我国《公司法》规定的公司利润分配顺序是怎样的？
2. 股利支付方式有哪几种类型？
3. 企业目前常见的股利政策有哪几种，其各自的优缺点是什么？
4. 影响股利政策的因素有哪些？
5. 试分析利润分配中如何体现“公正、法治、平等、和谐”价值观。

经典案例

华宝股份“清仓式”分红案例研究

华宝股份2018年3月才在深圳证券交易所上市，2019年3月，在2018年净利润仅为11.76亿元的情况下，就宣布向全体股东（总股本为6.16亿股）以每10股派40.00元（含税）的方式分派24.64亿元的现金股利，其中控股股东按照其持股比例将分得近20亿元。而至2018年年底，公司累计可供股东分配的未分配利润仅为25.16亿元，分红金额占多年累积的所有可分配总额的97.96%，其可谓是“清仓式”分红。考虑到华宝股份在2018年才以每10股派2元(含税)的方式向股东分红1.23亿元，两年合计分红25.87亿元，这次分红后几乎可以说是分文不剩。

2019年3月13日，在华宝股份公开发布其“清仓式”分红预案的第二天，就收到了深圳证券交易所的问询函，公司也在规定的时间内进行了回复。

1. “清仓式”分红前募集资金是否与招股说明书一致

华宝股份的答复是：招股说明书中关于“募资补流”必要性的描述系基于截至募集说明书签署日公司现状、发展战略及未来规划进行分析，但由于公司2018年度除了募集资金投资项目建设外未发生大额的现金支出，故本次利润分配与招股说明书中的“募资补流”必要性不存在前后矛盾。

2. “清仓式”分红资金来源是否合法

华宝股份答复说：“公司账面积累了大量货币资金，截至2018年底，公司货币资金余额为46.99亿元，扣除募集资金净额后可动用资金余额为43.17亿元。”由此可见，华宝股份“清仓式”分红资金应该是来源于企业盈利和自由现金流量创造，而不是募集资金，因此，分红资金来源是合法的。

3. “清仓式”分红是否是“庞氏分红”

华宝股份在答复函中明确表示，公司此次分红并未动用前期IPO募集资金，而是源自于公司以前积累未分配的自由现金。

(案例来源：刘胜强，文静，赵兴明.华宝股份“清仓式”分红案例研究[J].中国注册会计师，2020(9)：122-125.)

案例讨论

(1) 试分析“清仓式”分红方案是否可持续，以及其对利益相关者的影响。

(2) 股利政策何如体现合理、合法分配原则？

提升阅读

[1] 姚彦雄，王晨，顾新莲.我国上市公司股利分配政策的市场反应研究：以格力电器为例[J].价格理论与实践，2020(1)：115-118.

[2] 杨兴全，王丽丽.产业政策对公司现金股利的影响：政策扶持抑或投资驱动[J].山西财经大学学报，2020，42(3)：62-75.

[3] 俞毛毛，马妍妍.股票回购、现金股利替代性与研发投资：基于迎合渠道的比较分析[J].财经理论与实践，2020，41(2)：62-68.

[4] 陈燊燊，李华，王银，等.股权激励对上市公司现金股利政策的影响[J].数学的实践与认识，2019，49(11)：119-128.

[5] 屈依娜，陈汉文.现金股利政策、内部控制与市场反应[J].金融研究，2018(5)：191-206.

[6] 陈红，郭丹.股权激励计划：工具还是面具?：上市公司股权激励、工具选择与现金股利政策[J].经济管理，2017，39(2)：85-99.
[7] 温丽萍.上市公司股票回购的动因分析及改进建议：以2005—2015年上交所上市公司为例[J].财会月刊，2017(14)：90-94.
[8] 李大颖，伦墨华.基于信号传递效应理论的上市公司股利政策行为研究[J].财会通讯，2016(6)：85-87.
[9] 刘艳琨.中美上市公司股利政策比较分析[J].财会通讯，2013(3)：47-49.
[10] 陈晶璞，戚笑天.股票回购能否抑制股价崩盘风险：基于A股的经验证据[J].会计之友，2021(17)：27-34.

第十一章

企业并购、重组与破产

- 本章结构框架
- 本章学习目标
- 11.1　企业并购
- 11.2　企业重组
- 11.3　企业破产
- 相关阅读
- 本章小结
- 关键概念
- 自测题
- 经典案例
- 案例讨论
- 提升阅读

本章结构框架

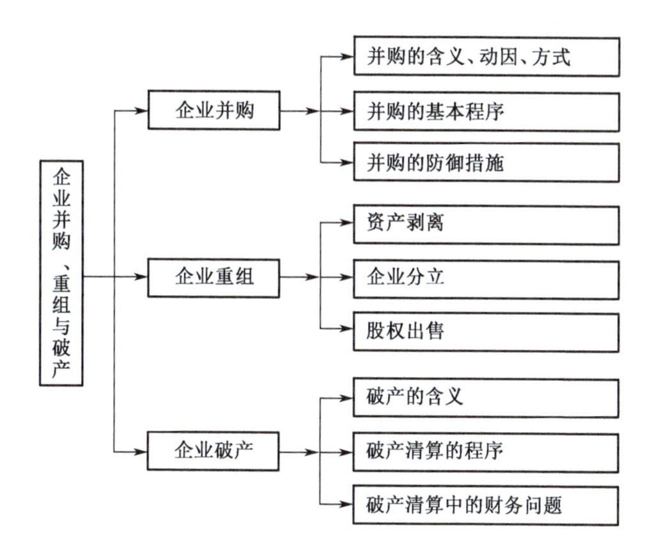

本章学习目标

通过本章学习，掌握企业并购的基本概念；理解企业并购的动因；掌握企业并购的类型和方式；熟悉并购的基本程序和防御措施；理解企业重组的含义；掌握资产剥离、企业分立和股权出售的概念和原因；掌握破产的含义；了解破产清算的程序。

11.1　企业并购

11.1.1　并购的含义

并购是企业进行资本运作的重要形式。在市场经济条件下，企业为了实现迅速扩张的发展战略，通常采取兼并和收购两种经济行为来获取目标企业一定程度的控制权，从而增强自身的经济实力，实现自身的经济目标。

并购包括兼并和收购两层含义，即国际通用的 merger & acquisition(M&A)。其中，兼并(merger)是指一个企业通过产权交易取得其他企业一定程度的控制权，使其丧失法人资格的经济行为，其本质是合并、吸收，最终目标企业作为法律实体将不复存在；收购(acquisition)则是指一个企业用现金、债券或股票购买另一家企业的资产或股权，以获得该企业控制权的经济行为，其本质是一种购买行为，是取得控制权，被收购企业在收购后仍可以以法律实体存在。

由兼并和收购的含义可知，两者有许多相似之处，也有区别，见表 11-1。

表 11-1 兼并和收购比较

项　目	内　容
相同点	(1) 两者都是增强企业实力的外部扩张策略或路径，其基本动因相似。 (2) 两者都是以企业产权交易为对象，都是企业资本营运的基本方式
不同点	(1) 在兼并中，被兼并企业作为法律实体不复存在；而在收购中，被收购企业仍可以以法律实体存在，其产权可以部分转让。 (2) 在兼并中，兼并企业成为被兼并企业债权、债务的承担者，是资产和债权、债务的一同转让；而在收购中，收购企业是被收购企业的新的所有者，以收购出资的股本为限承担被收购企业的风险。 (3) 在兼并中，兼并多发生在被兼并企业财务状况不佳、生产经营停滞或半停滞之时，兼并一般需要调整其生产经营，重新组合其资产；而收购一般发生在被收购企业正常经营的情况下

由此可见，现代企业制度是企业兼并和收购的前提，获取目标企业的部分或全部产权是企业兼并和收购的路径，产权交易是企业兼并和收购的本质。

11.1.2 企业并购的动因

企业作为市场经济体制下的经济实体，它的最终目标就是利润最大化。在并购活动中，企业的目的也不例外，其基本动机就是追求利润和增强市场竞争能力，为其利润的最大化服务。然而在现实经济活动当中，这种追求利润和增强市场竞争能力的基本动机是以不同的具体形态表现出来的，也就是说，企业并购不仅仅由于某一种原因，而是一个多因素的综合平衡过程。目前关于并购具体动因的主要理论有以下五个方面：

1. 效率理论

效率理论是解释企业并购的基础性理论，该理论认为并购和其他形式的资本经营活动一样具有潜在的经济效益。通常包含企业管理业绩的提高或获得某种形式的协同效应，即 $1+1>2$ 效应。效率理论有差别管理效应、经营协同效应、财务协同效应、分散经营效应、价值低估效应和战略重组效应。

2. 信息传递理论

该理论认为在企业的并购活动中，并购信息的发布可能会传递给市场参与者这样的信息或信号：目标企业的价值被低估，目标企业拥有尚未被认识到的额外价值，其未来价值可能会提高；被并购企业的管理层受到了“背后鞭策”，从而实施更有效的竞争战略；并购双方企业未来的现金流量和未来估价可能会增加。

3. 自由现金流量理论

自由现金流量是指超过企业所有投资项目资金要求的现金流量部分。该理论认为如果企业存在大量的自由现金流量，很可能会导致管理层与股东之间的利益冲突以及资源的巨大浪费。通过并购可以支出自由现金流量，从而降低管理层所控制的资源量，削弱他们的权力，缓解二者之间的利益冲突；还可以实现企业自由现金流量的充分有效利用，为企业创造更多的利润。

4. 代理成本理论

在企业所有权和经营权相分离的情况下，企业的所有者与经营者之间存在委托—代理关系，其间产生的成本称为代理成本。代理成本包括三个方面：一是契约成本，即委托人和代理人缔结一系列合约的成本；二是监督成本，即委托人对代理人进行监督和控制的成本；三是剩余亏损，即由于代理人的决策和委托人福利最大化决策之间的偏差而使委托人所遭受的福利损失。

代理成本理论认为企业虽然可以通过内部组织机制安排、报酬安排和市场方面的机制等在一定程度上降低代理成本，但是，当这些机制不足以控制代理问题时，并购则可以作为最后的外部控制手段来解决代理问题。并购将会改选现任管理者和董事会成员，从而降低代理成本。

5. 税收理论

税收理论认为在并购的经济活动当中，有一部分并购是出于税收方面的考虑。因为税法对于不同类型的行业或资产征收的税率是不同的。如果一个高纳税等级的企业在无法获得同等税收利益的其他替代方法时，就会产生通过并购纳税等级低的企业(如纳税等级低的高科技企业)，把主营业务转移到被并购企业以享受被并购企业的纳税优惠待遇的动机，通过并购，在一定程度上降低企业税负，实现税负利益。例如，A 公司利润高，并因此归于最高课税等级的企业，B 企业有较大数额的亏损，则 A 公司并购 B 公司后可以以 B 公司的亏损额抵减 A 公司应缴纳的所得税，从而获得减交或免交所得税的益处。

11.1.3　企业并购的方式

1. 按并购双方所属行业关系划分

企业并购按并购双方所属行业关系可分为横向并购、纵向并购和混合并购。

(1) 横向并购。横向并购指处于同一行业的竞争对手之间的并购。横向并购可以降低成本，改进产品结构，迅速提升企业在其经营领域的市场地位，有效地实现企业内部规模经济，但也可能造成产业集中度过高，阻碍市场竞争，甚至形成垄断。

(2) 纵向并购。纵向并购指同一生产经营过程中相关环节的企业并购。纵向并购的企业之间不是直接的竞争对手，而是供应商与需求商之间的关系。纵向并购的经济目的是为了保证供应和销售免受供应上的垄断控制和销售上的竞争威胁。如加工制造企业并购与其有原材料、运输和贸易联系的企业。纵向并购能够迅速扩大生产经营规模，节约通用的设备、费用等；可以加强生产过程各环节间的配合，有利于协作化生产；可以加速生产流程，缩短生产周期，节约资源和能源等。

(3) 混合并购。混合并购指不相关行业的企业之间的并购。混合并购一般有三种形态：产品扩张型并购、市场扩张型并购和纯粹的扩张型并购。产品扩展型并购是指相关产品市场上企业间的并购；市场扩张型并购是一个企业为扩大其竞争地盘而对尚未渗透的地区生产同类产品的企业进行并购；纯粹的扩展型并购是指那些生产和经营彼此间毫无联系的若干企业之间的并购。混合并购的主要目的是通过分散投资、多样化经营降低企业风险，达到资源互补、优化组合，实现范围经济，提高企业的市场适应能力。在面临激烈竞争的情况下，各行各业的企业都不同程度地想到多元化经营，混合并购是实现多元化经营的一个重要方法。混合并购为企业进入其他行业提供了有力、便捷、低风险的途径。

2. 按并购的实现方式划分

企业并购按其实现方式不同可分为承担债务式并购、购买式并购和股权交易式并购。

(1) 承担债务式并购。承担债务式并购指在被并购企业资不抵债或资产债务相等的情况下，并购企业以承担被并购企业的全部或部分债务为条件，取得被并购企业的所有权和经营权。这种并购可以减少并购企业的现金支出，但容易影响企业的资本结构。

(2) 购买式并购。购买式并购指并购企业用现金、债券等购买被并购企业的资产或股票，从而拥有被并购企业的所有权或经营控制权。购买式并购容易做到等价交换，一般不会有后遗症或遗留纠纷。

(3) 股权交易式并购。股权交易式并购包括以股权交换股权和以股权交换资产两种情况。以股权交换股权是指并购企业向被并购企业发行自己的股票，以换取被并购企业的大部分或全部股票，从而达到控制被并购企业的目的；以股权交换资产是指并购企业向被并购企业发行自己的股票，以换取被并购企业的资产，并购企业在有选择的情况下承担被并购企业的部分或全部债务。这种并购方式可以减少企业的现金支出，但稀释了并购企业的股权结构。

3. 按是否利用目标企业本身资产来支付并购资金划分

企业并购按是否利用目标企业本身资产来支付并购资金可分为杠杆收购与非杠杆收购。

(1) 杠杆收购。杠杆收购指并购企业以目标企业的资产作为抵押，通过大量举债融资对目标企业进行收购的一种方式。换言之，并购企业不必拥有巨额资金，只需准备少量现金，加上以目标企业的资产及营运所得作为融资担保、还款来源的贷款的金额，即可并购任何规模的企业。由于此种并购方式在操作原理上类似财务杠杆，故而得名。在杠杆收购中，并购企业用于并购活动的自有资金与收购总价格相比微不足道，前者占后者的比例通常在10%到15%之间。

(2) 非杠杆收购。非杠杆收购是指不用目标企业自有资金及营运所得来支付或担保支付购并价金的收购方式，早期购并浪潮中的收购形式多属此类。但非杠杆收购并不意味着并购企业不用举债即可负担购并价金，实践中，几乎所有的收购都是利用贷款完成的，所不同的只是贷款数额的多少、贷款抵押对象的不同而已。

除上述常用分类外，并购按涉及被并购企业范围可分为整体并购和部分并购；按企业并购双方是否友好协商，并购可分为善意并购和敌意并购。

11.1.4 并购的基本程序

企业并购是一个十分复杂的过程，它涉及许多经济、政策和法律问题。一般来说，企业并购都要经过前期准备、谈判签约和接管整合等几个阶段。我国现阶段企业的并购分为上市公司的并购和非上市公司的并购。它们所依据的法律法规有很大不同，其中上市公司并购和出售资产受到《证券法》《上市公司收购管理办法》等更严格的法律限制，其并购程序也更加复杂。

1. 上市公司并购的基本程序

上市公司并购是指并购的对象是上市公司，并购者依据法定程序并购股份有限公司已经依法公开发行的股份，从而取得该公司控股权的行为。其基本程序如下：

第一步，前期准备。并购上市公司是一项相当复杂的系统工程，涉及相当多的法规和政策。前期准备阶段是并购的发起阶段，其作用十分重要。具体内容包括：

（1）选择并购对象。并购对象的选择是一个理智的、科学的、严密的分析过程。首先，并购对象要符合企业发展战略。其次，并购双方价值链的互补性要强。主并企业对并购对象的选择要以提升企业价值链竞争能力为依据。最后，要兼顾并购目标预期所能带来的协同效应。协同效应是对并购对象进行价值评估和判断的重要依据。如果两公司合并后的价值大于合并之前两公司单独价值之和，则视为实现了协同效应。当然，目标企业除了具备上述优势外，还可能具备其他优势，正是由于这些劣势企业中的“优势”作用，劣势企业才有可能成为被并购的目标。

（2）并购方案的设计。在并购对象确定之后，并购企业应对目标公司的相关信息资料进行研究分析，估算目标公司的实际价值和并购成本；估计并购后实施资产整合和重组的可能性与难度；判断在对目标公司实施并购过程中股权出让方的配合诚意，并分析目标收益实现的可能性等，然后制定出一份合理可行的并购方案。

第二步，谈判签约。首先，草签股权转让意向书。并购方与目标公司初步接触，表达并购诚意，初步洽谈，草签股权转让意向书，该股权转让意向书系非正式的法律性文件，对双方均不具有法律约束力。其次，签订股权转让协议。并购方与目标公司签署股权转让意向书后，应及时取得各自的上级主管部门或董事会、股东会准予继续开展工作的授权，双方在获得授权后可继续有关协议条款的正式谈判，并签订股权转让协议。股权转让协议包括协议双方、转让标的、股权转让形式、股权转让份额、股权转让价格、付款方式与时间、股权交割安排、双方的义务、违约责任、争议的解决办法等内容。股权转让协议签订后还应上报证券监管部门与国有资产管理部门批准。最后，签订正式的股权转让合同。股权转让协议获得各级监管部门的批准后，协议双方再根据批复文件对股权转让协议的相关条款进行调整与修改，并重新签订正式的股权转让合同。正式的股权转让合同签订后三日内，并购方将此并购事实向国家证券监管部门及证券交易所作出书面报告，并授权股份公司依照有关上市公司的监管法规办理重大事件的临时公告。

第三步，接管整合。接管的目的是实现对目标公司的控制权，在公司管理与决策上体现控股股东的地位和作用。公司接管主要包括入主董事会与委派管理人员两个方面。

并购程序基本完成之后，并购方就开始接管目标公司并对目标公司的资源进行成功的整合和充分的调动，以实现预期的效益。

2. 非上市公司并购的基本程序

非上市公司并购又称为协议并购，是指并购方通过书面协议方式对被并购企业进行并购。协议并购一般都是善意并购。并购的基本程序如下：

第一步，前期准备。并购前的准备工作是并购双方谈判的基础。准备工作具体包括并购对象的选择，并购双方意向的了解，并购企业对目标公司的信息资料进行详细调查与研究分析，并进行可行性论证，在此基础上形成具体的并购方案，并报经董事会批准，形成决议。同时征询监管部门的意见和建议，使并购更具可行性。

第二步，谈判签约。准备工作完成之后，并购双方就要进行谈判。谈判双方应该以坦诚的态度对待并购，从而保证谈判的正常进行和并购的顺利完成。具体内容包括：

(1) 形成框架性意见。并购双方经过激烈的讨论和谈判，在交易对象与补偿方式、一些特定条款和并购进度、时间等方面达成共识，从而形成框架性意见。

(2) 达成协议。并购双方经过不懈努力，最终达成协议。协议的主要内容有：并购方式、并购价格、并购条件、董事会和管理层变更等主要条款；交换方式的确定，并购完成后章程的变更、地址的变更和相应的法律纠纷如何解决等问题。

(3) 谈判成功，并购双方达成一致意见以后，就通过书面和法律程序签订并购协议书或并购合同，并购合同经股东大会批准生效，同时报请政府授权部门审批并到工商行政管理部门核准登记。

第三步，产权交接阶段。在这个阶段，并购双方按照并购协议的规定，办理资产的移交，对债权、债务等按照协议进行清理核实，同时办理产权变更登记、工商变更登记及土地使用权等转让手续。

上述工作完成之后，双方还需要相互配合，以完成其他必要的法律程序和手续，诸如董事会改组，通过有关媒体发布并购公告等。

11.1.5 并购的防御措施

在市场经济条件下，企业为了实现其迅速扩张的发展战略，通常通过并购达到自身经济目标的实现，与此同时，被并购企业从自身经济利益出发，也会采取诸多积极有效的防御措施以抵制其他企业的并购行为。本节站在被并购企业的角度介绍资本市场上常见的防御措施。

1. “毒丸计划”

所谓“毒丸”，实际上是指一些反并购的规定或者计划，这些规定或计划是企业为避免并购而预先在企业章程中制定的，目的是提高并购企业的并购成本，使其并购的企图难以实现。常见的“毒丸计划”包括“负债毒丸计划”和“人员毒丸计划”。“负债毒丸计划”是指企业在受到被并购的威胁时，大量增加自身负债以降低被并购的吸引力。“人员毒丸计划”是指企业的一些核心人员共同签署协议，在遇到被并购的情况时集体防御或辞职等。

2. “焦土战术”

“焦土战术”是企业在遇到被并购的威胁而又无力反击时所采用的一些类似于自我伤害的做法。如将企业中引起并购者兴趣的资产出售，或购入并购者不愿得到的资产等，从而迫使并购者放弃并购。比较典型的是出售“皇冠上的珍珠”，所谓“皇冠上的珍珠”是指从资产价值、盈利能力和发展前景等方面权衡，企业内部经营得最好的分支或机构，这些分支或机构往往是被并购的诱因，因此，被并购企业为了自保可将这些“皇冠上的珍珠”出售或抵押掉，从而达到反并购的目的。

3. “金色降落伞”策略

该策略实质上是对目标企业管理者的一种补偿制度，它规定在被并购的情况下，被并购

企业的高层管理者无论是主动还是被动离职都可以领取一笔巨额的安置费，这将提高并购企业的并购成本。有的还规定，被并购企业的员工在遣散时，并购方还应支付员工的安置费，即所谓的“银色降落伞”。

4. 寻找“白衣骑士”

“白衣骑士”是指企业为免遭敌意并购而自己主动寻找的善意并购者。企业在遭到并购威胁时可选择一个友好公司，即所谓的“白衣骑士”作为另一个并购者，以更高的价格来应对敌意并购，从而使自己被“白衣骑士”并购或者增加并购方的并购成本。通常，如果敌意并购者的并购出价不是很高，被并购企业被“白衣骑士”拯救的可能性就大；反之，被并购企业获救的机会相应就会减小。

5. “帕克曼”战略

即并购并购企业，这是被并购企业在遇到敌意并购时针锋相对地对并购企业发动进攻，进行反并购，并开始购买并购企业的普通股，以达到保卫自己的目的。如果收购战的双方实力相当，“帕克曼”战略的结果很可能是两败俱伤。该策略是所有策略中风险最高、争夺最为激烈的一种方式。

6. 回购股份

当企业遇到敌意并购时，可以溢价回购股东手中的股票，也可以在公开市场上购进本企业的股票，从而减少流通在外的股票数额以抬高股价并迫使收购方提升其股份支付的收购价。溢价回购股份，在一定程度上可以起到阻止并购的作用。如企业拥有大量的现金储备而受敌意并购者的青睐和袭击时，若直接动用现金以比市价高的价格公开收购本企业的股份从而使股价飙升，则可击退并购者，达到反并购的目的。

7. 董事会轮选制

我国《公司法》规定，“董事任期由公司章程规定，但每届任期不得超过三年。董事任期届满，连选可以连任。董事任期届满未及时改选，或者董事在任期内辞职导致董事会成员低于法定人数的，在改选出的董事就任前，原董事仍应当依照法律、行政法规和公司章程的规定，履行董事职务”，“董事长和副董事长由董事会以全体董事的过半数选举产生”。

董事会轮选制使企业每年只能改选很小比例的董事，这就意味着即使并购企业已经取得了多数控股权，也难以在短时间内获得被并购企业董事会的控制权。董事会轮选制是一种对股价影响较小而又非常有力的反并购策略。

8. 超级多数条款

超级多数条款规定企业被并购等重大事项必须取得绝对多数股东的赞成票，如果企业管理层和员工持有企业相当数量的股票，那么即使并购方控制了剩余的全部股票，并购也难以完成。我国《公司法》明确规定，对“公司合并、分立、解散或者变更公司形式的协议，必须经代表三分之二以上表决权的股东通过”。该 2/3 以上仅是法律确定的最低限度，完全可以在最低限度基础上提高比例，如 3/4、4/5 都是经常采用的比例，这在一定程度上增加了并购的成本和难度。

9. 关联企业持股

稳定的股权结构是反并购的第一道防线，当企业遇到敌意并购时，可联合一家或几家友好企业并达成协议，相互持有对方一定比例的股份，而且未经对方同意不可随意出售或转让该股份。这样可以减少流通在外的股份数额从而达到保持控股权稳定的目的。

交叉持股不仅能起到反并购的效果，而且有助于关联企业形成稳定、友好的交易关系，双方既是反并购争夺战中的战友，又是商业合作上的伙伴。

10. 员工持股计划

通常情况下一旦发生并购，被并购企业的员工就会面临失业的危险，为了保持职位，维护现状，被并购企业员工甚至比管理层更要反对被并购，因此许多企业为了进行反并购防御而实施员工持股计划。所谓员工持股计划是指通过让员工购买本企业股票，使员工拥有企业部分产权及相应的管理权，从而通过增持股份，加大持股比例来达到控股或相对控股地位。

11.2 企业重组

关于企业重组的概念，目前尚未形成一致的观点。一般认为，企业重组是企业为了实现其战略目标，对资源进行重新组合和优化配置的活动。下面主要介绍企业较常采用的三种重组方式：资产剥离、企业分立和股权出售。

11.2.1 资产剥离

1. 资产剥离的概念

资产剥离是指企业将其拥有的某些资产，如子公司、部门或固定资产等，出售给其他经济主体，以期获得现金或有价证券的经济活动。企业进行资产剥离，只是将剥离的资产转换为货币资产等，并未减小资产规模，但从企业经营的角度来看，实现了经营规模的缩减。最为常见的资产剥离形式是，一个企业将其某个子公司或部门出售给另一个企业。在此类交易中，出售方实现了经营业务的收缩，而购买方则实现了经营业务的扩张。

2. 资产剥离的原因

(1) 盈利状况不佳。如果企业的某一部门或子公司长期盈利状况不佳，无法达到企业要求的最低投资报酬率，企业就应考虑将其剥离出售。

(2) 经营业务与企业发展规划不符。如果某些部门、子公司或固定资产不符合企业对未来的战略规划，企业就应考虑剥离这些资产。

(3) 存在负协同效应。所谓负协同效应是指某一部门单独衡量时的价值要超过其在企业整体结构中的价值。通常，企业并购的主要原因是追求效率，期待并购后能产生协同效应。但是，如果企业并购后没有进行有效整合，则可能产生负协同效应。

(4) 增加现金流入量。企业通过资产剥离出售一些非战略性资产或部门，能够立刻带来大量的现金流入，改善现金流量状况，保障企业的核心业务。

(5) 其他原因。例如，政府反垄断管制造成的被动资产剥离，剥离资产单独上市会给企业带来更大价值等。

11.2.2 企业分立

1. 企业分立的概念

企业分立是指一个企业依法分成两个或两个以上主体的经济行为，分立成立的公司股份仍由母公司股东持有。企业分立有两种形式，新设分立和派生分立。新设分立是指将一个企业分割成两个或两个以上具有法人资格的企业，原企业解散。派生分立是指一个企业将其一部分资产和业务分离出去设立一个新的具有法人资格的企业，原企业继续存续。

2. 企业分立的原因

(1) 提高运营效率。企业生产经营规模太大，往往会带来机构臃肿、官僚主义盛行、管理效率低下等问题，规模过大的企业进行分立，有助于改善企业经营管理，提高运营效率。

(2) 避免反垄断诉讼。企业规模过大，容易面临政府的反垄断管制，可能因涉嫌垄断而遭遇诉讼，给企业带来损失。分立是企业被迫应对政府反垄断管制的措施之一。

(3) 其他原因。例如，通过分立降低对收购者的吸引力，防范敌意收购；通过分立避免负协同效应，提升企业价值。

11.2.3 股权出售

股权出售是指企业将其下属子公司股份出售给其他经济主体的经济行为。股权出售不同于资产剥离，资产剥离出售的是企业的资产或部门而非股份，而股权出售则是出售所持有的子公司全部或部分股份。若出售的是部分股份，则企业实际将继续留在子公司所处行业中。

与资产剥离类似，股权出售的原因主要是获取现金流、盈利状况不佳、与战略规划不符、避免负协同效应等。相关研究表明，股权出售能给母公司股价带来积极影响。

11.3 企业破产

前面我们所讨论的都是建立在企业可持续经营假设的前提之下，但在市场经济条件下，我们不能忽略企业经营失败或者中断经营的可能。企业一旦经营失败，将会涉及企业的破产和清算问题。

11.3.1 破产的含义

破产是指企业的全部负债超过其全部资产的公允价值，并且其全部财产、信用和能力均无法清偿已到期债务的一种极端的财务失败。

在财务管理中，破产有三种含义，即技术性破产、事实性破产和法律性破产，我们通常讲的破产指的是事实性破产或者法律性破产。

1. 技术性破产

技术性破产是指由于财务管理技术方面的原因造成资产的流动性不足，变现能力差，不能偿还到期债务的现象。这种现象通常是阶段性的、暂时的，企业一般会有相应的补救措施；如果补救无效，则会造成法律上的破产，即所谓的“黑字倒闭”。

2. 事实性破产

事实性破产是指债务人因连年亏损，资产不足，本质上已无能力清偿全部债务，而又无债务展期、和解、重整的可能，故称为事实性破产。

3. 法律性破产

法律性破产是指债务人不能清偿到期债务或不能以债权人同意的方式偿还到期债务而被法院宣告破产，这种破产是法律意义上的破产。实际上，此时债务人的资产不一定低于负债，但法律性破产对破产清算后债务人实际能否清偿全部债务则不予考虑。

11.3.2 破产清算

如果达到破产界限的企业不具备债务展期、和解与重整的基本条件，或者债务展期、和解与重整被否决，那么，法院则要依法宣告该公司破产，进行债权债务的清算。所谓破产界限，是指法院据以宣告债务人破产的法律标准，在国际上称为法律破产原因。

依《中华人民共和国企业破产法》和《中华人民共和国企业民事诉讼法》的规定，企业破产清算的程序是：

1. 成立清算组

人民法院应当在宣告企业破产之日起十五日内成立清算组，接管破产企业，清算组应当由股东、有关机关及专业人士组成。

2. 清算组接管破产企业

人民法院宣告企业破产后，破产企业由清算组接管，清算组负责对破产企业的财产进行管理、清理、估价、处理、分配，代表破产企业参与民事活动，其行为对人民法院负责并汇报工作。

3. 破产财产分配

分配破产财产，由清算组提出分配方案，在债权人会上讨论通过，报人民法院批准后由清算组具体执行。

4. 清算终结

破产财产清算分配完毕，由清算组向人民法院汇报清算分配工作的情况，并向人民法院申请裁定破产终结，未得到清偿的债权，不再进行清偿。

5. 注销登记

企业破产，其破产财产分配完毕，企业法人依法终止其民事行为能力，清算组向破产公司的原登记机关申请注销原公司登记。

11.3.3 破产清算中的财务问题

企业破产清算所涉及的财务问题十分复杂，在破产清算过程当中，所涉及的财务问题主要包括四个方面：

1. 破产财产的界定与变卖

所谓破产财产，是指破产人所有财产中可供分配给破产债权人的财产。根据我国《企业破产法》，破产财产主要由以下三个方面构成：①宣告破产时，破产企业经营管理的全部财产。②企业宣告破产后至破产清算程序终结所得的财产，如收回的应收账款等。③应当由破产企业支配的其他财产。破产财产被确定后，一般都要变卖为货币资金，以便清偿债务。破产财产应采用公开拍卖的方式出卖。但破产财产中若有法律限制自由买卖的商品，如黄金、炸药等，应由我国主管部门或指定部门收购，破产财产中的整套设备或生产线，应尽量整体出卖，确实无法整体出卖的，方可分散出卖。

2. 破产债权的界定和确认

所谓破产债权，是指在破产前成立的，对破产人享有的无财产担保债权。在界定和确认破产债权时，应遵循以下标准：

（1）破产宣告前成立的无财产担保的债权，以及放弃优先受偿权的有财产担保的债权为破产债权。

（2）破产宣告前未到期债权，视为已到期债权，但应当减去未到期的利息。

（3）破产宣告前成立的有财产担保的债权，债权人有就该担保品优先受偿的权利，这部分债权不能构成破产债权。但是，有财产担保的债权，其数额超过担保品价款的，未受偿部分应作为破产债权。

（4）债权人同时对破产企业负有债务的，其债权可在破产清算之前抵消，抵消部分不能算为破产债权。

（5）债权人未在法律规定的期限内向法院申报债权，视为自动放弃债权，被自动放弃的债权不能作为破产债权。

（6）债权人参加破产清算程序的费用，不能作为破产债权。

3. 破产费用的确认与管理

破产费用是指在破产案件中，为破产债权人的共同利益而支出的费用，主要包括如下费用：①破产财产的管理、变卖和分配所需要的费用以及聘任工作人员的费用。②破产案件的诉讼费用。③为债权人共同利益而在破产程序中支付的其他费用。在破产案件清算过程中，应当尽量减少破产费用的支出。破产费用在破产财产中优先拨付，当破产财产不足支付破产费用时，清算组要及时向法院申报，由法院宣告破产终结。

4. 破产财产的分配与清偿

当破产财产全部被确认和拍卖，破产债权全部被界定和确认，破产费用总额核算（估算）出来之后，清算组便可提出分配方案。这一方案要由债权人会议通过，经法院裁定后执行。

破产财产在优先扣除破产费用后，一般应按如下顺序清偿：

（1）破产企业欠付职工的工资和劳动保险费用。

（2）破产企业欠缴的各种税款。

（3）各种破产债权。如果破产企业财产不足以清偿同一顺序的债权，则应按比例在各债权人之间进行分配。未得到清偿的债权不再清偿。如果在清偿所有破产债权之后，破产财产还有剩余，则要将剩余部分在企业所有者之间进行分配。

相关阅读

美国著名经济学家、诺贝尔经济学奖获得者乔治·斯蒂格勒曾经说过:“没有一个美国大公司不是通过某种程度、某种方式的兼并而成长起来的,几乎没有一家大公司是仅靠内部扩张成长起来的”。公司并购一方面促进了生产力的发展,推动了经济的增长,大大增强了公司的竞争力;但是另一方面,又给公司带来破坏和损失,如失业人数增加,依法垄断等问题。市场机制下的激烈竞争,比如林林总总的众多公司优胜劣汰,那些在经营过程中面临严重财务困难的公司,只能有两条路可走。公司如果还有继续经营的价值,则可以申请重整;否则,就只能宣告破产。

(资料来源:吴应宇,陈良华.公司财务管理[M].北京:石油工业出版社,2003.)

本章小结

企业作为市场经济体制下的经济实体,其最终目标就是利润最大化。并购是企业进行资本运作和经营的一种方式,其基本动机就是追求利润和增强市场竞争能力,为其利润最大化服务。在市场经济条件下,企业为了实现其迅速扩张的发展战略,通常采取兼并和收购两种经济行为来获取目标企业一定程度的控制权,从而增强自身的经济实力,实现自身的经济目标。

根据并购的不同功能或根据并购涉及的产业组织特征,可以将并购分为横向并购、纵向并购和混合并购三种基本类型;按并购的实现方式又可划分为承担债务式并购、购买式并购、股权交易式并购;按是否利用目标公司本身资产来支付并购资金划分,企业并购可以分为杠杆收购与非杠杆收购;此外,按涉及被并购企业范围的划分,并购可分为整体并购和部分并购;按企业并购双方是否友好协商,并购可分为善意并购和敌意并购。

企业实施并购的根本目的,在于提高效率、降低成本和拓展市场、扩大经营规模,获取在研究开发、行政管理、经营管理和财务管理等方面的协同效应,巩固其长期获利机会。

并购的程序是一个复杂的过程,一般情况下企业的并购都要经过前期准备、谈判签约和接管整合三个阶段。在并购过程中,出于股东利益或其他目的,被并购的公司也可能会采取一些相应的防御措施。

企业重组是企业为了实现其战略目标,对资源进行重新组合和优化配置的活动。企业常见的重组方式有三种,分别是资产剥离、企业分立和股权出售。

在企业的经营过程中,当出现资不抵债,亦无债务展期、和解、重整的可能性时,企业实际上已破产,那么,法院则要依法宣告该企业破产,进行债权、债务的清算。企业清算是指在企业终止过程中,为保护债权人、所有者等利益相关者的合法权益,依法对企业财产、债务等进行的清理、变卖,以终止其经营活动,并依法取消其法人资格的行为。

关键概念

兼并(merger)
收购(acquisition)
并购(merger and acquisition)
协同效应(coordinate effect)
杠杆收购(leverage buy-out)
金色降落伞(golden parachutes)
皇冠上的珍珠(crown jewels)
毒丸计划(poison pill)
清算(liquidation)
经济利润(economic profit)
宣布破产(declaration of bankruptcy)

自测题

一、单项选择题

1. 当企业遇到敌意并购时，目标企业针锋相对地发起进攻，进行反并购，这一防御战略称为(　　)。
   A. “焦土战术”　　B. 寻找“白衣骑士”
   C. “帕克曼”战略　　D. “金色降落伞”策略
2. 加工制造企业并购与其有原材料、运输、贸易联系的企业，这种并购属于(　　)。
   A. 横向并购　　B. 纵向并购　　C. 混合并购　　D. 部分并购
3. “白衣骑士”对于被并购企业而言属于(　　)。
   A. 善意并购者　　B. 敌意并购者　　C. 无关者　　D. 高层管理者
4. 在反并购的防御战略中，防御风险最大的是(　　)。
   A. “焦土战术”　　B. 员工持股计划
   C. “帕克曼”战略　　D. “金色降落伞”策略
5. 在反并购的防御战略中，容易造成两败俱伤的是(　　)。
   A. “焦土战术”　　B. 员工持股计划
   C. 超级多数条款　　D. “金色降落伞”策略
6. 由于企业财务管理技术方面的原因造成的企业破产属于(　　)。
   A. 事实性破产　　B. 法律性破产
   C. 政策性破产　　D. 技术性破产
7. 出售“皇冠上的珍珠”属于防御策略中的(　　)。
   A. “焦土战术”　　B. 员工持股计划
   C. “帕克曼”战略　　D. 银色降落伞
8. 债务人连年亏损，本质上已无法清偿债务，也无债务展期、和解的可能，这属于(　　)。
   A. 政策性破产　　B. 法律性破产　　C. 事实性破产　　D. 技术性破产
9. 一般认为，(　　)是企业为了实现其战略目标，对资源进行重新组合和优化配置的活动。
   A. 企业并购　　B. 企业重组　　C. 破产清算　　D. 杠杆收购

10.(　　)是指一个企业依法分成两个或两个以上主体的经济行为。

A. 资产剥离　　B. 股权出售　　C. 企业重组　　D. 企业分立

二、多项选择题

1. 清算费用是企业清算过程中所发生的各项支出,具体包括(　　)。

A. 清算案件的受理费

B. 债权人会议费用

C. 催收债务所需费用

D. 为债权人的共同利益而在清算程序中支付的其他费用

2. 敌意并购的优点包括(　　)。

A. 并购企业完全处于主动地位,并购行动快,时间短

B. 可有效控制并购成本

C. 并购的风险较大

D. 有利于降低并购行动的风险与成本

3. 并购按其实现方式不同可分为(　　)。

A. 混合并购　　B. 承担债务式并购

C. 购买式并购　　D. 股权交易式并购

4. 下列财产项目中,属于清算财产的是(　　)。

A. 宣告清算时企业经营管理的固定资产

B. 宣告清算时企业经营管理的无形资产

C. 宣告清算时企业经营管理的流动资产

D. 属于借款性质的职工集资款

5. 下列费用不得作为企业清算债务的有(　　)。

A. 破产或解散宣告前设立的无财产担保债务

B. 债权人放弃优先受偿权利的有财产担保债务

C. 宣告日后的债务

D. 债权人逾期未申报的债权

6. 确定并购对象时应考虑的因素有(　　)。

A. 并购目标预期所能带来的协同效应　　B. 并购双方价值链的互补性如何

C. 如何接管整合　　D. 是否符合企业发展战略

7. 企业并购按其是否利用目标企业本身资产来支付并购资金可分为(　　)。

A. 横向并购　　B. 杠杆收购　　C. 纵向并购　　D. 非杠杆收购

8. 对于敌意并购,目标企业采取关联企业持股计划,其作用主要有(　　)。

A. 稳定股权结构

B. 通过增加自身负债以降低被并购的吸引力

C. 有助于与关联企业形成稳定、友好的合作关系

D. 减少流通在外的股份数额

9. 一般认为,企业重组是企业为了实现其战略目标,对资源进行重新组合和优化配置的

活动。企业较常采用重组方式有（　　）。

A. 杠杆收购　　B. 资产剥离　　C. 股权出售　　D. 企业分立

三、判断题

1. 企业清算终了，清算收益大于清算损失、清算费用的部分，无须缴纳所得税。（　　）
2. 人民法院受理清算案件前 6 月至破产宣告之日的期间内，清算企业对原来没有财产担保的债务提供担保的行为是有效的。（　　）
3. “毒丸计划”可有效地稀释收购者持有的股份，提高并购成本。（　　）
4. “金色降落伞”策略是一种对目标企业高层管理者的补偿协议，不能提高并购企业的并购成本。（　　）
5. 横向并购是企业并购中的常见方式，但这种并购容易破坏竞争，形成高垄断的局面。（　　）
6. 混合并购的目的在于减少长期经营一个行业所带来的风险。（　　）
7. 杠杆收购是一种高度负债的收购方式，这种收购方式属于真正的投机活动。（　　）
8. 破产是企业一种极端的财务失败。（　　）

四、问答题

1. 简述企业并购的动因。
2. 当企业遭遇敌意并购时，应如何防御？
3. 简述企业破产清算的一般程序。
4. 什么是杠杆收购？杠杆收购有哪些特点？
5. 什么是兼并？什么是收购？二者有何联系与区别？
6. 什么是企业重组？较常见的重组方式有哪些？

经典案例

古井贡酒变更黄鹤楼酒业有限公司业绩承诺

一、变更业绩承诺的背景

2016 年 4 月 27 日，安徽古井贡酒股份有限公司（以下简称“古井贡酒”）与武汉天龙投资集团有限公司（以下简称“天龙集团”）、自然人阎泓冶三方就收购武汉天龙黄鹤楼酒业有限公司（以下简称“黄鹤楼酒业”或“目标公司”）51%股权（以下简称“目标股权”）的相关事项签署了股权转让协议。根据协议约定，公司以 81 600 万元价款收购天龙集团所持有的黄鹤楼酒业 36%的股权、阎泓冶所持有的黄鹤楼酒业 15%的股权。具体内容详见古井贡酒于 2016 年 4 月 29 日披露的《关于公司收购资产的公告》（公告编号：2016-010）。

1. 业绩承诺情况

受让方对目标公司的业绩做出如下承诺：假设股权交割日当年为 T 年，则交割日后五年内（不含目标公司股权交割日所在的年份，简称“承诺期”）目标公司每年承诺营业收入（含税）达到如下数据（以下简称“承诺营业收入（含税）”）：

表1　目标公司每年承诺营业收入　　单位：万元

项目名	T+1年	T+2年	T+3年	T+4年	T+5年
承诺营业收入(含税)	80 500	100 625	130 812.5	170 056.25	204 067.5

交割日后的五年内(不含目标股权交割日所在的年份)，目标公司每年的销售净利率(目标公司当年实际实现的净利润/营业收入)不低于11%。在受让方对目标公司业绩承诺期内，若目标公司每年的经营业绩经审计后达不到11%的销售净利率，受让方应就差额部分以现金方式向目标公司补足。在受让方对目标公司业绩承诺期内，经审计后，若目标公司连续两年的销售净利率低于11%，转让方有权回购受让方所持目标公司全部股权，回购价格为受让方支付的本次股权转让价款总额即人民币81 600万元。

2. 业绩承诺实现情况

经瑞华会计师事务所(特殊普通合伙)和容诚会计师事务所(特殊普通合伙)审计，黄鹤楼酒业营业收入、净利润、销售净利率如表2所示：

表2　黄鹤楼酒业营业收入、净利润、销售净利率一览表

项目名称	2017年	2018年	2019年	2020年
营业收入(含税)/万元	80 625.12	100 696.87	131 006.46	58 313.18
净利润/万元	8 144.95	9 930.24	12 860.37	−1 171.75
净利率/%	11.82	11.46	11.15	−2.27

根据原协议约定，公司2020年未完成业绩承诺，公司触发补偿义务。

二、变更业绩承诺的原因

2020年春节前后，全国多地相继发生新型冠状病毒肺炎疫情，全国各省、市相继启动了重大突发公共卫生事件一级响应。由于黄鹤楼主要经营所在地湖北省受疫情负面影响较大，2020年度业绩情况：含税收入58 313.18万元，较去年同期下降55.27%。由于疫情不可抗力原因，市场交易活动受到严重影响，导致原协议部分条款无法按期履行。为此，经各方协商，签署《股权转让补充协议》。

原协议第九条“业绩补偿承诺”中关于受让方对目标公司的营业收入和销售净利率等核心经营指标完成期限均相应顺延一年，即2020年当年度不作为经营指标考核年度，顺延至2021年作为第四个考核年度，以此类推2022年度作为第五个考核年度。

(资料来源：2021年4月30日，《安徽古井贡酒股份有限公司关于变更黄鹤楼酒业有限公司业绩承诺的公告》，公告编号2021-018。)

案例讨论

(1) 请搜集古井贡酒收购黄鹤楼的相关信息，结合上述案例资料，谈谈古井贡酒为什么收购黄鹤楼，黄鹤楼的股东为什么愿意出售股份。

(2) 结合相关资料，说说古井贡酒为什么采用业绩承诺的方式收购黄鹤楼，这种方式的优缺点是什么。

提升阅读

[1] 深圳证券交易所创业企业培训中心.上市公司并购重组问答[M].2版.北京:中国财政经济出版社,2017.

[2] 田宝法.企业并购解决之道:70个实务要点深度释解[M].北京:法律出版社,2015.

[3] 陈胜蓝,刘晓玲.公司投资如何响应"一带一路"倡议?—基于准自然实验的经验研究[J].财经研究,2018,44(4):20-33.

[4] 闵剑,刘忆.全球价值链、融资约束与跨国并购绩效:来自中国制造业企业的证据[J].国际贸易问题,2019(3):71-84.

[5] 黄庆华,欧亚姗.破产重整效率、企业重整价值与利益相关群体:基于泸天化与柳化股份的比较案例[J].财会通讯,2021(22):99-102.

第十二章

企业集团财务管理

- 本章结构框架
- 本章学习目标
- 12.1　企业集团财务管理概述
- 12.2　企业集团财务管理的内容
- 12.3　企业集团财务公司
- 相关阅读
- 本章小结
- 关键概念
- 自测题
- 经典案例
- 案例讨论
- 提升阅读

本章结构框架

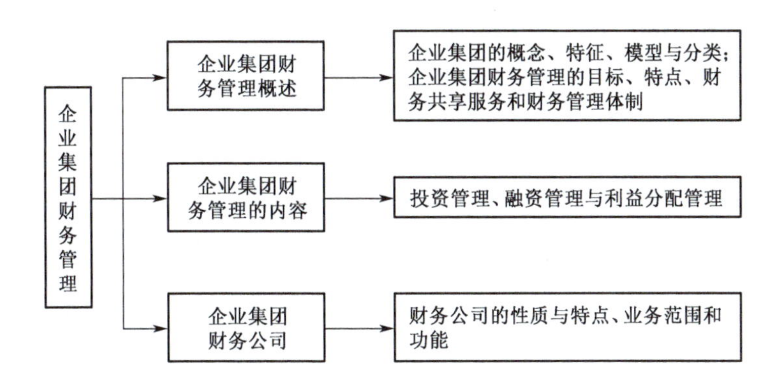

本章学习目标

通过本章学习，掌握企业集团的概念与特征；了解企业集团的模型、分类和财务共享服务；熟悉企业集团财务管理体制；掌握企业集团财务管理的内容；掌握企业集团财务公司的性质、业务范围和功能。

随着社会化大生产的高度发展和市场竞争的激烈化，全球经济一体化的速度加快，出现了越来越多的企业集团。在社会经济发展中，企业集团占据了越来越重要的地位。企业集团具有优化产业结构，实现规模经济，促进资源合理配置和技术进步，提高整体经济效益，增强企业综合竞争实力的优势。因此，了解企业集团的财务活动，分析财务结果及其特点，对加强企业集团的管理和其长远发展具有重要意义。

12.1 企业集团财务管理概述

12.1.1 企业集团的概念及其特征

1. 企业集团的概念

在经济危机（1929—1933）发生前后，许多经济学家就先后提出类似于企业集团的一些名称，如财团、财阀等。企业集团这一名称是二战后由日本提出的。在西方经济发达国家，企业集团非常普遍，如德国的“康采恩”、美国的“利益集团”、西欧的“公司集团”等。而我国则是在 20 世纪 80 年代才引进这一概念，目的在于推动经济改革和制度创新并加速生产经营的集中和分工，促进生产力的迅速发展。

一般来讲，企业集团是以一个或多个实力强大、具有投资中心功能的大型企业为核心，以若干个在资产、技术上有密切联系的企业、单位作为其外围层，由各成员企业按照自愿互利原则组成的具有多个层次组织结构的大型经济联合体。企业集团是一个经济组织，而不是行政机构；企业集团是一个联合组织，而不是单个企业。

2. 企业集团的特征

同一般企业相对比，企业集团具有以下特征：

（1）企业集团不是一个独立的法律实体，这是其法律特征。企业集团本身并不是独立法人，不具有法人地位，它是一个企业联合体，其组成成员有子公司、参股公司、事业单位法人、社会团体法人等，他们都具有法人资格。从法律上看，企业集团是法人组成的一种经济联合体，不具备作为法人享有经济权利和承担经济义务的条件。从财产上看，企业集团不具有自己独立支配的全部财产，没有法定的资本额，财产是各成员企业的独立财产。

（2）企业集团是通过一定的联结纽带组成的企业联合体，这是其组织特征之一。一定的联结纽带是企业集团存在和发展的基本条件，它们包括产品、生产技术、经营管理等纽带，其中最重要的是资本纽带和契约纽带，它们就使得企业集团在组织上具有稳定性。不同的联结纽带的稳定性往往不同。资本纽带是企业集团成员之间通过控股、参股等形式建立资本关系，以此确立利益关系，从而形成成员之间的利益共享、风险共担的机制。资本纽带是最坚固的纽带，因此具有很大的稳定性。契约纽带则是企业之间的基于市场交易的长期性成本，以及生产、技术上的共享和支持等诸多因素形成的一个基于契约或合同形式的合作伙伴关系，但稳定性明显不如资本纽带。

（3）企业集团是一个具有特定组织结构的有层次的有机结合体，这是组织特征的另一表现。企业集团成员之间的紧密程度不同，所以呈现出层次性。一般来说，企业集团必须有一个能起主导作用的核心企业，这一核心企业可以是一个只从事资本经营的公司，也可以是一个既从事生产经营又从事资本经营的混合型公司。在企业集团内部，核心企业主要通过资本控制其他集团成员，从而实现统一投资决策，统一资源配置，统一结构调整，统一负责资本的保值增值等，并实现其目标。企业集团有其明确的整体发展战略和规划，并具有金字塔式的分层组织结构，一般来说，可以分为以下四个层次：

第一层次是核心层，即母公司（也称集团公司），是指依法成立、有自己的组织管理机构、有独立财产、能依法承担经济责任的经济实体。它是自主经营、自负盈亏的独立的商品生产者和经营者，具有法人资格，其法律地位为母公司。它是企业集团的中心。

第二层次是控股层，又称紧密层企业（也称子公司），是指母公司所持有股份达到控股程度的子公司，包括全资子公司和非全资子公司，它也是企业集团的中心。

第三层次是参股层，即半紧密层企业（也称关联公司），是指母公司或控股层成员所持股份未达到控股程度，承认企业集团章程的企、事业法人。

第四层次是协作层，即松散层企业（也称固定协作企业），是指与母公司或控股层成员存在长期稳定的生产、经营、科技等协作关系，承认企业集团章程的企、事业法人。

12.1.2　企业集团的模型与分类

1. 企业集团的模型

如果将企业集团的核心层企业、紧密层企业、半紧密层企业、松散层企业，分别用 $Q1$、$Q2$、$Q3$、$Q4$ 表示，则组合可得到四种不同类型的企业集团模式：

模式Ⅰ：$Q1+Q2$。这种企业集团具有核心层企业和紧密层企业。它是企业集团的基本模式。

模式Ⅱ：$Q1+Q2+Q3$。这种企业集团除具有核心层企业和紧密层企业，还包括半紧密层企业。

模式Ⅲ：$Q1+Q2+Q4$。这种企业集团除具有核心层企业和紧密层企业，还包括松散层企业。

模式Ⅳ：$Q1+Q2+Q3+Q4$。这种企业集团除具有核心层企业和紧密层企业，还包括半紧密层企业和松散层企业。它是内部结构最完备的企业集团模式。

2. 企业集团分类

(1) 按集团内部成员的法律关系，可分为隶属型企业集团和平等型企业集团。隶属型企业集团内部各企业在法律上独立，但从属企业必须受控制企业支配，集团内的统一经营权由控制企业行使。在这种企业集团中，控制企业与从属企业一般表现为母公司和子公司的控股关系，是企业集团最普遍的法律形式。平等型企业集团内部各企业之间不仅在法律上具有独立性，而且地位平等，不存在从属关系。集团内各企业通过协商，可以成立统一的领导机构或缔结利益共同体，实行统一经营。隶属型企业集团与平等型企业集团相比，具有稳定性与长期性，核心企业在法律上享有特殊领导权，并承担特殊义务和责任，有利于统一经营管理。

(2) 按集团控制关系与形成途径，可分为控股型企业集团和契约型企业集团。控股型企业集团是指按照企业之间的控股关系组建的企业集团。控股企业通过持有多数股权，对从属企业在经营上施加决定性影响，从而建立控制关系，这是典型的企业集团。契约型企业集团是指通过订立合同，各企业自愿结合为集团。根据企业合同，一企业将经营权授予其他企业，由此而产生经营上的控制权与相应的权利和义务。这种分类的目的是为了明确其法律效果上的差别。

(3) 按照企业集团所有权性质，可分为国有企业集团和复合企业集团。国有企业集团的成员都是国有性质，复合企业集团的成员具有多种经济成分。

此外，企业集团按涉外性质，可分为国内企业集团和复合企业集团；按所属行为，可分为产供型企业集团、产销型企业集团、供产销型企业集团；按联结纽带，可分为以经济技术纽带形成的企业集团和以资本纽带形成的企业集团；按联合的紧密程度，可分为紧密型企业集团、半紧密企业集团和松散型企业集团。①

---

①　赵德武.财务管理.北京：高等教育出版社，2003：335-336.

12.1.3 企业集团财务管理的目标与特点

1. 企业集团财务管理的目标

企业集团财务管理的主要职责是对企业集团内部各成员企业之间、各成员企业与集团外企业的财务活动和财务关系进行运作和处理。因此,企业集团财务管理是一种战略性的管理。它需要将由多个法人组成的企业集团视同为一个整体来进行财务规划、财务预算和实现财务控制。企业集团财务管理的目标是通过对各成员企业的财务活动进行有效的协调与整合,充分发挥企业集团有效配置资源的综合优势,实现企业集团整体价值的最大化。

2. 企业集团财务管理的特点

企业集团财务管理活动包括了集团成员企业各自的财务管理活动,其中,核心层与控股层的财务活动是企业集团财务管理的主要内容。与单个企业的财务管理活动相比,企业集团财务管理具有以下特点:

(1) 以战略管理为导向。企业集团之所以产生,关键在于它具有有效资源的潜力和优势。为了使企业集团的资源能真正地发挥效益,母公司必须置战略管理于管理的首位。企业集团财务管理必须以服务集团战略为宗旨来制定自身的财务战略,也就是说,为了谋求企业集团资本均衡有效的流动和实现企业的集团战略,必须在分析企业内外环境因素对资本流动的影响基础上,对企业集团资本流动进行全局性、长期性和创造性的谋划并确保其得以执行。企业集团就是要集合各种财务资源并充分利用其规模优势。如果一项大型的投资活动偏离了集团的战略目标,即使他的投资回报率大于集团的投资成本,这样的投资活动也是不可取的,因为它不仅占用了集团的资本,还会造成企业偏离战略发展方向,失去核心竞争力,丧失竞争优势。因此,企业集团财务管理的绩效将直接关系到集团的生存、发展和前途。

(2) 以多元化的立体管理格局为背景。企业集团财务管理与单个企业的财务管理相比较,管理的范围进一步扩大。单个企业财务管理主要是对资本的管理,涉及的内容有筹资、投资和利润分配。而企业集团的财务管理,除了对资本进行管理外,还要对影响整个集团价值的有关财务的各个方面进行管理,如企业集团财务组织与财务人员定位,集团财务战略与各个成员企业的财务政策,企业集团的信息与内部审计监督体系,等等。因此,企业集团财务集"管物"与"管人"于一身、集战略管理与战术管理于一身、集财务运作与会计信息报告和审计监督于一身、集财务管理与经营管理于一身,形成了一个多元化的立体管理格局。

(3) 以集团财务控制为核心。企业集团财务管理的特点还体现在管理核心是集团母公司对其他成员企业的财务控制和管理。财务管理控制就是对企业财务管理系统的进行过程及其结果进行计划、监控、协调,根据财务管理的目标与财务计划的要求,确定衡量绩效的标准,将实际的财务活动情况与预定的标准进行比较,以确定企业财务活动中出现的偏差及其程度,在此基础上,对集团财务活动进行指导与调解,对偏离计划的行为进行纠正,以保证企业集团财务管理目标的顺利实现。

12.1.4　企业集团财务管理体制

财务管理体制有两种涵义：一是宏观财务管理体制，即国家对企业财务的控制制度和方式；二是微观财务管理体制，即企业内部的财务管理体制。企业集团财务管理体制属于微观财务管理体制，它是规范企业集团财务权限分割、财务责任划分和利益分配关系的基本制度，是正确处理企业集团各种财务关系的基础规定。

1. 企业集团财务管理体制的模式

由于企业集团联合的紧密程度、集团企业利益等因素的差异，企业集团财务管理体制有多种模式。企业集团财务管理体制按管理权限的集中程度可划分为集权型、分权型和集权与分权结合型三种。

(1) 集权型财务管理体制。在这种体制下，母公司对子公司在财务上实行严格的控制，实施统一核算，集中管理，子公司不拥有财务管理权。母公司管理着财务活动的各个方面，包括财务战略的制定和具体实施、资本的筹集与使用、成本的核算与控制、利润归集和分配等，甚至包括日常会计核算。而子公司只有执行的权利。在财务会计机构的设置上，往往采用"大财会"的形式，不设双层管理机构。这种财务管理体制有利于整体协调，使各子公司与母公司的总体财务目标保持一致。但是，由于缺乏合理分工和横向协调关系，使财务管理体制效率低下，适应性差，财务的管理职能难以发挥，容易独断专行，甚至最终"统一判死"。

(2) 分权型财务管理体制。在这种体制下，母公司对子公司在财务上实行充分的放权，各子公司财务战略的制定和实施、资本的调配等各种决策事项或决策程序都放权由子公司自行决定，实行分级管理、分级核算。由于母公司几乎放弃了财务控制，企业集团往往只能通过契约或协议实施联合。这种绝对或过度的分权管理体制，貌似民主灵活，实则缺乏协调管理，往往是财务管理体制形同虚设，成员企业各行其政，犹如"诸侯割据"，从而严重影响到企业集团的未来发展，甚至从根本上失去了企业集团组建的初衷，整体效益无从谈起。

(3) 集权与分权结合型财务管理体制。一般而言，集权型财务管理体制决策快、易协调，有利于母公司的资源配置和战略协调。但弊端是决策正确与否往往取决于决策者个人的才能、知识或道德因素，而且风险大，执行慢，不利于调动下属单位的积极性和创造性。分权型财务管理体制虽然有利于适应市场、技术等外部环境的不断变化，有利于调动各成员企业的积极性和主动性，但也容易使成员企业各行其政，造成企业集团整体协调、整合能力减弱，财务失控等后果。为避免绝对集权和过度分权，应采用结合型财务管理体制，即根据企业集团的定位，该集权的必须集权，该分权的也要分权，做到相对集权和相对分权，充分发挥两种体制下各自的优点，克服两种体制下各自的局限性。在实践中，企业集团的决策机构与执行机构往往目标统一，各司其职，分别掌握不同层次和性质的决策权限，分别负责相应的决策程序。

2. 企业集团财务管理体制的选择

企业集团在选择财务管理体制时，应考虑以下因素：

(1) 股权因素。从集团联系的紧密程度来看,母公司对子公司的控制要严于对参股层公司的控制,对全资子公司的控制要严于对非全资子公司的控制。因此,母公司对参股的公司和协作企业宜采用分权制,对相对控股子公司采用集权与分权相结合的财务管理体制。如果子公司是上市公司,则应根据持股比例大小选用集权与分权相结合或偏于分权或偏于集权的财务管理模式。

(2) 规模因素。对小型企业集团来讲,母公司因缺乏充分的资本来源和理财专家资源,通常可采用分权制管理模式,把财务管理决策授予子公司。而大型企业集团不仅拥有实行集中财务管理的能力,而且因生产经营多元化,涉及的业务和经营的品种较为广泛,所处的理财环境复杂,因此宜实行偏向集权的财务管理体制模式。

(3) 经营业务因素。经营业务单一便于集中管理的企业集团,或高风险行业,如金融业、高科技产业,需集权或倾向于集权管理。相应的,集团经营多元化,涉及业务领域广、品种多,集中管理困难、成本高,则适宜采取分权制或偏向集权与分权相结合的管理体制。

(4) 理财环境和经营者风格因素。理财环境对集团财务管理体制具有反作用,理财环境的变化会促进财务管理体制的改变。此外,经营者的管理理念和管理风格也会促进财务管理体制的改变。如果经营者推崇悟性管理,注重子公司经理的悟性和人格魅力,要求子公司理解母公司的管理意图并进行相应管理,那么,集团财务管理体制必然倾向于分权型;相反,经营者注重制度、秩序,要求子公司经理按照制度管理,则必然倾向于集权或集权与分权相结合的管理模式。

12.1.5 企业集团财务共享服务

随着企业集团规模不断扩大,财务流程效率低下,财务管理成本高企,财务管控难度加大等问题日益凸显,为缓解这些问题,企业集团开始探索和实施财务共享服务。

1. 财务共享服务的含义

目前,学术界和实务界对财务共享服务的含义尚未有统一的观点。一般来说,财务共享服务是指企业通过设置专门机构提供的集中财务服务,这类专门机构通常称为财务共享服务中心。

由于规模巨大,企业内部存在许多分散的、低效率的、高重复性的流程,这些流程耗费大量企业资源。企业根据管理目标将内部财务流程进行重新梳理和再造,设置财务共享服务中心以提供统一财务服务,对相关业务进行集中处理,从而降低重复业务成本,确保客户服务质量,提升客户满意度,提高运营效率。

2. 财务共享服务的作用

企业集团财务共享服务模式最早是在 20 世纪 80 年代由美国福特汽车公司实施,财务流程重建为福特汽车公司带来了巨大的效益,仅应付账款部门就减少了 75%的人力资源成本。随后,越来越多的大型集团都先后实行财务共享模式。在我国,2005 年中兴通讯成为第一家建立财务共享服务中心的中国企业。此后,其他大型企业集团纷纷效仿。具体来说,企业集团财务共享服务的作用有以下三个方面:

（1）降低成本。采用标准的财务作业流程，减少重复报账、资金收支以及出具报表等冗余的步骤和流程，可以减少企业集团内部管理层级和一部分财务人员，节约人力和物力成本。

（2）提升效率。通过提供统一财务服务，对相关业务进行集中处理，可以减少重复业务，极大缩短了业务处理时间，提升业务处理效率。同时，通过集中管控，企业集团内部财务信息流转速度加快，提升决策效率。

（3）促进财务转型。通过建立财务共享服务中心，可以带动财务人员职能转型，使财务人员从简单重复的会计核算工作中抽离出来，将更多精力放在决策支持方面，从而促进企业集团财务转型，提升财务管理水平。

12.2　企业集团财务管理的内容

企业集团的财务活动一般是根据企业集团层次划分的，可分为核心层企业、控股层企业、参股层企业和协作层企业的财务活动。其中，核心层企业和控股层企业，即母公司的财务活动是企业集团财务管理的主要内容。

12.2.1　企业集团的投资管理

对于单个企业来说，如果没有走集团化的打算，那么它的投资管理主要是指对企业的生产性资本投资进行管理。但是，对于一个企业集团而言，它的投资管理活动远比单个企业的投资管理活动复杂，它既要考虑集团内部之间的资本性投资活动（这里指母公司的产权管理活动），又要考虑集团对外部的资本性投资活动，即集团的资本扩张。当然我们还必须考虑集团的生产性资本投资管理，没有了生产性资本投资活动，任何一个企业、一个集团也就没有了立足之本，就更谈不上发展了。

与单个企业相比，企业集团投资管理首先要面临的问题是一元结构中心与多级法人之间的利益关系或冲突。如何实现资源配置的秩序化和高效率性，最大限度地发挥资源的聚合优势，以确立并不断拓展市场的竞争优势，这是集团财务管理，特别是投资管理的基本立足点。企业集团需要确立清晰且卓有远见的战略发展结构才是最关键的。所谓战略发展结构，是指企业集团为谋求竞争优势并实现价值最大化目标而确立的企业集团未来发展所必须遵循的总体思路、基本方向与运行轨迹。正确的战略发展结构，决定着企业集团投资目标的定位、资源配置和必须遵循的时间与空间轨迹，并成为实现投资管理高效和良性运行的指导思想。为切实贯彻战略发展结构，还必须从集团整体发展的高度建立一套相宜的投资政策。

企业集团投资管理活动的内容主要包括：

1. 产权管理

（1）明晰产权关系。对于集团来说，一方面，由于母、子公司都是独立的经济实体和市场竞争主体，彼此之间不存在行政上的隶属关系，而仅仅是出资人与经营者之间的关系，母公司对子公司的管理与控制必须依照公司法来进行，不能超越所有者权限介入子公司的日常经营事务，以确保子公司独立的法人地位。另一方面，为了维持和实现集团的整体利益，母公司必须对子公司进行有效的产权约束，保障其投入资本的安全性，并依法获得产权收益，促使子公司经营目标与母公司总体战略目标保持一致。因此，明晰母、子公司之间的产权关系，是理顺它们之间的财务关系、财务利益，规范各自财务管理职能的基础，也是企业集团进行投资管理的基本出发点。

(2) 设置合理的产权结构。母公司在确定产权结构时，除了应明确自身的产权定位外，还应积极引导子公司，以寻求多元化的投资，建立多元化的产权结构，规范子公司的法人治理结构，以保证集团发展战略目标的实现。通常，对支柱产业，母公司应绝对控股，对资本密集型产业，也要绝对控股，建立全资子公司，形成单一的产权结构；对集团生产经营和持续发展有着重要导向作用的技术密集型产业和关键支柱产业，母公司可以持股51%以上，建立控股子公司，同时积极地吸纳社会法人参股，鼓励公司内部职工投资入股和子公司之间的交叉持股，寻求多元化产权结构；对与集团主业相配套的产业以及第三产业，母公司可以根据不同的情况，选择控股或参股其所需要的企业，使这些企业成为集团的成员单位。

2. 企业集团的资本扩张

几乎没有一个企业集团只通过内部资本的积累而发展起来。企业集团需要通过资本运营实现资本扩张，使集团不断发展壮大。促使企业集团产生的主导方式是企业间的兼并与收购，而兼并与收购都是资本扩张的表现。

(1) 企业集团资本扩张的内部动因。企业集团资本扩张主要出自于以下三种需要：一是自我发展的需要。在市场经济中，企业集团要生存下去，必须要发展壮大，进行资本扩张。企业的扩张可以通过内部积累、兼并或收购来迅速扩大自己的生产能力，扩大资本规模。二是企业集团之间竞争的需要。竞争是市场经济永恒的主题。在市场经济中，任何一个企业集团都面临着竞争对手的威胁。竞争一方面可以使企业集团提高市场中的竞争能力和扩大规模，从而达到资本扩张；另一方面，使企业集团为了抵制被其他企业集团并购而进行资本扩张活动。因此，竞争作为动力和压力的双重因素促使企业集团进行资本扩张。三是基于规模经济的需要。所谓规模经济，是指企业由于生产和经营规模的扩大而引起企业投资和经营成本降低从而获得较多利润的现象，也就是产品的单位成本随着企业集团规模即生产能力的提高而逐渐降低。这也成为企业集团对外实施资本扩张的重要动机之一。

(2) 企业集团资本扩张的方法。对于企业集团而言，为了让资本最大限度地增值，需要通过资本运营壮大企业集团的资本力量，扩大经营领域，从而迅速地增强企业集团的整体市场竞争力。企业集团实现资本扩张的方法有很多，其中，兼并和收购是企业集团实现资本扩张的有效途径，它可以使企业集团在资本规模、新产品开发、市场份额等诸多方面取得突破性进展。而重组尤其是资产重组是优化资本结构的重要手段。

兼并是指被兼并企业将产权有偿让渡给兼并企业，兼并企业实现资本一体化，同时取消被兼并企业法人资格的一种经济行为。在兼并过程中，企业产权的转让也可能伴随着企业

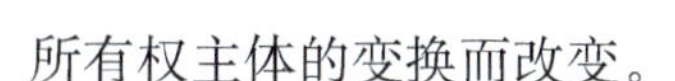
所有权主体的变换而改变。

收购是企业的一种买卖行为，是指收购企业通过证券市场对目标企业的股份进行收购或购买目标企业的产权以达到控制目标企业目的的交易行为。产权证券化是进入收购市场的前提，收购的结果是目标企业经营控制权的丧失，企业收购是通过取得控制权进行资本运作的一种投资行为。

重组是通过企业联合、合并、兼并、收购、破产、承包、租赁等方式进行的企业组织的再造。它包括企业组织、财产组织以及资本结构的变化和优化。重组有广义和狭义之分，广义的重组概念包括业务重组、资产重组、股权重组、职员重组和管理制度重组；狭义的重组主要指资产重组。资产重组是指在一定范围对资产进行分拆、整合和优化的过程，是重组的核心。

3. 企业集团生产性投资

生产性投资是企业具体投资管理的一个重要环节或领域，生产经营的扩大离不开生产性投资。

对生产性投资活动进行财务管理，就是要对投资项目进行评价，看这个投资项目是否能增加集团的价值。而评估的关键点在于确定投资的必要报酬率，如果这个投资项目的投资报酬率超过了必要报酬率，在不违背集团发展战略的情况下，一般就能被接受。但是，在企业集团中，固定资产投资容易出现这样一种情况：当有一个固定的投资报酬率作为企业及投资公司的投资报酬率标准时，如某个投资项目的投资报酬率高于这个子公司内设的投资必要报酬率而低于整个企业集团的投资必要报酬率时，或低于这个子公司的投资必要报酬率而高于整个企业集团的投资必要报酬率时，都容易导致该子公司只顾自身利益而忽视集团整体的利益。在这种情况下，只有引入其他投资指标，如剩余收益，才能保证集团整体的利益，这也就是企业集团与单个企业的生产性资本投资不同的地方，是集团需要特别注意的。

12.2.2　企业集团的融资管理

与单个企业融资相比，企业集团融资是在母公司的统一运筹和成员企业的协同配合下，彼此间通过取长补短或优势互补，使资本运动在整体上增加可调性，在融资形式或手段上更具有创新空间。企业集团融资的着眼点是为集团提供和创造更多的可以运用的“活性”资本，而不仅仅是资本来源外延规模的扩大。企业集团的融资既可以是从外部筹集资本，也可以是内部企业之间资本的融通，还有融资帮助，即利用集团整体的资源聚合优势与融通调剂便利，母公司或其他成员企业为另一成员企业融资活动提供支持的财务安排。

1. 融资方式

企业集团的融资有外部融资、内部融资和融资帮助三种基本方式。

(1) 外部融资。企业集团为了集团整体利益的最大化，应该用最有效的方法从外部筹集资本，包括取得成本最低的资本来源。当然，最便宜的资本来源，未必是最经济的资本来源。

(2) 内部融资。企业集团内部存在众多成员企业,这些企业在自身的资本运作过程中,总会导致一些成员资本不足而另一些成员资本又有剩余的现象出现。企业集团通过集中使用资本,不仅可以在集团内部调剂余缺,最大限度地发挥资本的使用效益,而且有利于保证集团行为的一致性。

(3) 融资帮助。融资帮助有相互抵押担保融资、相互债务转移、债务重组等多种形式,融资帮助可解决其中某一成员企业债务支付困难,有效地发挥集团的整体融资优势。

2. 融资管理的内容

(1) 合理安排资本结构,降低资本成本和融资风险。合理的资本结构,不仅确立了企业集团融资来源必须遵循的配置秩序,而且降低了融资风险与融资成本,因此,资本结构的安排是企业集团融资管理的核心内容。判断企业集团资本结构是否合理,可以从两个方面来看:一是资本结构在成本、风险、约束、弹性等各方面是否具有一些良好的特征;二是在数量、期限、结构等方面是否协调对称,投资风险与融资风险是否具有互补关系。

(2) 落实融资主体,选择融资渠道与融资方式。依据目标资本结构规划,母公司必须将未来规划期内资本需求总量、期限结构、时间进度等通过预算的形式确定下来,并对融资成本、风险等质量特征加以规范,然后通过预算的细化,对融资活动进行具体落实并控制实施。首先,确定融资的执行主体,管理总部应通过利弊权衡,按照成本与效率的原则作出抉择。其次,对融资渠道与融资方式进行全方位的考察与分析。

(3) 监控融资过程并提供融资帮助。监控是集团财务管理的重要内容,对融资活动也应实行相应的监控。第一,审查子公司等成员企业的预算;第二,母公司应派专门机构和专人介入,遵循事实控制的原则;第三,执行主体会同母公司派来的专人将掌握的情况报告给母公司;第四,资本的使用情况必须及时报给母公司;第五,对于未纳入预算的,必须先报告,由母公司审批。

(4) 评价融资效果,合理安排还款计划。评价融资效果,主要是对其完成效果和使用效果进行评价。评价的主要依据是融资实施前进行的融资预算。合理安排还款计划是规避融资风险,确保投资结构与资本结构安全的重要保障。

12.2.3 企业集团利益分配管理

基于企业集团组织结构的复杂性,对企业集团财务分配的研究不能仅从单纯的成果分配拓宽到利益分配,其管理的重点也不再像单个企业那样决定留存多少以满足企业自身发展需要,分配多少给股东,而是一种"反向"的分配机制,即母公司站在集团成员企业外部,对各成员企业的利益进行协调。因此,在企业集团中,全资子公司和控股子公司对所有者的分配管理的实际意义大大降低了,分配几乎完全是由母公司来决定的。企业集团的分配管理的重心从经营成果的分配问题转化为集团中利益协调与激励机制问题。与此同时,集团内部不同的成员企业之间由于实行了资本、人力资源、技术和经营管理的联合,因此,企业集团的收益分配又是对集团股东和集团成员企业的资本投资、专业协作的评价与报答,是企业集团资本和其他连接纽带的必然延伸。

1. 内部转移价格及其在集团分配中的作用

企业集团内部有一个任何单个企业都不具备的特殊关系——内部市场。内部市场是一个集团成员企业之间资本、技术、产品等交换和衔接的场所。集团内部市场，既有协作的关系，可以节约一次又一次搜索交易对象和决定交易条件的费用，又具有外部市场经济主体间的竞争效应。

(1) 内部价格的范围及作用。企业集团的核心层与控股层、参股层之间的中间产品价格的制定及执行情况直接涉及集团成员企业间利益分配的合理性。若内部价格高于正常情况，则转出中间产品的成员企业将获得较高的利润，反之，该成员企业会遭受损失或丧失机会收益。在企业集团中，内部价格不仅涉及的范围广，主要包括集团内部投资中心或利润中心之间的不同原材料、产品和品牌等无形资产，而且作用范围更大，它不仅影响企业内部的生产费用计量，还影响到企业的外部交易费用。因此，只有合理确定内部价格，才能克服本位主义，保证企业集团合理的投资结构和整体利益的实现。同时，合理的内部价格有时还可以取得避税的收益。

(2) 内部价格的形成。企业集团制定内部价格一般有以下几种方式：一是以实际成本为基础确定内部价格，即按内部产品的实际生产成本确定，也可以以此为基础加上一定的利润比例来确定。二是以标准成本为基础确定内部价格，即按标准价格为基础确定内部价格。三是以市场价格为基础确定内部价格，即考虑到产品市场本身的波动，但这要有广阔有效的产品市场存在，在市价基础上考虑内部产品与外部产品在运输、包装等方面的不同。

(3) 内部价格形式的选择。母公司对参股层或协作层企业出售产品时，若有市价就可以以市价作为内部价格，无市价则以高于或等于企业目标成本的实际成本为基础，用实际成本加成法来指定内部结算价格；母公司对控股层企业出售产品时，对有市价的产品应以略低于市价的协议价格为内部价格，对无市价的产品则按标准成本加成法确定；母公司从其他成员企业购入产品时，应采用市场价格和不高于市价的协议价格，无市场价格时应按核心企业制定的目标成本为基础，采用标准成本加成法确定内部价格。

2. 企业集团内部利益的分配方法

从经营成果分配的角度来看，以母公司体制为基础的股份制企业集团内部，以及企业集团中以股份联合的核心层、控股层、参股层之间，应按照相应的股份比例对经营成果进行股息形式的分配和红利形式的分成，即母公司按照在子公司股本中的比例享有子公司分配的现金股利和股票股利。

根据企业集团的规模与层次、成员企业的性质和地位，集团内部的分配方法主要有：

(1) 完全内部价格法。完全内部价格法是指完全以内部价格进行集团内部的交易，盈亏自负，不进行各企业间的利润分割。这通常适用于集团核心层或控股层与其他层次企业间的利益分配，或是在某些特别需要按市场方式交易以激励成员企业降低成本，提高生产效率的领域。一般情况下，这种内部价格直接以市场价格为基础制定。

(2) 二次分配法。首先，企业集团内部各成员企业共同协商确定主要产品的目标成本，并以此为基础分解确定零部件和半成品的目标成本，作为集团内部各成员企业之间的内部转移价格。各成员企业的实际成本与内部结算价格形成的盈亏额由各成员企业自己承担，由此激励成员企业想方设法提高生产效率，降低生产成本。其次，以最终产品的销售收入减去产品目标成本后形成的利润作为分配基金，按照一定的标准在各成员企业之间进行第二次分配。

(3) 级差效益分配法。级差效益分配的基础是：将产品的技术难度、劳动强度等方面的差别和原材料、劳动力价格方面形成的差异归为级差效益，按内部转移价格进行调整，弥补短期内这些不可人为改变的因素在集团内部成员企业间产生的收入差距，缓和物化劳动利润率和活劳动利润率之间的矛盾，真正发挥集团内联合互助的效应。由级差效益形成的利润归各企业所有，激励成员企业改善经营管理，提高生产效率，降低消耗，提高产品质量。

3. 运用内部转移定价机制需要注意的事项

合理运用内部转移定价机制，还需要区分不同环境下转移定价的运用规则，防止由于转移定价过程中对内部成本的确定、加成幅度的调整等所具有的一定主观性而导致在特定条件下对转移定价的滥用和转移定价无用。因此，必须坚持公平、公开、公正的原则，合理运用涉及资本市场的企业集团内部关联交易转移定价。这对维护资本市场的公平与效率，促进价格实现和资源有效分配，充分发挥资本市场的资源配置功能，促使稀缺资源流向高质量的上市公司，提高社会经济效率等，均有重要意义。

12.3 企业集团财务公司

企业集团的发展仅仅依靠一般意义上的信贷资本是远远不够的，而通过成立企业集团财务公司，可以加大融资能力，提高资本效益等，这样财务公司就应运而生了。最早的财务公司出现于18世纪的法国，其后在西方资本主义国家中蔓延开来。当代的西方财务公司已焕然一新，几乎与投资银行相匹敌，在消费信贷、企业信贷和财务投资咨询等方面占据着重要地位。有的财务公司甚至直接成为商业银行的附属机构。

从全球范围来说，财务公司通常有广义和狭义之分。广义的财务公司是指银行之外的专业融资机构，包括企业集团附属的财务公司和非企业集团附属的财务公司；狭义的财务公司专指企业集团附属的财务公司。在我国，财务公司一般是指狭义上的财务公司。

财务公司是我国改革开放后经济体制改革和金融体制改革过程中出现的新生事物。从1987年东风汽车工业财务公司成立起，我国的财务公司经历了从无到有、从小到大的发展过程，现阶段已经初具规模。它们在增强机体融资能力、提高经营水平和经济效益等领域发挥了重要作用。

12.3.1 财务公司的性质与特点

原中国银行业监督管理委员会于2006年12月28日颁布的新的《企业集团财务公司管理办法》第一章第二条规定：本办法所称财务公司是指以加强企业集团资金集中管理和提高

企业集团资金使用效率为目的，为企业集团成员单位提供财务管理服务的非银行金融机构。财务公司作为集团的成员之一，自主经营、独立核算、自担风险、自负盈亏、自我约束，并照章纳税，具有独立法人资格。

财务公司与银行、证券、信托、保险等金融机构相比，具有以下特点：

1. 特定服务

财务公司只为企业集团成员提供财务管理服务，在服务的范围上，它局限于企业集团内部，不能为企业集团之外的其他企业提供服务，而银行、证券、信托、保险等金融机构则服务于社会，范围不受限制。

2. 双重管理

根据《企业集团财务公司管理办法》规定，设立财务公司，应当报经中国银行业监督管理委员会审查批准。财务公司作为企业集团的成员，在行政上接受集团的直接领导，与此同时，作为非银行金融机构，在经营业务上，它需要依法接受中国银行业监督管理委员会的监督管理。①

3. 综合职能

财务公司可以运用存款、贷款、代理结算、资本拆借、证券业务等金融手段，从事经批准的人民币与外汇金融业务，为企业集团的发展提供综合性金融支持。

4. 资本单一

财务公司的资本主要是集团投入的资本及由少量金融机构参股而获得的资本，与银行、证券、信托、保险等金融机构相比，其资本实力比较弱小。

12.3.2 财务公司的业务范围和功能

1. 财务公司的业务范围

根据《企业集团财务公司管理办法》的规定，财务公司的业务范围可划分为四大类，即负债类业务、资产类业务、中间业务和外汇业务。

(1) 负债类业务。负债类业务是指财务公司组织并形成资本来源的业务，这是财务公司业务经营的基础和基本业务，主要有以下几种类型：

① 吸收集团成员单位的定期存款。财务公司可以吸收 3 个月以上的存款，这部分存款构成了财务公司重要的资本来源。

② 发行财务公司债券。财务公司可根据资本需求，经主管机关批准后，发行财务公司债券，面向社会筹集中长期资本。

③ 同业拆入资金。作为金融机构，财务公司可以通过同业拆借市场拆入资金以弥补临时资金不足或用于调剂，从而克服了法人企业间不得相互借贷的局限，拓宽了企业集团融资的渠道。

---

① 2018 年 3 月，第十三届全国人民代表大会第一次会议表决通过了关于国务院机构改革方案的决定，设立中国银行保险监督管理委员会。

(2) 资产类业务。资产类业务是指财务公司通过资本运用从中获取经营利润的业务，它是财务公司的核心业务，具体包括以下几种类型：

① 对集团成员单位发放贷款。发放贷款是财务公司资本运用中的一项主要业务。

② 对集团成员单位产品的购买者提供买方信贷。财务公司为了支持企业集团积极开拓国内外市场，增强其市场竞争能力，可以向本集团生产产品的购买方提供贷款，专门用于购买集团生产的产品，贷款对象虽已跨出了集团成员单位的范畴，但目的是为了促进产品的销售。

③ 买卖各种有价证券及金融机构和成员单位的股权。

④ 对成员单位办理票据承兑、票据贴现。财务公司可以办理集团成员单位签发的商业汇票的承兑以及未到期的商业票据的贴现业务。

⑤ 办理集团成员单位产品的融资租赁业务。为了支持集团企业所生产产品的销售，财务公司可以办理融资租赁业务。

(3) 中间业务。中间业务是指财务公司运用非自有资本向集团内的成员单位提供金融中介服务，并从中收取手续费的业务，具体有以下几项业务：

① 对成员单位办理委托贷款。由于企业之间不能进行资本的借贷业务，只能通过金融机构来办理，因此，集团成员单位间的资本借贷可委托财务公司办理，但这种委托贷款必须有确定的对象、用途和期限。贷款的风险由委托人承担。

② 办理银团贷款及转贷业务。

③ 办理成员单位的委托投资业务。财务公司可以接受集团成员单位的委托，利用自身的优势办理委托投资业务，发挥财务公司的理财功能。

④ 代理成员单位买卖债券。财务公司可以利用自身对证券市场的了解，代理集团成员单位买卖各种债券。

⑤ 代理集团成员单位承销、代理发行企业债券，其中也包括承销财务公司的债券。

⑥ 为集团成员单位办理信用担保、信用见证、信用调查及咨询业务等。

(4) 外汇业务。由于目前我国尚未实现人民币、外币的自由兑换，因此，财务公司开办外汇业务还必须另经国家外汇管理部门批准，经批准后可以经营与前述业务相关的外汇业务。

2. 财务公司的功能

财务公司作为企业集团的金融窗口与金融支柱，是集团内部金融资本与产业资本的突破点和生长点。其基本功能如下：

(1) 融资中心。融通资本、提供金融服务是财务公司的最本质功能。通过财务公司，不仅能聚合起各个成员企业分散的、闲置的以及重复占用的资本，以最大限度地实现集团内资本的横向融通与资本的纵向调剂，而且还可以进一步发挥集团资本的聚合优势，保障集团整体战略结构以及投资战略目标的贯彻与实现，还可以将市场经济的原则引入企业集团的融资管理过程，更重要的是可以借助财务公司的社会融资功能，大大拓宽企业集团整体的融资渠道和融资能力。

(2) 信贷中心。财务公司通过灵活多样的形式对集团内部开展存贷款业务,起到了专业银行所无法起到的作用。随着财务公司经济实力的逐渐增强,其信贷功能也将得到更好的发挥,从而更加有效地支持企业集团的生产经营、投资活动以及竞争能力的不断提高;反过来,企业集团经营管理与投资效率的提高,又进一步促进了财务公司实力的增强与融资、信贷功能的发挥,由此形成了良性推进的格局。

(3) 结算中心。这是财务公司作为企业集团内部金融机构的一项必不可少的重要功能。发挥财务公司内部"结算中心"的功能,对于企业集团的发展有着重要意义。第一,通过内部票据的专项结算,以少量的投入解决多个企业的资本清算,从而加速了集团内部资本的周转,减少了资本的占压与浪费,缓解了单个企业资本紧张的状况;第二,财务公司的运作,杜绝了集团内部成员企业之间的债务拖欠,从而减少了由此产生的摩擦和内耗,为集团战略发展及投资战略目标的顺利实现创造了良好的内部环境;第三,通过财务公司的内部结算,减少了集团成员企业通过专业银行结算而占用的时间,避免了资本的在途浪费,在整体上提高了资本的使用效率。

(4) 投资中心。企业集团将投资中心的功能赋予财务公司,从而能有效地避开成员企业因为不同行政区域而造成的资本纵向分配、条块分割、管理分散的弊端,使财务公司的理财功能、资本上的聚合优势得到充分运用。财务公司可以根据母公司的统一决策和政策,使整个集团的资本运用形成一个协调有序的管理系统,从而大大提高投资的效率和母公司的决策灵敏性。

(5) 咨询服务中心。金融市场信息是一项宝贵资源,在宏观上将影响企业集团发展战略的决策,在微观上也影响和制约着集团成员和其产品消费者对金融商品的选择。面对金融市场特别是国际金融市场,财务公司必须能对市场的变化做出快速反应,以适应集团生产经营和发展的需要。首先,财务公司要为集团提供专业咨询意见和决策信息;其次,财务公司要根据情况的不同,在充分考虑客户利益的基础上,帮助投融资双方选择合适、合理的金融品种;最后,财务公司要起到风险顾问的作用,通过采用多种手段对企业所面临的风险进行预警、评估、监控和化解。

相关阅读

企业集团财务公司发展历程回顾

根据原中国银行业监督管理委员会出台的《企业集团财务公司管理办法》第二条对财务公司的定义,财务公司是指以加强企业集团资金集中管理和提高企业集团资金使用效率为目的,为企业集团成员单位提供财务管理服务的非银行金融机构。国际上财务公司最早于1878年在美国出现,而我国的第一家财务公司——东风汽车工业财务公司于1987年5月由中国人民银行批准设立。在国家政策、监管法规的支持和规范下,财务公司行业实现了持续发展和快速壮大,目前已发展成为重要的金融子行业,对国民经济发展起着举足轻重的作用。

在30余年的发展历程中，财务公司行业大概经历了初始成长期(20世纪90年代)、规范发展期(20世纪初至2008年全球金融危机前)和加速壮大期(近10年)三个发展阶段，机构数量和资产规模实现了持续快速增长。尤其是2019年以来，在企业集团发展带动和监管政策的支持下，财务公司行业不断发展壮大：财务公司的机构数量从83家增加到2018年末的253家，年均新设财务公司17家；资产规模从1.25万亿元增加到2018年的6.33万亿元，净增加5.08万亿元，年均增速超过20%。截至2018年末，全行业253家法人财务公司的表内外资产总额9.5万亿元，同比增长9.3%，其中表内资产为6.33万亿元，同比增长10.68%。各项存款余额5.07万亿元，同比增长10.43%；各项贷款余额2.91万亿元，同比增长15.48%；资金归集率49.48%，同比提高1.57个百分点。

财务公司行业总体呈现出不断发展壮大的趋势，并成为金融组织体系不可或缺的组成部分，在国民经济发展中发挥着越来越重要的作用。目前，财务公司已发展成为一个重要的金融子行业，在服务实体经济尤其是支持小微企业发展中发挥着举足轻重的作用。一是随着财务公司行业加快发展，其资产规模不断发展壮大，财务公司行业资产规模占金融业资产总规模的比重不断提升，2018年末达2.16%，较20世纪90年代初提升了近2个百分点，成为国家金融组织体系的重要组成部分。二是财务公司作为主要服务于企业集团的金融子行业，重点服务了近20个行业的龙头企业集团，包括了钢铁、军工、有色金属、电力、电子电器等重要行业，其中中央企业集团财务公司共计76家。三是服务实体经济尤其是中小微企业的成效比较显著，比如部分财务公司借助贯通全产业链金融服务的发展优势，通过持续加强对产业链上下游企业的金融服务，有效推动了所在集团的产业转型升级，并带动了产业链上众多小微企业的发展。据财务公司行业协会统计，2018年共有39家财务公司向企业集团的产业链下游企业开展了消费信贷、买方信贷和融资租赁业务，投放信贷资金3 666亿元，服务中小微企业4 756家；有54家财务公司开展了延伸产业链业务，向上游企业投放信贷资金1 318亿元，服务中小微企业5 287家。

但近年来，由于内外部环境的变化，财务公司业务范围窄和产品创新不足的问题日益凸显，行业发展面临较大的挑战，很难继续走机构数量和资产规模简单复加的老路。当然，内外部环境的变化，也为财务公司业务创新发展带来新的机遇。

(资料来源：王兴友.企业集团财务公司业务创新发展研究——基于资金富余型财务公司视角[J].西南金融，2019(12)：88-96.)

本章小结

企业集团是以一个实力雄厚的大型企业为核心(控股公司)，以资本为主要纽带，并辅以产品、技术、契约等多种纽带，将多个企业、事业单位联结在一起组成的一个具有共同经营战略和发展目标的多层次法人结构的经济联合体和在经济上统一控制、法律上各自独立的企业联合体。同一般企业相对比，企业集团不是一个独立的法人实体，它是通过一定的联结纽带组成的企业联合体和具有特定组织结构的有层次的有机结合体。

企业集团的财务管理目标是通过对各成员企业的财务活动进行有效的协调与整合，充分发挥企业集团有效配置资源的综合优势，实现企业集团整体价值的最大化。企业集团财务管理具有三大特点：①以战略管理为导向。②以多元化的立体管理格局为背景。③以集团财务控制为核心。企业集团的财务活动主要包括投资、融资和利益分配。

企业集团的发展仅仅依靠一般意义上的信贷资本是远远不够的，而通过成立企业集团财务公司，可加大融资能力，提高资本效益。财务公司与银行、证券、信托、保险等金融机构相比，具有特定服务、双重管理、综合职能和资本单一等特点。财务公司作为企业集团的金融窗口与金融支柱，是集团内部金融资本与产业资本的突破点和生长点，其具有融资中心、信贷中心、结算中心、投资中心和咨询服务中心等功能。

关键概念

企业集团(enterprise group)

财务公司(financial coporation)

组织特征(organization character)

法律特征(legal character)

企业集团财务管理(finance management of enterprise group)

自测题

一、单项选择题

1. 企业集团具有的法律特征是指(　　)。
   A. 它不是一个独立的法律实体
   B. 它是通过一定的联结纽带组成的企业联合体
   C. 它是一个具有特定组织结构的有机结合体
   D. 它是一个具有层次的有机结合体
2. 负债类业务是财务公司业务经营的基础业务，下列属于负债类业务的是(　　)。
   A. 吸收集团成员单位的定期存款　　B. 对集团成员办理信用担保
   C. 买卖各种有价证券　　D. 对集团成员单位发放贷款
3. 企业集团内部利益的分配方式有(　　)。
   A. 现金股利　　B. 股票股利
   C. 融资帮助　　D. 二次分配法
4. 企业集团制定内部价格不包括(　　)。
   A. 以实际成本为基础　　B. 以目标价格为基础
   C. 以标准成本为基础　　D. 以市场价格为基础
5. 融资帮助的方式不包括(　　)。

A. 相互抵押担保融资　　B. 相互债务转移

C. 债务重组　　D. 股票股利

二、多项选择题

1. 企业集团财务管理具有的特点有(　　)。

A. 以战略管理为导向　　B. 以多元化的立体管理格局为背景

C. 以集团财务控制为核心　　D. 以筹资活动为核心

2. 企业集团在选择财务管理体制时,应考虑的因素有(　　)。

A. 股权因素　　B. 规模因素

C. 经营业务因素　　D. 理财环境

3. 企业集团的投资管理包括(　　)。

A. 融资帮助　　B. 资本扩张

C. 生产性投资　　D. 产权管理

4. 财务公司具有的特点有(　　)。

A. 只为企业集团成员提供财务管理服务

B. 财务公司要接受双重管理

C. 提供综合性金融支持

D. 资本单一

5. 企业集团的融资方式有(　　)。

A. 外部融资　　B. 内部融资

C. 产权管理　　D. 融资帮助

三、判断题

1. 核心层与控股层的财务活动是企业集团财务管理的主要内容。(　　)

2. 企业集团是通过一定的联结纽带组成的企业联合体,这是其法律特征。(　　)

3. 企业集团财务管理的特点还体现在管理核心是集团母公司对其他成员企业的财务控制和管理。(　　)

4. 企业集团产生的主导方式是企业间的兼并与收购,而兼并与收购都是资本扩张的表现。(　　)

5. 融资帮助可以解决集团成员间债务支付困难,有效地发挥集团的整体融资优势。(　　)

四、简答题

1. 什么是企业集团?企业集团具有哪些特征?

2. 企业集团如何分类?

3. 企业集团财务管理的目标是什么?有什么特点?

4. 企业集团财务管理体制有哪些模式?

5. 企业集团财务管理的内容有哪些?

6. 什么是企业集团财务公司?财务公司有什么特点?财务公司的功能是什么?

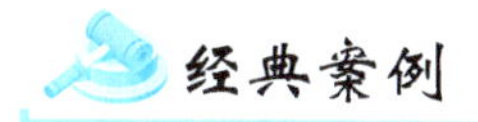

经典案例

海尔集团的财务共享服务

一、海尔集团简介

海尔集团于1984年在青岛创立，是世界第四大白色家电制造商。海尔旗下拥有240多家法人单位，在全球30多个国家建立了本土化的设计中心、制造基地和贸易公司，重点发展科技、工业、贸易、金融四大支柱产业，已发展成为大规模的跨国企业集团。在世界权威市场调查机构欧睿国际（Euromonitor International）发布的全球大型家用电器品牌零售量统计中，海尔连续八次蝉联全球第一。

二、海尔集团财务共享服务的实施路径

自2007年开始，海尔集团组建了包括IBM咨询顾问、内控中心、系统实施顾问等项目团队以配合海尔全球化战略的布局，并借集团流程再造的契机启动了海尔全球财务共享服务中心项目。海尔全球财务共享服务中心将集团内不同公司的往来、结算、资产核算、费用报销等交易处理与会计核算业务进行集中共享，以会计流程的重组为核心，完成了中心组织架构、人员和信息平台等的搭建工作。

1. 组织架构

与传统的金字塔式会计组织不同，财务共享服务下的会计组织是一种二维结构——流程维与职能维（如图1）。这种结构使组织围绕业务流程运作，职能单元为业务流程的运行提供服务性支持。海尔财务共享服务中心分为会计平台和资金平台两部分。会计平台主要负责会计交易事项的核算处理，资金平台主要负责融资、资金运营和金融风险的管控。中心在两大平台之下细分为12个功能中心（费用稽核、总账报表、往来清账、税务申报、资产核算、税票服务、收付服务、质量管理、海外会计、融资平台、金融风险、资金运营）。每个功

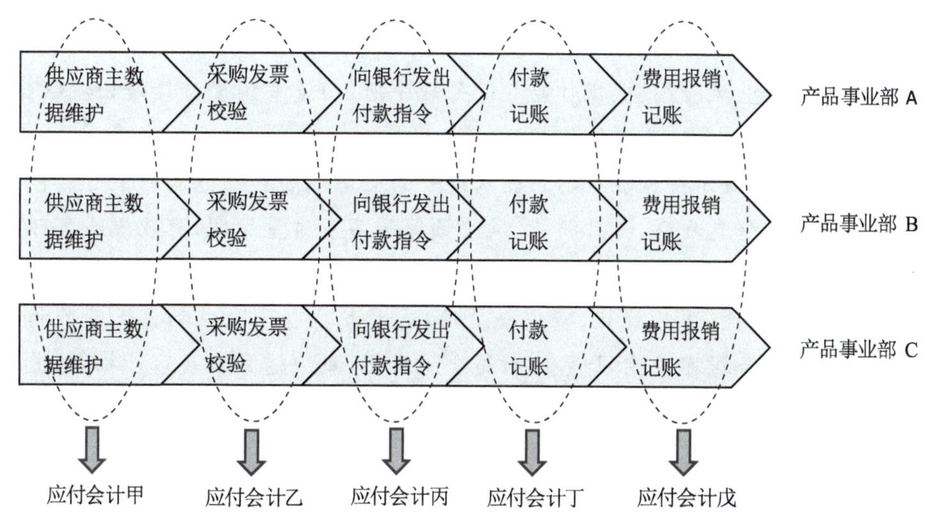

图1　海尔财务共享服务模式下的会计组织

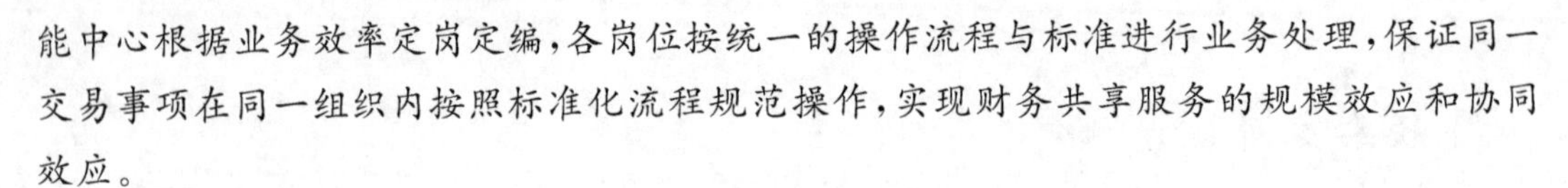

能中心根据业务效率定岗定编，各岗位按统一的操作流程与标准进行业务处理，保证同一交易事项在同一组织内按照标准化流程规范操作，实现财务共享服务的规模效应和协同效应。

2. 流程建设

财务共享服务在实现财务核算集中化的同时，还需实现业务流程的优化。海尔财务共享服务中心对财务流程进行"端到端"的优化设计，梳理成总账（GL）、应收（AR）、应付（AP）、固定资产（AM）、费用预算控制和资金管控 6 个模块 24 个流程，并建立了标准业务流程。

海尔财务共享服务通过流程再造实现了端到端的闭环，将物流、资金流和信息流充分结合，将分散在各个业务发生地的会计核算业务集中到中心统一处理，使财务和业务高度协同，极大地提高了财务管理的质量和效率，有效控制了集团财务风险，降低了财务成本。

3. 信息系统

财务共享服务背后依赖的是高效的信息系统。2005 年，海尔集团建立了全球统一信息系统即 SAP/ECC，将全球各公司的财务数据和业务信息在这个平台上共享。随后，海尔在该系统的基础上建立了全球价值信息化系统（HGVS），以在集团上下全面推行财务共享。此外，海尔跟进开发了员工自助费用核销系统、信息化对账系统以及 MPC 资金支付系统等，实现了对财务工作的在线管理。海尔财务共享服务中心通过标准化、规范化的信息加工，确保财务和业务数据能够被及时、准确、完整地传递和处理；借助全球价值信息化系统等平台，将财务融入业务流程，实现成本费用事前管控、事中真实反映、事后无不良账项，保障业务平稳、有序、高效地执行。

4. 内部控制

财务共享服务的初期内控目标一般为保证合法合规经营基础上的降本增效，但随着海尔财务共享服务模式的逐渐完善，提升企业核心竞争力上升为主要目标。

在合法合规层面，海尔财务共享服务中心推行了 4 种账务合规评价模型：一是建立员工信用等级标准并嵌入财务流程，打造团队诚信氛围；二是持续优化标准、透明、开放的财务流程；三是输出流程规范、风险指引、操作指导等管理手册；四是多维度持续输出流程案例、科目解析等财务管理报告，管控业务执行环节。

在风险管控层面，海尔将风险控制点嵌入统一的交易规则和业务流程中并固化至信息系统，通过流程穿刺、信息反馈、科目解析、风险预警等共享质量管理，有效规避各环节的风险，从而使企业战略、财务、经营等风险得到有效控制；定期对共享成员单位进行合规评价，通过事前控制、事中自检、事后优化，实现全员内控，形成具有预防性和自运营性的内控体系。即事前建立各业务循环的流程标准，打造合规文化，事中建立自我审计机制，进行日常内控自检，从事后的风险发现转化为事前的风险预警，以推动业务端的改善。

三、海尔集团财务共享服务的变革效果

1. 降本增效，创造企业价值

海尔财务共享服务中心通过流程和标准的优化与统一、组织和岗位的合理架构、信息化

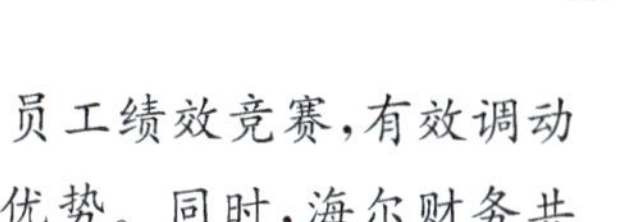

平台的搭建、岗位手册等管理手册的标准化推进，以及公平、公开的员工绩效竞赛，有效调动了员工的工作积极性，实现了降本增效，为集团赢得了效率和成本优势。同时，海尔财务共享服务中心针对交易频次多、交易量大的现状，推出同步入账模式，有效规避由财务核算引起的账务未达，使财务数据更加真实地反映集团公司的经营绩效。

2. 财务转型，规范核算水平

海尔集团通过建立财务共享服务中心，带动财务人员的职能转型，从而提升了集团整体的财务核算水平，为集团的经营提供了更有力的财务决策支持。将产业供销链中各业务环节产生的核算工作全部集中到财务共享服务中心按统一的操作流程和操作标准进行处理，保证了核算的完整、及时和准确；同时，财务共享服务中心内部核算人员对整条供销链中各业务环节的错误核算信息能够早发现、早修正，并与中心及时沟通与核对，从而强化了总部对下属机构的财务监控。

3. 统一平台，提升运营效率

海尔集团自建立财务共享服务中心后，集团内从事基础会计工作的财会人员由 1 800 人降到 260 人，人数下降至原先的 14.4%左右，但人员的大大减少并没有降低财务核算的效率。实际上，采用财务共享服务后，人均效率不降反增。以开票岗位为例，人均开票率较建立共享服务前提升了近 45%，关账日期从 10 个工作日缩短至 3 个工作日，约 800 名财务人员完全致力于预算、内控、资金及业务支持等财务管理工作。

2016 年海尔全球营业额 2 016 亿元，同比增长 6.8%；利润 203 亿元，同比增长 12.8%，利润增速是收入增速的 1.8 倍。近十年海尔收入复合增长率达到 6.1%，利润复合增长率达到 30.6%，这些均表明海尔财务共享服务对集团绩效的提升具有积极正面的作用。

四、海尔集团财务共享服务的发展方向

1. 进一步发展外包服务

海尔财务共享服务未来的前瞻性目标之一是深入发展外包服务，将海尔所收获的财务共享运营管理及财务咨询服务的经验更多地传播出去，为集团外的共享需求者提供有价值的服务。2015 年底，海尔集团提出建立大共享平台的概念，涵盖财务共享、人力资源共享等 9 个子平台，加速创客小微的孵化，树立大数据时代产融结合的典范。目前海尔集团共享业务涵盖 31 个国家，为全球 900 家公司提供多达 10 种语言的服务，先后为数家公司提供了企业财务共享服务建设、共享信息化功能设计等方面的服务，继续秉持用户驱动、自主管理、增值分享的理念，以市场化视角为内外部用户提供专业化的财务服务。2017 年 9 月初，海尔财务咨询顺利完成金轮蓝海股份有限公司的财务共享建设咨询项目，推动了金轮集团的财务转型，体现出海尔集团财务共享正朝外包服务方向不断深化。

2. 深化中心资金运营管理

未来，海尔集团将基于互联网模式探索“资金云”，利用新模式、新技术持续优化和提升共享服务中心和资金共享平台的全球资金管理能力；同时，在全球资金共享服务模式的推动下，不断整合全球资源，提升资金运营及风险管控能力。比如利用 APP 等新技术手段将资金业务深入到终端业务层面，实现资金结算的全自动化收款入账，最大化提升资金的收付效

率。海尔集团未来的资金管理目标是通过规范资金业务流程,将标准化作业植入资金系统,实现最大化无人操作,全面提升财务共享服务中心平台资金的运营能力和运营效率。

3. 优化"云十端"的财务共享服务模式

随着海尔集团财务共享服务的继续深化,财务共享方面的知识沉淀将为财务共享服务中心逐渐发展为财务知识中心奠定基础。海尔未来将进一步优化基于"云十端"的全球财务共享服务模式,通过实时的信息反馈,统筹整合并优化集团资源,保障整体资源运用的最佳效益和效率。同时,海尔计划进一步打造集中、高效的资金管理与融资服务的云平台,更好地服务于海尔的全球化运营和全球化财务管理,保障海尔全球战略的实施。

(资料来源:成畅.企业集团财务共享服务创新研究——基于海尔集团的管理实践[J].2019(3):90-94.)

案例讨论

(1) 请谈谈海尔是怎样实施企业集团财务共享服务的,财务共享服务的实施效果如何。

(2) 试分析我国企业集团财务管理高质量可持续发展的创新之路。

提升阅读

[1] 李培清.大数据时代国有企业集团预算管理改进探索[J].财会月刊,2021(20):63-67.

[2] 王曙光,刘伟乐,张子山."大智移云"下企业集团财务共享能力构建研究:基于资源编排理论视角[J].财会通讯,2021(11):147-151.

[3] 王玉莲.国有企业集团加强财务管控的几点思考[J].财务与会计,2021(6):76-77.

[4] 周骏,黄嵩,张俊超.财务公司还是结算中心?:企业集团资金集中管理模式的角度[J].上海金融,2020(2):64-70.

[5] 李立成,付梦然,李彦庆.企业集团财务共享服务中心效益研究[J].财会月刊,2020(7):24-29.

习题答案

第一章　财务管理总论

一、单项选择题

1. A　**2.** D　**3.** D　**4.** B　**5.** C　**6.** D　**7.** B　**8.** A　**9.** D　**10.** A　**11.** C　**12.** B

二、多项选择题

1. ABC　**2.** ABCD　**3.** ACD　**4.** ABCD　**5.** ACD　**6.** BCD　**7.** ACD　**8.** AB
9. ABCD

三、判断题

1. ×　**2.** √　**3.** √　**4.** ×　**5.** ×　**6.** ×　**7.** ×　**8.** √　**9.** √　**10.** √

四、简答题

略

第二章　财务管理环境

一、单项选择题

1. C　**2.** D　**3.** B　**4.** C　**5.** C　**6.** C　**7.** C　**8.** D　**9.** D　**10.** D

二、多项选择题

1. ABC　**2.** ABCD　**3.** ABD　**4.** AC　**5.** BCD

三、判断题

1. ×　**2.** ×　**3.** √　**4.** √　**5.** √　**6.** √　**7.** ×

四、简答题

略

第三章　货币时间价值与投资风险价值

一、单项选择题

1. C　**2.** D　**3.** A　**4.** B　**5.** B　**6.** C　**7.** C　**8.** C　**9.** A　**10.** B

二、多项选择题

1. BCD　**2.** AB　**3.** CD　**4.** ABCD　**5.** AC　**6.** ABD　**7.** ACD　**8.** AC　**9.** ABCD
10. BD

三、判断题

1. ×　**2.** ×　**3.** √　**4.** ×　**5.** √　**6.** ×　**7.** √　**8.** √　**9.** ×　**10.** ×

四、计算分析题

1. 解答:(1) 由于货币具有时间价值,不同时点上的收入与支出不能直接比较,因此,应将其放在同一时点上，本题将20×3年作为观察点。

20×3年年初投资额的终值：$F=A\times[(F/A,i,n+1)-1]=60\,000\times[(F/A,8\%,3)-1]=134\,784$(元)

20×3年年初预期收益的现值：$P=A(P/A,i,n)=50\,000\times(P/A,8\%,3)=128\,855$(元)

(2) 由于收益小于投资额，即收入<支出，所以该投资项目不可行。

2. 解答：方案A一次性支付的现值为10万元。

方案B支付的现值：$P=3+4\times(P/F,10\%,1)+4\times(P/F,10\%,2)=9.942$(万元)

可见，选择B方案最佳。

3. 解答：

甲方案付款总现值$=24\times(P/A,10\%,5)\times(1+10\%)=24\times3.790\,8\times(1+10\%)=100.08$(万元)

乙方案付款总现值$=26\times(P/A,10\%,5)\times(P/F,10\%,1)=26\times3.790\,8\times0.909\,1=89.60$(万元)

丙方案付款总现值$=25\times(P/A,10\%,5)=25\times3.790\,8=94.77$(万元)

可知，该公司应选择乙方案。

4. 解答：

(1) $E(A)=40\%\times0.2+20\%\times0.6+0\times0.2=20\%$

$E(B)=70\%\times0.2+20\%\times0.6+(-30\%)\times0.2=20\%$

(2) $\delta(A)=12.65\%$　$\delta(B)=31.62\%$

(3) 由于两个方案的期望值相同，标准离差越小，风险就越小，所以应投资于A公司。

五、简答题

略

第四章　权益筹资

一、单项选择题

1. D　**2.** C　**3.** C　**4.** C　**5.** C　**6.** A　**7.** C　**8.** D　**9.** A　**10.** B

二、多项选择题

1. CD　**2.** ABCD　**3.** CD　**4.** CD　**5.** ABD　**6.** ABD　**7.** ABD　**8.** BCD　**9.** ABD　**10.** ABCD

三、判断题

1. ×　**2.** ×　**3.** ×　**4.** √　**5.** ×　**6.** ×　**7.** √　**8.** √　**9.** √　**10.** ×

四、计算分析题

1. 解答：

(1) 首先要判断高低点，最高点为20×6年的销售收入，最低点为20×2年的销售收入

① 每万元销售收入占用变动现金$=(750-700)/(12\,000-10\,000)=0.025$(万元)

② 销售收入占用不变现金总额$=750-0.025\times12\,000=450$(万元)

(2) ① 按步骤建立总资产需求量

销售收入占用不变动现金 a =1 000+570+1 500+4 500−300−390=6 880(万元)

每万元销售收入占用变动现金 b =0.05+0.14+0.25−0.1−0.03=0.31(万元)

因此,总资产需求量模型为:y =6 880+0.31x

② 根据总资产需求量模型,20×7 年资金需求量=6 880+0.31×20 000=13 080(万元)

③ 20×7 年外部筹资量=13 080−2 750−2 500−3 000−1 500−100=3 230(万元)

五、简答题

略

第五章　负债筹资

一、单项选择题

1. A　**2.** D　**3.** A　**4.** B　**5.** D　**6.** C　**7.** A　**8.** A　**9.** D　**10.** B

二、多项选择题

1. BD　**2.** AC　**3.** AC　**4.** AD　**5.** AC　**6.** ABC　**7.** CD

三、判断题

1. √　**2.** √　**3.** ×　**4.** √　**5.** ×　**6.** √　**7.** √　**8.** ×　**9.** √　**10.** √

四、计算题

1. 解答:

(1) P_1 =1 000×10%×(P/A, 8%, 5)+1 000×(P/F, 8%, 5)=1 079.87(元)

(2) P_2 =1 000×10%×(P/A, 12%, 5)+1 000×(P/F, 12%, 5)=927.88(元)

(3) P_3 =1 000×10%×(P/A, 10%, 5)+1 000×(P/F, 10%, 5)=1 000(元)

(4) 由以上结果可知,当市场利率小于票面利率时应溢价发行。当市场利率大于票面利率时应折价发行。当市场利率等于票面利率时应平价发行。

2. 解答:

(1) 每年年末支付租金方式下的应付租金为(属于普通年金):

$A=P/(P/A, i, n)$ =200 000/(P/A, 10%, 4)=63 093.47(元)

(2) 每年年初支付租金方式下的应付租金为(属于预付年金):

$A=P/[(P/A, i, n-1)+1]$ =200 000/[(P/A, 10%, 3)+1]=57 357.54(元)

3. 解答:

(1) 放弃(第 10 天)折扣的资金成本=[2%/(1−2%)]×[360/(30−10)]=36.7%

放弃(第 20 天)折扣的资金成本=[1%/(1−1%)]×[360/(30−20)]=36.4%

放弃折扣的资金成本大于短期贷款利率,所以应享受折扣,且选择放弃折扣的成本(享有收益)较大的一个,应选择在第 10 天付款,付 490 万元(500×98%)。

(2) 短期投资报酬率 40%大于放弃折扣的成本,应放弃折扣,选择第 30 天付款,付 500 万元。

4. 解答:

七星公司实际可用的借款额为:100×(1−15%)=85(万元)

七星公司实际负担的年利率为:5%/(1−15%)=5.88%

五、综合题

解答:(1) 立即付款:折扣率=(10 000−9 630)/10 000=3.7%

放弃现金折扣成本=[3.7%/(1−3.7%)]×[360/(90−0)]=15.37%

(2) 30 天付款:折扣率=(10 000−9 750)/10 000=2.5%

放弃现金折扣成本=[2.5%/(1−2.5%)]×[360/(90−30)]=15.38%

(3) 60 天付款:折扣率=(10 000−9 870)/10 000=1.3%

放弃现金折扣成本=[1.3%/(1−1.3%)]×[360/(90−60)]=15.81%

由上分析可知,最有利的是 60 天付款 9 870 元。

六、简答题

略

第六章　资本成本与资本结构

一、单项选择题

1. B　**2.** C　**3.** C　**4.** A　**5.** B　**6.** D　**7.** B　**8.** A　**9.** D　**10.** B

二、多项选择题

1. ABCD　**2.** ABCD　**3.** ACD　**4.** AB　**5.** BCD　**6.** ABD　**7.** ABCD　**8.** AB　**9.** AD　**10.** ABC

三、判断题

1. ×　**2.** √　**3.** √　**4.** √　**5.** ×　**6.** ×　**7.** √　**8.** √　**9.** ×　**10.** √

四、计算分析题

1. 解答:(1) 增发股票方案下:20×2 年增发股份数=1 000/5=200(万股)

20×2 年全年债券利息=1 000×8%=80(万元)

(2) 增发公司债券方案下:

20×2 年全年债券利息=2 000×8%=160(万元)

(3) 设每股利润的无差别点为 $EBIT$,建立方程:

$(EBIT-80)\times(1-25\%)/(4\,000+200)=(EBIT-160)\times(1-25\%)/4\,000$

解得:$EBIT=1\,760$ 万元

由于 20×2 年可实现息税前利润 2 000 万元>每股利润的无差异点 1 760 万元,因此,采取负债融资较好,即采取方案二。

2. 解答:(1) 设每股利润的无差别点为 $EBIT$

甲方案年利息=1 000×8%=80(万元)

乙方案年利息=1 000×8%+2 500×10%=330(万元)

令甲方案的 EPS=乙方案的 EPS

即$[(EBIT-80)\times(1-25\%)]/(4\,500+1\,000)=(EBIT-330)\times(1-25\%)/4\,500$

解得:$EBIT=1\,455$(万元)

(2) 乙方案财务杠杆系数 $DFL=1455/[1\,455-(1\,000\times8\%+2\,500\times10\%)]$

$=1\ 455/(1\ 455-330)=1.29$

(3) 由于预计息税前利润 1 200 万元<无差别点的息税前利润 1 455 万元，
因此，应采用甲方案，即增发普通股

(4) 由于预计息税前利润 1 600 万元>无差别点的息税前利润 1 455 万元，
所以，应采用乙方案，即发行公司债券

(5)每股利润增长率=1.29×10%=12.9%

3. 解答：(1) A 方案：

① 2004 增发普通股股份数=2 000/5=400(万股)

② 2004 年全年债券利息=2 000×8%=160(万元)

(2) B 方案：2004 年全年债券利息=(2 000+2 000)×8%=320(万元)

(3) ① 根据题意列方程：

$[(EBIT-160)\times(1-25\%)]/(8\ 000+400)=(EBIT-320)\times(1-25\%)/8\ 000$

解得：每股利润无差别点 $EBIT=3\ 520$(万元)

② 由于预计的息税前利润 4 000 万元>每股利润无差别点 3 520 万元，
所以，应采取发行公司债券筹集所需资金。

五、综合题

1. 解答：(1) 首先判断高低点，因为本题中 20×6 年的销售收入最高，20×2 年的销售收入最低，所以高点是 20×6 年，低点是 20×2 年。

① 每万元销售收入占用变动现金=(750−700)/(12 000−10 000)=0.025(万元)

② 销售收入占用不变现金总额=700−0.025×10 000=450(万元)

[或=750−0.025×12 000=450(万元)]

(2) 总资金需求模型

① 根据资料二表中列示的数据可以先计算出 a、b：

$a=1\ 000+570+1\ 500+4\ 500-300-390=6\ 880$(万元)

$b=0.05+0.14+0.25-0.1-0.03=0.31$(万元)

总资金需求模型为：$y=6\ 880+0.31x$

② 20×7 资金需求总量=6 880+0.31×20 000=13 080(万元)

③ 20×7 年需要增加的资金=6 880+0.31×20 000−12 000=1 080(万元)

20×7 年外部筹资量=1 080−100=980(万元)

(3) ① 20×7 年预计息税前利润=15 000×12%=1 800(万元)

② 增发普通股方式下的股数=300+100=400(万股)

增发普通股方式下的利息=500(万元)

增发债券方式下的股数=300(万股)

增发债券方式下的利息=500+850×10%=585(万元)

设每股收益无差别点为 $EBIT$，建立方程：

$(EBIT-500)\times(1-25\%)/400=(EBIT-585)\times(1-25\%)/300$

解得：$EBIT=840$(万元)

③ 由于20×7年息税前利润1 800万元>无差别点的息税前利润840万元,所以,应选择负债融资,即发行债券筹集资金。

增发新股的资本成本=0.5×(1+5%)/8.5+5%=11.18%

2. 解答:

(1) 20×9年的财务杠杆系数

=20×8年的息税前利润/(20×8年的息税前利润-20×8年的利息费用)

=50 00/(5 000-1 200)=1.32

(2) $A=1\,800$,$B=0.30$

(3) 设甲、乙两个方案的每股收益无差别点的息税前利润为 $EBIT$,根据题意列方程得:

$(EBIT-1\,800)\times(1-25\%)/10\,000=(EBIT-1\,200)\times(1-25\%)/(10\,000+2\,000)$

解得:$EBIT=4\,800$(万元)

(4) 由于筹资后的息税前利润为6 000万元>4 800万元,且发行债券的每股收益高,因此应该采取发行债券的筹资方案。

六、简答题

略

第七章 项目投资

一、单项选择题

1. B **2.** B **3.** D **4.** A **5.** C **6.** C **7.** A **8.** D **9.** B **10.** D **11.** B **12.** D **13.** D **14.** C

二、多项选择题

1. AB **2.** ABD **3.** ABD **4.** BCD **5.** AC **6.** BD **7.** ABC **8.** ABCD

三、判断题

1. × **2.** × **3.** √ **4.** √ **5.** × **6.** × **7.** × **8.** × **9.** √

四、计算分析题

1. 解答:

(1) 该设备各年净现金流量:

$NCF_{1\sim4}=20+(100-5)/5=39$(万元)

$NCF_5=20+(100-5)/5+5=44$(万元)

(2) 静态投资回收期=100/39=2.56(年)

(3) 投资利润率=20/100×100%=20%

(4) 该投资项目的净现值=39×3.790 8+100×5%×0.620 9-100=50.95(万元)

2. 解答:

(1) 计算表中用英文字母表示的项目:

$A=-1\,900+1\,000=-900$(万元) $B=900-(-900)=1\,800$(万元)

① 静态投资回收期:包括建设期的投资回收期=3+|-900/1 800|=3.5(年)

不包括建设期的投资回收期＝3.5－1＝2.5(年)

② 净现值＝1 863.3 万元

③ 原始投资现值＝1 000＋943.4＝1 943.3(万元)

④ 净现值率＝1 863.3/1 943.3 ≈ 95.88%

⑤ 获利指数＝(1 863.3＋1 943.3)/1 943.3 ≈ 1.96

(2) 由于该项目的净现值1 863.3万元＞0,净现值率95.88%＞0,获利指数1.96＞1,包括建设期的投资回收期 3.5 年 ＞ 经营期的一半,故该项目基本上具有财务可行性。

3. 解答:

(1) ① 固定资产投资金额＝1 000(万元)

② 运营期每年新增息税前利润＝所得税前净现金流量－新增折旧

＝200－100＝100(万元)

③ 不包括建设期的静态投资回收期＝1 000/200＝5(年)

(2) 由于A方案的原始投资额与B方案的原始投资额一样,所以可以使用净现值法进行决策。

(3) 因为 B 方案的净现值 273.42 万元＞A 方案的净现值 180.92 万元,因此应该选择 B 方案。

4. 解答:

(1) 每年折旧＝(200＋200－40)÷6＝60(万元)

每年营业净现金流量＝年营业收入－年付现成本－所得税＝税后净利＋折旧

＝400×(1－25%)－280×(1－25%)＋60×25%＝105(万元)

(2) NPV＝105×(P/A，10%，5)×(P/F，10%，2)＋0.826＋195×(P/F，10%，8)－50×(P/F，10%，2)－200×(P/F，10%，1)－200＝－3.24(万元)

获利指数＝419.858/423.1＝0.99

因此,该项目不可行。

五、综合题

1. 解答

(1) ① A 方案和 B 方案的建设期均为 1 年。

② C 方案和 D 方案的运营期均为 10 年。

③ E 方案和 F 方案的项目计算期均为 11 年。

(2) A 方案的资金投入方式为分次投入,D 方案的资金投入方式为一次性投入。

(3) A 方案包括建设期的静态投资回收期＝3＋150/400 ≈ 3.38(年)

(4) E 方案不包括建设期的静态投资回收期＝1 100/275＝4(年)

(5) C 方案净现值 NPV＝275×(P/A，10%，10)×(P/F，10%，1)－1 100

＝275×6.144 6×0.909 1－1 100 ≈ 436.17(万元)

(6) 由方程:275×(P/A，IRR，10)＝1 100

得:(P/A，IRR，10)＝4

查表:(P/A，20%，10)＝4.192 5　(P/A，24%，10)＝3.681 9

运用内插法：20%　　4.192 5

IRR　　4

24%　　3.681 9

得：$(24\% - IRR)/(24\% - 20\%) = (3.681\ 9 - 4)/(3.681\ 9 - 4.192\ 5)$

解得：$IRR = 21.51\%$

六、简答题

略

第八章　证券投资

一、单项选择题

1. D　**2.** A　**3.** D　**4.** C　**5.** C　**6.** A　**7.** B　**8.** A　**9.** D　**10.** C　**11.** B　**12.** D　**13.** C　**14.** B　**15.** A

二、多项选择题

1. AC　**2.** AB　**3.** ABCD　**4.** ABCD　**5.** ABCD　**6.** ABCD　**7.** AD　**8.** ABCD　**9.** ACD　**10.** ACD

三、判断题

1. √　**2.** √　**3.** √　**4.** √　**5.** √　**6.** ×　**7.** ×　**8.** √

四、计算分析题

1. 解答：

(1) 甲公司股票的必要报酬率$=4\%+1.2\times(9\%-4\%)=10\%$

(2) 甲公司股票的价值$=3/10\%=30$ 元

由于甲公司的股票价值 30 元低于股票市价 46.20 元，该股票不值得投资，建议减持该股票。

(3) 乙公司股票的内部收益率$=1.5\times(1+6\%)/25+6\%=12.36\%$

由于乙公司股票的内部收益率 12.36%高于必要收益率 11%，建议增持该股票。

2. 解答：

(1) $\beta(A)=1.5$，$\beta(B)=1.0$，$\beta(C)=0.5$，因此，A 股票相对于市场投资组合的投资风险大于 B 股票，B 股票相对于市场投资组合的投资风险大于 C 股票。

(2) A 股票的必要收益率$=8\%+1.5\times(12\%-8\%)=14\%$

(3) 甲种投资组合的 β 系数$=1.5\times 50\%+1.0\times 30\%+0.5\times 20\%=1.15$

甲种投资组合的风险收益率$=1.15\times(12\%-8\%)=4.6\%$

(4) 乙种投资组合的 β 系数$=3.4\%/(12\%-8\%)=0.85$

乙种投资组合的必要收益率$=8\%+3.4\%=11.4\%$

(5) 甲种投资组合的 β 系数大于乙种投资组合的 β 系数，说明甲的投资风险大于乙的投资风险。

3. 解答：(1) 根据 $1\ 100=1\ 000\times 10\%\times(P/A,i,5)+1000\times(P/F,i,5)$

运用内插法计算到期收益率：

当 $i=8\%$，　$1\,000\times10\%\times(P/A,8\%,5)+1\,000\times(P/F,8\%,5)$

$=100\times3.992\,7+1\,000\times0.680\,6=1\,079.87$

$i=7\%$，　$1\,000\times10\%\times(P/A,7\%,5)+1\,000\times(P/F,7\%,5)$

$=100\times4.100\,2+1\,000\times0.713\,0=1\,123.2$

8%　　1 079.87

i　　1 100

7%　　1 123.2

即　$\dfrac{8\%-i}{8\%-7\%}=\dfrac{1\,079.87-1\,100}{1\,079.81-1\,123.2}$

解得：$i=7.54\%$

(2) 因A公司债券到期收益率7.53%小于市场利率8%，所以甲企业不应当继续持有A公司债券

(3) 持有期收益率 $=[1\,000\times10\%+(1\,150-1\,100)]\div1\,100\approx13.64\%$

4. 解答：

(1) A股票必要收益率 $=5\%+0.91\times(15\%-5\%)=14.1\%$

(2) B股票价值 $=2.2\times(1+4\%)/(16.7\%-4\%)=18.02$(元)

由于股票的价值18.02元 > 股票的市价15元，所以可以投资B股票。

(3) 投资组合中A股票的投资比例 $=1/(1+3+6)=10\%$

投资组合中B股票的投资比例 $=3/(1+3+6)=30\%$

投资组合中C股票的投资比例 $=6/(1+3+6)=60\%$

投资组合的 β 系数 $=0.91\times10\%+1.17\times30\%+1.8\times60\%=1.52$

投资组合的必要收益率 $=5\%+1.52\times(15\%-5\%)=20.2\%$

(4) 本题中资本资产定价模型成立，所以预期收益率等于按照资本资产定价模型计算的必要收益率，即A、B、C投资组合的预期收益率大于A、B、D投资组合的预期收益率，所以如果不考虑风险大小，应选择A、B、C投资组合。

5. 解答：

(1) 该债券的理论价值 $=1\,000\times8\%\times(P/A,10\%,3)+1\,000\times(P/F,10\%,3)$

$=950.25$(元)

(2) 设到期收益率为 i，则 $940=1\,000\times8\%\times(P/A,i,3)+1\,000\times(P/F,i,3)$

当 $i=12\%$ 时，$1\,000\times8\%\times(P/A,i,3)+1\,000\times(P/F,i,3)=903.94$(元)

利用内插法可得：

10%　　950.25

i　　940

12%　　903.94

得：$(940-903.94)/(950.25-903.94)=(i-12\%)/(10\%-12\%)$

解得：$i=10.44\%$

(3) 持有期收益率 $=(60+965-940)/940\times100\%=9.04\%$

持有期年均收益率＝9.04%/(9/12)＝12.05%

五、综合题

解答：(1) 甲公司的债券价值＝1 000×(P/F, 6%, 5)＋1 000×8%×(P/A, 6%, 5)＝1 084.29(元)

因发行价格 1 041 元＜债券价值 1 084.29 元,所以甲债券收益率＞6%

用 7% 测试,债券价值 P＝1 000×8%×(P/A, 7%, 5)＋1 000×(P/F, 7%, 5)

＝1 000×8%×4.1＋1 000×0.713 0＝1 041(元)

由计算可知:甲债券收益率为 7%。

(2) 乙公司债券的价值＝(1 000＋1 000×8%×5)×(P/F, 6%, 5)

＝(1 000＋1 000×8%×5)×0.747 3＝1 046.22(元)

因发行价格 1 050 元＞债券价值 1 046.22 元,所以乙债券收益率＜6%

运用内插法计算乙债券收益率：

当 i＝5%, P＝(1 000＋1 000×8%×5)×(P/F, 5%, 5)

＝(1 000＋1 000×8%×5)×0.783 5＝1 096.90(元)

发行价格 1 050 元＜债券价值 1 096.90 元,因此 5%＜乙债券收益率＜6%

6%　　1 046.22

i　　1 050

5%　　1 096.90

解得:乙债券收益率＝ 5%＋(1 096.90－1 050)/(1 096.90－1 046.22)×(6%－5%)

＝ 5.93%

(3) 丙公司债券的价值 P＝1 000×(P/F, 6%, 5)＝1 000×0.747 3＝747.3(元)

(4) 甲公司债券收益率＞A 公司的必要收益率,发行价格＜债券价值,因此甲公司债券具有投资价值;

乙公司债券收益率＜A 公司的必要收益率,发行价格＞债券价值,因此乙公司债券不具有投资价值;

丙公司债券的发行价格＞债券价值,所以丙公司债券不具备投资价值。

有上述分析可知: A 公司应当选择购买甲公司债券的方案。

(5) A 公司的投资收益率＝(1 050－1 041＋1 000×8%×1)/1 041＝8.55%

六、简答题

略

第九章　营运资本

一、单项选择题

1. A　**2.** B　**3.** A　**4.** C　**5.** D　**6.** A　**7.** D　**8.** D　**9.** A　**10.** D

二、多项选择题

1. BC　**2.** BCD　**3.** ACD　**4.** BC　**5.** ACD　**6.** ABCD　**7.** ABD　**8.** ACD　**9.** BC　**10.** ACD

三、判断题

1. √　**2.** √　**3.** ×　**4.** √　**5.** √　**6.** √　**7.** ×　**8.** ×　**9.** ×　**10.** ×

四、计算分析题

1. 解答：各方案有关成本计算见下表：

单位：元

项　目	A方案	B方案	C方案	D方案
机会成本	1 500	2 500	3 500	4 500
短缺成本	8 500	4 000	3 500	0
合　计	10 000	6 500	7 000	4 500

可见：D方案的现金持有总成本最低，该企业的最佳现金持有量为45 000元。

2. 解答：

(1) 最佳现金持有量 $=\frac{\sqrt{2\times 360\,000\times 300}}{6\%}=60\,000$(元)

(2) 最佳现金管理总成本 $=\sqrt{2\times 360\,000\times 300\times 6\%}=3\,600$(元)

转换成本 $=(360\,000/60\,000)\times 300=1\,800$(元)

持有机会成本 $=(60\,000/2)\times 6\%=1\,800$(元)

(3) 有价证券交易次数 $=360\,000/60\,000=6$(次)

有价证券交易间隔期 $=360/6=60$(天)

3. 解答：

(1) 现销与赊销比例为1∶4，所以现销额＝赊销额/4，即赊销额＋赊销额/4＝4 500，所以：赊销额＝3 600(万元)

(2) 应收账款的平均余额＝日赊销额×平均收账天数＝3 600/360×60＝600(万元)

(3) 维持赊销业务所需要的资金额＝应收账款的平均余额×变动成本率

＝600×50%＝300(万元)

(4) 应收账款的机会成本＝维持赊销业务所需要的资金×资金成本率

＝300×10%＝30(万元)

(5) 应收账款的平均余额＝日赊销额×平均收账天数

＝3 600/360×平均收账天数＝400，

所以平均收账天数＝40(天)。

4. 解答：

(1) A材料的经济进货批量 $=\sqrt{\frac{2\times 45\,000\times 180}{20}}=900$(件)

(2) A材料的年度最佳进货批数 $=45\,000/900=50$(次)

(3) A材料的相关进货成本 $=50\times 180=9\,000$(元)

(4) A材料的相关存储成本 $=900/2\times 20=9\,000$(元)

(5) A材料经济进货批量平均占用资金 $=240\times 900/2=108\,000$(元)

五、简答题

略

第十章 收益分配

一、单项选择题

1. C **2.** A **3.** B **4.** A **5.** C **6.** D **7.** C **8.** A **9.** B

二、多项选择题

1. AB **2.** ABCD **3.** ABCD **4.** ABC **5.** CD **6.** ABCD **7.** ACD **8.** ACD **9.** CD **10.** ABD

三、判断题

1. × **2.** × **3.** √ **4.** √ **5.** × **6.** √ **7.** √ **8.** √ **9.** × **10.** √

四、计算分析题

1. (1) 剩余股利政策下,该公司 20×8 年应分配的现金股利为 600 万元。

(2) 固定股利政策下,该公司 20×8 年应分配的现金股利为 320 万元。

(3) 20×7 年该公司的股利支付率＝320/800×100%＝40%

20×8 年应分配的现金股利＝600×40%＝240(万元)

(4) 正常股利加额外股利政策下,该公司 20×8 年应分配的现金股利为 320 万元。

2. (1) 应提取的盈余公积金＝100×10%＝10(万元)

(2) 确定投资的权益资本＝50×3/(2＋3)＝30(万元)

本年应发放的股利＝100－10－30＝60(万元)

(3) 每股收益＝100/40＝2.5(元/股)

每股股利＝60/40＝1.5(元/股)

3. 投资所需的权益资本＝600×(1－45%)＝330(万元)

固定股利支付率政策下应分配的现金股利:260×20%＝52(万元)

本年的剩余盈余资本＝260－52＝208(万元)

应从外部筹措的资本＝330－208＝122(万元)

五、综合题

解答:

(1) BBD 公司本年度净利润＝(800－200×10%)×(1－25%)＝585(万元)

(2) BBD 公司本年应计提的法定公积金＝585×10%＝58.5(万元)

因此,本年可供投资者分配的利润＝585－58.5＋181.92＝708.42(万元)

(3) BBD 公司每股支付的现金股利＝(708.42×16%)÷60＝1.89(元/股)

(4) BBD 公司现有资本结构下的财务杠杆系数＝800/(800－20)＝1.03

(5) BBD 公司股票的风险收益率和投资者要求的必要投资收益率:

风险收益率＝1.5×(14%－8%)＝9%

必要投资收益率＝8%＋9%＝17%

(6) BBD 公司股票价值＝1.89/(17%－6%)＝17.18(元/股)

即当股票市价低于每股 17.18 元时，投资者才愿意购买。

六、简答题

略

第十一章　企业并购、重组与破产

一、单项选择题

1. C　**2.** B　**3.** A　**4.** C　**5.** A　**6.** D　**7.** A　**8.** C　**9.** B　**10.** D

二、多项选择题

1. ABCD　**2.** AB　**3.** BCD　**4.** ABC　**5.** CD　**6.** ABD　**7.** BD　**8.** ACD　**9.** BCD

三、判断题

1. ×　**2.** ×　**3.** √　**4.** ×　**5.** √　**6.** √　**7.** √　**8.** √

四、简答题

略

第十二章　企业集团财务管理

一、单项选择题

1. A　**2.** A　**3.** D　**4.** B　**5.** D

二、多项选择题

1. ABC　**2.** ABCD　**3.** BCD　**4.** ABCD　**5.** ABD

三、判断题

1. √　**2.** ×　**3.** √　**4.** √　**5.** √

四、简答题

略

附

附录一　复利

期数	1%	2%	3%	4%	5%	6%	7%	8%	9%	10%	11%
1	1.010	1.020	1.030	1.040	1.050	1.060	1.070	1.080	1.090	1.100	1.110
2	1.020	1.040	1.061	1.082	1.103	1.124	1.145	1.166	1.188	1.210	1.232
3	1.030	1.061	1.093	1.125	1.158	1.191	1.225	1.260	1.295	1.331	1.368
4	1.041	1.082	1.126	1.170	1.216	1.262	1.311	1.360	1.412	1.464	1.518
5	1.051	1.104	1.159	1.217	1.276	1.338	1.403	1.469	1.539	1.611	1.685
6	1.062	1.126	1.194	1.265	1.340	1.419	1.501	1.587	1.677	1.772	1.870
7	1.072	1.149	1.230	1.316	1.407	1.504	1.606	1.714	1.828	1.949	2.076
8	1.083	1.172	1.267	1.369	1.477	1.594	1.718	1.851	1.993	2.144	2.305
9	1.094	1.195	1.305	1.423	1.551	1.689	1.838	1.999	2.172	2.358	2.558
10	1.105	1.219	1.344	1.480	1.629	1.791	1.967	2.159	2.367	2.594	2.839
11	1.116	1.243	1.384	1.539	1.710	1.898	2.105	2.332	2.580	2.853	3.152
12	1.127	1.268	1.426	1.601	1.796	2.012	2.252	2.518	2.813	3.138	3.498
13	1.138	1.294	1.469	1.665	1.886	2.133	2.410	2.720	3.066	3.452	3.883
14	1.149	1.319	1.513	1.732	1.980	2.261	2.579	2.937	3.342	3.797	4.310
15	1.161	1.346	1.558	1.801	2.079	2.397	2.759	3.172	3.642	4.177	4.785
16	1.173	1.373	1.605	1.873	2.183	2.540	2.952	3.426	3.970	4.595	5.311
17	1.184	1.400	1.653	1.948	2.292	2.693	3.159	3.700	4.328	5.054	5.895
18	1.196	1.428	1.702	2.206	2.407	2.854	3.380	3.996	4.717	5.560	6.544
19	1.208	1.457	1.754	2.107	2.527	3.026	3.617	4.316	5.142	6.116	7.263
20	1.220	1.486	1.806	2.191	2.653	3.207	3.870	4.661	5.604	6.727	8.062
25	1.282	1.641	2.094	2.666	3.386	4.292	5.427	6.848	8.623	10.835	13.585
30	1.348	1.811	2.427	3.243	4.322	5.743	7.612	10.063	13.268	17.449	22.892
40	1.489	2.208	3.262	4.801	7.040	10.286	14.974	21.725	31.409	45.259	65.001
50	1.645	2.692	4.384	7.107	11.467	18.420	29.457	46.902	74.358	117.39	184.57

录

终值系数表

12%	13%	14%	15%	16%	17%	18%	19%	20%	25%	30%
1.120	1.130	1.140	1.150	1.160	1.170	1.180	1.190	1.200	1.250	1.300
1.254	1.277	1.300	1.323	1.346	1.369	1.392	1.416	1.440	1.563	1.690
1.405	1.443	1.482	1.521	1.561	1.602	1.643	1.685	1.728	1.953	2.197
1.574	1.630	1.689	1.749	1.811	1.874	1.939	2.005	2.074	2.441	2.856
1.762	1.842	1.925	2.011	2.100	2.192	2.288	2.386	2.488	3.052	3.713
1.974	2.082	2.195	2.313	2.436	2.565	2.700	2.840	2.986	3.815	4.827
2.211	2.353	2.502	2.660	2.826	3.001	3.185	3.379	3.583	4.768	6.276
2.476	2.658	2.853	3.059	3.278	3.511	3.759	4.021	4.300	5.960	8.157
2.773	3.004	3.252	3.518	3.803	4.108	4.435	4.785	5.160	7.451	10.604
3.106	3.395	3.707	4.046	4.411	4.807	5.234	5.696	6.192	9.313	13.786
3.479	3.836	4.226	4.652	5.117	5.624	6.176	6.777	7.430	11.642	17.922
3.896	4.335	4.818	5.350	5.936	6.580	7.288	8.064	8.916	14.552	23.298
4.363	4.898	5.492	6.153	6.886	7.699	8.599	9.596	10.699	18.190	30.288
4.887	5.535	6.261	7.076	7.988	9.007	10.147	11.420	12.839	22.737	39.374
5.474	6.254	7.138	8.137	9.266	10.539	11.974	13.590	15.407	28.422	51.186
6.130	7.067	8.137	9.358	10.748	12.330	14.129	16.172	18.488	35.527	66.542
6.866	7.986	9.276	10.761	12.468	14.426	16.672	19.244	22.186	44.409	86.504
7.690	9.024	10.575	12.375	14.463	16.879	19.673	22.091	26.623	55.511	112.46
8.613	10.197	12.056	14.232	16.777	19.748	23.214	27.252	31.948	69.389	146.19
9.646	11.523	13.743	16.367	19.461	23.106	27.393	32.429	38.338	86.736	190.05
17.000	21.231	26.462	32.919	40.874	50.658	62.669	77.388	95.396	264.70	705.64
29.960	39.116	50.950	66.212	85.850	111.07	143.37	184.68	237.38	807.79	2620.0
93.051	132.78	188.88	267.86	378.72	533.87	750.38	1051.7	1469.8	7523.2	36119
289.00	450.74	700.23	1083.7	1670.7	2566.2	3927.4	5988.9	9100.4	70065	497929

附录二　复利

期数	1%	2%	3%	4%	5%	6%	7%	8%	9%	10%	11%	12%
1	0.990	0.980	0.971	0.962	0.952	0.943	0.935	0.926	0.917	0.909	0.901	0.893
2	0.980	0.961	0.943	0.925	0.907	0.890	0.873	0.857	0.842	0.826	0.812	0.797
3	0.971	0.942	0.915	0.889	0.864	0.840	0.816	0.794	0.772	0.751	0.731	0.712
4	0.961	0.924	0.888	0.855	0.823	0.792	0.763	0.735	0.708	0.683	0.659	0.636
5	0.951	0.906	0.863	0.822	0.784	0.747	0.713	0.681	0.650	0.621	0.593	0.567
6	0.942	0.888	0.837	0.790	0.746	0.705	0.666	0.630	0.596	0.564	0.535	0.507
7	0.933	0.871	0.813	0.760	0.711	0.665	0.623	0.583	0.547	0.513	0.482	0.452
8	0.923	0.853	0.789	0.731	0.677	0.627	0.582	0.540	0.502	0.467	0.434	0.404
9	0.914	0.837	0.766	0.703	0.645	0.592	0.544	0.500	0.460	0.424	0.391	0.361
10	0.905	0.820	0.744	0.676	0.614	0.558	0.508	0.463	0.422	0.386	0.352	0.322
11	0.896	0.804	0.722	0.650	0.585	0.527	0.475	0.429	0.388	0.350	0.317	0.287
12	0.887	0.788	0.701	0.625	0.557	0.497	0.444	0.397	0.356	0.319	0.286	0.257
13	0.879	0.773	0.681	0.601	0.530	0.469	0.415	0.368	0.326	0.290	0.258	0.229
14	0.870	0.758	0.661	0.577	0.505	0.442	0.388	0.340	0.299	0.263	0.232	0.205
15	0.861	0.743	0.642	0.555	0.481	0.417	0.362	0.315	0.275	0.239	0.209	0.183
16	0.853	0.728	0.623	0.534	0.458	0.394	0.339	0.292	0.252	0.218	0.188	0.163
17	0.844	0.714	0.605	0.513	0.436	0.371	0.317	0.270	0.231	0.198	0.170	0.146
18	0.836	0.700	0.587	0.494	0.416	0.350	0.296	0.250	0.212	0.180	0.153	0.130
19	0.828	0.686	0.570	0.475	0.396	0.331	0.277	0.232	0.194	0.164	0.138	0.116
20	0.820	0.673	0.554	0.456	0.377	0.312	0.258	0.215	0.178	0.149	0.124	0.104
25	0.780	0.610	0.478	0.375	0.295	0.223	0.184	0.146	0.116	0.092	0.074	0.059
30	0.742	0.552	0.412	0.308	0.231	0.174	0.131	0.099	0.075	0.057	0.044	0.033
40	0.672	0.453	0.307	0.208	0.142	0.097	0.067	0.046	0.032	0.022	0.015	0.011
50	0.608	0.372	0.228	0.141	0.087	0.054	0.034	0.021	0.013	0.009	0.005	0.003

现值系数表

13%	14%	15%	16%	17%	18%	19%	20%	25%	30%	35%
0.885	0.877	0.870	0.862	0.855	0.847	0.840	0.833	0.800	0.769	0.741
0.783	0.769	0.756	0.743	0.731	0.718	0.706	0.694	0.640	0.592	0.549
0.693	0.675	0.658	0.641	0.624	0.609	0.593	0.579	0.512	0.455	0.406
0.613	0.592	0.572	0.552	0.534	0.516	0.499	0.482	0.410	0.350	0.301
0.543	0.519	0.497	0.476	0.456	0.437	0.419	0.402	0.320	0.269	0.223
0.480	0.456	0.432	0.410	0.390	0.370	0.352	0.335	0.262	0.207	0.165
0.425	0.400	0.376	0.354	0.333	0.314	0.296	0.279	0.210	0.159	0.122
0.376	0.351	0.327	0.305	0.285	0.266	0.249	0.233	0.168	0.123	0.091
0.333	0.300	0.284	0.263	0.243	0.225	0.209	0.194	0.134	0.094	0.067
0.295	0.270	0.247	0.227	0.208	0.191	0.176	0.162	0.107	0.073	0.050
0.261	0.237	0.215	0.195	0.178	0.162	0.148	0.135	0.086	0.056	0.037
0.231	0.208	0.187	0.168	0.152	0.137	0.124	0.112	0.069	0.043	0.027
0.204	0.182	0.163	0.145	0.130	0.116	0.104	0.093	0.055	0.033	0.020
0.181	0.160	0.141	0.125	0.111	0.099	0.088	0.078	0.044	0.025	0.015
0.160	0.140	0.123	0.108	0.095	0.084	0.074	0.065	0.035	0.020	0.011
0.141	0.123	0.107	0.093	0.081	0.071	0.062	0.054	0.028	0.015	0.008
0.125	0.108	0.093	0.080	0.069	0.060	0.052	0.045	0.023	0.012	0.006
0.111	0.095	0.081	0.069	0.059	0.051	0.044	0.038	0.018	0.009	0.005
0.098	0.083	0.070	0.060	0.051	0.043	0.037	0.031	0.014	0.007	0.003
0.087	0.073	0.061	0.051	0.043	0.037	0.031	0.026	0.012	0.005	0.002
0.047	0.038	0.030	0.024	0.020	0.016	0.013	0.010	0.004	0.001	0.001
0.026	0.020	0.015	0.012	0.009	0.007	0.005	0.004	0.001	0	0
0.008	0.005	0.004	0.003	0.002	0.001	0.001	0.001	0	0	0
0.002	0.001	0.001	0.001	0	0	0	0	0	0	0

附录三　年金

期数	1%	2%	3%	4%	5%	6%	7%	8%	9%	10%	11%
1	1.000	1.000	1.000	1.000	1.000	1.000	1.000	1.000	1.000	1.000	1.000
2	2.010	2.020	2.030	2.040	2.050	2.060	2.070	2.080	2.090	2.100	2.110
3	3.030	3.060	3.091	3.122	3.153	3.184	3.215	3.246	3.278	3.310	3.342
4	4.060	4.122	4.184	4.246	4.310	4.375	4.440	4.506	4.573	4.641	4.710
5	5.101	5.204	5.309	5.416	5.526	5.637	5.751	5.867	5.985	6.105	6.228
6	6.152	6.308	6.468	6.633	6.802	6.975	7.153	7.336	7.523	7.716	7.913
7	7.214	7.434	7.662	7.898	8.142	8.394	8.654	8.923	9.200	9.487	9.783
8	8.286	8.583	8.892	9.214	9.549	9.897	10.260	10.637	11.028	11.436	11.859
9	9.369	9.755	10.159	10.583	11.027	11.491	11.978	12.488	13.021	13.579	14.164
10	10.462	10.950	11.464	12.006	12.578	13.181	13.816	14.487	15.193	15.937	16.722
11	11.567	12.169	12.808	13.486	14.207	14.972	15.784	16.645	17.560	18.531	19.561
12	12.683	13.412	14.192	15.026	15.917	16.870	17.888	18.977	20.141	21.384	22.713
13	13.809	14.680	15.618	16.627	17.713	18.882	20.141	21.495	22.953	24.523	26.212
14	14.947	15.974	17.086	18.292	19.599	21.015	22.550	24.215	26.019	27.975	30.095
15	16.097	17.293	18.599	20.024	21.579	23.276	25.129	27.152	29.361	31.772	34.405
16	17.258	18.639	20.157	21.825	23.657	25.673	27.888	30.324	33.003	35.950	39.190
17	18.430	20.012	21.762	23.698	25.840	28.213	30.840	33.750	36.974	40.545	44.501
18	19.615	21.412	23.414	25.645	28.132	30.906	33.999	37.450	41.301	45.599	50.396
19	20.811	22.841	25.117	27.671	30.539	33.760	37.379	41.446	46.018	51.159	56.939
20	22.019	24.297	26.870	29.778	33.066	36.786	40.995	45.762	51.160	52.275	64.203
25	28.243	32.030	36.459	41.646	47.727	54.865	63.249	73.106	84.701	98.347	114.41
30	34.785	40.588	47.575	56.085	66.439	79.058	94.461	113.28	136.31	164.49	199.02
40	48.886	60.402	75.401	95.026	120.80	154.76	199.64	259.06	337.89	442.59	581.83
50	64.463	84.579	112.80	152.67	209.35	290.34	406.53	573.77	815.08	1163.9	1668.8

终值系数表

12%	13%	14%	15%	16%	17%	18%	19%	20%	25%	30%
1.000	1.000	1.000	1.000	1.000	1.000	1.000	1.000	1.000	1.000	1.000
2.120	2.130	2.140	2.150	2.160	2.170	2.180	2.190	2.200	2.250	2.300
3.374	3.407	3.440	3.473	3.506	3.539	3.572	3.606	3.640	3.813	3.990
4.779	4.850	4.921	4.993	5.066	5.141	5.215	5.291	5.368	5.766	6.187
6.353	6.480	6.610	6.742	6.877	7.014	7.154	7.297	7.442	8.207	9.043
8.115	8.323	8.536	8.754	8.977	9.207	9.442	9.683	9.930	11.259	12.756
10.089	10.405	10.730	11.067	11.414	11.772	12.142	12.523	12.916	15.073	17.583
12.300	12.757	13.233	13.727	14.240	14.773	15.327	15.902	16.499	19.842	23.858
14.766	15.416	16.085	16.786	17.519	18.285	19.086	19.923	20.799	25.802	32.015
17.549	18.420	19.337	20.304	21.321	22.393	23.521	24.701	25.959	33.253	42.619
20.655	21.814	23.045	24.349	25.733	27.200	28.755	30.404	32.150	42.566	56.405
24.133	25.650	27.271	29.002	30.850	32.824	34.931	37.180	39.581	54.208	74.327
28.209	29.985	32.089	34.352	36.786	39.404	42.219	45.244	48.497	68.760	97.625
32.393	34.883	37.581	40.505	43.672	47.103	50.818	54.841	59.196	86.949	127.91
37.280	40.417	43.842	47.580	51.660	56.110	60.965	66.261	72.035	109.69	167.29
42.753	46.672	50.980	55.717	60.925	66.649	72.939	79.850	87.442	138.11	218.47
48.884	53.739	59.118	65.075	71.673	78.979	87.068	96.022	105.93	173.64	285.01
55.750	61.725	68.394	75.836	84.141	93.406	103.74	115.27	128.12	218.05	371.52
63.440	70.749	78.969	88.212	98.603	110.29	123.41	138.17	154.74	273.56	483.97
72.052	80.947	91.025	102.44	115.38	130.03	146.63	165.42	186.69	342.95	630.17
133.33	155.62	181.87	212.79	249.21	292.11	342.60	402.04	471.98	1054.8	2 348.8
241.33	293.20	356.79	434.75	530.31	647.44	790.95	966.70	1181.9	3 227.2	8730.0
767.09	1013.7	1342.0	1779.1	2360.8	3134.5	4163.21	5519.8	7343.9	30089	120393
2400.0	3459.5	4994.5	7217.7	10436	15090	21813	31515	45497	280256	165976

附录四　年金

期数	1%	2%	3%	4%	5%	6%	7%	8%	9%	10%	11%	12%
1	0.990	0.980	0.971	0.962	0.952	0.943	0.935	0.926	0.917	0.909	0.901	0.893
2	1.970	1.942	1.913	1.886	1.859	1.833	1.808	1.783	1.759	1.736	1.713	1.690
3	2.941	2.884	2.829	2.775	2.723	2.673	2.624	2.577	2.531	2.487	2.444	2.402
4	3.902	3.808	3.717	3.630	3.546	3.465	3.387	3.312	3.240	3.170	3.102	3.037
5	4.853	4.713	4.580	4.452	4.329	4.212	4.100	3.993	3.890	3.791	3.696	3.605
6	5.795	5.601	5.417	5.242	5.076	4.917	4.767	4.623	4.486	4.355	4.231	4.111
7	6.728	6.472	6.230	6.002	5.786	5.582	5.389	5.206	5.033	4.868	4.712	4.564
8	7.652	7.325	7.020	6.733	6.463	6.210	5.971	5.747	5.535	5.335	5.146	4.968
9	8.566	8.162	7.786	7.435	7.108	6.802	6.515	6.247	5.995	5.759	5.537	5.328
10	9.471	8.983	8.530	8.111	7.722	7.360	7.024	6.710	6.418	6.145	5.889	5.650
11	10.368	9.787	9.253	8.760	8.306	7.887	7.499	7.139	6.805	6.495	6.207	5.938
12	11.255	10.575	9.954	9.385	8.863	8.384	7.943	7.536	7.161	6.814	6.492	6.194
13	12.134	11.348	10.635	9.986	9.394	8.853	8.358	7.904	7.487	7.103	6.750	6.424
14	13.004	12.106	11.296	10.563	9.899	9.295	8.745	8.244	7.786	7.367	6.982	6.628
15	13.865	12.849	11.938	11.118	10.380	9.712	9.108	8.559	8.061	7.606	7.191	6.811
16	14.718	13.578	12.561	11.652	10.838	10.106	9.447	8.851	8.313	7.824	7.379	6.974
17	15.562	14.292	13.166	12.166	11.274	10.477	9.763	9.122	8.544	8.022	7.549	7.102
18	16.398	14.992	13.754	12.659	11.690	10.828	10.059	9.372	8.756	8.201	7.702	7.250
19	17.226	15.678	14.324	13.134	12.085	11.158	10.336	9.604	8.950	8.365	7.839	7.366
20	18.046	16.351	14.877	13.590	12.462	11.470	10.594	9.818	9.129	8.514	7.963	7.469
25	22.023	19.523	17.413	15.622	14.094	12.783	11.654	10.675	9.823	9.077	8.422	7.843
30	25.808	22.396	19.600	17.292	15.372	13.765	12.409	11.258	10.274	9.427	8.694	8.055
40	32.835	27.355	23.115	19.793	17.159	15.046	13.332	11.925	10.757	9.779	8.951	8.244
50	39.196	31.424	25.730	21.482	18.256	15.762	13.801	12.233	10.962	9.915	9.042	8.304

现值系数表

13%	14%	15%	16%	17%	18%	19%	20%	25%	30%	35%	40%
0.885	0.877	0.870	0.862	0.855	0.847	0.840	0.833	0.800	0.769	0.741	0.714
1.668	1.647	1.626	1.605	1.585	1.566	1.547	1.528	1.440	1.361	1.289	1.224
2.361	2.322	2.283	2.246	2.210	2.174	2.140	2.106	1.952	1.816	1.696	1.589
2.974	2.914	2.855	2.798	2.743	2.690	2.639	2.589	2.362	2.166	1.997	1.849
3.517	3.433	3.352	3.274	3.199	3.127	3.058	2.991	2.689	2.436	2.220	2.035
3.998	3.889	3.784	3.685	3.589	3.498	3.410	3.326	2.951	2.643	2.385	2.168
4.423	4.288	4.160	4.039	3.922	3.812	3.706	3.605	3.161	2.802	2.508	2.263
4.799	4.639	4.487	4.344	4.207	4.078	3.954	3.837	3.329	2.925	2.598	2.331
5.132	4.946	4.472	4.607	4.451	4.303	4.163	4.031	3.463	3.019	2.665	2.379
5.426	5.216	5.019	4.833	4.659	4.494	4.339	4.192	3.571	3.092	2.715	2.414
5.687	5.453	5.234	5.029	4.836	4.656	4.486	4.327	3.656	3.147	2.752	2.438
5.918	5.660	5.421	5.197	4.988	4.793	4.611	4.439	3.725	3.190	2.779	2.456
6.122	5.842	5.583	5.342	5.118	4.910	4.715	4.533	3.780	3.223	2.799	2.469
6.302	6.002	5.724	5.468	5.229	5.008	4.802	4.611	3.824	3.249	2.814	2.478
6.462	6.142	5.847	5.575	5.324	5.092	4.876	4.675	3.859	3.268	2.825	2.484
6.604	6.265	5.954	5.668	5.405	5.162	4.938	4.730	3.887	3.283	2.834	2.489
6.729	6.373	6.047	5.749	5.475	5.222	4.988	4.775	3.910	3.295	2.840	2.492
6.840	6.467	6.128	5.818	5.534	5.273	5.033	4.812	3.928	3.304	2.844	2.494
6.938	6.550	6.198	5.877	5.584	5.316	5.070	4.843	3.942	3.311	2.848	2.496
7.025	6.623	6.259	5.929	5.628	5.353	5.101	4.870	3.954	3.316	2.850	2.497
7.330	6.873	6.464	6.097	5.766	5.467	5.195	4.948	3.985	3.329	2.856	2.499
7.496	7.003	6.566	6.177	5.829	5.517	5.235	4.979	3.995	3.332	2.857	2.500
7.634	7.105	6.642	6.233	5.871	5.548	5.258	4.997	3.999	3.333	2.857	2.500
7.675	7.133	6.661	6.246	5.880	5.554	5.262	4.999	4.000	3.333	2.857	2.500

参考文献

[1] 张文贤.中国会计案例选[M].上海:复旦大学出版社,1998.
[2] 赵德武.财务管理[M].2版.北京:高等教育出版社,2007.
[3] 陆正飞.财务管理[M].3版.沈阳:东北财经大学出版社,2010.
[4] 本杰明·格雷厄姆,戴维·多德.证券分析:经典版[M].巴曙松,陈剑,等译.北京:中国人民大学出版社,2018.
[5] 田宝法.企业并购解决之道:70个实务要点深度释解[M].北京:法律出版社,2015.
[6] 马忠.公司财务管理案例分析[M].北京:机械工业出版社,2015.
[7] 深圳证券交易所创业企业培训中心.上市公司并购重组问答[M].2版.北京:中国财政经济出版社,2017.
[8] 斯蒂芬 A.罗斯,伦道夫 W.威斯特菲尔德,等.公司理财:英文版[M].北京:机械工业出版社,2018.
[9] 王化成,刘俊彦,荆新.财务管理学[M].8版.北京:中国人民大学出版社,2018.
[10] 李曜,刘莉亚,邓辛,等.公司金融[M].2版.北京:中国人民大学出版社,2019.
[11] 斯坦利·布洛克,杰弗里·赫特,巴特利·丹尼尔森..财务管理基础[M].王静译.北京:中国人民大学出版社,2019.
[12] 刘玉平,马海涛,李小荣.《财务管理学》(第五版)学习指导书[M].北京:中国人民大学出版社,2019.
[13] 刘淑莲.财务管理[M].5版.大连:东北财经大学出版社,2019.
[14] 孙茂竹,王建英,方心童.初级财务管理学[M].2版.北京:中国人民大学出版社,2020.
[15] 唐朝.巴芒演义:可复制的价值投资[M].北京:中国经济出版社,2020.
[16] 邱国鹭.投资中最简单的事:更新版[M].北京:中国经济出版社,2020.
[17] 王化成,刘俊彦,荆新.财务管理学[M].9版.北京:中国人民大学出版社,2021.
[18] 中国注册会计师协会组织.财务成本管理[M].北京:中国财政经济出版社,2021.
[19] 财政部会计资格评价中心.财务管理[M].北京:中国财政经济出版社,2021.